AF523920

GUDRUN SCABELL

Martha Vogeler

EIN LEBEN MIT FREUNDEN IN DRESDEN UND WORPSWEDE

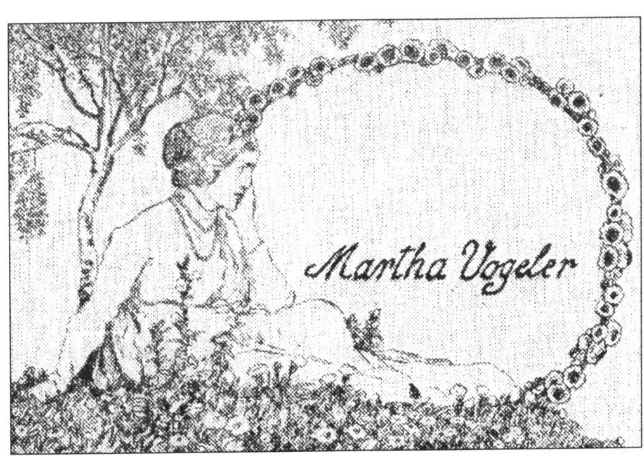

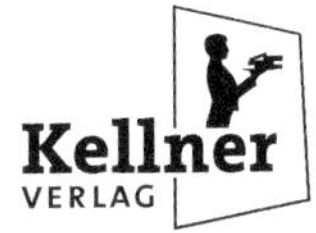

Dieses Buch ist bei der Deutschen Nationalbibliothek registriert.
Die bibliografischen Daten können online angesehen werden:
http://dnb.d-nb.de

Förderer:

Landschaftsverband Stade, aus Mitteln des Landes Niedersachsen
Worpsweder Gesellschaft für Kunst, Kultur und Wissenschaft e. V.
Freundeskreis Haus im Schluh Worpswede e. V.
Stiftung Worpswede
Volksbank Worpswede

IMPRESSUM

Inhaber: Manuel Dotzauer e.K.

St.-Pauli-Deich 3 • 28199 Bremen
Tel. 0421-77866
info@kellnerverlag.de • www.kellnerverlag.de

Lektorat und Satz: Madita Krügler
Umschlag: Designbüro Möhlenkamp & Schuldt, Bremen
Titelbild: Martha Vogeler 1911, aufgenommen von
Hugo Erfurth, Archiv Worpsweder Verlag
Gesamtherstellung: DruckKellner, Bremen

ISBN 978-3-95651-262-9

Für Hans Georg Müller

Inhalt

Einige Worte vorweg

Die Worpswederin Martha Vogeler in einer monografischen Darstellung zu würdigen, war überfällig. Als Ehefrau und Muse ihres Mannes, des Jugendstilkünstlers Heinrich Vogeler, und später als Lenkerin der Geschicke des Hauses im Schluh war und ist sie eine wesentliche Persönlichkeit des Künstlerdorfes und hat dessen Geschichte auf ihre ganz eigene Weise mitgeschrieben.

Bei der Sichtung der Quellen, vor allem von Briefen, die in den Archiven der Barkenhoff-Stiftung und des Hauses im Schluh lagern, zeigte sich schon bald, dass ihr Leben von vielen Menschen begleitet wurde, deren Namen bisher kaum oder gar nicht in den Publikationen über Worpswede zu lesen sind. So war es naheliegend, diesen Menschen, die nicht selten Marthas Freunde wurden, in dieser Darstellung Raum zu geben, sie sprechen zu lassen. Denn bis auf die ganz frühen Jahre mit Heinrich, in denen auch Marthas Dresden-Aufenthalt angesiedelt ist, haben sich nur wenige ihrer Briefe erhalten. Das, was überdies an Quellen in regionalen wie überregionalen Archiven zu finden war, ist in die chronologisch aufgebaute Lebensgeschichte eingeflossen. Und wie es bei derlei Gegebenheiten meist ist, kann es keine lückenlose und »geschmeidig« erzählte Darstellung geben, sind Vermutungen und Annahmen zwangsläufig Teil des Erzählens. Da die einzelnen Kapitel mehr oder weniger unter ein Thema gefasst sind, konnte es auch nicht ausbleiben, dass es zeitliche Vor- und Rückgriffe gibt. Die vielen bekannten, aber vor allem auch die unbekannten Künstler, die während der dreijährigen Arbeit an diesem Buch immer wieder auftauchten und sich als besonders und unverwechselbar zeigten, machten es möglich, gleichsam ein Panorama des Künstlerdorfes vom Ende des 19. Jahrhunderts bis zum Beginn des Ersten Weltkrieges aufzuspannen.

Und auch das sei noch gesagt: Aufgrund der umfangreichen Quellenlage, die gründlich ausgewertet wurde, kristallisierte sich bald schon heraus, dass es eine zweibändige Anlage der Biografie werden würde. Der erste Band, der nunmehr vorliegt, umfasst Marthas Kindheit, ihre Dresdener Zeit sowie die Jahre mit der Familie und den Freunden auf dem Barkenhoff.

Gudrun Scabell, Worphausen im Juli 2020

Prolog – Ein Märchen

Jedes Jahr im Sommer deckt den großen Teich des Barkenhoffs ein grüner Teppich aus Wasserlinsen, und die Baumkronen, die sich darüber neigen, finden ihr Spiegelbild nicht. Schilf und Büsche an seinen Ufern wirken stumm, kein Windhauch lässt sie wispern. Die dunkle, leblose Wassertiefe ist nur zu erahnen. Einst jedoch herrschte Leben auf dem düsteren Grund. Melusine, die Wasserfee, wohnte dort in ihrem nassen Reich. Manchmal blitzte ihr silbern schimmernder Fischschwanz in der Sonne auf, wenn sie pfeilschnell den Teich durchschwamm. Doch vor etwa einhundert Jahren holte der Künstler Heinrich Vogeler sie an die Wasseroberfläche und baute ihr an seinen Ufern ein kleines Märchenschloss. Dort lebte er mit ihr in Liebe vereint. Er, der Ritter, und sie der Wassergeist, der Natur verbunden. Sie wurde sein Geschöpf, er formte sie zu einem zauberhaften Wesen und hauchte ihr eine Seele ein. Immer wieder malte er sie, verlieh ihr mit seiner Kunst Unsterblichkeit. Aber diese schöne und in das Grün der Natur eingesponnene Welt war nicht von Dauer. Trotz der leuchtenden Blumen in den Rondellen des Gartens, von Buchsbaumhecken umsäumt. Trotz der Kinder, die im Märchenschloss geboren wurden und in dem Zaubergarten aufwuchsen. Und trotz der vielen Gäste, die oft im Schloss weilten und den Worten der Dichter und der klangvollen Musik lauschten. Irgendwann begann Melusine die Ufer des Teiches zu verlassen, dem Schloss und seinem Garten für immer den Rücken zu kehren und die Menschenwelt für sich ganz zu erobern. Sie folgte ihrem Empfinden, baute für sich und die drei Kinder eine eigene, ihr gemäße Heimstatt. Ihr Ritter blieb in großem Schmerz und tiefer Einsamkeit auf dem Märchenschloss zurück.

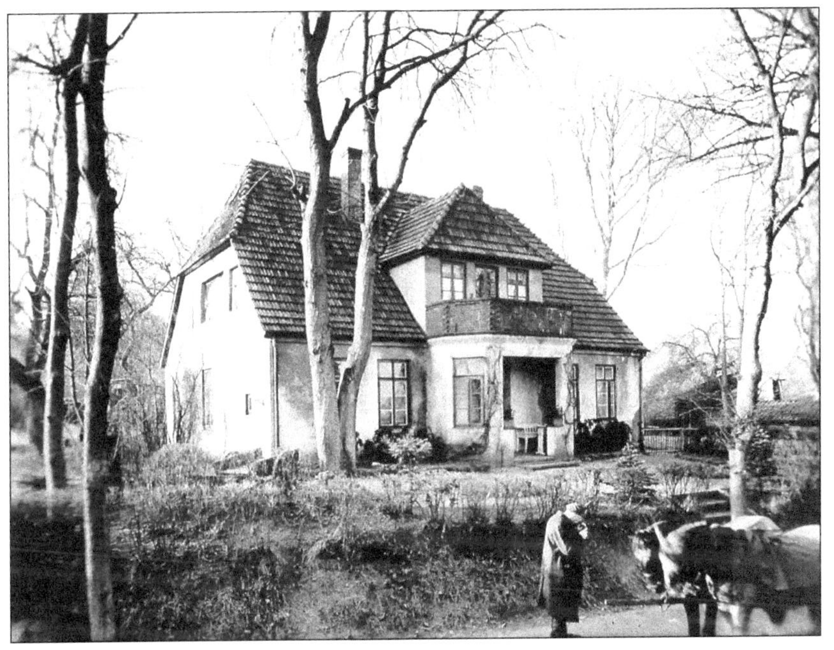

Hemberg

Geboren 1879

Was konnte, was durfte ein Kind vom Leben erwarten, das im Jahre 1879 in einem Dorf im nordwestdeutschen Tiefland geboren wurde? Zumal, wenn es ein Mädchen war?

Es war eine bewegte Zeit, denn Wilhelm I., König von Preußen, hatte acht Jahre zuvor im Spiegelsaal von Versailles die deutsche Kaiserkrone angenommen und nannte sich fortan Deutscher Kaiser. Ein Amt, das nach seinem Tode im Jahre 1888 und nach der kurzen Regentschaft seines Sohnes Friedrich III. im selben Jahr seinem Enkel Wilhelm II. zufiel. Ein Vierteljahrhundert lang sollte dieser Wilhelm II. dem von oben geeinten Reich vorstehen, bis er schließlich durch die revolutionären Bewegungen des Novembers 1918 hinweggefegt wurde. Im Kaiserreich, das ab 1888 auch das wilhelminische Reich genannt wurde, prosperierte das Land, die Industrialisierung nahm einen bis dahin nicht gekannten Aufschwung. Mit all den Folgen, die einen Teil der gesellschaftlichen Strukturen verändern sollten. Denn hunderttausende Menschen strömten aus ländlichen Gebieten in die Städte, um in den Fabriken Arbeit zu finden, sogenannte Ballungszentren entstanden, und der Lohnarbeiter gehörte nun unübersehbar zum Bild der Gesellschaft. Damit einher gingen soziale Missstände, die nach Lösungen drängten. Doch auch die Neue Welt lockte und bot Arbeit. An den Kais in Bremerhaven betraten unzählige Menschen die Planken der Auswandererschiffe. Nach gut einer Woche auf hoher See erblickten sie dann am Horizont das Land ihrer Hoffnungen, seit 1886 begrüßt von der Freiheitsstatue auf Liberty Island im Hafen von New York. Durch die rasante Umgestaltung von einem Agrar- zu einem Industriestaat schickte das wilhelminische Deutschland sich an, die Weltmacht England zu überholen. Diese Entwicklung ging innerhalb der Gesellschaft mit einem zunehmenden Nationalismus und Antisemitismus sowie einer wachsenden gesellschaftlichen Militarisierung einher. Militärische Disziplin und Präzision – Preußen stand dabei Pate – galten bald in allen Lebensbereichen als vorbildhaft. In den Bereichen der Naturwissenschaft, Technik und Medizin vollzogen sich bahnbrechende Entwicklungen. So entdeckte der Mediziner und Mikrobiologe Robert Koch in den 1880er Jahren die Erreger von Tuberkulose und Cholera. Wenige Jahre zuvor, 1879, hatte

Vorherige Seite: Das Geburtshaus von Martha Schröder, 1920er Jahre

der US-Amerikaner Thomas Alva Edison die elektrische Glühbirne entwickelt. Und im Jahre 1899 erschien Sigmund Freuds psychoanalytisches Werk »Die Traumdeutung«. Es gilt inzwischen als eines der meistgelesenen und einflussreichsten Bücher des 20. Jahrhunderts. Etwa zehn Jahre später erfolgte ein weiterer Durchbruch: Der Serologe Paul Ehrlich kam dem Salvarsan auf die Spur, und die Syphilis konnte mit einer ersten chemotherapeutischen Maßnahme behandelt werden. In den Gesellschaftswissenschaften avancierten der Soziologe Max Weber mit seiner Schrift »Die protestantische Ethik und der Geist des Kapitalismus« und der Philosoph Friedrich Nietzsche mit »Also sprach Zarathustra« zu den Lichtgestalten der Epoche.

Im Zuge der strukturellen Veränderungen der Gesellschaft allerdings mündeten die völkisch-national gesinnten Kräfte in die Heimatkunst, eine programmatisch aufgeladene Bewegung mit reaktionärer Tendenz. Dieser Heimatkunstbewegung sowie dem staatlich favorisierten Historismus in Architektur und Malerei gegenüber bildeten sich die modernen Kunstströmungen wie Impressionismus, Jugendstil und nach der Jahrhundertwende der Expressionismus heraus. Mit Letzterem nahm zunehmend das subjektive Moment in der Kunst Raum ein.

Das wilhelminische Zeitalter wurde ausschließlich von Männern dominiert. Frauen hatten kaum Rechte, waren der Autorität des Vaters oder Ehemanns juristisch unterstellt. Der Zugang zu Universitäten war ihnen erst nach 1900 möglich, der zu Kunstakademien sogar erst nach Ende des Ersten Weltkriegs. Und auch das Frauenwahlrecht sollte erst im Zuge der revolutionären Bewegungen von 1918 eingeführt werden.

In diese Epoche hinein wird am 9. Oktober des Jahres 1879 – einem Donnerstag – in Worpswede, einem Dorf im nordöstlich von Bremen gelegenen Teufelsmoor, Martha Schröder als neuntes Kind des dortigen Schullehrers Diedrich Schröder und dessen Ehefrau Becka geboren. »In seiner Wohnung«, wie es in der Geburtsurkunde heißt.[1] Das Wohnhaus der Familie Schröder, das die Nummer 38 trägt, befindet sich auf dem Hemberg (heute Hembergstraße). Die Taufe der kleinen Martha wird knapp sechs Wochen später, am 22. November, vollzogen. Man kann davon ausgehen, dass sie zu Hause stattfand und nicht im Gotteshaus auf dem Kirchberg, denn es ist in dieser Zeit üblich, dass der Pastor zu den Täuflingen ins Haus kommt. Die drei Taufzeugen –

zugleich auch die Paten – sind allesamt Worpsweder. So die im Taufverzeichnis als Ehefrauen eingetragenen Anna Wendelken, geborene Müller, und Anna Clausen, geborene Manken, sowie der Neubauer Johann Friedrich Monsees.[2] Ob die Paten die kleine Martha auf ihren ersten Lebenswegen begleiten werden, wird sich zeigen. Und ob diese dem weiblichen Geschlecht wenig gewogene Epoche ihr eine Entwicklung über das Konventionelle hinaus zugesteht, auch. Gottes Segen aber ist ihr gewiss.

Lehrer Diedrich Schröder und seine Familie

Es ist eine Familie mit vielen Geschwistern, die die kleine Martha willkommen heißt. Ihr Vater Diedrich stammt aus dem nahe gelegenen Bergedorf, wo er im Jahre 1843 zur Welt gekommen ist.[3] Er ist eines von insgesamt acht Kindern des Anbauern und späteren Ziegeleibesitzers Johann Hinrich Schröder und dessen Ehefrau Gesche Adelheid.[4] Ihre Mutter Becka Margarethe wurde ebenfalls im Jahre 1843 geboren, in der Nähe von Lesumstotel bei Ritterhude.[5] Deren Vater Diedrich Kohlmann bereiste viele Jahre lang als Schiffskapitän die Weltmeere. Seine Ehefrau Könke Margarethe ist eine geborene Fennekohl.[6] Das Kapitänsehepaar Kohlmann lebt in Ahrensfelde bei Osterholz.[7]

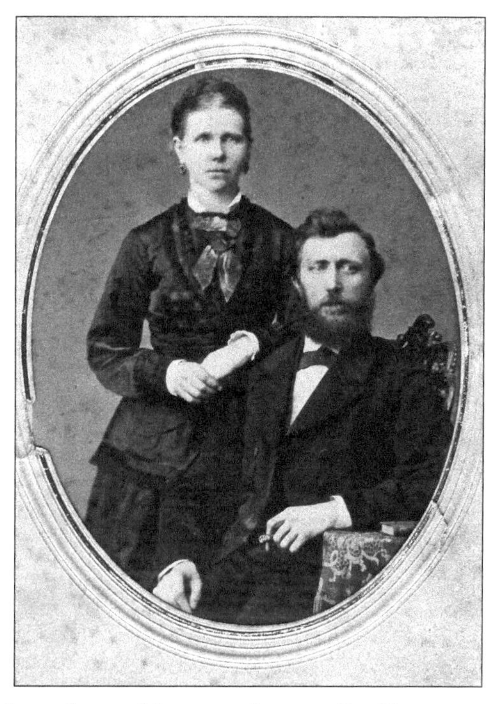

Das Ehepaar Schröder

Marthas Eltern, Diedrich Schröder und Becka Kohlmann, heirateten am 10. Juni 1864.[8] Beide waren zu dem Zeitpunkt gerade einmal einundzwanzig Jahre alt. Auch für die damaligen Verhältnisse war es ein früher Schritt ins Eheleben. Ein nicht zu unterschätzendes Hochzeitsgeschenk bekam Becka von ihrem Großonkel, dem Bauern Semken.[9] Es war ein Stück Ackerland, auf dem Roggen, Kartoffeln und Gemüse gut gedeihen, sodass zusammen mit dem Obstgarten am Haus und einem Stück Moorland zum Torfmachen die Ernährung und die Versorgung mit Heizmaterial der stetig wachsenden Familie halbwegs gesichert ist. Bereits im Oktober 1864 wurde das erste Kind, der Sohn Johann Diedrich Christopher (genannt Johann), geboren. Diesem Erstgeborenen folgte dann etwa alle zwei Jahre ein weiteres Kind: 1866 Diederich, 1868 Meta Gesine Maria (genannt Gesine), 1870 Friedrich (genannt Fred), 1872 Margarethe Maria Catharina (genannt Marie), 1874 Wilhelmine (genannt Minna), 1875 Paul Friedrich Karl (genannt Karl), 1877 Johann Heinrich (genannt Hinni) sowie

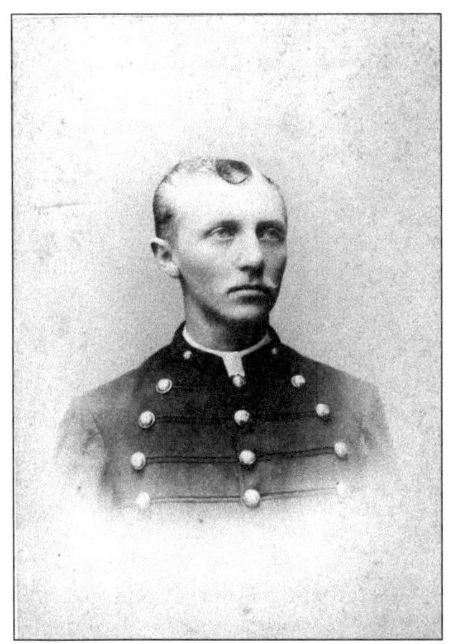

Marthas älterer Bruder Friedrich

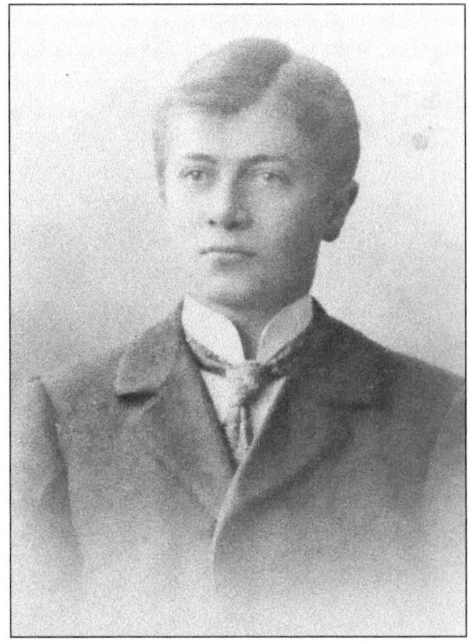

Marthas jüngerer Bruder Martin

1879 Martha. Schließlich wird 1883 Georg Ernst Martin (genannt Martin) geboren werden.[10] Es ist unzweifelhaft eine Großfamilie, die es für Diedrich Schröder zu unterhalten gilt. Für einen einfachen Dorfschullehrer stellt dies immer wieder eine Herausforderung dar, denn sein Gehalt reicht nicht aus, um zwölf Personen mit dem Notwendigen zu versorgen. So ist die schwierige finanzielle Lage für ihn ein ständiger Begleiter.

Im Jahre 1868, zu Michaeli, trat Diedrich Schröder sein Amt als zweiter Lehrer in Worpswede an.[11] Eine Stelle, die jährlich mit 160 Reichstalern dotiert ist.[12] Ein Reichstaler entsprach damals dem Wert von 3 Mark. Er überahm eine zweite Klasse mit bisweilen 80 Schülern.[13] Sein Arbeitsplatz ist zur Zeit von Marthas Geburt das kleine Schulhaus[14] schräg gegenüber dem Küsterhaus, denn die alte Schulstube in der Pastorenscheune hat lange schon ausgedient, und das große Schulhaus wird erst 1895 direkt neben dem kleinen Schulgebäude eingeweiht werden. Seine Ausbildung hatte der angehende Lehrer in Stade auf dem Lehrerbildungsseminar erhalten, denn es war in der Landdrostei Stade schon vor der Reichsgründung üblich gewesen, die Lehrer in dieser Einrichtung ausbilden zu lassen.[15] Seit 1871 ist der Staat für die Volksbildung zuständig, die Kirche aber hat immer noch ein gewichtiges Wörtchen mitzureden. So obliegen die Visitationen der Bildungseinrichtungen, insbesondere auf dem Lande, der Kirche. Und auch

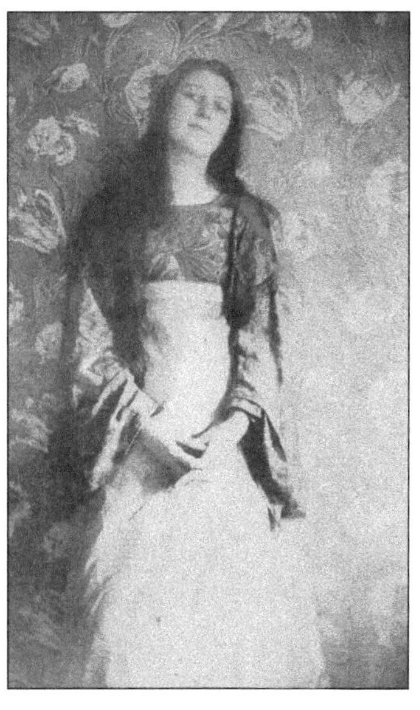

bei bestimmten Vorkommnissen hat der Pastor oder Superintendent Berichte oder Stellungnahmen zu verfassen beziehungsweise solche gegenzuzeichnen. Die Kirche hat praktisch die Funktion einer staatlichen Behörde inne.

Diedrich Schröder muss ein umsichtiger Lehrer gewesen sein und sich das Vertrauen des Schulvorstandes erworben haben, denn in einem der Dokumente wird er ausdrücklich als derjenige erwähnt, der neben dem Schulvorsteher beauftragt wurde, einen Dienstanschlag[16] für einige Schulstellen des Kirchenkreises Worpswede zu verfassen. So für die Moordörfer Nordwede, Wörpedahl und Weyermoor. Für diese drei Ortschaften saß man am 9. Oktober 1872 in Worpswede zusammen, und Pastor Wittkopf vermerkte in seinem Protokoll, dass »der vom Lehrer Schröder daselbst in Gemeinschaft mit dem dazu beauftragten Schulvorsteher Joh. Stelljes aufgestellte Dienstanschlag der Schulstelle daselbst vorgelesen, ordnungsgemäß geprüft und für richtig befunden«[17] wurde. Worum es inhaltlich ging, wurde in dem Protokoll nicht festgehalten. Vermutlich aber auch um das Gehalt, das

Oben: Vermutlich Marthas Schwester Marie

Unten: Martha (Mitte) und Minna (rechts)

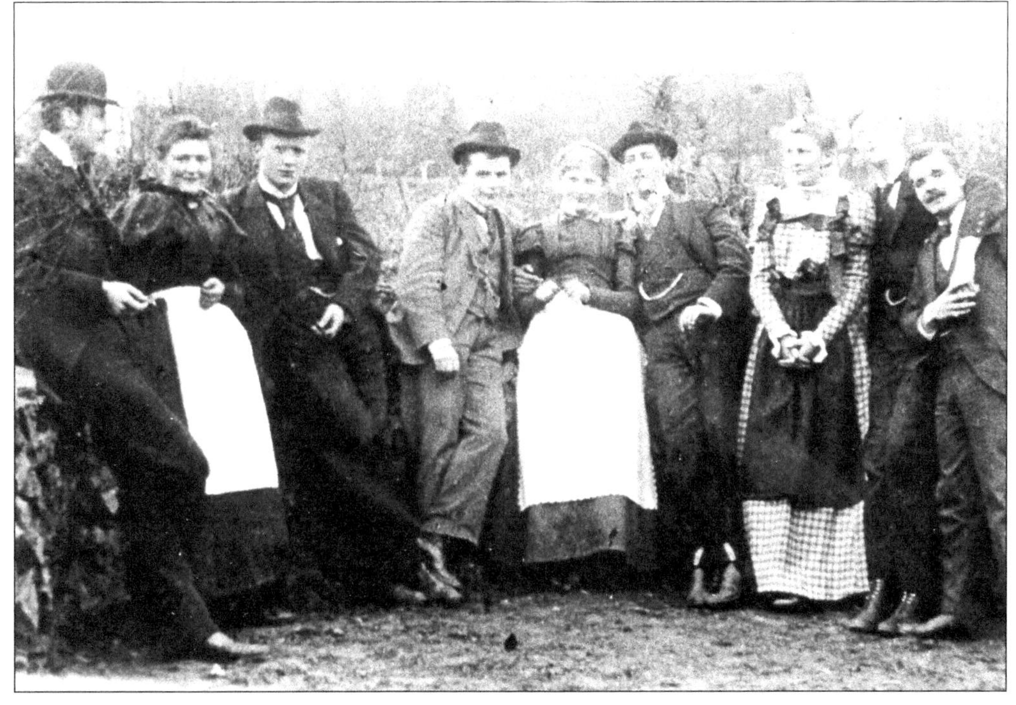

Stelleinkommen, denn es wird der Beitrag für die Witwenkasse erwähnt, in die jeder Lehrer laut Gesetz einzahlen musste. Dieser Beitrag allerdings galt nicht für Diedrich Schröder, da dieser laut einem Vermerk »nur provisorisch angestellt ist«.[18] Obwohl also Schröder noch ein jüngerer Lehrer war, brauchte er von seinem Einkommen nichts für die Witwenkasse abzuzweigen.

Ein halbes Jahr später findet sich sein Name auch auf einem Schreiben wieder, in dem 15 Lehrer des Kirchspiels Worpswede die Bitte an das Königliche Konsistorium in Stade richteten, ihre Gehälter zu erhöhen. Ein Lehrergehalt betrug zu dem Zeitpunkt durchschnittlich 100 bis 200 Reichstaler pro Jahr, inklusive der Wohnungsvergütung.[19] »Es ist bekannte Thatsache, daß mit einem solchen Gehalte selbst nicht einmal ein unverheirateter Mann auszukommen vermag, da man ja für Kostgeld allein wenigstens 120 [Reichstaler] rechnen muß. Da aber die meisten von uns Familie haben, so blieb weiter nichts übrig als durch schwere körperliche Arbeiten für uns und unsere Familien das Fehlende zu erwerben.«[20] Von »bitterer Noth« ist die Rede, zumal auch noch die »ermäßigte Sommerschule aufhören soll«.[21] Und so machten die Lehrer einen Gehaltsvorschlag: 300 Reichstaler jährlich. Inwieweit das Konsistorium in Stade dieser Bitte nachkam, lässt sich nicht mehr nachweisen.

Und dann ist nochmals in einem Schreiben vom 4. Dezember 1876 das leidige Geld ein Thema. Diedrich Schröder wandte sich an das Amt in Lilienthal, um die laut einer Verfügung zugesicherte

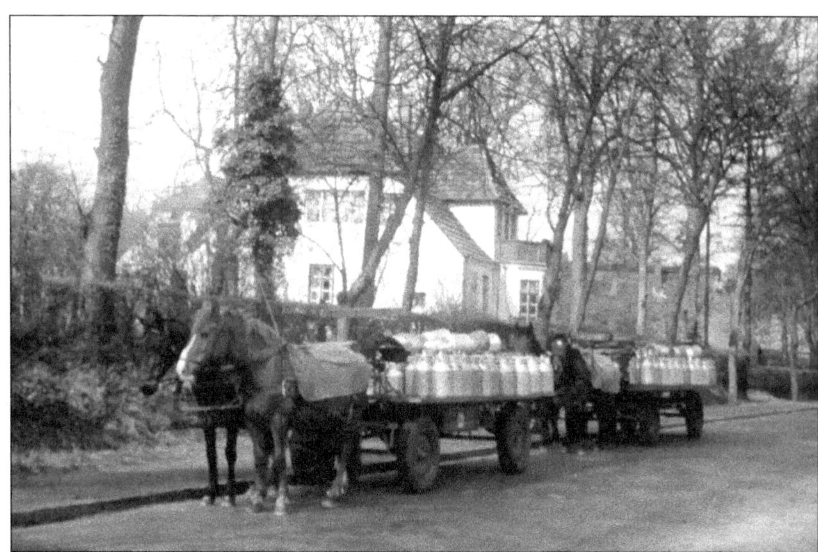

Milchwagen vor dem Hemberg Nr. 38, um 1965

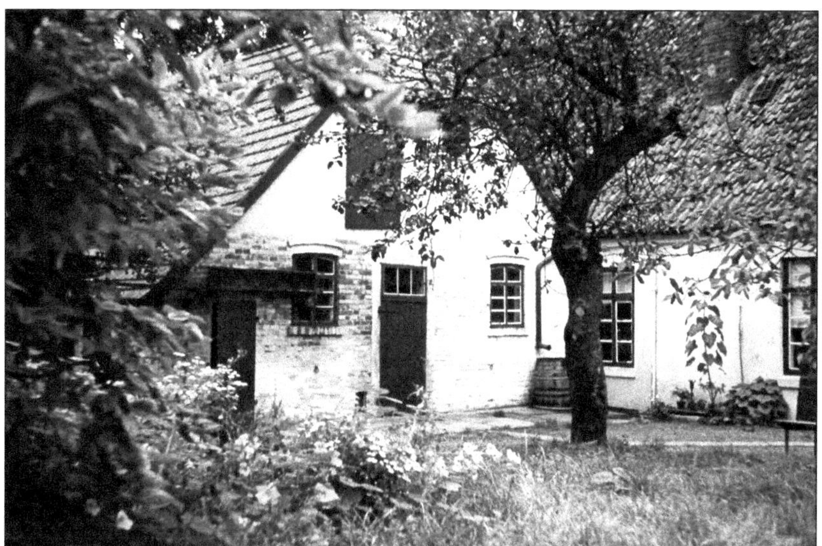

Rückansicht des Hauses, 1960er Jahre

jährliche Wohnungsvergütung von 150 Mark, die die Schulgemeinde aufzubringen hatte, anzumahnen.[22] Man kann wohl davon ausgehen, dass die Beschwerde akzeptiert wurde und er den Betrag ausgezahlt bekam. Die Geldsorgen aber bleiben.

Das Haus mit der Nummer 38[23], in dem Diedrich Schröder mit seiner Familie auf dem Hemberg wohnt, stammt aus dem Familienbesitz seiner Ehefrau Becka. Es befindet sich auf einem Grundstück, das, in drei Parzellen gegliedert, eine Fläche von insgesamt einem Hektar ausmacht und sich nach Osten hin verjüngt. In der Gemarkungsakte von 1876 wird Diedrich Schröder als Eigentümer und Erbe geführt.[24] Aber auch Diedrich Kohlmann, ein Landwirt, wird als Erbe genannt. Im Liegenschaftsbuch hingegen werden Diedrich Schröder und seine Ehefrau erst in den Jahren 1884/85 als Eigentümer verzeichnet.[25] Die Flächen um das Haus sind zum Teil noch Ackerland, zum Teil bereits kultiviert. Hier also wächst Martha mit ihren Geschwistern aufwachsen, hier verbringt sie ihre Kindheit.

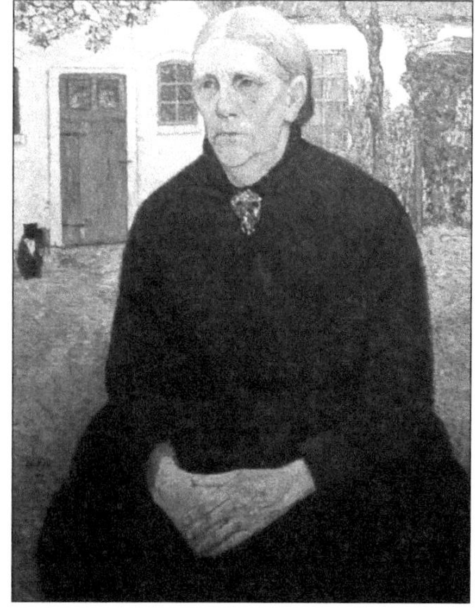

Becka Schröder, Porträt in Öl von Heinrich Vogeler, 1912

Später, Anfang der 1890er Jahre, wird sie dann in ihrem Elternhaus erstmals jungen Künstlern begegnen, die mit im Hause wohnen werden. Denn ihre Mutter Becka wird sich nach dem Tod ihres Ehemannes mit dem Vermieten von Zimmern ihre Witwenrente aufbessern. Das aber wird nur möglich sein, weil einige der älteren Geschwister – flügge geworden – nach Amerika auswandern und somit Zimmer im Haus frei werden. So werden der Erstgeborene Johann und seine Brüder Diederich und Fred bereits Anfang der 1880er Jahre[26] gen Westen aufbrechen und in den Vereinigten Staaten eine neue Heimat finden. Von diesem frühen Teil der Familiengeschichte sind keinerlei Dokumente überliefert, die Auskunft geben könnten. Man weiß nicht, ob sie sich gemeinsam oder einzeln aufmachten. Es war durchaus üblich, dass einem Verwandten dann weitere Familienmitglieder folgten, wenn positive Nachrichten aus Amerika eintrafen. Gründe, in die Neue Welt aufzubrechen, gab es viele. In einem Bericht aus dem Jahre 1881 werden sie beim Namen genannt: wirtschaftliche, persönliche, häusliche, politische und kirchliche.[27] Aus dem Teufelsmoor brachen in dieser Zeit viele junge Menschen Richtung Staaten auf. Auch Marthas liebste Schwester Marie wird kurz vor der Jahrhundertwende ihr Bündel für die USA schnüren. Aber nicht alle Geschwister wird es über den großen Teich ziehen. Die Brüder Karl und Martin werden, wie der Vater, den Lehrerberuf ergreifen. Hinni hingegen wird nach der Jahrhundertwende Molkereibesitzer im Brandenburgischen[28] werden und dem Kaiser in Berlin die Butter liefern.[29] Die Schwester Minna wird Heinrich Klindworth, den Lehrer aus Südwede, heiraten. Und Gesine wird mit ihrem Ehemann Friedrich Schwiebert[30] um 1910 einen Gasthof auf dem Teil des Schröder'schen Grundstücks erbauen, das sich nach Osten hin verjüngt. Ihr Schwager Heinrich Vogeler wird dafür den architektonischen Entwurf liefern. Aber all das ist noch Zukunftsmusik, denn Martha ist gerade einmal geboren worden. Und Martin wird erst in drei Jahren das Licht der Welt erblicken.

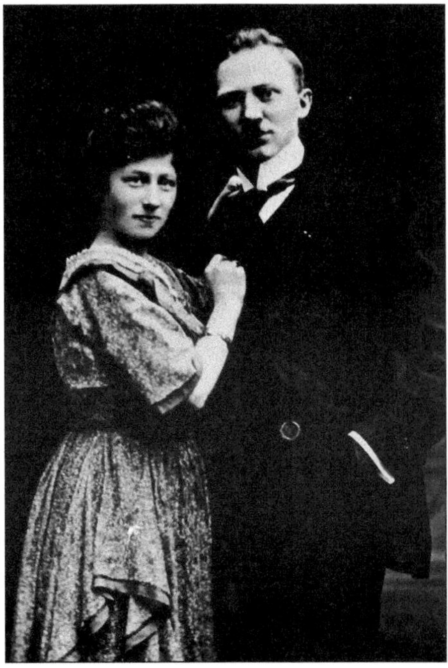

Gesine und Friedrich Schwiebert

»Bedrängte Lage«

Anfang des Jahres 1880 – Martha ist vier Monate alt – richtet Diedrich Schröder die Bitte an das Hohe Königliche Konsistorium in Stade, in Worpswede »und der Umgegend vorkommende Auctionen und Rechnungen übernehmen zu dürfen.«[31] Hintergrund ist die nach wie vor angespannte finanzielle Lage des Dorfschullehrers. »Da ich nun eine sehr große Familie von neun Kindern unter 16 Jahren habe und 5 davon die Schule besuchen, so darf ich um diese zu unterhalten auch selbst den kleinsten Verdienst nicht fahren lassen.«[32] Er gibt das Versprechen, dass die Schultätigkeit nicht darunter leiden werde. Wenige Tage später wird ihm aus Stade »mit Rücksicht auf [seine] bedrängte Lage«[33] gestattet, Auktionen abzuhalten. Diese Tätigkeit ergänzt Schröder hin und wieder mit von ihm aufgesetzten Kaufkontrakten, wenn er von Worpswedern daraufhin angesprochen wird, für die er ein kleines Entgelt fordert. Und auch mit der Tätigkeit eines Agenten der Baseler Feuerversicherungsgesellschaft bessert er sein Einkommen auf. Diese Tätigkeiten sind für ihn ausschließlich Nebengeschäfte.

Dreieinhalb Jahre später, Ende September 1883, kommt es jedoch zum heftigen Streit. Denn der sich inzwischen in Worpswede angesiedelte Auktionator und Mandatar Georg Tubbe sieht in Schröder einen erheblichen Konkurrenten. Neben Tubbe hat sich auch der Gendarm a. D. Filly in dieser Eigenschaft im Ort niedergelassen, aber Tubbe zieht nur gegen Schröder zu Felde: mit einer 17 Seiten langen Beschwerdeschrift, die er beim Konsistorium in Stade einreicht. Er schreckt auch nicht davor zurück zu behaupten, dass Lehrer Schröder diese Tätigkeiten auch seine Schüler spüren lassen würde, indem er diejenigen vorziehe, deren Eltern ihm in besagten Fällen Aufträge erteilten. Ein paar Tage später wird Hauptlehrer Riggers seitens des Superintendenten um eine Stellungnahme gebeten: »Ohne Zweifel ist die Tubbesche Beschwerde aus Brodneid herausgegangen. Sowie die Verhältnisse hier liegen, läßt sich solches nicht verkennen. Es sind hier 2 Mandataren und Schröder mit seinen Auctionen ist der 3. Da ist es nicht zu vermeiden, daß jeder das Seinige thut, um für seine Dienste Reclame zu machen. […] Aus der Tubbeschen Schrift ist es ersichtlich, daß der Autor alles mögliche heranzieht, um Schröder in ein schlechtes Licht zu stellen. Ich habe auch nie gehört, daß Eltern darüber

Klage führten, daß Schröder ihre Kinder schlecht behandle, weil sie nicht mit ihren Auctionen zu Schröder gingen. Ein schwacher Lehrer ist Schröder; er ist es vorher gewesen, so lange er auctioniert hat und wird es fernerhin bleiben.«[34] Auch wenn Letzteres fast denunziatorisch klingt und offen bleiben muss, ob es den Tatsachen entsprach, scheint Riggers die Situation als solche aber richtig eingeschätzt zu haben. Denn Georg Tubbe neidet Diedrich Schröder unzweifelhaft seine Nebeneinkünfte und, wie Schröder in seiner Erwiderung auf die Stader Beschwerde anmerkt, tue er dieses »lediglich um mich zu stürzen«.[35]

Unabhängig von diesen Vorgängen in Worpswede ist am 1. Juli des Jahres 1883 die Gewerbeordnung für das gesamte Deutsche Reich dahin abgeändert worden, dass Gewerbetreibende, die Auktionen von Immobilien betreiben, sich ab 1. Januar 1884 vereidigen lassen müssen. Da Diedrich Schröder sowohl Mobilien als auch Immobilien versteigert, richtet er Anfang des Jahres 1884 diesbezüglich ein Gesuch an das Amt in Lilienthal. Der Amtshauptmann[36] aber fühlt sich nicht befugt, darüber zu entscheiden, und reicht dieses mit eigenem Kommentar nach Stade weiter. In dem heißt es unter anderem, dass keine Gründe vorlägen, den Lehrer Schröder als Auktionator zu entfernen. Doch das Königliche Konsistorium entscheidet anders, denn es teilt mit, dass sich die Ausübung der Nebengeschäfte des Lehrers Schröder in Zukunft nur noch auf die Versteigerung von Mobilien beschränken dürfe.[37] Es hat hier den Anschein, als hätte die Beschwerde von Tubbe ihre Früchte getragen.

Dieser aber lässt in seinem Bestreben, Diedrich Schröder als seinen vermeintlichen Konkurrenten auszuschalten, nicht nach. Und so setzt er Mitte Februar 1884 erneut eine Beschwerdeschrift auf. Um nicht ausschließlich gegen Schröder zu hetzen – was man ihm als Niedertracht hätte auslegen können –, hat er sich in selbiger Sache noch ein weiteres Opfer ausgesucht: den Lehrer Gerken aus Seehausen. Gegen Schröder kann Tubbe jedoch nichts Neues vorbringen, außer, dass er Beweise vorlegt. So ordnet daraufhin das Konsistorium in Stade die Vernehmung Schröders an, die etwa vier Wochen später beim weltlichen Kirchenkommissariat des Amtes Lilienthal »wegen des wider ihn aufgebrachten Beweismaterials in Betreff seiner Nebengeschäfte«[38] stattfindet. Der Amtshauptmann konstatiert dann wenige Tage später in seinem Bericht nach Stade: Lehrer Schröder, »dessen Ehe mit 10 Kindern

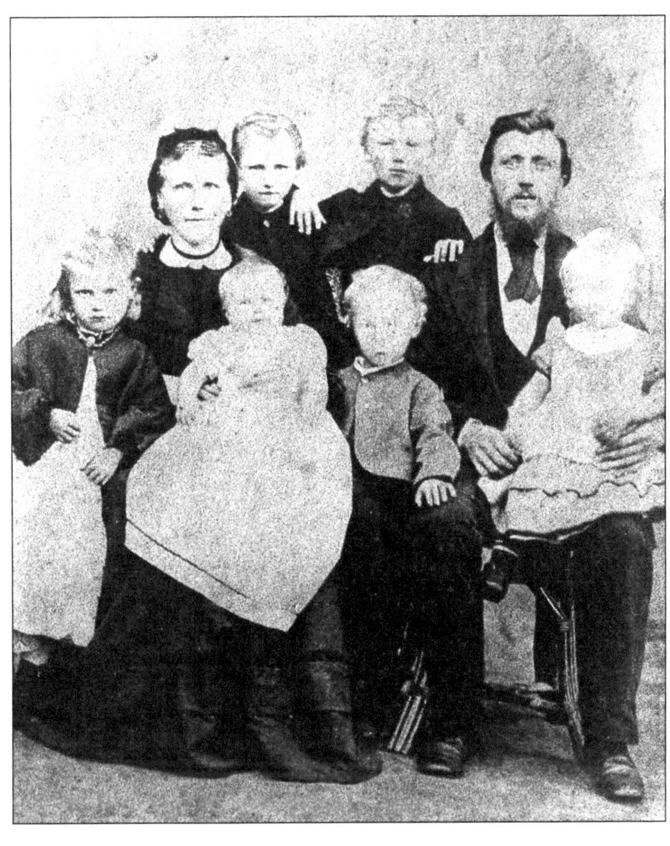

Familie Schröder, um 1875

gesegnet ist [inzwischen wurde auch Martin geboren], erging es lange Zeit recht schlecht. Er war auf Nebengeschäfte mit angewiesen, um sich durchzubringen. Es steht insofern besser jetzt mit ihm, weil er reichlich 6000 M in Folge Ablebens seines Schwiegervaters geerbt hat, wovon er freilich behauptet, daß in der Erbschaft manche ungewisse Forderung einbegriffen ist.«[39] Und so spricht der Lilienthaler Amtshauptmann die Empfehlung aus, die Nebentätigkeit beider Lehrer auf die längst bewilligten Agenturen und den Verkauf von Mobilien zu beschränken.[40] Doch das Konsistorium in Stade folgt der Empfehlung nicht, denn mit sofortiger Wirkung entzieht es beiden Lehrern seine vor einigen Jahren erteilte Erlaubnis: »Die Lehrer Schröder und Gerken sind daher nicht mehr befugt Auctionen, welcher Art diese auch sein mögen, ferner noch abzuhalten.«[41]

Inwieweit diese sich über eineinhalb Jahre hinziehende Verleumdungskampagne Diedrich Schröders Gesundheit weiter angegriffen hat, kann nur vermutet werden. Denn seit Längerem ist er an einem Lungenleiden erkrankt.

Ostendorfer Ziegelei

An dieser Stelle sei ein Abstecher zur Ostendorfer Ziegelei gestattet, die Diedrich Schröders Vater und Marthas Großvater, Johann Hinrich Schröder, vermutlich schon in den 1850er Jahren gegründet hatte. Über die Anfänge dieses Unternehmens existieren keinerlei Akten. Erstmals wird ein derartiger Betrieb im Jahre 1861 in einem Bericht aus Lilienthal erwähnt. Darin ist von vier Kalkbrennereien und einer Ziegelei im Amt Lilienthal die Rede. Doch der Betrieb der Letzteren »ist unerheblich, befriedigt nicht ein Mal annähernd den hiesigen Bedarf, besonders bezüglich der Ziegeleiarbeiter«.[42] Man kann davon ausgehen, dass es sich hier um die Ostendorfer Ziegelei handelte und Schröder zu dieser Zeit noch Inhaber der kleinen Fabrik war. Hochbetagt erinnert sich Martha Vogeler, dass ihr Großvater im Ort eine Ziegelei gehabt habe. »Der Lehm und Ton wurde von hessischen Arbeitern gebacken und ganz primitiv gebrannt. Dadurch waren die Steine natürlich nicht sehr haltbar aber sehr schön. [...] Farbig sahen sie entzückend aus, rosa mit hellgelben Wolken.«[43] Es waren allerdings Arbeiter aus dem lippischen Land – Lippscher genannt –, die als Saisonkräfte dort arbeiteten,[44] und keine aus dem hessischen.

Ende des Jahres 1869 wurde ein Ringofen in Betrieb genommen, damals ein absolutes Novum. Er löste den bisherigen Hochofen ab.[45] Zu dem Zeitpunkt war ein gewisser Hinrich Gieschen Eigentümer des Betriebes, der in einem Dokument für das Jahr 1867 vermerkt ist. Sein Nachfolger wurde Mitte der 1870er Jahre Bernhard Bolte.[46] Mit ihm muss das Unternehmen Fahrt aufgenommen haben, zumal es auf dem Gelände auch eine »kleine Hafenanlage zum Abtransportieren der Steine«[47] gab. In einer Reisebeschreibung von 1878 wurde sogar empfohlen, die großartige Bolte'sche Dampfziegelei in Ostendorf zu besuchen.[48] Bolte wird mit der Produktion von Ziegeln, für die er den Ton am östlichen Fuße und zunehmend auch am östlichen Hang des Weyerberges graben ließ, zu einigem Wohlstand gekommen sein, denn er baute sich ein großes Wohnhaus[49], das im Volksmund nur »die Villa« genannt wurde. Diese Villa wird auch in Heinrich Vogelers ersten Worpswede-Tagen eine Rolle spielen, denn er wird sich dort für einige Zeit mit seinem Künstlerfreund Otto Sohn-Rethel[50] einmieten. Wenn das Haus auch, bedingt durch Feuchtigkeit, dem Verfall preisgegeben sein wird. »Uns störte das wenig, gereizt hatte uns vor allem der romantisch verwachsene Garten. [...] Von der Landstraße zur Haustür der Villa führte ein kurzer Weg und drei steinerne Stufen, auf deren Seitenpfosten Zementfiguren hockten, zwei Putten, die Blumenschalen über dem Kopf hielten.«[51] Auch die junge Martha Schröder wird im Jahre 1894 Heinrichs »Aquarium« in Ostendorf kennenlernen, wird sie doch zu dieser Zeit schon mit dem jungen Künstler bekannt sein. »Und dann fing er an, die ganzen Wände zu bemalen mit überlebensgroßen Satyren und Nymphen und Böcklin-Figuren. Auf mich machte es einen fabelhaften Eindruck und überhaupt auf die Worpsweder.«[52]

Boltes Nachfolgerin wurde dann eine Witwe Roth, die um 1880 den Betrieb übernahm.[53] In der Gewerbeliste des Amtes Lilienthal von 1889 wird auch ihr Betrieb aufgeführt. Zu dem Zeitpunkt beschäftigte sie 20 männliche Arbeitskräfte.[54] Ein mit Abstand großer Betrieb im damaligen Amtsbezirk Lilienthal. Doch wenn Heinrich Vogeler Mitte der 1890er Jahre dieses Areal mit der Villa für sich entdecken wird, wird die Hafenanlage bereits zerfallen sein und »der Ziegelei ging es schlecht, die Steine waren salpeterhaltig, froren im Winter kaputt«.[55]

Rainer Maria Rilke, der einige Jahre später, im Sommer 1900, auf den Barkenhoff kommen wird, wird vor allem von dem alten, verwilderten Garten der Ziegelei fasziniert sein. In seinem Tagebuch erwähnt er die grünen Lichtungen von hohen Bäumen umstanden, knorrige Apfelbäume und vielerlei Skulpturen, die ein verwunschenes Dasein führen.[56] Nach der Jahrhundertwende wird Bürgermeister Victor Marcus aus Bremen, mit dem Martha und Heinrich Vogeler zu der Zeit befreundet sein werden, das gesamte Gelände kaufen. Zudem noch ein Stück Heidefläche am östlichen Weyerberg, die später seinen Namen tragen wird. Insgesamt werden es 100 Morgen Land sein, die Marcus erwerben wird. Die alte, einst von Johann Hinrich Schröder gegründete Ziegelei wird von diesem Zeitpunkt an Marcushof genannt werden. An den Firmengründer und seine Ehefrau Gesche Adelheid jedoch erinnert ein alter Grabstein auf dem Worpsweder Friedhof, den beide Eheleute ihrer Familie als Denkmal gestiftet haben.

Kindheitstage

Mitte der 1880er Jahre ist ein großer Teil des Weyerberges noch mit Heide bewachsen. Nur die Höhen vom Schmiedberg [heute Schmidtberg] an dessen östlicher und die vom Gartenberg an dessen westlicher Seite werden von kleinen Krüppeleichen umstanden. Der Findorffberg hingegen, eine Anhöhe in Richtung Nordwesten, ist mit einer Krone aus hohen, alten Kiefern geschmückt. Um das dortige Findorff-Denkmal herum können sich wohl einige hundert Menschen versammeln. Und so wird dieser Platz an schönen Sommertagen immer wieder auch für Gottesdienste genutzt. Selbst der Schulunterricht wird bei sonnigem Wetter manchmal dorthin verlegt.

Oben auf dem Berg aber gibt es eine Sandkuhle, um die herum sich ebenso Heide angesiedelt hat. Auch hier, wie über den gesamten Berg, zieht der alte Hirte Jan-Dirk mit seiner weidenden Herde und dem Schäferkarren vorbei. Und an der Ostseite des Berges schlängelt sich ein Weg, gesäumt von alten Kiefern, am Heiderand entlang hin zum Schmiedberg, der hinunter zur Landstraße nach Bremen führt. Jeden Morgen fährt ein Omnibus von Mahnkes Gasthaus, das unten im Dorf an der Straße Richtung Osterwede liegt, nach Bremen und am frühen Nachmittag wieder zurück. Worpswede ist kein weltabgeschiedenes Dorf mehr, sondern angebunden an die nahe gelegene Großstadt Bremen und ansonsten autark. Es gibt Handwerker und Händler, die die Bevölkerung mit Dienstleistungen und Waren versorgen. Und es gibt die bereits erwähnte Ziegelei, die das nötige Baumaterial für die Worpsweder und die Moorbewohner produziert.

Als Martha etwa dreieinhalb Jahre alt ist, klopft es eines Nachts heftig ans Fenster des elterlichen Schlafzimmers. »Monsees' Haus brennt!«, ruft eine erregte Stimme. Monsees ist der Nachbar. Ihre Mutter nimmt sie behutsam aus dem Bett und legt sie in ihre Wiege, die am Fuße des Ehebettes steht. Sie war zwischen den Eltern im großen Bett, die väterliche Hand in ihren kleinen Händchen haltend, eingeschlafen. Dieses ist Marthas erste Erinnerung, ihr erstes Bewusstwerden des Auf-der-Welt-Seins. Geborgen und beschützt von elterlicher Liebe und Wärme. Es ist aber auch die erste Wahrnehmung von Unglück, das in ihrer kleinen Seele einen Schrecken auslöst, der einige Zeit anhält.

Bereits im Alter von fünf Jahren macht sie die erste Bekanntschaft mit dem Handarbeiten. Eine Tätigkeit, die ihr Leben bestimmen und eine ihr entsprechende Ausdrucksweise werden wird. Denn auch ihr eigenes Empfinden wird darin immer wieder aufscheinen und ihre Arbeiten unverwechselbar machen. Insbesondere in den Stickereien und Applikationen der frühen Jahre. Seinen Anfang nimmt diese Entwicklung mit dem Dienstmädchen des Dorfgendarmen, das ins Schröder'sche Haus kommt, um Martha im Häkeln und Sticken zu unterweisen. Oft sitzen beide dann im linken Vorderzimmer des Hauses mit Blick auf die Straße. Mutter Becka hat für derlei Beschäftigungen keine Zeit, der Haushalt mit den vielen Kindern erfordert ihre ganze Aufmerksamkeit. Einige Jahre später ist es die alte Lehrerin Frau Stahr, die Martha weiter zum Sticken und Häkeln ermuntert, denn das Mädchen darf immer nachmittags zu ihr kommen und unter ihrer Obhut arbeiten. So entstehen schon in diesen Jahren gebrauchsfertige Dinge wie die Aussteuer einiger Dorfmädchen oder lange Tischläufer. Die Muster dafür zeichnet Martha selbst auf den Stickgrund, also auf den entsprechenden Stoff.

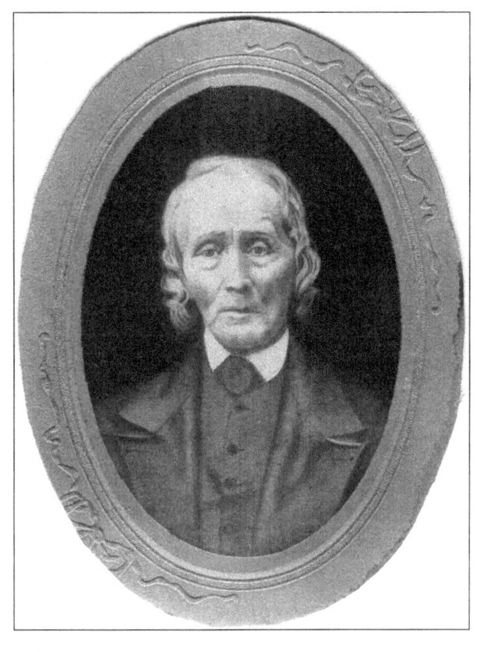

Diedrich Kohlmann

Zu Marthas ganz frühen Erinnerungen zählt auch der eine oder andere Besuch von Großvater Kohlmann aus Ahrensfelde. Sie liebt ihn, weil er so lebendig erzählen und sogar singen kann. Besonders schön wird es, wenn er die Gitarre mitbringt. Dem Großvater haftet in ihren Kinderaugen etwas Fantastisches an. Es ist der Nimbus der Seefahrer, der ihn umgibt. Und natürlich gibt er gerne seine Seefahrergeschichten zum Besten, erzählt von seinen Ostindien-Routen, von Nixen und anderen Fabelwesen. Und mit dem Vater, den sie ebenso liebhat, geht sie in diesen frühen Jahren manchmal den Kirchberg hinauf zur Schule. Da sitzt sie dann, noch kein Schulkind, inmitten der älteren Kinderschar im überfüllten Raum der zweiten Klasse, mit den Mädchen auf der einen, den Jungen auf der anderen Seite; sitzt und lauscht den Worten des Lehrervaters Schröder. Einmal macht der Vater seinen eigenen Sprösslingen eine Riesenfreude. Er fährt auf die Geest und kauft dort für 20 Pfennig das Stück verschiedene kleine Bäumchen, die höchstens zwei Jahre alt sind. Jedes der Geschwister bekommt ein solches, darf es selbst einpflanzen und später dann hegen und pflegen. Für die Kinder ist dieses Geschenk eine große Seligkeit, und auch Vater Schröders Gesicht strahlt. Doch schon bald stirbt der Vater – gerade einmal 42 Jahre alt. Wie bereits angedeutet, quälte ihn ein Lungenleiden, und auch die durch Georg Tubbe initiierte Verleumdungskampagne wird ihren Teil zum frühen Tod des Dorfschullehrers beigetragen haben. Eine Todesursache wird amtlich nicht vermerkt.[57] Insbesondere für die jüngeren Geschwister – so auch für Martha – bedeutet dieses Ereignis einen großen, schmerzhaften Verlust.

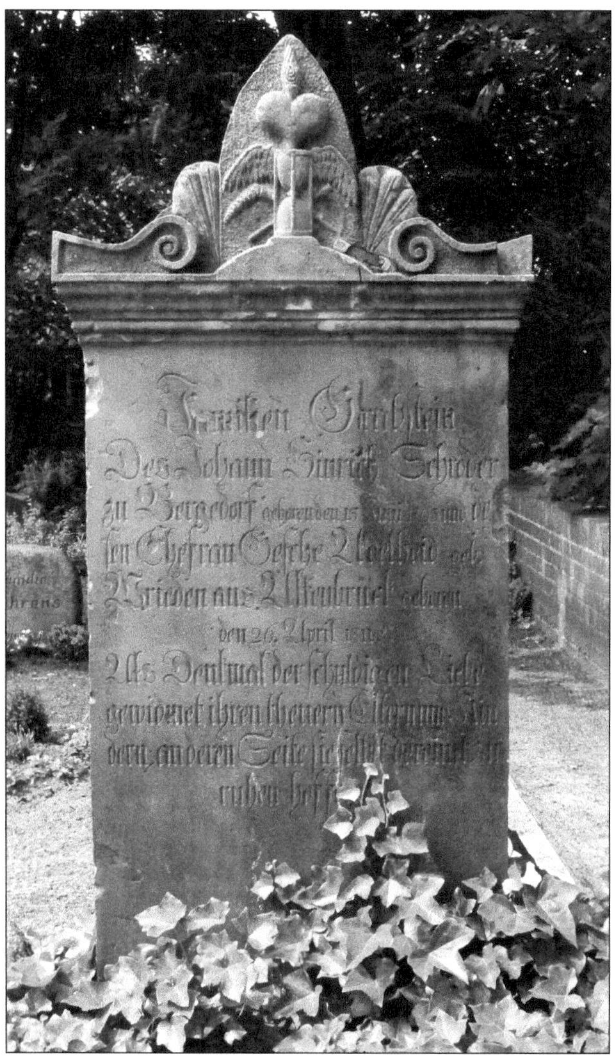

Der Grabstein der Familie Schröder auf dem Worpsweder Friedhof, heute die Grabstelle der Familie Vogeler.

Ein Jahr nach dem Tod des Vaters, am 17. Mai 1886, wird Martha eingeschult.[58] Nun beginnt die Zeit, wo sie auch gerne mit den Jungen des Dorfes spielt, gemeinsam mit ihnen um die großen Höfe herumjagt oder hinunter ins Moor läuft. Seit dem Tod ihres Mannes vermietet Becka Schröder einige Zimmer in ihrem Haus. Einmal bekommt Martha von einem jungen Gendarmen, der bei ihnen wohnt, eine Wachspuppe geschenkt. Da ist sie etwa acht Jahre alt. Ein großes Glück für ein kleines Dorfmädchen, denn die Schröder'schen Kinder wachsen ohne Spielzeug auf. Dieses ist für eine solch große Familie unerschwinglich. Aber Martha vermisst es nicht. Die wechselnden Jahreszeiten und vor allem die Natur, die überall ihre Schönheit offenbart, schenken ihrer Kinderseele alles, was sie braucht. Die Wachspuppe aber hält nicht lange. An einem der langen Wintertage kommt sie dem warmen Ofen zu nahe und schmilzt dahin. Darüber ist die kleine Martha untröstlich.

Die Familie von Josef Welzel, die etwas weiter unten im Dorf den Gasthof Stadt Bremen betreibt, wird für Martha ein zweites Zuhause. Das Ehepaar Welzel hat das jüngste Schröder-Mädchen ins Herz geschlossen, und Martha fühlt sich dort wohl und aufgehoben, verbringt oft den ganzen Tag bei Welzels. Sie muss nur die Straße bis zur Dorfmitte hinunterlaufen und ist schon da. Natürlich handarbeitet sie dort auch gerne, näht sogar einmal zum Weihnachtsfest für alle Welzel-Mädchen Unterröcke. Familie Welzel hat, wie Familie Schröder, zahlreiche Kinder. Als Martha etwa 14 Jahre alt ist, wird sie dort in der Gastwirtschaft beim Servieren des Mittagstisches helfen. Und damit auch den ersten Malern begegnen.

In diesen Kindheitstagen entwickelt das Mädchen vom Hemberg bereits ein Gespür für die Schönheit der Landschaft sowie die Natur des Weyerberges und für die des Teufelsmoores. Es ist zu dieser Zeit im Dorf üblich, aus Brandschutzgründen mit Wasser gefüllte Notkuhlen einzurichten, die in Abständen von etwa 100 bis 200 Metern verteilt sind. Eine, die zwischen Kaufmann Stolte und Gasthof Stadt Bremen gelegen ist, hat sich zu einem kleinen Teich entwickelt, mit schönen Schilfgewächsen an seinen Rändern und mit Uferschwalben, die sich dort eingenistet haben. Martha ist gerne dort. Und im Frühling pflückt sie mit den Freundinnen oben auf dem Berg gelbe Immortellen, die an geschützten Plätzen wachsen. Daraus flechten sie kleine Kränze, die dann als Kostbarkeiten verschenkt werden. Ihre beste Freundin ist Bertha Siem, eine Verwandte, deren Eltern unterhalb der Schule eine Bäckerei betreiben. Bertha und Martha sind die beiden Mädchen in der Schule, die die meisten Flicken an den Kleidern haben. Deshalb meiden die anderen Kinder sie, was beide aber nicht stört. Sie setzen sich abseits an die Kirchenmauer und spielen mit kleinen Steinchen, wie man sonst mit Murmeln spielt. Denn die bunten Glaskugeln gibt es in Worpswede nicht zu kaufen.

Ein richtiges Abenteuer aber ist das Vogelfangen, das die Kinder mit selbst gebauten Fallen aus Weiden bewerkstelligen. Weidenstöcke werden zu Triangeln zusammengebunden, in denen dann Ösen aus Pferdehaaren als Schlinge befestigt werden. Es ist ein grausames Kinderspiel, was ihnen aber in diesem Alter nicht bewusst ist. An Wintertagen sitzt Martha mit einigen ihrer Geschwister beim Nachbarn Monsees, wo die Brandschäden längst beseitigt sind, im warmen Zimmer, um einem Holzschnitzer zuzuschauen, der aus weichem Birkenholz Vögel mit seltsamen Flügeln schnitzt. Wenn diese fertig sind, werden sie auf den Ofen gestellt, wo sich die Flügel aufgrund der aufsteigenden Wärme langsam zu drehen beginnen. Von diesem Schauspiel ist Martha so fasziniert, dass dessen Bilder sie bis in den Schlaf begleiten.

Neben dem Sticken und Häkeln ist es auch das Weben, das sie bereits in der Kindheit kennenlernt. Wenn sie mit der Mutter die Verwandten im Moor besucht, sieht sie die Frauen dort an den Bauernwebstühlen sitzen. Weben ist eine Wintertätigkeit. Nach Weihnachten sind die Frauen meist mit der Leinenweberei beschäftigt. Manchmal darf dann auch die kleine Martha auf solch einen aus der Mooreiche gefertigten Webstuhl steigen und versuchen, das Schiffchen zaghaft durch die schnurgerade Gasse der Kettfäden zu werfen. Bei diesen Gelegenheiten sieht sie auch die vielen gestapelten Rollen von Leinen, die meist in großen, alten Truhen aufbewahrt werden und zum Teil noch von den Müttern oder Großmüttern stammen. Die Truhen erscheinen ihr als etwas Kostbares, denn sie sind mit Schnitzereien reich verziert und ihre Deckel innen meist mit einem Haussegen ausgestattet, einem Bibelspruch, umrahmt von farbig eingefassten Engeln und Blumen. Als Martha etwas älter ist, gestaltet sie diese Art von Sprüchen selbst. Dafür erwirbt sie einige Wochen vor dem Weihnachtsfest beim Buchbinder Netzel eine dünne, weiße Pappe. Darauf sind bereits die verschiedensten Bibelsprüche aufgedruckt, die sie dann mit getrockneten und gepressten Pflanzen auf naive, kindliche Art dekoriert. So gestaltet sie auch die Buchsbaumtürmchen, die zusammen mit einem Paar Glasleuchtern und einem Abendmahlsbecher in jedem Bauernhaus für die entsprechenden Festlichkeiten wie Trauungen, Kindstaufen oder Abendmahle aufbewahrt werden.[59] Alle diese traditionellen Gegenstände verkauft sie für ein geringes Entgelt an die Familien im Moor oder verschenkt sie.

Die Menschen, Dinge und Erscheinungen der heimatlichen Umgebung werden Marthas Rüstzeug fürs Leben sein, welches sie in ihrer Kindheit erwirbt. Sie werden sich in ihrem Leben als Erdung erweisen.

Neuankömmlinge im Dorf

Im Spätsommer 1884 steigt der junge Düsseldorfer Kunststudent Fritz Mackensen in Bremen in den Pferdeomnibus Richtung Worpswede, dem Ziel seiner Reise. Er folgt damit einer Einladung der Kaufmannsfamilie Stolte, deren Tochter Wilhelmine (genannt Mimi) er in Düsseldorf kennengelernt hatte. Als Schlüsselerlebnis dieser Ferienwochen am Weyerberg erweist sich ein Missionsfest, welches er in Schlussdorf erlebt. Es ist ein malerisches Motiv, denn unter freiem Himmel versammeln sich die Moorbauern mit ihren Familien um einen Pastor auf einer provisorischen Kanzel. Davon will er ein Bild malen, und wegen der Studien kommt er in den folgenden Sommern immer wieder. Im Jahre 1889 bringt er dann zwei weitere Künstlerfreunde mit: Otto Modersohn und Hans am Ende. Und alle drei beschließen, zu bleiben.

Die jungen Kunststudenten muten im Dorf am Weyerberg etwas seltsam an. Weniger ihrer städtischen Kleidung wegen, denn auch hinsichtlich der Mode ist man im Kirchdorf Worpswede mit seinen Großbauern, Handwerkern und Gewerbetreibenden auf der Höhe der Zeit. Es ist vielmehr ihre Malausrüstung, die auffällt und mit der sie in die umliegenden Moordörfer und in die Landschaft ziehen. Dass Künstler sich auf dem Lande einquartieren und vor der Natur, vor der Landschaft arbeiten und diese unmittelbar auf die Leinwand bannen, ist eine Erscheinung, die bereits in der ersten Hälfte des 19. Jahrhunderts in Frankreich ihren Anfang nahm – und sich nun auch in Worpswede vollziehen wird. So werden die Künstler diesen Ort verändern und ihn auf ihre Weise prägen.

Die jungen Maler, zu denen auch bald Fritz Overbeck gehört, wohnen im Dorf. Nur Hans am Ende logiert bei Becka Schröder auf dem Hemberg, die zu diesem Zeitpunkt bereits einige Zimmer vermietet. Zudem richtet er sich im Anbau des Hauses ein Atelier ein.[60] Auch Fritz Mackensen wird einmal vorübergehend bei ihr wohnen. So wird die junge Martha mit einer Welt konfrontiert, von der sie bisher nichts ahnte, nichts ahnen konnte: die Welt der Kunst. In ihrer kindlich-unbefangenen Art geht sie auf die Maler zu und freundet sich mit ihnen an. Im täglichen Umgang mit ihnen und ihrer künstlerischen Arbeit wird sie zunehmend vertrauter. Was auch seinen Ausdruck darin findet, dass sie ihnen gelegentlich hilft und beispielsweise die Malpinsel auswäscht. Eine notwendige Tätigkeit, denn am nächsten Tag soll damit wieder gearbeitet werden. Besonders schätzt sie Hans am Ende, ist er doch ein angenehmer Ruhepol im Haus, und was er an Meinungen äußert, ist für sie gleichsam Gesetz. »Alles, was am Ende sagte, war für mich Evangelium, das war richtig.«[61]

Anfang September beginnt für die Kinder stets die schönste Zeit des Jahres. Die heißen Tage sind vorüber, aber es ist noch warm. Das Obst reift hinter den Hecken und verströmt einen verlockenden Duft. Auch die Dämmerung kündigt sich bereits früh an. Dieses ist der Zeitpunkt, den die Schröder'schen Geschwister sehnsüchtig erwarten, denn dann werden sie noch einmal aktiv. Die Brüder sitzen im Stall auf der Futterkiste und höhlen die gelben Kürbisse aus, kerben ihnen Gesichter ein, meist gruselige. Denn bald schon sollen sie in der Dunkelheit leuchten und ihre fratzenhaften Züge zeigen. Als es endlich so weit ist, setzt sich der kleine Laternenzug in Bewegung. Denn die Kinder wollen ihre großen Künstlerfreunde abholen. Zuerst gehen sie zu Fritz Overbeck, der manchmal noch mit seinem Freund Euler beim Abendbrot sitzt und der kleinen Schar von seiner Mettwurst zu kosten gibt. Dann ziehen sie gemeinsam weiter, hinauf zum Kirchberg, wo Otto Modersohn in der alten Pastorenscheune sein Atelier eingerichtet hat. Unterwegs ist der kleine, schwankende Laternenzug dann meist länger geworden, denn andere Dorfkinder haben sich ihm angeschlossen. Vor dem tiefblauen Nachthimmel leuchten die Kürbisse in ihrem gelb schimmernden Licht. Lieder werden angestimmt, und die hellen Kinderstimmen werden von den dunklen Stimmen der Künstler mitgetragen. Auf dem Kirchberg angekommen, schleichen die Kleinen ans Fenster des Malers und entdecken im schummerigen Raum auf Wandborden ausgestopfte Vögel und in Kästen geordnete Schmetterlinge und Käfer. All das macht sie Staunen. Manchmal ziehen sie mit ihren Laternen noch weiter ins Dorf hinunter, manchmal aber endet hier auch ein solcher Abend. Danach bringen die Malerfreunde die Kinder nach Hause, jedes zu seinen Eltern. Und die Schröder'schen Mädchen sitzen ab und an noch bis spät über einer Handarbeit. Dann kommt Hans am Ende mit dem großen Märchenbuch von Hans Christian Andersen und liest der kleinen Runde daraus vor. Im Winter, wenn die verschneiten Hänge des Weyerberges zum Rodeln locken, sind auch die Künstlerfreunde mit dabei, vor allem aber bei den

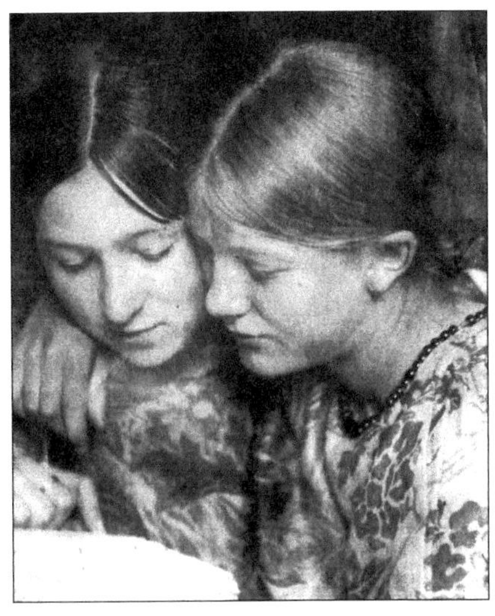

Martha Welzel und Martha Schröder, um 1896

Abendfahrten mit Lampions. Dann sind hinter einem großen Pferdeschlitten an einem langen Tau die kleinen Schlitten der Kinder und Künstler festgebunden, und mit Gesang und Lachen saust diese leuchtende Schlange durch die sternenklare Nacht.[62]

Als Martha 12 Jahre alt ist, organisieren die Künstler gemeinsam mit den Bauern ein großes Findorff-Fest. Es findet am 31. Juli 1892 statt[63], dem 100. Todestag des Moorkommissars. Das gesamte Dorf wird einbezogen, auch die nach ihm benannte Erhebung am Nordwesthang des Weyerberges. Jürgen Christian Findorff hatte im 18. Jahrhundert die kurhannoversche Kolonisierung des Teufelsmoores entscheidend mit vorangetrieben und sich viele Verdienste erworben. Nun wird im neu erbauten Saal bei Welzel groß gefeiert. Die Gäste kommen von weit her. Die Festrede auf den »Begründer unserer Moorcolonien«[64] hält Pastor Ludolf Parisius aus dem St. Jürgensland.

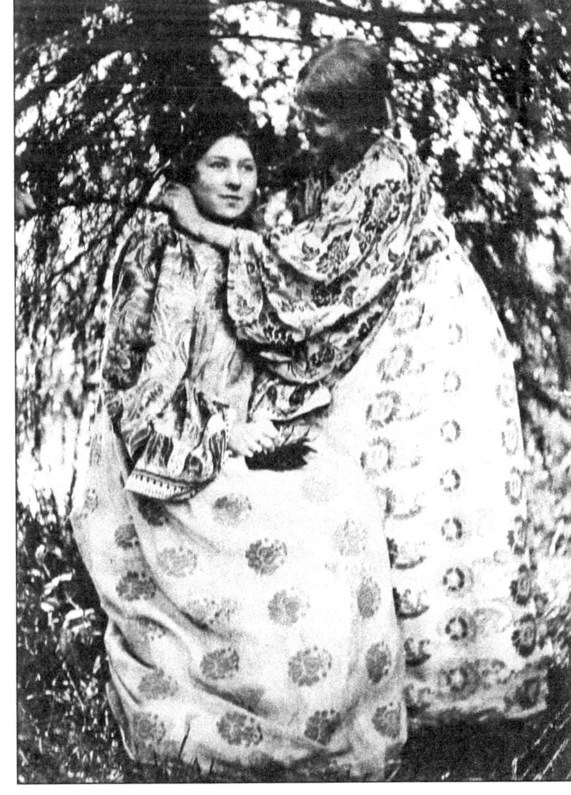

Die beiden Freundinnen schmücken sich für den Empfang des Marschendichters Hermann Allmers, um 1896

Vier Jahre später, am 27. Januar 1896, dem Geburtstag Kaiser Wilhelms II., gibt es wieder ein Dorfereignis, nämlich die Erstaufführung eines von Fritz Mackensen verfassten Stimmungsbildes mit Musik, das den Titel »Der sterbende Krieger« trägt. In nationalpathetischer Manier lässt er einen todgeweihten deutschen Soldaten des 1870/71er-Krieges in einer Winterlandschaft, die an die Gegend Worpswedes erinnert,

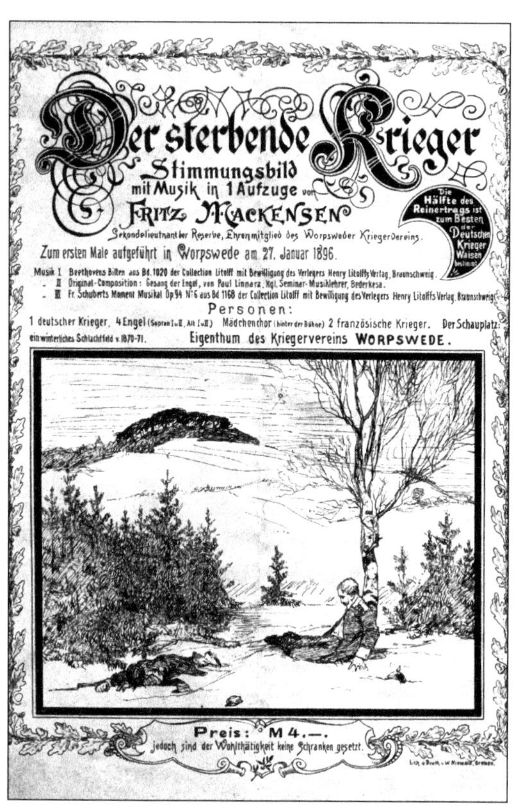

Ankündigungsblatt für die Aufführung von Fritz Mackensens »Der sterbende Krieger«

über Heimat und Heldentum nachsinnen. Martha und drei Mädchen aus dem Dorf verkörpern in diesem Einakter die Blumen und Lorbeerkränze tragenden Engel, denen vor allem der Gesangspart zukommt. Alle vier sind »jung, blond, fein gewachsen, ungeschminkt [und] ungeziert in der Bewegung, [die] Haare schlicht gescheitelt [und] lang herunterhängend«[65], zudem in knöchellange, lose fallende, großblumige Seidengewänder gehüllt. So als Himmelsboten ausstaffiert, umringen sie singend den sterbenden Krieger, der, im Vordergrund liegend, von Mackensen selbst dargestellt wird. Die Musik zum Stück steuert eine Lehrkraft des Königlichen Lehrerbildungsseminars aus Bederkesa bei. Zu dieser Zeit ist Martha bereits 15 Jahre alt und hat die Volksschule längst hinter sich. Denn ein Jahr zuvor, Ostern 1894, wurde ihr mit einem Abgangszeugnis bescheinigt, dass sie die acht Schuljahre erfolgreich absolviert hat. Die Noten sprechen für sich:

Schulbesuch: 2
Betragen: 2
Fleiß und Aufmerksamkeit: 2
Religion: +2
Lesen: 2
Schreiben: 2
Grammatik: +2
Rechnen: +2
Raumlehre: 2
Geographie: +2
Geschichte: 2
Naturkunde: +2
Zeichnen: +2
Singen: +2
Für das Fach Turnen gibt es keinen Eintrag.[66]

Einige Wochen nach ihrer Konfirmation am Gründonnerstag jenes Jahres 1894[67] begegnete Martha dann zum ersten Mal Heinrich Vogeler, dem jungen Bremer, der ebenfalls an der Kunstakademie in Düsseldorf studiert hatte. Es war ein lauer Frühsommerabend, an dem sie den beiden Malern Hans am Ende und Fritz Mackensen, der zu dieser Zeit ebenfalls bei Mutter Schröder wohnte, das Abendbrot nach draußen unter die Linde neben dem Haus brachte. Da hörte sie auf einmal von Weitem Musik, die sie an ihren Großvater Kohlmann erinnerte – und ein junger Mann mit einer Gitarre kam leise singend um die Ecke. Bei seinem Anblick dachte Martha bei sich: Der sieht ja aus wie ein Italiener, dunkle Augen, schwarze Haare. Und sie freute sich, einen »echten« Italiener in Worpswede zu sehen.[68]

An die erste Begegnung mit Martha Schröder hingegen erinnert sich Heinrich Vogeler auf dem Findorffberg, als er an einem sommerlichen Tag mit den Künstlerfreunden im Heidegras am Denkmal für den Moorkommissar lagerte. Damals trat »aus dem Eichengebüsch ein hellgekleidetes, schlankes blondes Mädchen mit hängendem Zopf. Auf der Hand trug es eine zahme Elster. Vierzehn Jahre mochte es sein; ein jüngeres rothaariges Kind folgte ihr. Fritz Mackensen winkte den beiden, und sie setzten sich zwischen uns. Das muß die Martha Schröder sein, die jüngste Tochter der alten Lehrerswitwe, fühlte ich sofort. Der Eindruck dieser jungen elastischen Mädchengestalt wirkte auf mich wie etwas tief in mein Leben Eingreifendes. Ein ganz junges Menschenkind, ohne ein Bedürfnis, irgendwie wirken zu wollen, interessiert an allem, was geschieht, nirgends eine Hemmung, eine konventionelle Einschränkung. – Ich mußte auf die Hände sehen, so geschickt und so real wie sie Dinge anfaßte, das Tier, die Blumen, wie sie mit der Hand über das weiche Heidegras strich. Und dieser Kopf. Fast kantig war diese Stirn, wo sie sich über den Schläfen unter die gelben Haare schob.«[69] Von diesem Zeitpunkt an wird dieser Heinrich Vogeler in Martha Schröders Leben eine wesentliche Rolle spielen, wie umgekehrt auch.

Heinrich Vogeler – »Sein liebstes Modell«

Als Heinrich Vogeler 1894 nach Worpswede kommt, begibt er sich fürs Erste noch einmal unter die Fittiche von Fritz Mackensen, dem älteren Kollegen. Er »kümmerte sich sehr um mein Wohlergehen und um mein Studium«[70], erinnert er sich später. Mackensen, der im Hause von Marthas Mutter, der Witwe Schröder, auf dem Hemberg ein gern gesehener Gast ist, nimmt den Bremer Kaufmannssohn mit dorthin. Ohnehin ist ihr Haus in dieser Zeit Treffpunkt der Künstler. So sitzt Heinrich eines Tages mit ihm in Mutter Schröders Obstgarten vor der blonden Martha und malt ihren Kopf im Profil. Zum wiederholten Mal sitzt sie ihm Modell, denn kurz zuvor war eine Studie mit ihr auf einem Stuhl sitzend entstanden. Der Titel des Bildes, »Mädchen vor roter Klinkermauer«, verweist gleichsam auf den Bildhintergrund.

Martha, 1895

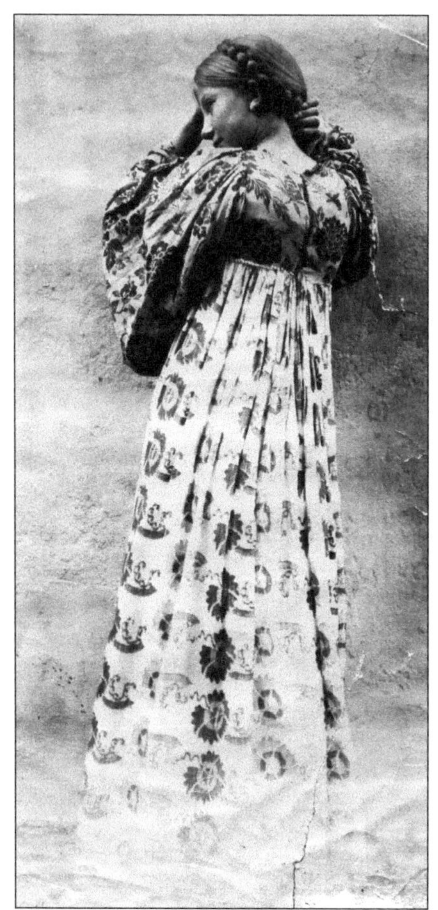

Martha ist knapp 15 Jahre alt, und von nun an wird sie Heinrichs »liebstes Modell«[71] werden, viele Jahre lang. Aber ihr Zutrauen muss erst wachsen. Denn wie die meisten Bewohner dieser Gegend hegt sie den Stadtmenschen gegenüber ein natürliches Misstrauen, wie gegenüber jeglichem Unbekannten. Das Porträt mit dem Kopf nach links gewendet zeigt sie mit ihrem blonden, zum Knoten gebundenen Haar. Ein Kranz aus blauen Blümchen umrahmt Kopf und Stirn, eine braune Kittelbluse unterstreicht diese Einfachheit. Auch die Kette, die sie trägt, ist betont schlicht. Es ist »Martha von Hembarg«[72], so der Titel, den Vogeler dem Bild gibt. Und es ist die junge Martha ohne einen Anflug von Koketterie, ihre Augenlider sind gesenkt, sie ist ganz bei sich – das Naturmädchen vom Weyerberg.

Als dieses Bild beendet ist, beginnt Vogeler ein neues, für welches sie wiederum Modell

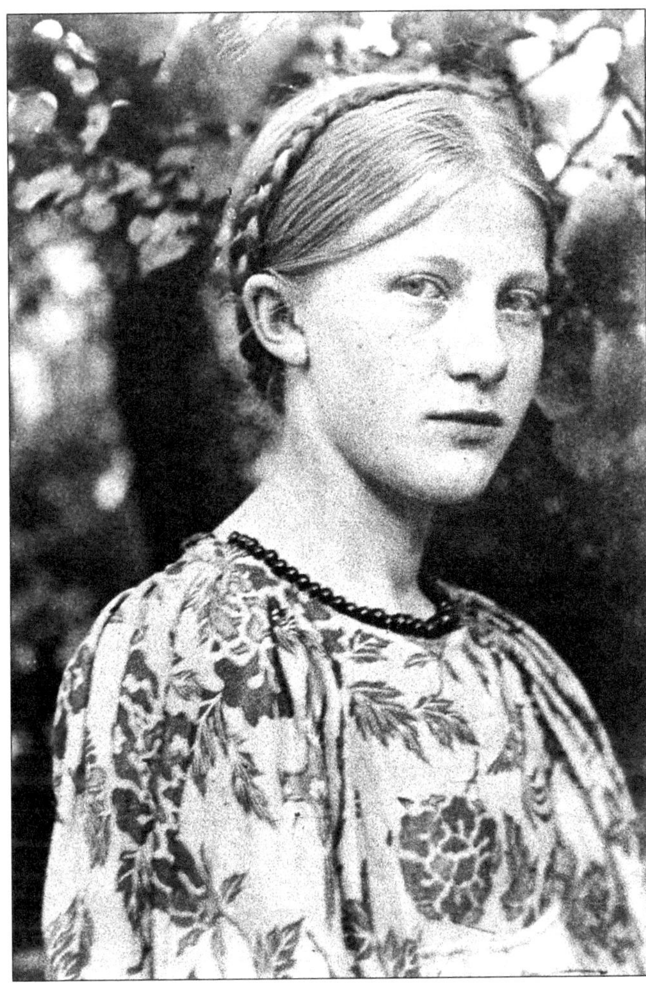

Martha Schröder auf dem Barkenhoff

steht. Dieses Mal in einem Naturraum, »unter einem kleinen, fruchttragenden Apfelbaum stehend«.[73] In Bremen kauft Heinrich leichte englische Liberty-Stoffe, in die er das Mädchen hüllt. Zum ersten Mal taucht in diesem Bild ein Kleid auf, in das Martha bei derlei Anlässen künftig öfter schlüpfen wird. Es fällt in hellem Türkis glockenförmig auf den Boden, bis auf die Brustpasse und die weiten Ärmel, die aus geblümter Liberty-Seide gefertigt sind. So mutet es wie ein Reformkleid an, hat nichts von eingeschnürter Taille. Die ersten Kleider fürs Modellstehen schneidert ihr Heinrichs Mutter. Sie »machte die schönen Gewänder für mich, die Märchengewänder. […] Weil ihr Sohn Heinrich ihr Liebling war, für den sie alles machte«.[74] Später wird Martha sich ihre Kleider selbst nähen, dafür immer Zeit finden. In diesem Bild wendet sich die junge Martha fast demutsvoll einem Apfelbäumchen zu, gleichzeitig aber schaut sie fragend aus dem Bild heraus. Sein Titel lautet »Mädchen unter dem Apfelbaum stehend«, der Verbleib des Bildes ist unbekannt.

Zunehmend wird Heinrich Martha in seinen Kompositionen jedoch allegorisieren und idealisieren. Ein erster Höhepunkt dieser Malerei ist das Bild »Frühling« aus dem Jahre 1897, das Martha in dem bereits oben beschriebenen Kleid inmitten weißstämmiger junger Birken und in Zwiesprache mit einem Vogel zeigt. Hier verkörpert sie symbolhaft den Frühling, worauf die sie umgebende Natur verweist. Zu dieser Zeit arbeiten beide schon auf dem

Barkenhoff, steht Martha Heinrich dort Modell. Denn als Heinrich Vogeler 1894 nach Worpswede kam und eine erste Bleibe in der Villa Bolte in Ostendorf fand, entdeckte er am Berghang das Haus des Brennmeisters Johannes Belz, der in der nahe gelegenen Ziegelei arbeitete. Das von zwei alten Kastanienkronen überschattete Gebäude ließ seinen Wunsch, ein eigenes Heim zu besitzen, Gestalt annehmen. Nach etwa einem Jahr wurden sich beide einig und Heinrich glücklicher Eigentümer dieser heruntergekommenen Kate. Mit seiner Erbschaft im Hintergrund war der Kauf möglich geworden. Nach und nach baut er das Haus um und aus, und bereits um 1900 wird es ein respektables Künstlerheim sein. Ein kleines Birkenwäldchen, das er unten zur Landstraße hin anpflanzt, gibt dem Haus und Anwesen fortan seinen Namen: Barkenhoff.[75]

Wenn Martha und Heinrich sich zum gemeinsamen Arbeiten verabreden, beginnt der Tag schon früh. Kurz nach acht Uhr führt sie ihr Weg über den Berg zum Barkenhoff. Dort arrangiert Heinrich alles im Atelier, auch sie als Modell. Er gibt ihr vor, wie sie zu stehen oder zu sitzen hat, und ist dann ununterbrochen mit dem Malen beschäftigt. Beginnt irgendwann eine ihrer Haltungen sie zu schmerzen, weiß sie, dass sie »auf dem richtigen Punkt«[76] ist, also alles korrekt macht. Aber diese Stunden, dieses Modellstehen empfindet Martha als langweilig, da Heinrich nie ein Wort spricht. Wenn seine Schwester Henny oder die Mutter kommt und ihm das Frühstück bringt, wird Martha ausdrücklich gefragt, ob sie auch ein Butterbrot möchte. Doch sie ist zu stolz, zu eigenwillig, um das Angebot anzunehmen. Obwohl sie gerne etwas essen würde. Sie vermisst die einfache, selbstverständliche Art im Umgang mit ihr. Meistens wird über die Mittagszeit hinaus gearbeitet, bis etwa drei Uhr nachmittags.[77] Vogeler habe bis dahin immer wilde, fremde Dinge gezeichnet, Martha mache ihn nun mit einem Mal einfach[78], resümiert Rilke später die erste Worpswede-Phase von dessen Kunst. Auch unternehmen beide in dieser Zeit erste gemeinsame Spaziergänge hinunter ins Moor zu Marthas Verwandten. Es ist dieses Land der Weite und der Birken, in dem er Martha »träumerisch zu feiern«[79] beginnt. Auf Anraten von Hans am Ende, dem Radierer innerhalb der Künstlergemeinschaft, beschäftigt sich Heinrich von nun an auch intensiv mit der Radiertechnik. Seine Skizzenbücher offenbaren ihn als begabten Zeichner. So entstehen Radierungen mit märchenhaften Themen, die aber weit davon entfernt sind, Illustrationen zu sein. Und auch

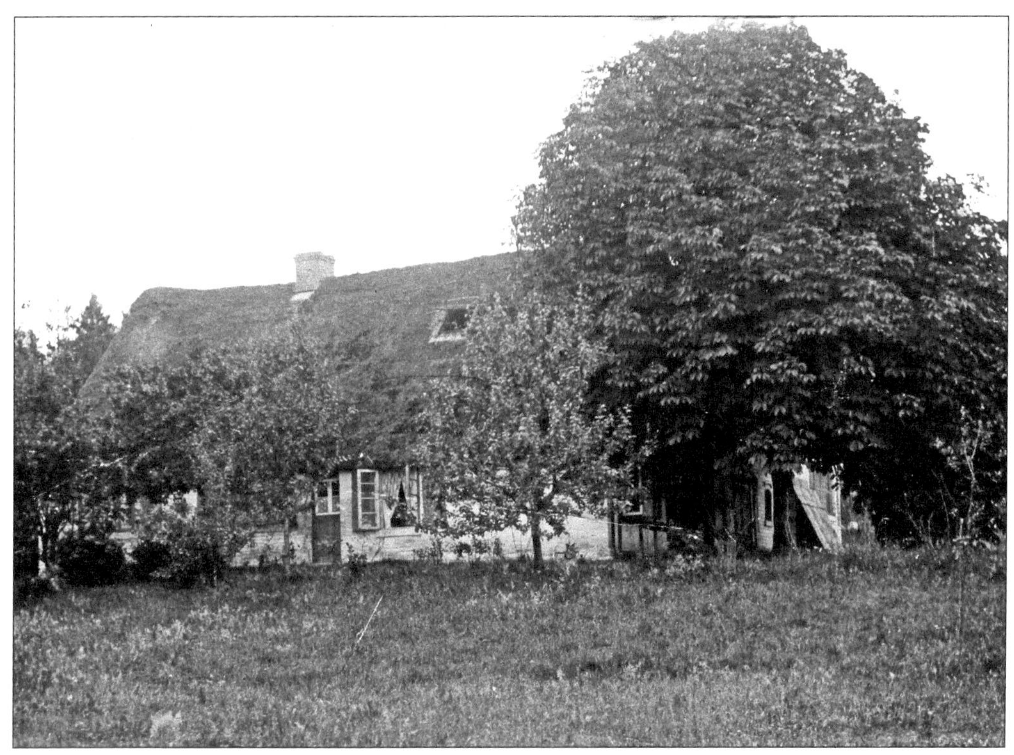

Der Barkenhoff, um 1895

hier ist Martha sein Lieblingsmodell, auch in diesen Blättern findet sich ihre Gestalt oder ihr markanter Kopf wieder. Innerhalb der Künstlergruppe bildet Heinrich eine Ausnahme, denn die Landschaft ist nicht sein malerisches Thema. Vielmehr sind es die schon angesprochenen Märchen, aber auch Mythen und religiöse Themen sowie ein Frauenideal, das in einem zeitgenössischen Aufsatz als das der kaum erblühten, kindlich-reinen Jungfrau charakterisiert wird.[80]

Im Verlauf des Jahres 1898, als Vogeler mit den Minnemotiven in seiner Malerei beginnt, bekommt Martha beim Modellstehen ein männliches Pendant: den 1876 in Bremen geborenen Carl Eeg. Als »ein übergroßer, ganz schlanker blasser, feinknochiger Jüngling von 22 Jahren«[81] bildet er in Ritterrüstung mit Helm den perfekten Gegenpart zur zarten, schmalen Martha in langen, fließenden Gewändern. Vogeler und Eeg sind seit ihrer Jugendzeit befreundet, und oft zieht es den jungen Architekturstudenten hinaus nach Worpswede, meist begleitet von seinem Freund Gustav Gildemeister, der ebenfalls Künstler ist. Eines der ersten Bilder mit Martha und Carl Eeg trägt den Titel »Heimkehr«. Es visualisiert »ein stehendes Liebespaar, ein[en] heimkehrende[n] Kreuzritter,

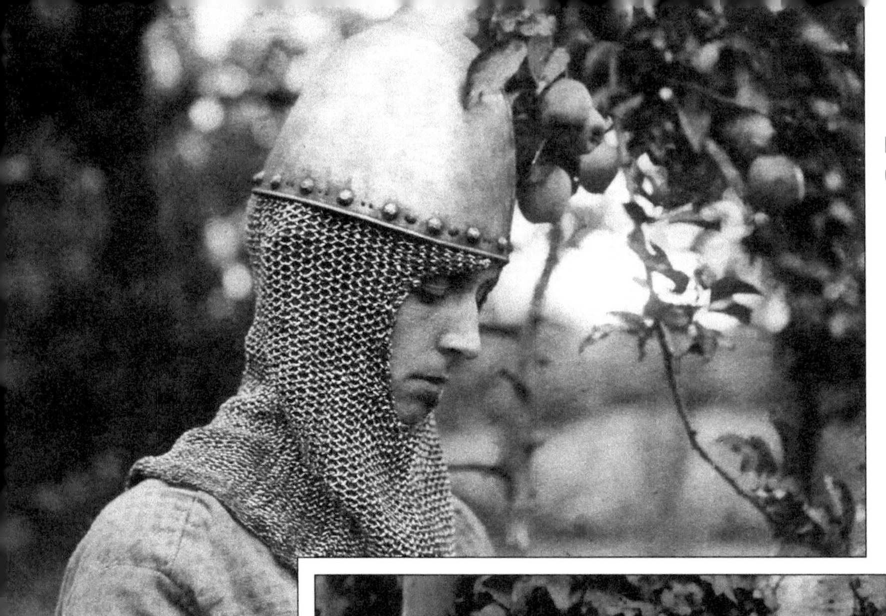

Links: Carl Eeg, um 1898

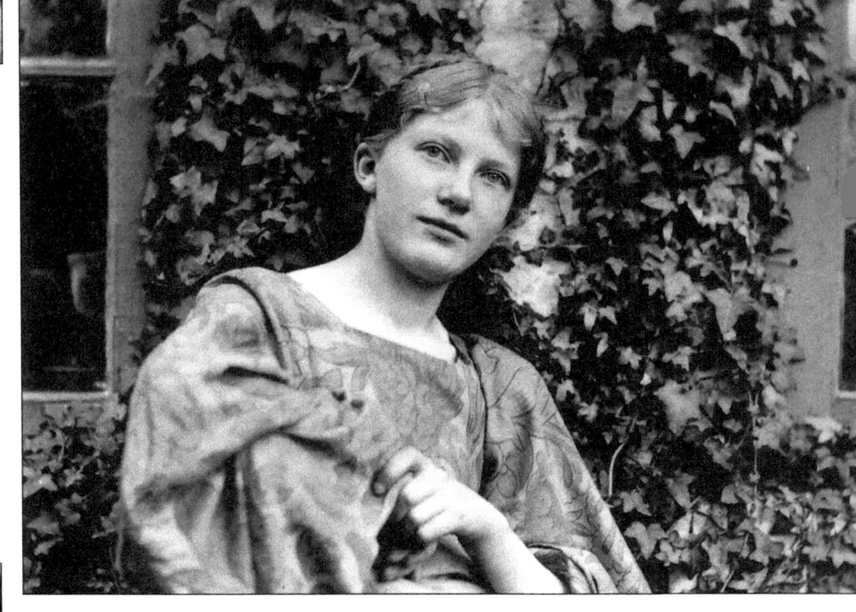

Rechts: Martha Schröder, um 1898

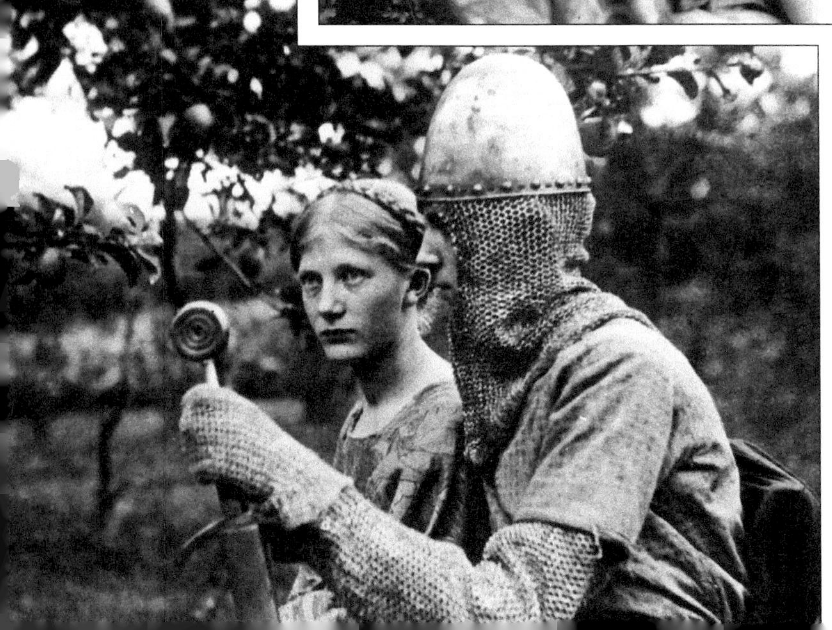

Links: Martha Schröder und Carl Eeg

der seine Rüstung schon abgelegt hat und behelmt, in einen roten Kaftan gekleidet, ein junges Weib an sich zieht, das sich blau und blond an ihn schmiegt; umgeben von einem stillen, ummauerten Garten, an dessen Ausgangstor die mächtigen Kuppelkronen zweier blühender Kastanienbäume sichtbar w[e]rden«.[82]

In diesen Jahren, in denen Martha Heinrich immer wieder Modell steht, arbeitet sie außerdem noch zu Hause auf dem Hemberg, stickt und appliziert viel. Wenn Heinrich unterwegs ist, um sich in den Kunstmetropolen umzuschauen, berichtet sie ihm in Briefen davon: »Die Stickerei habe ich noch nicht ganz fertig. Diese Tage musste ich wieder schneidern.«[83] An anderer Stelle heißt es, dass sie eine Stickerei für Carl Eeg fertiggestellt habe und zudem einen Umschlag aus grüner Seide »mit den Fingerhüten«.[84]

Martha und Heinrich, um 1898

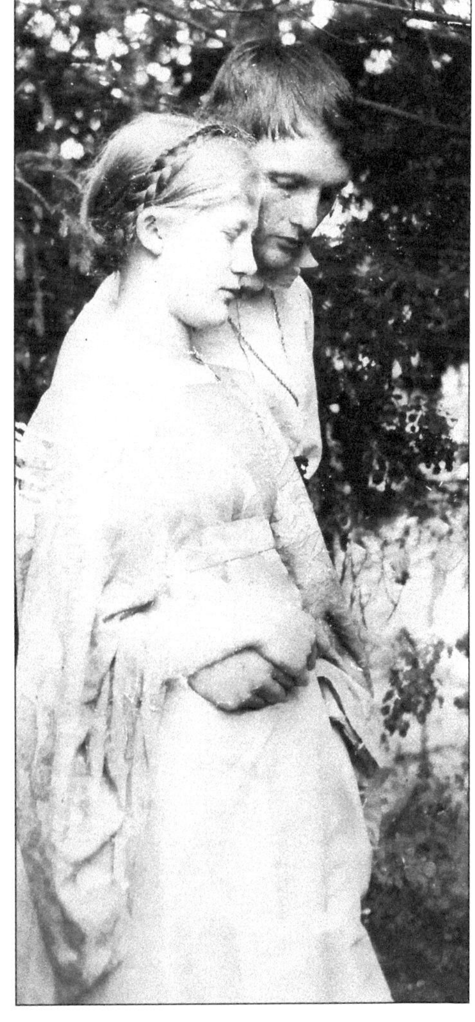

Im Januar des Jahres 1898 fährt Heinrich nach München und Martha bittet ihn sehnsüchtig, bald schon nach Hause zu kommen. »Geht es denn nicht daß sie in einigen Wochen wiederkommen? Sie haben doch schon so viel gelernt. [...] Ich will auch fleißig Modell sitzen damit Sie viel Geld verdienen.«[85] Anschließend aber begibt er sich noch nach Florenz, wo er im April zum ersten Mal Rainer Maria Rilke begegnet. Von ihm wird noch die Rede sein. Erst im Mai ist Heinrich wieder zurück auf seinem Barkenhoff. Martha und er aber sind inzwischen vertraut miteinander. So ist Heinrich für sie der Mensch, »mit dem man die heiligsten Stunden verlebt hat«[86], wie sie ihm in einem Brief schreibt. Damit sind wohl die gemeinsamen Stunden auf dem Hemberg im Hause der Mutter gemeint. Vermutlich aber auch die der gemeinsamen Arbeit, die ihres geduldigen Modellstehens für seine Kunst. Von nun an nennt Martha Heinrich auch bei dem Namen, der ihm seit seiner Akademiezeit anhaftet: Mining.[87] Er wird ein Leben lang sein Beiname bleiben.

Bereits im Frühjahr 1898 kommt zwischen Martha und ihm das gemeinsame Leben zur Sprache. Brieflich tauschen sie sich darüber aus: »Ich kann es ja nicht glauben daß wir zusammenleben sollen. Wenn es auch mein sehnlichster Wunsch ist.«[88] Heinrich legt ihr nahe, zu lernen, sich mit Kunst und Sprachen auseinanderzusetzen, und neue Menschen kennenzulernen. Doch »wie soll ich es anfangen?«[89], fragt sie ihn. Ein halbes Jahr später wird sie in Berlin sein.

An dieser Stelle sei darauf verwiesen, dass Martha gelegentlich auch anderen Künstlern Modell steht; so Fritz Mackensen oder Paul Schroeter. Letzterer malt, als er um 1897 erstmals nach Worpswede kommt, ein Bild mit dem Titel »Christkind«, für welches ihm die langhaarige, blonde Martha als Modell besonders geeignet scheint. Er kann sie zur Mitarbeit gewinnen. Dieses Bild wird im Folgenden noch einmal kurz zur Sprache kommen. Ein von Mackensen ausgeführtes Bildnis aus dem Jahre 1897 indes zeigt das junge Mädchen in weißer Bluse mit schwarzem Mieder und rotem Rock, den ein breiter, schwarzer Saum ziert, sowie mit schwarzer Haube auf dem glatten Haar. So sonntäglich gekleidet steht sie vor einem grünen Lattenzaun. Ihr Kopf ist zur Seite gerichtet, als beobachte sie die helle Katze rechts im Bild. Auch zeichnet Mackensen das Mädchen gerne. Doch ist er für Marthas Verständnis »zu zärtlich und zu nah. Er nahm mich dann auf den Arm und schleppte mich hin wo er malen wollte«.[90] Mackensen interessiert sich zudem für ihre Stickarbeiten und will sogar, dass sie mit diesem Talent in die Fahnenstickerei nach Hannover geht. Doch Heinrich und Hans am Ende sind strikt dagegen. Und so bleibt sie zu Hause und arbeitet zunehmend nach den künstlerischen Entwürfen Heinrichs.

Aber das Modellstehen wird für sie auch später, nach der Heirat, wichtig bleiben. Denn für Heinrich ist sie nicht nur das liebste, sondern auch das ideale Modell. Immer sieht er ihre Gestalt auch mit Maleraugen, sieht ihre formschönen Hände und die Linienführung ihres Körpers, wie er ihre elastische Mädchengestalt gleich beim ersten Mal auf dem Findorffberg mit diesen Augen sah.

Rechte Seite: »Frühling«, Radierung von Heinrich Vogeler, 1896

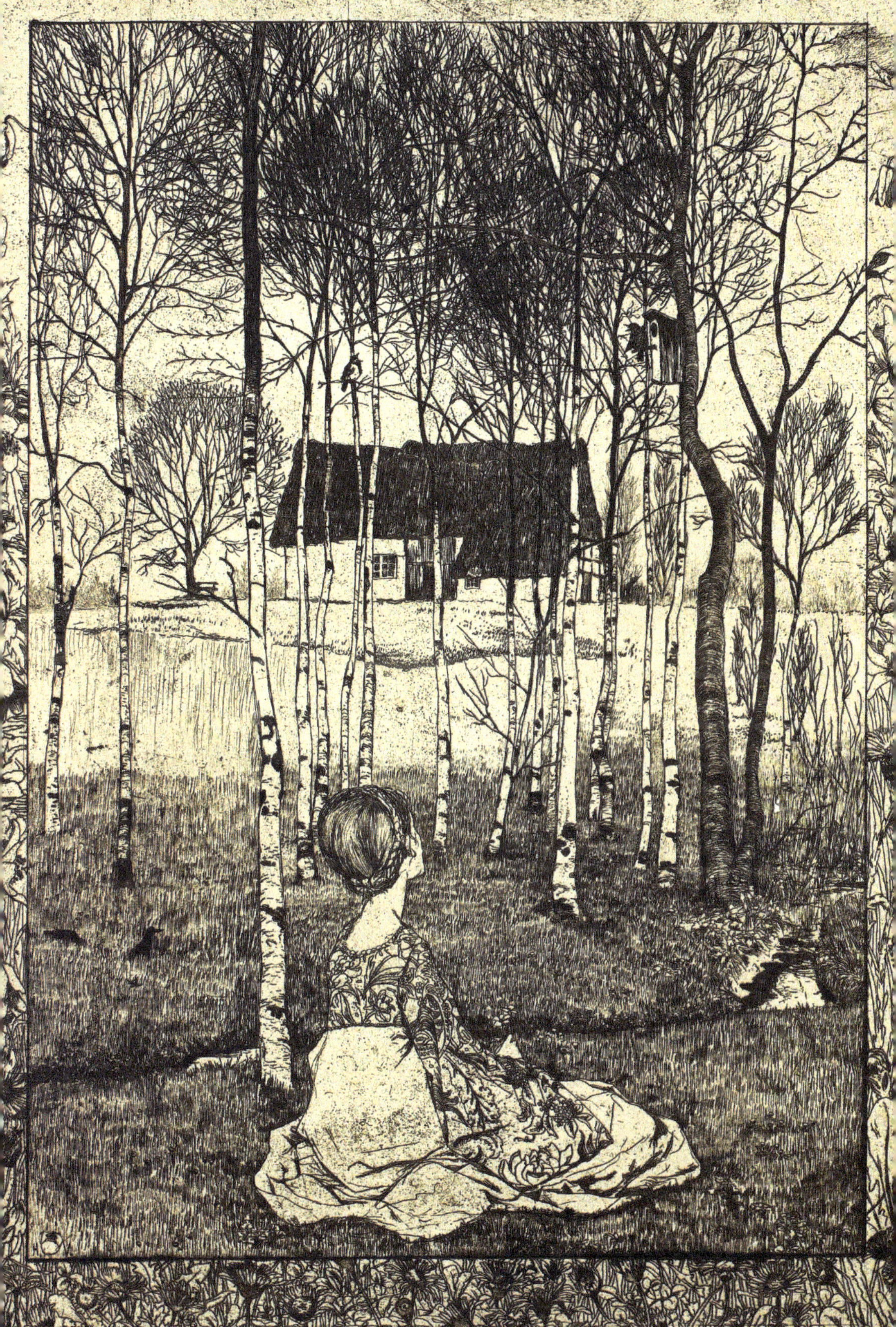

Rechts: »Martha von Hembarg«, Ölbild von Heinrich Vogeler, 1894

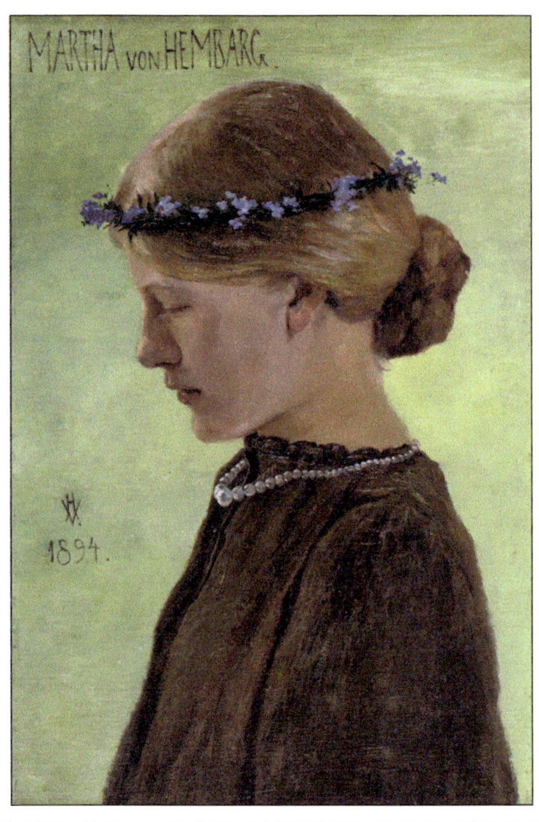

Unten links: »Frühling«, Ölbild von Heinrich Vogeler, 1897

Unten rechts: »Frühlingsabend«, Ölbild von Heinrich Vogeler, 1901

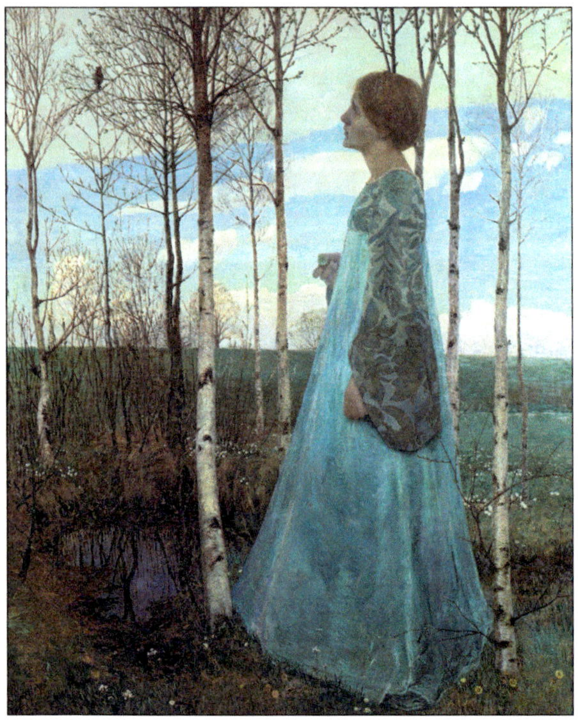

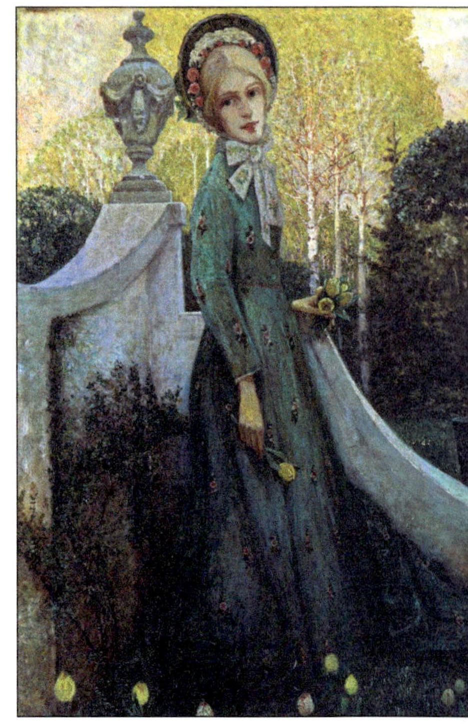

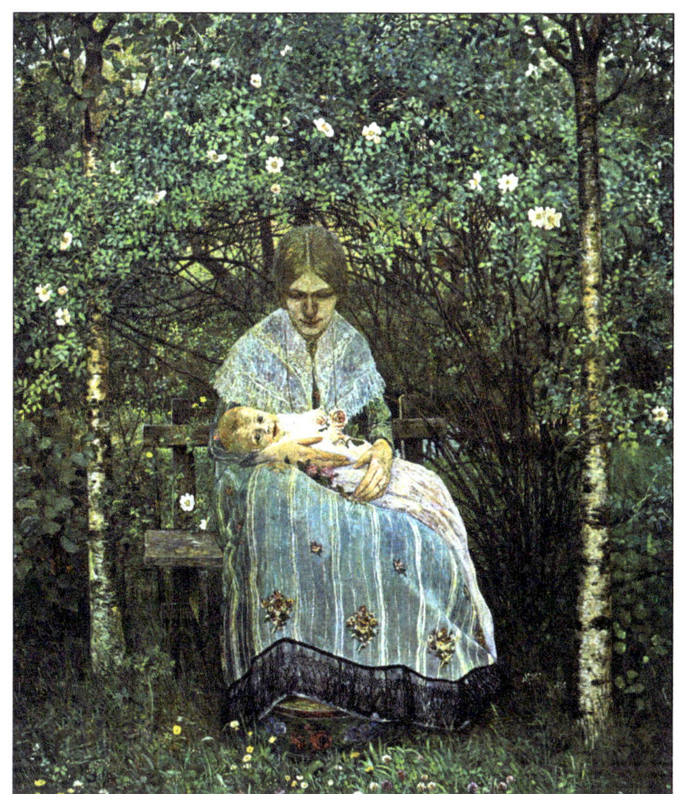

Links: »Erster Sommer«, Ölbild von Heinrich Vogeler, 1902 (abgebildet sind Martha Vogeler und Tochter Marie Luise »Mieke«)

Unten: »Sommerabend«, Ölbild von Heinrich Vogeler, 1905 (abgebildet sind links: Paula Modersohn-Becker, Agnes Wulff, Otto Modersohn, Clara Rilke-Westhoff; Mitte: Martha Vogeler; rechts: Franz Vogeler, Heinrich Vogeler (verdeckt), Martin Schröder)

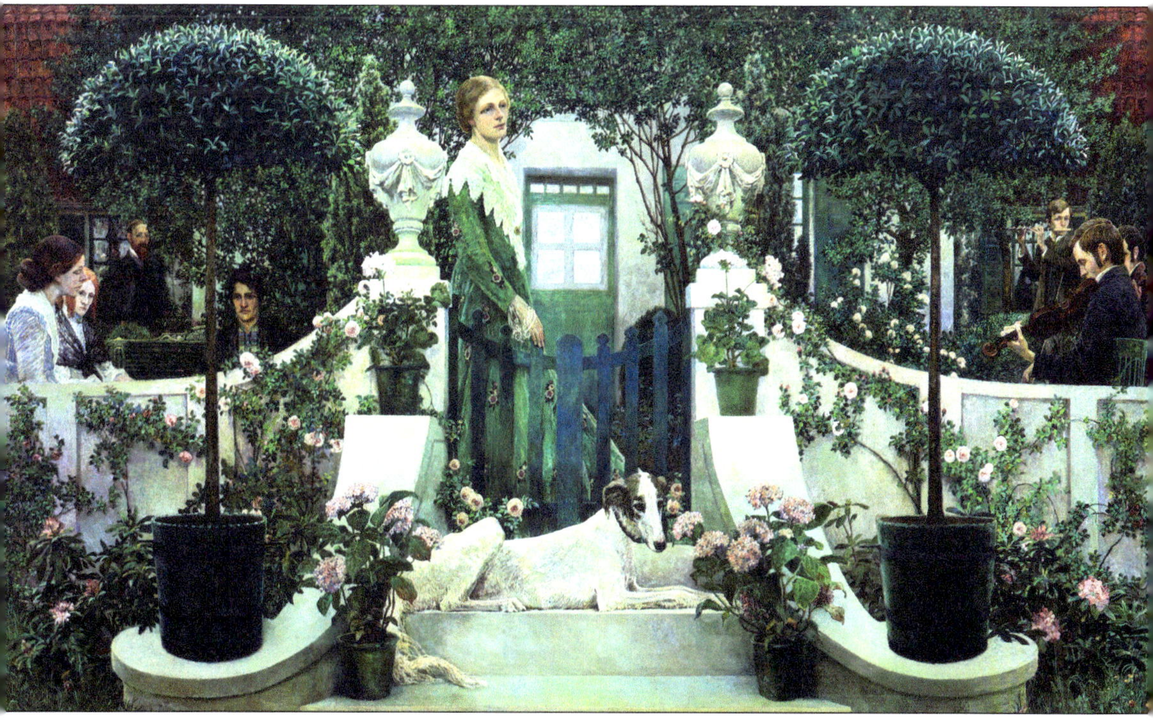

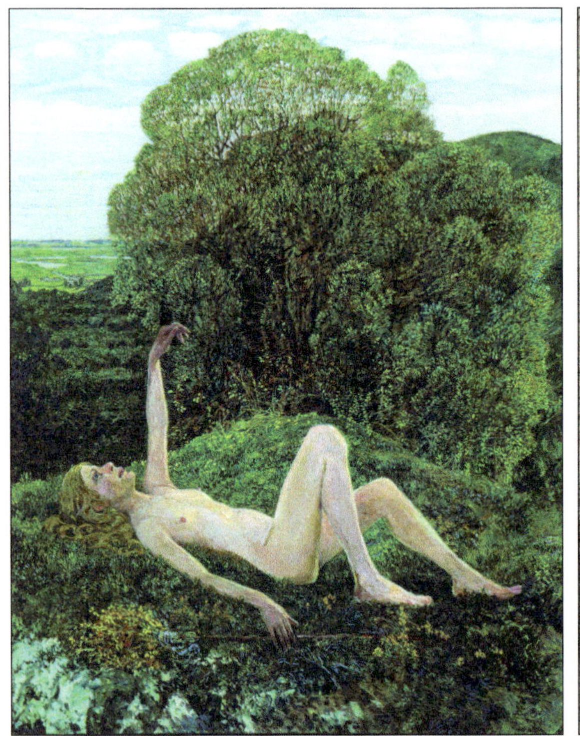

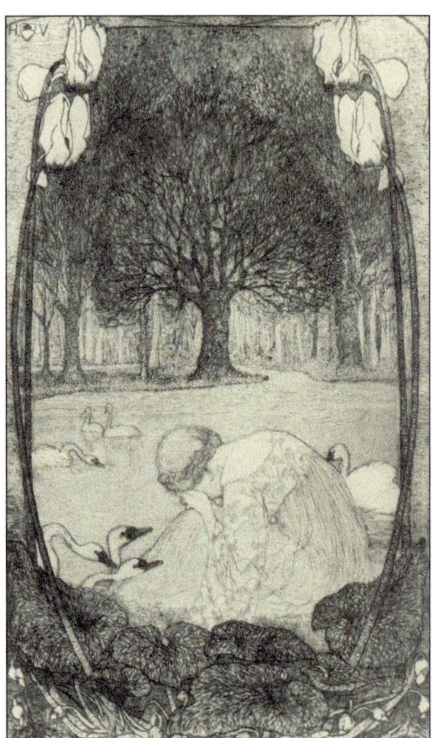

Oben links: »Frühling«, Ölbild von Heinrich Vogeler, 1909

Oben rechts: »Die sieben Schwäne«, Radierung von Heinrich Vogeler, 1898

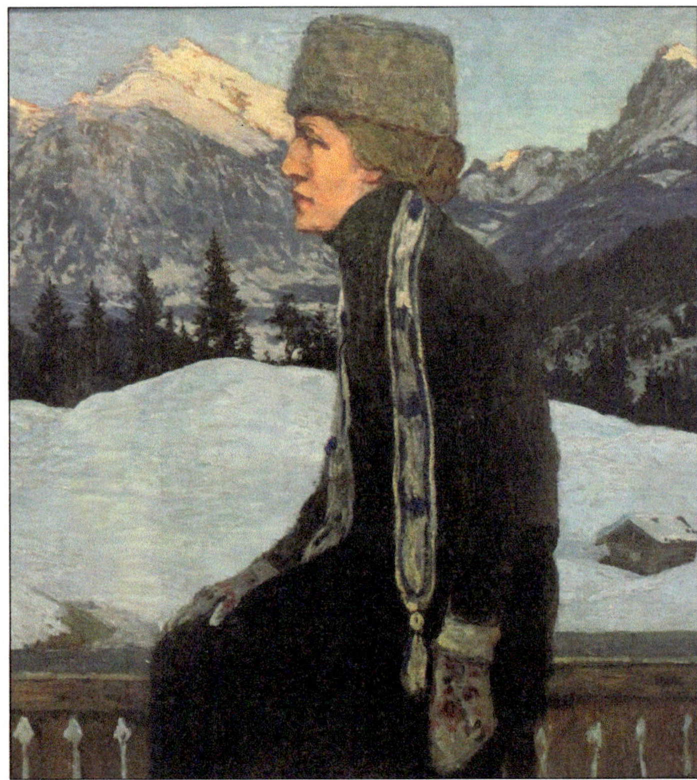

Rechts: »Martha mit Soiernspitze«, Winterporträt Marthas in Partenkirchen, Ölbild von Heinrich Vogeler, um 1907

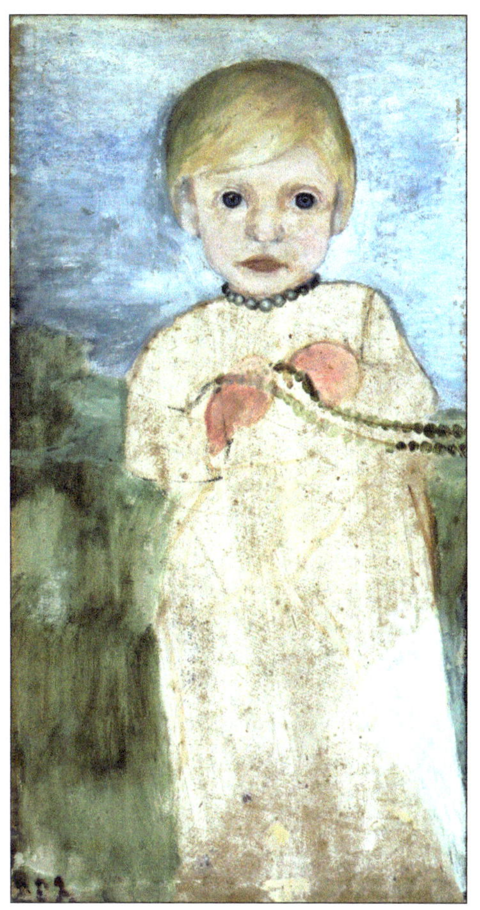

»Mädchen mit Perlenkette«, Tempera auf Pappe von Paula Modersohn-Becker, 1902 (dargestellt ist Mieke Vogeler, die älteste Tochter von Martha und Heinrich Vogeler)

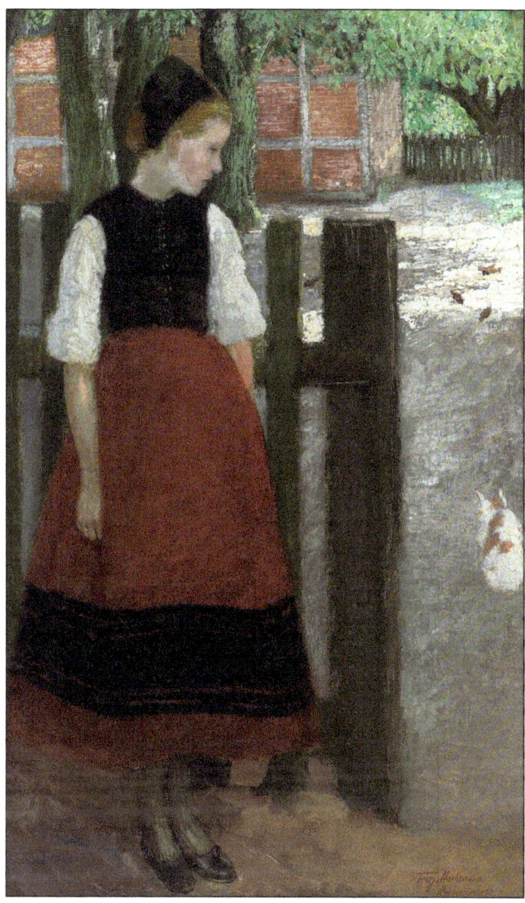

»Mädchen am Gartenzaun«, Ölbild von Fritz Mackensen, 1897 (dargestellt ist die junge Martha Schröder)

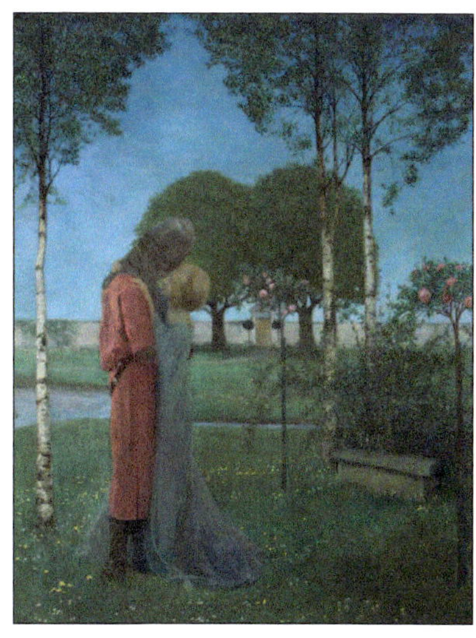

Rechts: »Heimkehr«, Ölbild von Heinrich Vogeler, 1898

Ein eigenes Zimmer und die Schneiderschule

Mitte der 1890er Jahre arbeitet Martha, wie bereits angedeutet, viel zu Hause bei ihrer Mutter auf dem Hemberg. Sie stickt und appliziert, schneidert aber auch für andere Leute. Oft sitzt sie dann gemeinsam mit ihren Schwestern Minna und Gesine in der Handarbeitsrunde. Manchmal kommt Heinrich am Abend über den Berg und leistet den Mädchen Gesellschaft. »Dann sassen wir zusammen, es wurde erzählt, wir arbeiteten aber immer. Die eine Schwester hatte eine Putzmacherei angefangen. Aber sie war nicht so talentvoll, Hüte zu machen. Dann garnierte ich ihr fünf bis sechs Hüte fertig und sie nähte sie nur.«[91] Auch Marie, Marthas Lieblingsschwester, ist gelegentlich dabei. Tagsüber arbeitet sie im Gasthaus Stadt Bremen in der Küche. Im Mai 1898, nachdem die Liaison mit Fritz Mackensen ein Ende gefunden hat und der Maler »blind gegenüber dem wertvollen norddeutschen Typ [geworden war], der ihm in Marie zur Seite gestanden hatte«[92], kehrt sie Worpswede für immer den Rücken. Sie schifft sich mit einem Billet von Onkel Martin aus Georgia[93] nach Amerika ein. »Sie hat schon eine Stelle«[94], lässt Martha Heinrich wissen. Ein Jahr später verlobt sich Marie mit Henry Schröder aus Wörpedahl, ihrer ersten Liebe, dem sie in Brooklyn, einem Stadtteil von New York, wiederbegegnet war.[95]

Heinrich erkennt in dieser Zeit bereits Marthas Begabung und macht Entwürfe für sie, zeichnet Stickvorlagen für sie. »Einmal kam er mit [einem] wunderschönen Märchenwandbehang, den ich unter seiner Leitung applizierte und stickte. Ich habe vielleicht ein Jahr, vielleicht etwas länger daran gearbeitet. Und dann kam die Aufforderung von Dresden, [die] Ausstellung von Vogeler [bei Arno Wolffram]. Dann wurde mein Wandbehang mitausgestellt. Das war für mich eine unerhörte Überraschung. Der Wandbehang wurde verkauft für 600 Goldmark, das war ein Vermögen. […] Aber dieses Geld für den Wandbehang machte mir schlaflose Nächte. Das teilte ich in zwei Teile. Die Hälfte bekam meine Mutter mit der Aufforderung, sie müsste mir ein Zimmer für mich allein geben. Dieses Zimmer war ein rührendes kleines Zimmer neben unserer Küche und Wohnzimmer. […] Ich ließ es türkisgrün streichen. Türkisgrün ist die Farbe der Bauern, der Moorbauern, die sie immer im Hause irgendwo haben. […] Dann kaufte ich mir ein kleines eisernes Feldbett und eine Steppdecke dazu. Die Maler brachten mir für meine Nische [einige liebenswerte Dinge]. Am Ende brachte mir [einen] Christus […] und Mackensen brachte mir von [Theodor] Storm ›Martha und ihre Uhr‹, in rosa Seide eingebunden. Das sah so schön aus in der kleinen Bettnische.«[96]

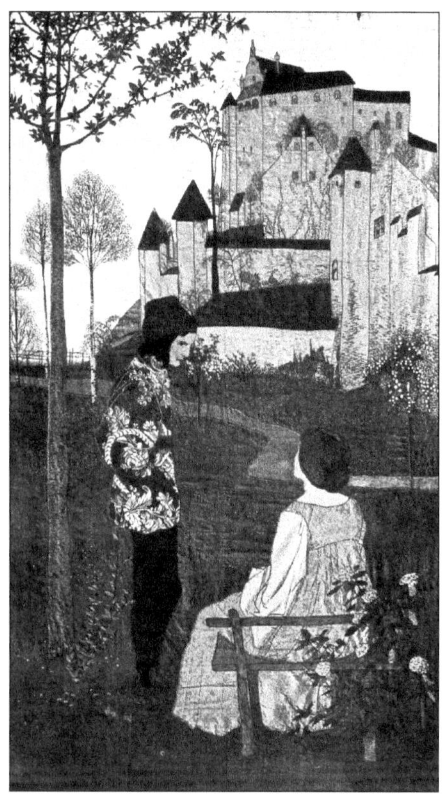

Wandteppich in Stickerei mit aufgenähter (applizierter) Seide von Martha Schröder

An das, woran sich Martha Vogeler hier nach vielen Jahrzehnten erinnert, steht im Widerspruch zu dem, was die junge Martha im Dezember 1898, kurz vor Weihnachten, in einem Brief aus Berlin an Heinrich nach Dresden schreibt. Vorausgesetzt, Wandbehang und Teppich sind identisch. »Dass der Teppich nicht verkauft wurde thut mir leid. Nächstes Jahr mache ich etwas Besseres, das werden wir dann wohl verkaufen. Vor allem muss ich dann mein eigenes Zimmer haben, damit die Sachen sauber bleiben. Hoffentlich giebt Mama mir eins. Ich kann es ihr ja auch bezahlen wenn ich mit Schneidern nebenbei was verdiene.«[97] Vielleicht wurde der Teppich beziehungsweise Wandbehang auch erst nach Weihnachten verkauft, denn wie lange Vogelers Ausstellung bei Wolffram in Dresden zu sehen war, ist nicht mehr rekonstruierbar. Bei diesem Wandbehang mit aufwendiger Stickerei und Applikation wird es sich wohl um denjenigen gehandelt haben, der ein junges Paar vor einer im Hintergrund hoch aufragenden Ritterburg der Eiffel zeigt, das »in reicher mittelalterlicher Gewandung […] Auge in Auge scheinbar die ganze Umgebung vergessen hat und nur sich selbst lebt in den reinen Empfindungen und dem beseligenden Gefühl der erwachenden Liebe.«[98] Er war 1899 in der April-Ausgabe der Zeitschrift »Deutsche Kunst und Dekoration« abgebildet und, wie Martha berichtet, wohl bei Wolffram verkauft worden. Was nun ihr Zimmer betrifft: Irgendwann wird sie ein eigenes zum Arbeiten im Hause der Mutter gehabt haben. So, wie sie es oben beschreibt.

Gestickter Buchumschlag von Martha Schröder

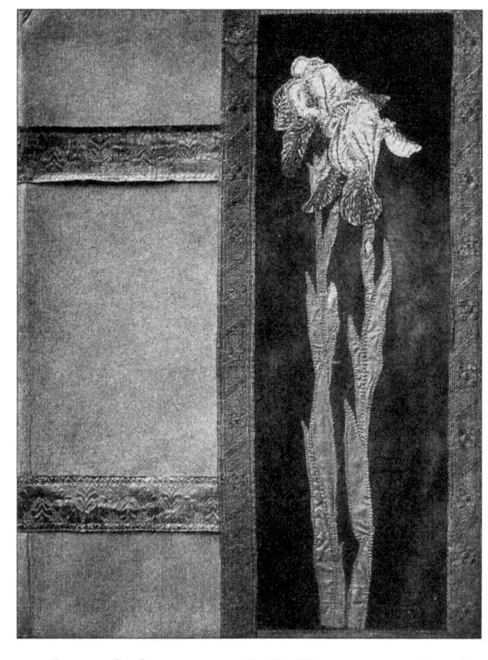

Im Winter 1897/98 begegnet Martha erstmals Heinrichs Brüdern Franz und Eduard, die sich wiederholt in Worpswede aufhalten. Sie beschäftigen sich zu dieser Zeit bereits intensiv mit der Geflügelzucht und wohnen beim älteren Bruder auf dem Barkenhoff, der aber wegen seiner Reisen nicht immer anwesend ist. Zum Essen gehen sie zu Mutter Schröder auf den Hemberg. So lernt Martha beide Brüder nach und nach kennen. Mit Franz gerät sie des Öfteren in Streit. Das kommt wohl daher, »weil wir beide so eigensinnig sind. Keiner giebt nach. Dann sagt er oft: ›Heinrich ist viel zu gut für dich!‹«[99]

Gestickter Buchumschlag von Martha Schröder

Um sich weitere Kenntnisse in puncto Handarbeit anzueignen, geht Martha zeitweilig auf die sogenannte Schneiderschule in Bremen. Vermutlich gleich Anfang des Jahres 1898 besucht sie für einige Wochen oder gar Monate entweder den Kursus Kunsthandarbeit oder Kunstgewerbliches Zeichnen im Frauen-Erwerbs- und Ausbildungsverein in der Pelzerstraße 8/11. Beide Kurse finden zur selben Zeit, nämlich vormittags von 9 Uhr bis 13 Uhr und nachmittags von 15 Uhr bis 17 Uhr statt.[100] Welchen von beiden Martha wählte, muss offen bleiben. Denkbar aber wäre, dass sie sich für das Kunstgewerbliche Zeichnen entschied, denn dieses wird auch im Herbst in Berlin noch einmal Thema sein. Sie wohnt die Woche über in der Stadt. Einmal besucht Heinrich sie, trifft sie aber nicht an. »Soeben erhalte ich Ihren mir so lieben Brief und sehe daß Sie gestern hier gewesen sind und niemanden gefunden haben worüber ich sehr traurig bin. [...] Bitte kommen Sie morgen wieder. [...] Ich kann es gar nicht begreifen, bin bis kurz vor drei zu Hause gewesen. Noch besser ist es wenn Sie zur Schule kommen.«[101] Erst sonnabends fährt sie nach Hause an den Weyerberg. Ein anderes Mal will Heinrich sie abholen, aber sie ist schon unterwegs nach Hause – und zwar zu Fuß. »Ich warf mich in eine Einspännerdroschke, versprach ein gutes Trinkgeld, wenn der Gaul einen scharfen Trab machen würde, und rollte ab. Nach einstündiger Fahrt, auf der breiten, backsteinernen Flutbrücke, die nach der großen Überschwemmung über die Wümme gebaut worden war, sah ich sie schreiten: schlank, frei, blond, im hellblauen Kleid, Martha. Erstaunt blieb sie stehen, da der Wagen halten wollte; dann sprang sie freudig in die offene Kutsche.«[102]

Die Schule des Frauen-Erwerbs- und Ausbildungsvereins bot damals »jungen, nicht mehr schulpflichtigen Mädchen, sowie auch Frauen Gelegenheit, durch gründlichen, sorgfältig geleiteten Unterricht Kenntnisse und Fertigkeiten für verschiedene Zweige der Erwerbsthätigkeit zu gewinnen und Ausbildung zu wirtschaftlicher Thätigkeit zu erlangen«[103], wie es in einem kleinen Werbetext hieß.

Erste Begegnung mit Paula Becker

Anfang September des Jahres 1898 kommt Paula Becker nach Worpswede. Erst einmal wohnt sie im Gasthof Siem, doch bald schon hat sie sich neben der Villa Bolte in einem netten, hellen Stübchen eingemietet.[104] Anfang Oktober besucht sie dann erstmals Martha Schröder auf dem Hemberg. »Ich habe neulich [Vogelers] Martha besucht. Die ist auf allen seinen Bildern. [...] Jetzt stickt sie für ihn Wandschirme und Matten und lebt sich tief hinein in den Geist seiner Kunst.«[105]

Für Martha Vogeler ist diese Begegnung noch nach einem halben Jahrhundert sehr lebendig im Gedächtnis. Sie erinnert sich: »Die Glocke unserer Haustür hatte eine besondere Sprache: wenn jemand hereinkam, dem das Haus nicht fremd war, so läutete sie laut und energisch. Kam aber wer zum erstenmal, so war die Glocke auch schüchtern und fragend; und so ging man schon an die Stubentür, fort von der Arbeit und lugte einmal durch das Oval. Ich arbeitete intensiv und mit besonderer Lust an einem seidenen Wandbehang, für den Heinrich Vogeler mir eines seiner Märchen zeichnete mit Burg und Minnesänger und liebreizendem Jungfräulein unter Rosen. Ich hatte meine Umgebung ganz vergessen, als unsere liebe alte Glocke zaghaft fragend ihre Stimme tönen liess. Durch mein Fensterchen sah ich ein leichtfüssiges Mädchen auf die gegenüberliegende Tür zu gehen, anklopfen und mit einer eigenen, unnachahmlichen Grazie sich klein ducken, wie um den Menschen, der nun die Tür öffnen würde, lustig zu

Paula Becker, um 1898

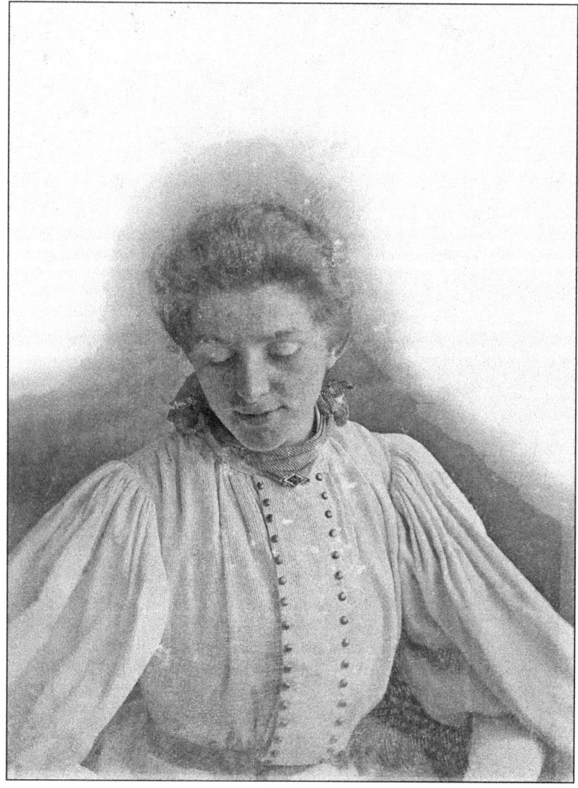

überraschen. Zögernd öffnete ich nun meine Tür und gleich kam sie mit strahlenden, bernsteingoldenen Augen mir entgegen: sie wollte mich besuchen, hatte von meiner Arbeit gehört. Und so sass sie zum ersten Mal auf meiner kleinen Bank neben mir und hockte auch vor meiner Arbeit, die ich nun weiterführte. Wir sprachen wenig und doch viel. Wir wussten beide: Es ist ein Anfang. Am Abend erzählte mir Heinrich Vogeler wer Paula Becker war und von ihrer wundervollen Mutter.«[106] Die Stickerei, an der Martha gerade arbeitete, wird wohl der Wandbehang beziehungsweise Teppich gewesen sein, den Vogeler in der Dresdener Ausstellung bei Arno Wolffram zeigte.

Paula Becker und Martha Schröder werden, auch nach ihren Eheschließungen, freundschaftlich verbunden bleiben. Nicht zuletzt durch das Band der »Familie«.

In der Reichshauptstadt

Heinrich und Martha haben sich bereits darüber verständigt, dass Martha neuen Menschen begegnen solle und noch vieles lernen müsse. Es ist Heinrich, der dieses anregt. Erst einmal ist es das kunsthandwerkliche Zeichnen, das es zu vervollkommnen gilt. So fährt sie Anfang Oktober 1898 mit Heinrichs finanzieller Unterstützung in die Reichshauptstadt Berlin. »Er läßt Martha im kunstgewerblichen Zeichnen ausbilden«[107], berichtet Hermine Overbeck ihrem Mann Fritz Overbeck nach Amsterdam. Auch Paula Becker empfindet diese Tatsache wohl als etwas Besonderes, denn sie notiert in ihrem Tagebuch, dass Martha jetzt nach Berlin auf die Kunstgewerbeschule gehe.[108]

»Endlich bin ich in Berlin. Sitze in einem netten Zimmer. [...] Fräulein v. Fin[c]k holte mich von der Bahn. Mir ist es als ob ich mein Herz, mein Denken, alles in Ostendorf gelassen hätte«[109], schreibt Martha am Tag ihrer Ankunft an Heinrich. Sie ist das erste Mal so weit von zu Hause fort. Heimweh überkommt sie, das ihr auch noch des Öfteren zusetzen wird. Ebenso die Trennung von Heinrich. Am Bahnhof wurde sie von Adele von Finck, einer guten Freundin Carl Eegs, abgeholt, der sich vor Kurzem für ein Architekturstudium in Charlottenburg entschieden hat. Die Malerin von Finck[110], gleichaltrig mit Martha, war ein Jahr zuvor zu einem Studienaufenthalt in Worpswede gewesen. Dass sich beide in dem Sommer begegnet sind, ist allerdings nicht anzunehmen. Aber Paula Becker erwähnt »die Hosendamen«[111], womit auch Julie Wolfthorn gemeint ist, die etwas später dazustieß. Beide junge Großstadtkünstlerinnen trugen auch in Worpswede stolz ihre Hosen; wohl als Ausdruck weiblicher wie künstlerischer Emanzipation. Adele von Finck und Carl Eeg werden sich von nun an ein bisschen um Martha kümmern, sie mit der Reichshauptstadt bekannt machen. Doch erst einmal kommt Heinrich zu Besuch, der über Berlin nach Dresden fährt, um dort seine Ausstellung bei Arno Wolffram vorzubereiten. Die Freude bei ihr ist groß. Aber bald schon heißt es wieder Abschied nehmen. »Alles scheint von ihnen mitgenommen zu sein nach Dresden.«[112] Da auf Heinrichs Ausstellung auch Arbeiten von Martha gezeigt werden, fragt sie bald bei ihm an: »Was machen meine Stickereien? [...] Ich bin schon neugierig was die Leute drüber sagen.«[113]

Bald berichtet Martha an Heinrich, dass sie schon einige Zeichnungen angefertigt habe.[114] Doch in welcher Einrichtung sie das kunsthandwerkliche Zeichnen belegte, ist nicht mehr nachzuweisen. »Dienstag gehen Fräulein v. Fin[c]k Herr Eeg u ich zum Gewerbe Museum.«[115] Vermutlich ging sie dorthin, um sich anzumelden. Denn das Kunstgewerbe-Museum verfügte über eine Unterrichtsanstalt, wo sie hätte als Tages- oder Abendschülerin Zeichenunterricht nehmen können. Was sie vielleicht auch tat. Doch taucht ihr Name in den Zensurenlisten dieser Jahre nicht auf.[116] Eine Alternative wäre die städtische Gewerbeschule gewesen, deren Archiv sich aber nicht erhalten hat.[117] Im Weiteren ist in Marthas Briefen von einer Lehranstalt oder einer Lehrkraft nichts zu lesen. Aber wie dem auch gewesen sein mag: Sie zeichnet viel, davon berichtet sie Heinrich. Und sie bittet ihn wiederholt um einige seiner Entwürfe, denn sie stickt auch viel in diesen Berliner Wochen. »Den Umschlag mit den Lorbeerbäumchen mache ich jetzt auch fertig.«[118]

Martha wohnt »im feinsten Viertel von Berlin u in einem ›Pensionat I. Ranges‹«.[119] Diese Pension befindet sich in Charlottenburg.[120] Mit ihr wohnen noch vier Herren dort, unter anderem der Regisseur des Goethe-Theaters. Frau Schwarze, die wohlbeleibte Pensionswirtin, steht erst spät auf. Wie es Marthas Art ist, macht sie sich gleich nützlich und kocht immer morgens für alle den Kaffee. »Dann zeichne ich bis es dunkel wird.«[121] Die Herren nennen Martha stets »gnädiges Fräulein«, was sie jedoch als

Berlin, um 1900

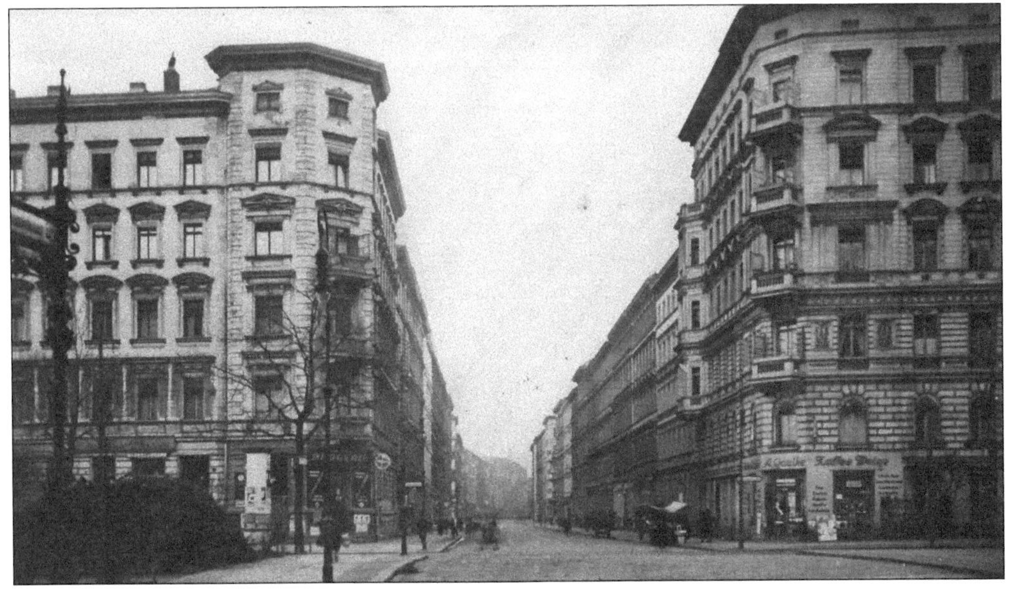

lächerlich empfindet. Sie hält sich möglichst allein, und die Herren gehen ihr aus dem Wege, »weil sie meinen ich bin verlobt«[122], schreibt sie Heinrich nach Dresden. Einmal, im November, wird sie krank. Aber Carl Eeg ist gleich zur Stelle, er »ist den ganzen Tag bei mir gewesen«.[123]

Mit ihrer Wirtin unternimmt Martha den einen oder anderen Ausflug. So besuchen beide das Schloss Bellevue im Bezirk Tiergarten. »Nie hatte ich mir gedacht daß es in allernächster Nähe von Berlin so schön sein kann.«[124] Ein anderes Mal erleben sie die »Dämmerung im Charlottenburger Garten. Der Mond schien so golden durch die vom Herbst so schön getönten Baumkronen. Ich mußte an den Hembarg denken, wo wir so glücklich waren. […] Beim Mausoleum[125] dachte ich immer Ach, könnten wir beide es doch so gut haben wie diese beiden Paare.«[126]

Das Berlin kurz vor der Jahrhundertwende bietet hinsichtlich Theater und Musik einiges an Höhepunkten. So besucht sie mit ihrer Wirtin die Oper und das Königliche Schauspielhaus am Gendarmenmarkt und im Dezember, kurz bevor sie wieder abreist, mit Carl Eeg und Adele von Finck die Inszenierung »Fuhrmann Henschel« im Deutschen Theater. Das Drama von Gerhart Hauptmann hatte im November seine Premiere gehabt. Der einflussreiche Theaterkritiker Alfred Kerr widmet dem Stück eine begeisterte Kritik: »Und alles in allem ist er [Gerhart Hauptmann] hier, was er von Anbeginn war: unser Einziger.«[127] Carl Eegs Vater, der das Stück ebenfalls in Berlin gesehen hatte, äußert sich in einem Brief aus Bremen gegenüber seinem Sohn: »Alter Fuhrmann H[enschel] ist gut! Ich habe es Dir ja schon vor längerer Zeit geschrieben, es freut mich […] daß Du die Kl[eine] M[artha] Sch[röder] mitgenommen hast.«[128]

Auch in die Museen und Galerien geht Martha. Mit Carl Eeg zusammen kauft sie sich für die Kunsthandlung Keller & Reiner eine Abonnementkarte. Anfang Dezember ist sie mit Fräulein von Finck dort, um die Ludwig von Hofmann-Ausstellung zu sehen. »Frl. v. Fin[c]k sagte ich sollte es Ihnen doch schreiben daß Sie es sehen müssten«[129], lässt sie Heinrich wissen. Bereits im November war sie mit Carl Eeg und Fräulein von Finck in der Kunsthandlung Gurlitt gewesen. »Wie wir nach oben kamen denken Sie sich was das erste Bild war? Das ›[Christkind]‹ von Paul [Schroeter], wozu ich Modell gestanden hatte.«[130] Und noch ein weiteres Bild beeindruckt sie dort, eines von Ludwig von Hofmann, vor allem des Rahmens wegen. »Es heißt ›Badende Mädchen‹. Ein ganz sonderbarer Rahmen, man weiß nicht wo er anfängt u wo er aufhört es geht alles ineinander.«[131]

Etwa zwei Wochen später trifft von ihrer Schwester Minna ein Brief mit Worpsweder Tratsch über sie und Heinrich ein. Martha ist fassungslos und enttäuscht. Ihre Mutter will, dass sie nach Hause kommt. Aber Martha schickt den Brief gleich an Heinrich weiter mit den Worten: »Sie werden wohl verstehen, was die Leute damit meinen nicht wahr?«[132] Heinrich aber reagiert umgehend und tröstet sie. Und sie wiederum antwortet: »So geht es einem wenn man sich einbildet die Worpsweder hätten einen gern. Jetzt weiß ich erst recht, was Sie mir sind.«[133]

Anfang Dezember dann trifft per Post ein kleines Büchlein von Heinrich ein, das er für sie erdacht und gefertigt hat. Martha bezeichnet es in einem Brief als »mein kleines Heiligtum.«[134] Es ist das Original mit handgeschriebenen Versen – möglicherweise auch schon mit Federzeichnungen geschmückt –, welches von ihm dann umfassend gestaltet ein Jahr später unter dem Titel »Dir« erscheinen wird. Aber erst einmal schickt Martha es an ihn zurück, mit der Bitte um eine Widmung. »Ich danke Ihnen, daß Sie mir etwas in mein kleines Buch geschrieben haben«[135], erwidert sie wenig später. Dieses Originalbüchlein hat sich nicht erhalten.

Den 12. Dezember, Heinrichs Geburtstag, feiert sie nicht mit ihm zusammen, sondern mit den beiden neu gewonnenen Berliner Freunden. Ihre Mutter Becka hatte für Heinrich einen Kuchen geschickt, den Martha nach Dresden zu ihm weitersenden sollte. Doch »weil ich nun das eine Paket schon weggeschickt hatte habe ich Frl. v. Fin[c]k u Herrn Eeg dazu eingeladen und [wir] haben Ihren Geburtstag bei mir gefeiert«.[136] Das Weihnachtsfest verbringt Martha dann wieder zu Hause auf dem Hemberg, worauf sie sich schon ungemein gefreut hat. Nicht zuletzt wegen des Wiedersehens mit Heinrich.

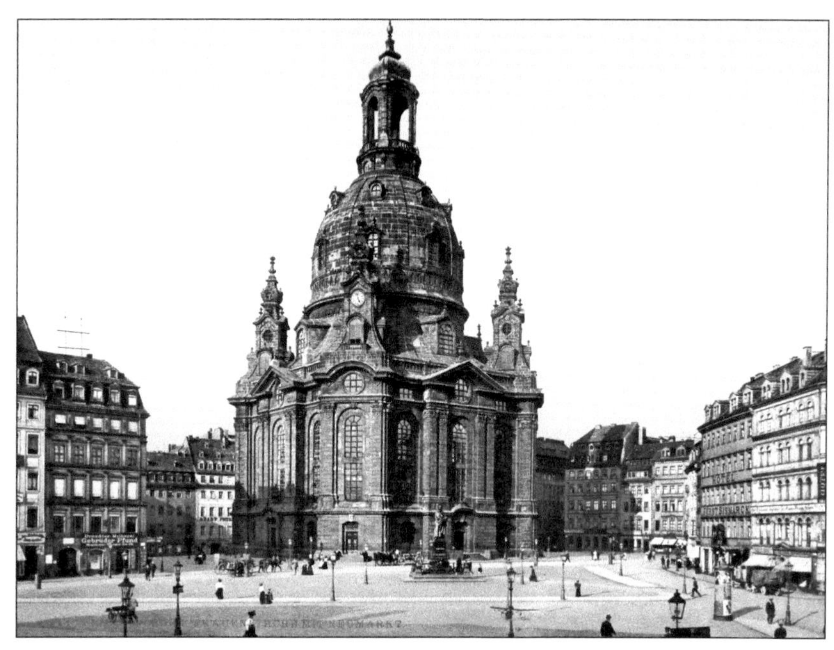

Dresden

Zwischen Worpswede und Dresden

Während Martha den Herbst 1898 in Berlin verbringt, hält Heinrich sich in dieser Zeit in der königlichen Residenzstadt Dresden auf. Anlass ist seine erste Ausstellung im Kunstsalon Arno Wolffram im Viktoriahaus[137], einem prächtigen Wohn- und Geschäftshaus im Stil der Neorenaissance nahe der Prager Straße. Die Ausstellung, in der, wie bereits erwähnt, auch Stickarbeiten von Martha zu sehen sind, wird ein Erfolg werden.

So wird man in der Barockstadt an der Elbe aufmerksam auf den jungen Künstler aus Worpswede. Und er lernt interessante Menschen kennen, unter ihnen die Familie des Konzertmeisters Henri Petri. Der Sohn Egon, Violinist und Pianist, besucht Vogelers Ausstellung und lädt den Maler in sein Elternhaus ein. Vogeler ist dort nun des Öfteren zu Gast und genießt die musische Atmosphäre. »Im Hause Petri gab es immer anregende Gesellschaft von Künstlern. Überflüssige Konversation wurde nicht gemacht, man ging meistens bald zum Musizieren über.«[138] Durch Egons Vater wird Vogeler auch mit der Prinzessin Feodora von Schleswig-Holstein bekannt gemacht, die sich sehr für seine Kunst interessiert. Sie hatte selbst an der Dresdener Kunstakademie studiert und steht in Kontakt und künstlerischem Austausch mit Fritz Mackensen.[139] Auch Martha wird ein gutes Jahr später deren Haus in Dresden kennenlernen, im Zuge eines Botengangs, der ihr aufgetragen werden wird.[140]

Tagsüber verbringt Vogeler viel Zeit in den Königlichen Kunstsammlungen der Elbestadt. In der Sempergalerie kopiert er »die Lavinia mit dem Fahnenfächer von Tizian«.[141] Abends leitet er den Aktkurs an einer Malerinnenschule. Zu Weihnachten aber reist er nach Bremen, wo seine Familie das Fest gemeinsam mit dem Dichter Rainer Maria Rilke feiert. Wie bereits an anderer Stelle erwähnt, waren Rilke und Vogeler sich im Frühjahr in Florenz begegnet, allerdings ohne ein Wort miteinander gewechselt zu haben. Alsbald aber setzte ein brieflicher Austausch ein, und Vogeler besuchte Rilke im Sommer in Berlin. Nun verbringen sie gemeinsam das Weihnachtsfest im alten Patrizierhaus in der Hansestadt. Am nächsten Morgen, dem Weihnachtsmorgen,

Links: Die Dresdner Frauenkirche mit Neumarkt, um 1898

fahren beide hinaus an den Weyerberg, und Rilke erlebt zum ersten Mal den Barkenhoff, das »weiße Giebelhaus, an dem jeder Stein, in dem jeder Stuhl von ihm gezeichnet und beabsichtigt wurde«[142], wie er an seine Mutter schreibt. Im Zuge dieses ersten Kurzbesuches in Vogelers Heim, der ihn tief beeindruckt, schickt Rilke dem Freund einen Hausspruch, den dieser im Balken über der großen Dielentür einarbeiten lässt.[143] Natürlich verbringt Heinrich zum Jahresausklang auch einige Tage mit Martha. Weihnachten allerdings werden sie sich kaum gesehen haben. Obwohl Martha, die zwei Tage vor dem Fest aus Berlin zurückgekehrt ist, hofft, dass er es wieder machen würde »wie voriges Jahr, da wollten Sie auch noch am Weihnachtstag kommen«.[144] Auch den Jahreswechsel über ist Heinrich in Bremen und Martha auf dem Hemberg. Da sie es bis zum Wiedersehen am 3. Januar aber nicht aushält, setzt sie sich hin und schreibt einen Neujahrsgruß, der per Post in die Hansestadt geht. Darin überschüttet sie ihn mit Glücksgefühlen: »Alles was ich fühle ist so viel; […] Noch nie war ich so glücklich wie jetzt; nun ich weiß daß mein Mining ganz mein ist; daß er mir nicht mehr genommen werden kann.«[145] Vermutlich haben beide zwischen den Jahren wiederholt über eine gemeinsame Zukunft gesprochen. Vielleicht auch darüber, dass Martha zur Ausbildung nach Dresden gehen solle.

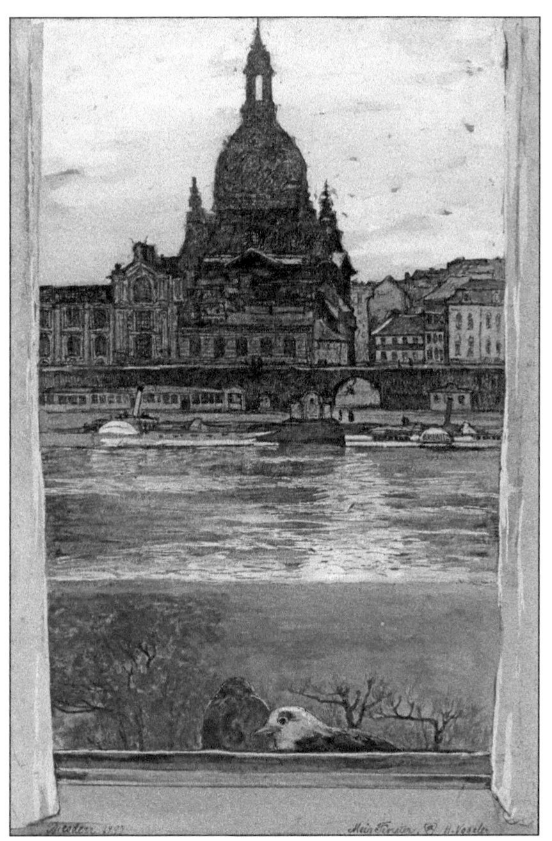

»Die Dresdner Frauenkirche« (früher »Mein Fenster«), Gouache von Heinrich Vogeler, 1898

Heinrich jedenfalls bricht schon bald wieder in Richtung Barockstadt an der Elbe auf. Und Marthas Sehnsucht nach ihm lässt nicht lange auf sich warten. »Ich habe eine solche Sehnsucht schon wieder nach Ihnen, daß, wenn ich nur könnte, ich sofort nach Dresden käme um sie zu sehen, zu küssen.«[146] Heinrich gibt immer noch Korrektur im Abendakt an der Malerinnenschule, und Martha hegt die Hoffnung, dass er in vier Wochen »mit dem Zeichensaal«[147] fertig sei. Sie hat jetzt viel mit dem Sticken zu tun, sodass sie kaum Zeit zum Lesen findet. Und so kommt sie mit Heinrichs Buchempfehlungen nur mühsam voran. »Wenn Sie wieder kommen werde ich wohl so viel von der norwegischen Sprache verstehen wie in dem Buch steht. Das andere Buch habe ich mir noch nicht aus Ostendorf geholt.«[148]

Mitte des Monats richtet der Gesangsverein Concordia seinen Winterball aus, aber ohne Heinrich hat Martha keine Lust, dorthin zu gehen. »Und am 27. [Januar] soll ich wieder beim sterbenden Krieger Engel sein. Ich weiß aber noch garnicht ob ich es thu.«[149] Der Kriegerverein des Dorfes nimmt den 27. Januar, den Geburtstag Kaiser Wilhelms II., jedes Jahr zum Anlass, eine Feier auszurichten, auf der auch das Stück von Mackensen aufgeführt wird. Dieses Datum ist in Preußen – seit 1866 ist das Königreich Hannover preußische Provinz – ohnehin ein Gedenktag.

Das blonde Dorfmädchen Martha Schröder ist inzwischen ein beliebtes Modell für die Künstler geworden. Heinrich entdeckte die Unverfälschtheit ihres Mädchenseins zuerst. Auch für Fritz Mackensen und Paul Schroeter stand sie, wie bereits berichtet, Modell. Und nun noch Clara Westhoff. »Gestern u vorgestern war Frl. Westhoff hier u wollte mich malen; Mama war schon ganz böse darüber da kamen Frl. Westhoff u Frau Bock noch einmal aber Mama wollte es garnicht haben. [...] Jetzt brauche ich doch nicht für alle Modell stehen. Ich habe ja meinen Mining.«[150]

In Dresden gehört zum Kreis von Vogelers neuen Freunden, die ihm seine Ausstellung beschert, auch »eine ältere Dame, die Frau eines Konsuls. Sie interessierte sich vor allem für die Radierungen, in denen sie Gleichnisse für den Ausdruck einer jungen aufkeimenden Liebe zu sehen glaubte.«[151] Diese ältere Dame ist die 44-jährige Helene Chrambach, Ehefrau des Bankiers und Türkischen Konsuls Max Chrambach. Beide Eheleute sind »mosaischer« Religion, wie es in den offiziellen Dokumenten heißt.[152] Sie leben in einer großzügigen Wohnung in der Mosczinskystraße 21. Ihre gemeinsame Tochter Clara, die meist Claire oder Clärchen genannt wird, wurde 1876 geboren.[153] Vor Clara hatte es einen Sohn gegeben, der 1875 geboren wurde, aber bald darauf starb.[154] Max Chrambach ist ein wohlhabender Mann. Er betreibt als alleiniger Inhaber das »Bank-, Wechsel- und Kommissionsgeschäft« der Firma Philipp Elimeyer, in das er schon als junger Mann eingetreten war. Geboren 1847 in Lissa, einem Städtchen in der preußischen Provinz Posen, war er bereits im Jahre 1868 in Dresden ansässig geworden. Etwa 25 Jahre später, im April 1892, erwarb er die sächsische Staatszugehörigkeit und ist seitdem Dresdener Bürger.[155] »Sein Geschäft gilt als gut fundiert, soweit man das von einem Geschäft wie das seine überhaupt sagen kann, weil dessen Einnahmen lediglich auf geschickter Spekulation beruhen«[156], vermerkte seinerzeit der Kommissar der Kreishauptmannschaft Dresden[157] in den einschlägigen Akten. Anfang November des Jahres 1897 dann wird Max Chrambach die »einstweilige Verwaltung des Türkischen Konsulats«[158] übertragen, da der amtierende Konsul sein Amt niedergelegt hat. Ein halbes Jahr später wird er offiziell »zum Türkischen Honorar-Konsul in Dresden ernannt und von Seiner Majestät dem König in dieser Eigenschaft anerkannt«.[159] Insbesondere seine Frau Helene wird in Marthas Leben eine Rolle spielen, denn über viele Jahre wird sie ihre vertraute, mütterliche Freundin sein. Max Chrambachs Bruder Fritz hingegen betreibt am Jüdenhof unweit der Frauenkirche gemeinsam mit dem Hofjuwelier Julius Jacoby ein Juweliergeschäft mit vortrefflichem Ruf, das »die besten Kreise zu seinen Kunden zählt. Er gilt als ein sehr vermögender Mann und genießt mit seiner Familie allgemeines Ansehen«.[160] Als »Israelit hat [er] aber, soweit hier bekannt, seine Kinder taufen lassen. Er macht ein offenes Haus, in dem hauptsächlich die haute finance verkehrt«.[161] Beide Brüder Chrambach sind also honorige Bürger der Stadt Dresden. Dieses findet auch seinen Ausdruck darin, dass man Fritz Chrambach nach dem plötzlichen Tod seines Bruders Max im Januar 1899[162] dessen Funktion als Kaiserlich Türkischer Konsul

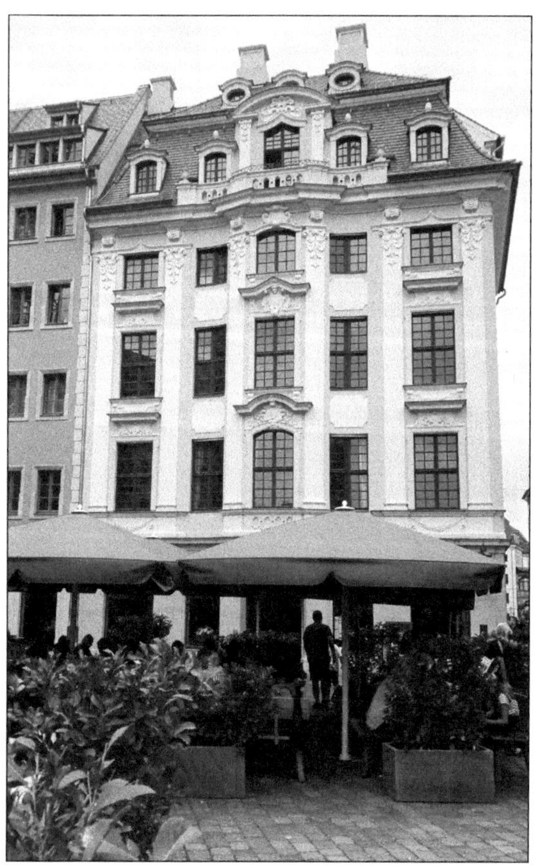

überträgt. Im Zuge dieser Amtsübernahme gibt Fritz Chrambach jedoch seine Geschäftstätigkeit als Juwelier auf, um sich ganz der neuen Aufgabe zu widmen.[163] Auch sein Konvertieren zum christlichen Glauben – am 7. Juni 1900 lässt er sich in der Neuen Kirche am Gendarmenmarkt in Berlin taufen – steht vermutlich in diesem Zusammenhang.[164] Seine Frau Elsbeth Rosa Charlotte ist evangelisch-lutherischer Konfession und auch die Kinder des Paares sind, wie schon erwähnt, getauft worden. Für Martha wird es mit der Familie von Fritz Chrambach wenig Berührungspunkte geben, umso mehr aber mit der von Max Chrambach. Denn als Vogeler im März 1899 Dresden verlässt, gibt ihm Helene Chrambach, die zu dem Zeitpunkt bereits Witwe ist, eine Einladung mit auf den Weg: »Wenn sie dort in ihrem Künstlerdorf ein junges Menschenkind haben, das ihnen lieb ist und von dem sie möchten, daß es einmal unser schönes Dresden sehen möchte, hier lernen und sich mit unserer alten und neuen Kunst bekannt machen, dann überbringen sie ihr meine Grüße und sagen sie ihr, daß in unserem Hause jederzeit ein Platz für sie ist, wo sie eine Zeitlang leben kann.«[165]

Martha Vogeler wiederum erinnert sich, dass Frau Konsul Chrambach ihren Wandbehang[166] in der Ausstellung bei Arno Wolffram gesehen habe und Martha wissen ließ, wenn sie einmal nach Dresden kommen wolle, »wäre sie gern bereit, mich aufzunehmen oder mich zu betreuen.«[167]

Links: Das Dinglingerhaus an der Westseite des Jüdenhofs wurde 2016 originalgetreu wiederaufgebaut. Nahebei, an der Südseite des Hofkarrees, befand sich an der Ecke zum Neumarkt das Geschäft von Fritz Chrambach, das unter dem Namen »Moritz Elimeyer« firmierte.

»Im schönen Dresden«

Mitte April fährt die 19-jährige Martha dann nach Dresden. Sie lässt Worpswede und all das Gerede im Dorf hinter sich. Heinrich und sie, darüber wird gesprochen, schon seit dem Spätherbst, seit Berlin. Da kommt die Einladung aus Dresden gerade recht. Martha will eintauchen in die alte Residenzstadt der sächsischen Kurfürsten und Könige, eintauchen in die Stadt mit ihren reichen Kunstschätzen. Und sie will lernen und neuen Menschen begegnen.

Doch will sie all das wirklich? Oder ist es eine Flucht? Oder macht sie es gar Heinrich zuliebe, fügt sich seinen Vorstellungen? »Man mußte sie erst von den Verhältnissen hier loslösen«[168], wird Vogeler ein gutes Jahr später gegenüber Rilke äußern. Zudem spricht Rilke in seinem Tagebuch von »feindseligen Verhältnissen«, aus denen Vogeler sie zu befreien suchte und nach Dresden brachte.[169] Damit ist vermutlich das Gerede im Dorf gemeint, aber wohl auch die kargen Bedingungen hinsichtlich Bildung oder Austausch mit anderen gesellschaftlichen Schichten. Das kann ein Dorf in der Zeit um 1900 nicht bieten, auch nicht Worpswede.

Nun also Dresden. Martha reist gemeinsam mit Fritz Mackensen, der am 20. April – einem Donnerstag – an der Eröffnung der

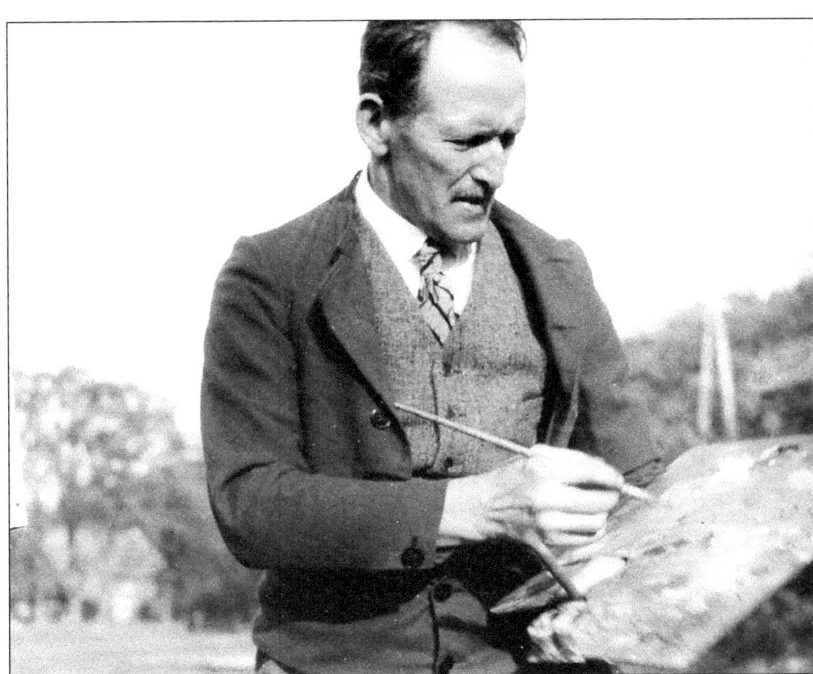

Fritz Mackensen

Deutschen Kunstausstellung teilnehmen will. Denn auch die Worpsweder Maler sind auf der Schau vertreten, haben sie »fein beschickt«.[170] So besteigen beide am Freitag der vorherigen Woche in Bremen den Zug. Während der Fahrt empfindet Martha das Zusammensein mit Mackensen anfänglich als ganz nett. »Späterhin wurde er etwas unangenehm; aber ich verbat es mir sehr energisch. Da war er dann auch ganz vernünftig.«[171] Sie sprechen viel miteinander, und Mackensen schüttet Martha gegenüber sein Herz aus. Thema ist die 1895 gegründete Künstler-Vereinigung, in der seit geraumer Zeit ein Konflikt schwelt. Zwei Monate später wird er auflodern, und in dessen Zuge werden Otto Modersohn, Fritz Overbeck und Heinrich Vogeler austreten.

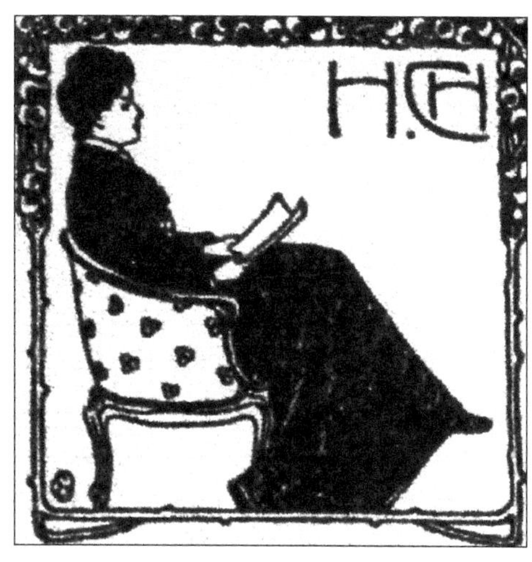

Briefvignette der Helene Chrambach, Entwurf von Carl Eeg, 1902

In Dresden angekommen ist Frau Chrambach, von der Martha hofft, dass sie sie auf dem Bahnsteig erwartet, zunächst nicht zu sehen. Doch dann kommt sie, gemeinsam mit Frau Reder, bei der Martha wohnen wird. Elise Reder ist Witwe und unterhielt seit 1893 ein Tapisseriewarengeschäft im Parterre der Prager Straße 44[172], das sie vor Kurzem aufgegeben hat. Neue Inhaberin ist nun eine gewisse Marie Wähner. Zudem mietete Elise Reder ab 1894 noch eine Wohnung in der vierten Etage[173], wo sie jetzt noch immer lebt. Dort wird Martha ein kleines Zimmer haben, ihre erste Bleibe in Dresden. Damit sie es in ihrem neuen Domizil etwas heimeliger hat, schickt ihr Frau Chrambach gleich Blumen. Martha ist zuversichtlich, dass beide Frauen – Elise Reder wie Helene Chrambach – ihr den Hemberg ersetzen werden, jedoch niemals den Barkenhoff.[174] Womit einerseits ihre Familie und andererseits Heinrich gemeint ist. Sie liebt Heinrich und hängt sehr an ihm. Bald aber schon lädt Frau Chrambach Martha »zu Tisch« ein, wie es in diesen gesellschaftlichen Kreisen heißt. Immer sonnabends. »Ich bin sehr ängstlich dabei, am liebsten ginge ich ja nicht hin aber ich muß doch. Dann kann ich doch auch sehr viel lernen und deshalb bin ich doch hier. Nicht wahr?«[175] Gleich in diesem ersten Brief an Heinrich wird deutlich – und es wird in der Korrespondenz zwischen beiden so bleiben –, wie sehr sie sich an seinen Vorstellungen orientiert, wie sehr sie seinen Erwartungen zu entsprechen versucht. Heinrich hat seiner Braut in gewisser Weise ein Bildungsprogramm auferlegt. Vielleicht auch, um sie für sein Lebens- und gleichermaßen Kunstkonzept, den biedermeierlichen Barkenhoff, gesellschaftsfähig zu machen. Ist sie doch lange schon die auserkorene Herrin dieser »autonome[n] Welt des Schönen«.[176] Obwohl sie als sein Modell längst schon dazugehört. Aber das alles ist nur die eine Seite der Medaille. Die andere ist, dass Martha auch selbst den Wunsch verspürt, ihren Horizont zu erweitern, zu lernen, wie sie es nennt. Denn im Umgang mit den Künstlerinnen und Künstlern in Worpswede hatte sie immer schon gespürt, dass es zwischen ihr und ihnen eine Diskrepanz gibt, dass sie nicht so recht dazugehört. Sie, die Tochter eines einfachen Dorfschullehrers, und die anderen, meist aus gutbürgerlichen Familien stammend, mit solidem Bildungshintergrund und finanzieller Sicherheit. Vorwurfsvoll spricht sie es Heinrich – den es letztlich auch betrifft – einmal gegenüber an: »wenn Sie im Winter die Gesellschaft der Malerinnen vorzogen und mit mir kein Wort wenigstens kein ernstes Wort sprachen.«[177] Hinzu kommt ihre Befangenheit, nicht über Dinge sprechen zu können, die ihr auf dem Herzen liegen. »Das war es eben was mich immer so quälte, wenn Sie mit allen anderen so reden konnten und mit mir nicht.«[178] Heinrich weiß das alles. Um ihr zu helfen, die Unsicherheiten zu überwinden, legt er ihr nun – nach Berlin – die Dresden-Reise nahe und vermittelt die Bekanntschaft mit Helene Chrambach. Allen Unsicherheiten zum Trotz wird Martha die eineinhalb Jahre in der Barockstadt an der Elbe nutzen, wird interessante Menschen kennenlernen, sich mit Sprachen auseinandersetzen, vornehmlich Französisch, sich in puncto Musik und Kunst bilden, und sie wird sich ausgiebig ihrer Stickkunst widmen. Letztere ist ihre Begabung, die zudem in der Epoche um 1900 auf künstlerischen Boden fällt. Denn das Sticken ist im Rahmen der Jugendstilbewegung, ähnlich wie das Weben, ein gefragtes Handwerk. Es wird sich für Martha gelegentlich auch in barer Münze auszahlen, was ihr wiederum ein wenig helfen wird, die Dresdener Zeit mit zu finanzieren. Denn Heinrich unterstützt sie jeden Monat mit 50 Mark. Wobei auch Helene Chrambach gelegentlich ins Spiel kommt, indem sie großzügig immer wieder die 50 Mark vorschießt und Martha in der einen oder anderen Frage mit Barem versorgt.

Nach ihrer Ankunft in der Elbe-Stadt geht es gleich am nächsten Tag mit dem Sticken los. Unten im Parterre der Prager Straße 44 findet sie im Tapisseriewarengeschäft von Frau Wähner Arbeit, täglich von morgens um acht bis abends um zwanzig Uhr, mit einer Stunde Mittagspause. Es ist ein langer Tag. Zumal sie schon nach kurzer Zeit feststellt, dass sie nichts mehr dazulernen kann, außer sich ihren guten Geschmack zu verderben. Denn beim Sticken kann ihr so schnell niemand etwas vormachen. Von den Damen im Geschäft ist sie ganz angetan. »Aber die Stickerinnen mag ich gar nicht, sind alle dumm und so häßlich. Ich werde ihnen aber schon einen anderen Sinn beibringen.«[179] Aufgrund ihrer Fähigkeiten bietet ihr Frau Wähner sogar schon bald eine Anstellung als Direktrice und damit eine Leitungsfunktion an. Aber Martha lehnt ab, zumal sie gewissen geschäftlichen Praktiken skeptisch gegenübersteht. Man lerne doch nur Lügen und Anschmeicheln und deshalb werde sie es auf Dauer dort auch nicht aushalten, schreibt sie an Heinrich.[180] Diese Aussage nimmt sie ein paar Tage später wieder zurück, ist aber der Meinung, dass sie dort wenig oder wohl gar nichts verdienen werde.[181] Wie dem auch sei: Die Tätigkeit bei Frau Wähner wird nicht lange andauern, und Martha wird sich zunehmend mit eigenen Stickarbeiten, für die sie bei Heinrich Entwürfe erbittet, beschäftigen. Noch in diesen ersten Dresdener Tagen schreibt sie an ihn: »Morgen werde ich für Frau Chrambach die Blume von Ihnen aus der Hamme sticken zu einem Umschlag. Endlich einmal etwas Vernünftiges.«[182] Auch in der Prager Straße gibt es trotz allem Erfolgserlebnisse für sie. Bald schon »wurde im Geschäft eine Decke zu welcher ich die Farben ausgesucht hatte (es war lila Grund mit großen weißen Margeriten) 4 mal verlangt. Ich habe mich sehr darüber gefreut.«[183]

Am 20. April öffnet die Deutsche Kunstausstellung im Ausstellungsgebäude am Stübelplatz (heute Straßburger Platz) nahe dem Großen Garten ihre Pforten. Diesen neuen Kunstpalast gibt es seit drei Jahren[184], dort hatte 1897 auch die Internationale Kunstausstellung stattgefunden. Wie bereits erwähnt, ist unter den Ausstellenden auch die Worpsweder Künstlergruppe vertreten; mit Gemälden, Zeichnungen, Radierungen und plastischen Arbeiten. Zudem zeigt Heinrich Vogeler in der kunstgewerblichen Abteilung einen aus edlem Mahagoniholz gefertigten Schrank[185] mit dekorativem Lineament, der in der renommierten Dresdener

Firma für Innenausstattungen Udluft & Hartmann gefertigt wurde. Auch wenn in den »Erinnerungs-Blättern« der Ausstellung die Verortung der Worpsweder gründlich misslingt – sie werden vom Autor in einem »stillen Heidedorfe im Lande Hadeln unfern der Elbmündung«[186] angesiedelt –, werden sie umfangreich präsentiert und bestens platziert, nämlich in direkter Nachbarschaft zu den Düsseldorfer Sezessionisten. Neben den Malerherren aus Worpswede ist auch die junge Bildhauerin Clara Westhoff vertreten. Sie zeigt den Kopf einer alten Frau, in Gips modelliert.[187] Und es stellt noch ein weiterer Worpsweder Künstler aus: der Kunsthandwerker Emil Proch[188], der sich mit einigen Kunstverglasungen und einer Türverglasung vorstellt, die allesamt von den Gebrüdern Liebert in Dresden ausgeführt wurden.[189] Martha freut sich auf die Ausstellung, denn wenn sie eröffnet wird, »sehe ich ja auch unser Wiedersehen«[190], schreibt sie an Heinrich. Ein kleiner Trost, denn sie sehnt sich schon sehr nach ihm. Mit dem »Wiedersehen« ist das Bild »Heimkehr« gemeint, welches ein Jahr zuvor in Worpswede entstanden ist und wofür sie und Carl Eeg Modell gestanden haben. Hier, am Stübelplatz, hängt es ihrer Meinung nach nicht gut, befindet sich zwischen Modersohns Bildern, wie sie beim ersten Besuch mit Helene Chrambach feststellt. »Es wirkt so wenig die Tapete hätte unbedingt Hintergrund sein müßen.«[191] Und sie moniert, dass Mackensen viel vorteilhafter hängen würde: »Wenn man in die Ausstellung kommt, sieht man sofort sein großes Bild«[192]; womit »Die Scholle«[193] gemeint ist. Ein anderes Mal begegnet sie Mackensen persönlich, der gerade mit der Kommission durch die Räume geht. Im Worpsweder Saal »sprachen die Herren von Vogeler u Vinnen. […] Fritz Mackensen grüßte mich nicht, er that als wenn er mich nicht sah. Vielleicht konnte er unsere Reise nicht vergessen.«[194] Sie geht jetzt öfter in die Ausstellung, schaut sich dort um, manchmal mit Frau Chrambach und deren Bekannten. Einmal bemerkt sie, dass zwei Herren sich besonders für Vogelers »Heimkehr« interessieren. »Sie kamen immer wieder zurück zu dem Bilde und sahen es sich wieder an.«[195] Vogeler ist auch mit aquarellierten Zeichnungen vertreten.[196] Auch diese nimmt Martha gleich bei ihrem ersten Besuch wahr, erwähnt sie Heinrich gegenüber aber nicht. Als er nach einigen Wochen ausdrücklich nach den Blättern »Rhododendron« und »Mein Fenster«[197] fragt, bestätigt sie ihm diese. Insbesondere Letzteres mit »Blick auf die Elbe [und] die beiden Täubchen gefallen mir ausgezeichnet. Das hatte ich ja noch nie gesehen. Sie hatten es wohl garnicht im Winter zu Hause.«[198] Dieses farbige Blatt mit zwei Tauben und dem Blick aus einem Fenster über die Elbe hinweg zur Frauenkirche war während seines Herbstbesuches in der Barockstadt entstanden.

In der Ausstellung interessieren Martha jedoch nicht nur die Worpsweder, sondern auch andere Künstler, vornehmlich die Stickerinnen im kunsthandwerklichen Bereich. So sieht sie unter anderem zwei schöne Fenstervorsetzer in Seidenstickerei ausgeführt, die wie Glasfenster wirken. Und »alles apliciert«.[199] Die beiden Exponate stammen von Theodora Onasch aus Berlin-Charlottenburg.[200] Sie gefallen Martha sehr und gerne würde sie auch solche Sachen arbeiten, was aber nur ein Wunsch bleibt.

Alfred Walter Heymel

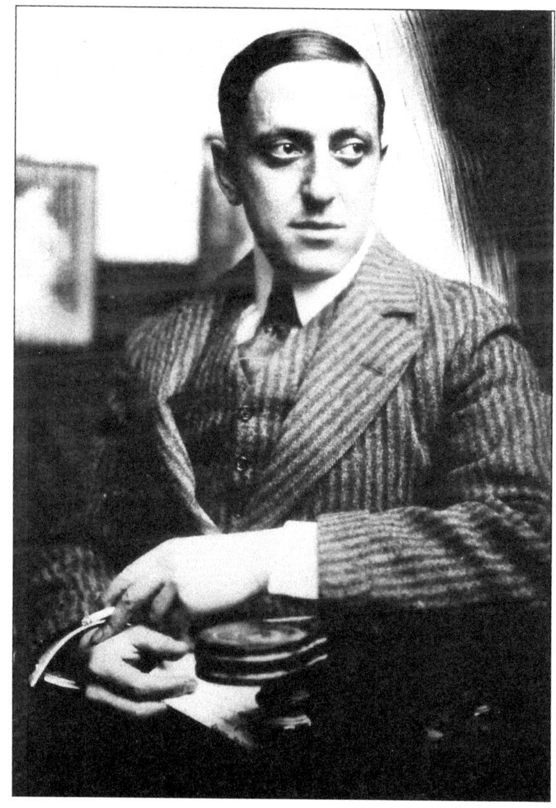

Die anstrengende Tätigkeit im Geschäft bei Frau Wähner fordert schon bald ihren Tribut. Martha erkrankt. Ihre ohnehin zarte körperliche Konstitution wird immer wieder mal unter derlei Anforderungen zu leiden haben. Sie klagt über starken Husten und Nervenschmerzen im Kopf. Der Arzt, den sie deshalb aufsucht, bestätigt ihr, dass ihr Arbeitstag zu lang sei. Außerdem dürfe sie nicht neben dem Sticken noch Unterricht nehmen. Dieser jedoch ist mit Frau Chrambach bereits besprochen. Die Lunge sei schwach, aber frische Luft und Spazierengehen seien der beste Schutz. Und das möglichst zweimal am Tag eine Stunde lang.[201] Martha befolgt den Rat des Arztes. Etwa zwei Tage später, am Morgen, macht sie ihren ersten Spaziergang im nahe gelegenen Großen Garten. Und »wen treffe ich wohl dort? Vinnen.[202] Er ist ganz mit mir bis zum Geschäft zurück gegangen. Er sagte, alle Worpsweder würden zur Ausstellung kommen!! Aber Mining, da werden Sie doch auch kommen! Denken Sie wie Frau Chrambach und ich uns freuen werden.«[203] Obwohl Martha, die sich nach ihm sehnt und ihm das in den Briefen immer wieder schreibt, hier die Gelegenheit beim

Schopfe packt und ihn mit einer Reise konfrontiert, fährt Heinrich nicht nach Dresden, zumindest noch nicht. Er arbeitet an den Radierungen für die Mappe »An den Frühling«, die Ende des Jahres erscheinen soll. Und an einem großen Bild.[204] Aber einige Worpsweder, wie Fritz Mackensen und der oben erwähnte Carl Vinnen, besuchen die Ausstellung. Auch Clara Westhoff kommt Anfang August nach Dresden. Martha sieht sie durch Zufall in der Straßenbahn an sich vorüberfahren und bedauert, sie nicht getroffen zu haben.[205] Auch Otto Modersohn mit seiner Frau Helene ist im Spätsommer für kurze Zeit in der Elbe-Stadt, der Ausstellung wegen.[206]

Auch wenn es mit Heinrich erst einmal kein Wiedersehen gibt, hat Martha zumindest in Helene Chrambach eine vertraute, mütterliche Freundin gefunden. Die Mittvierzigerin nimmt sich der jungen, zarten Martha an, hilft ihr finanziell und immer auch in praktischen Dingen. So hat sie sich im Bekanntenkreis umgehört, um für sie entsprechende Lehrer zu finden. Denn Martha möchte unbedingt Unterricht nehmen. »Frau Chrambach hat einen tüchtigen Zeichenlehrer für mich der mir wöchentlich 3 Stunden geben würde für 2 M[ark]. Dann hat sie mir ja auch eine französische Lehrerin besorgt.«[207] Etwa zwei Wochen später schreibt sie an Heinrich: »Ich bin jetzt so glücklich daß ich lernen darf was ich immer schon wollte. Gestern hatte ich den ersten Musikunterricht, auch habe ich schon 6 Zeichenstunden gehabt. Morgen gehe ich zu der französischen Lehrerin.«[208]

Helene Chrambach, Dresden, 1905 (dieses Foto befand sich im Besitz von Martha)

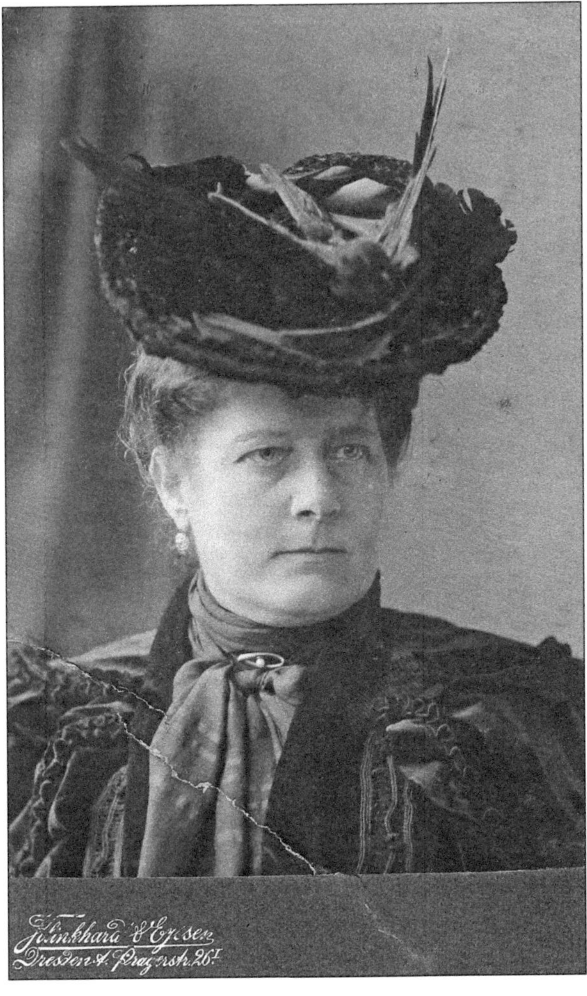

Martha hat Helene Chrambach in kurzer Zeit lieb gewonnen. »Es ist genauso als wenn wir uns schon unendlich lange gekannt hätten. Wir verstehen uns ohne Worte.«[209] Ihre anfänglichen Ängste, dorthin zu Tisch zu gehen, waren unbegründet, denn beim ersten Besuch fühlte sie sich gleich wie zu Hause. Zwar kam ihr »die Bedienung von einem Diener u das Ganze [...] erst etwas komisch vor. Aber ich wußte mich sehr bald in die Situation zu finden.«[210] Auch zur Tochter Claire entwickelt sich das Verhältnis gut, das bisweilen ambivalent sein wird. Sie würden sich aber ganz gut vertragen, »sie spielt die Lehrerin u ich muß antworten«[211], lässt sie Heinrich nicht ohne Humor wissen. Der Briefverkehr mit ihm ist für sie ein wichtiger emotionaler Rückhalt. Oft spricht sie von Sehnsucht, gelegentlich auch von Sehnsucht »nach dort«, womit Worpswede gemeint ist. Doch das Gerede im Dorf am Weyerberg scheint sich nicht gelegt zu haben. Denn einmal antwortet sie ihm: »Lieber würden Sie es wohl sehen wenn ich die Briefe nicht nach Ostendorf schickte. Schreiben Sie mir dann doch wie ich es machen soll.«[212] Diese Bedenken mögen sich aber auch auf Heinrichs Mutter beziehen. Martha weiß, dass Heinrichs Mutter ihrer Beziehung skeptisch gegenübersteht, sie hat es schon wiederholt zu spüren bekommen. Und so braucht der Konflikt, der seit geraumer Zeit schlummert, nur noch einen geringen Anstoß, um aufzubrechen.

Martha hat auch regelmäßig brieflichen Kontakt zu ihrem Bruder Martin, zu Carl Eeg, der in Berlin immer noch Architektur studiert, und zu Bertha Filly.[213] So schrieb ihr Carl Eeg bereits Anfang Mai, dass er erstaunt gewesen sei, sie nicht in Worpswede angetroffen zu haben, und »von Herrn Vogeler hörte, Martha sei in Dresden. [...] Sie sind also im schönen Dresden!«[214] Gerne erinnert sich Martha an den vergangenen Herbst in Berlin, als sie gemeinsam Ausstellungen und Theaterabende besuchten.

Indes: Dresden hat in dieser Hinsicht auch einiges zu bieten, was sie nun mehr und mehr nutzt. Anfänglich kam sie wegen der intensiven Arbeit im Geschäft kaum in die Stadt oder in deren Umgebung, doch langsam beginnt sie das berühmte Elbflorenz[215] für sich zu entdecken, besucht Museen und Konzerte. »Gestern Abend habe ich ›Die Schöpfung‹ von Haydn gehört, in der Dreikönigskirche. Nie hätte ich gedacht dass Musik so ergreifend sein kann.«[216] Mit ihrer Wirtin Frau Reder und einigen Bekannten unternimmt sie Ausflüge mit dem Dampfer die Elbe hinunter, an den Hängen mit den drei malerischen Elbschlössern vorbei bis Loschwitz, um dann zu Fuß zum Weißen Hirsch hinaufzusteigen und durch den Mordgrund, einer legendenumwobenen Felsenschlucht, wieder zurückzukehren. Etwa Mitte Mai besucht Martha auch erstmals die Königliche Gemäldegalerie, die seit 1855 ihr Zuhause im Semperbau am Zwinger hat. Sie ist überwältigt von der Fülle der Kostbarkeiten. »Da habe ich so vieles gesehen daß ich nur die Rembrand[ts] und Rubens erinnern kann. Und ein Bild[,] nämlich den Barkenhoff.«[217] Davor steht sie lange und denkt an »Mining und vergangene Zeiten«.[218] Vogeler hatte das Bild »Mein Haus« auf der Internationalen Kunstausstellung 1897 in Dresden gezeigt, wo es von der Königlichen Galerie »als eines der wenigen Zeugnisse damaliger Gegenwartskunst«[219] erworben wurde.

Immer wieder interessieren Martha aber auch textile Techniken und Objekte. So schaut sie sich im Ausstellungsgebäude auf der Brühlschen Terrasse armenische Stickereien an und in der König Albert-Passage »orientalische Knüpfteppiche wie Sie die beiden haben«[220], berichtet sie Heinrich. Auch die berühmte Semperoper besucht Martha und erlebt dort eine Inszenierung der »Götterdämmerung« von Richard Wagner. Die Karte hatte ihr Frau Chrambach geschenkt. Allerdings fühlte sie sich in ihrem schwarzen Kleid ein bisschen wie »ein Trauermantel zwischen all den bunten Schmetterlingen«.[221] Aber nicht nur mit Billets für Kulturveranstaltungen macht ihr Helene Chrambach gelegentlich eine Freude. Ebenso mit kleinen auserlesenen Geschenken. Bei Chrambachs in der Mosczinskystraße fühlt Martha sich wohl. Dort gibt es auch ein Klavier, auf dem sie nun immer üben darf, denn woanders hat sie keine Möglichkeit dazu. Ihre Klavierlehrerin Fräulein Mortier de Fontaine wohnt in Bühlau, nahe dem Villenort Weißer Hirsch, das man mit der neuen Straßenbahnlinie Waldschlößchen-Bühlau, die gerade erst an das Dresdener Straßenbahnnetz angeschlossen wurde, erreicht.[222]

Beim Klavierüben, im Französischunterricht und auch im Zeichenkurs bekommt sie diverse Aufgaben. »Gerade was ich mir immer wünschte: Lernen.«[223] Doch ist es offenbar zu viel auf einmal, ihr Körper streikt. Ende Mai ist sie wieder krank. »Vielleicht hatte ich zuviel gearbeitet, denn aller Anfang ist schwer, merke ich.«[224] Aber ihre Lehrerinnen sind zufrieden mit ihr, was sie motiviert. Anfang Juni allerdings trifft ein Brief von Heinrich aus Worpswede ein, der sie in ihren Grundfesten erschüttert. Der schon länger schlummernde Konflikt zwischen ihm, seiner Mutter und ihr als künftiger Schwiegertochter bricht auf.

Martha ist zu diesem Zeitpunkt kaum mehr in der Lage, irgendetwas zu tun. »Jetzt bin ich so krank daß es mir schwer wird aus meinem Zimmer zu gehen, ich kann fast nicht mehr nach oben [in die Wohnung] kommen.«[225]

Vermutlich hat Mackensen den Stein ins Rollen gebracht, als er zurück in Worpswede Heinrich gegenüber von der gemeinsamen Dresden-Fahrt sprach. Denn Martha erwähnt ihn ausdrücklich im Antwortbrief, den sie, wie Schrift und Schriftbild zeigen, unter großer innerer Aufregung geschrieben hat: »Vielleicht habe ich es zu Mackensen gesagt daß Ihre Mutter mich nach Amerika schicken wollte.«[226] Thema ist hier der vergangene Sommer, als Vogelers Mutter Martha nahegelegt hatte, nach Amerika auszuwandern. Martha schien ihr wohl nicht die passende oder gar standesgemäße Frau für ihren Sohn zu sein. Schon vor einem Jahr war die Auseinandersetzung für Martha eine seelische Tortur gewesen, wie der zweite Brief, den sie an Heinrich schreibt, deutlich macht: »Wenn ich nur im vorigen Sommer, wo Sie Ihrer Mutter auch mehr glaubten wie mir, nur stark genug gewesen [wäre], dann lebte ich nicht mehr und Sie wären frei. […] Hätte sie es [denn] verantworten können wenn ich vorigen Sommer nach Amerika gegangen wäre? Wie sie mich unter Thränen darum bat?«[227] Und Martha ist empört: »Mackensen habe ich gar nichts gesagt. Nur wie er mich immer mit seinen Unverschämtheiten quälte, habe ich ihm gesagt, daß ich nur Sie lieb hätte. Durfte ich ihm das nicht sagen? Wie hätte ich mich vor ihm retten sollen?«[228] Aber sie ist auch enttäuscht: »Ich habe nicht gewusst daß es Ihnen so schwer würde zu mir zu halten. Daß Ihnen die Leute dort so ans Herz gewachsen sind.«[229] So fordert sie Heinrich auf, sie zu verteidigen, vor allem gegenüber seiner Mutter.

In all diesen unguten Tagen hat Martha eine große Stütze in Helene Chrambach. Bei ihr findet sie Trost und Stärkung, Verständnis und finanzielle Hilfe, denn von Heinrich möchte sie erst einmal kein Geld annehmen. Doch trotz dieser widrigen und belastenden Umstände sind ihre Gefühle ihm gegenüber nicht verblasst. Sie sind nach wie vor dieselben: »In meinem ganzen Leben habe ich noch keinen Menschen außer Ihnen so geliebt.«[230] Und so glätten sich in den kommenden Wochen die Wogen zwischen beiden wieder, und auch das Verhältnis zu Heinrichs Mutter beruhigt sich.

Inzwischen haben sich in Marthas Zimmer bei Frau Reder kleine Mitbewohner eingestellt: Wanzen. Diese Tatsache ist insbesondere für Helene Chrambach unangenehm, denn sie hatte das Zimmer vermittelt. Ein paar Tage später ist die Wohnung von den Tierchen halbwegs befreit, »aber trotzdem muss das Mädchen mein Zimmer jeden Abend vor dem Schlafen gehen mit Petroleum aufreiben«.[231] Damit steht fest, dass Martha ausziehen und einige Zeit bei Frau Chrambach in der Mosczinskystraße wohnen wird. Zum einen der Wanzen wegen, zum anderen, weil Helene Chrambach – wie jedes Jahr um diese Zeit – in die Sommerfrische fährt. Martha wird dort, abgesehen von der Köchin Marie, also alleine wohnen. Sie fürchtet sich vor dem Heimweh, das sie dort überkommen könnte. An Heinrich schreibt sie: »Denken Sie doch recht oft an mich, ich denke immer an Sie alles was ich thue ist ja für Sie.«[232]

In den vergangenen Wochen hatte sie mehrmals bei ihm wegen der Radierungen angefragt, die er in Arbeit hat. Sie interessiert sich sehr für sein künstlerisches Schaffen, nimmt regen Anteil. Nun scheinen sie, zumindest als Probedrucke, fertig zu sein, denn er schickt ihr von jedem Motiv einen Abzug. »Ich weiß noch

Die Straßenfront der Villa Fritz Chrambach heute, 2018

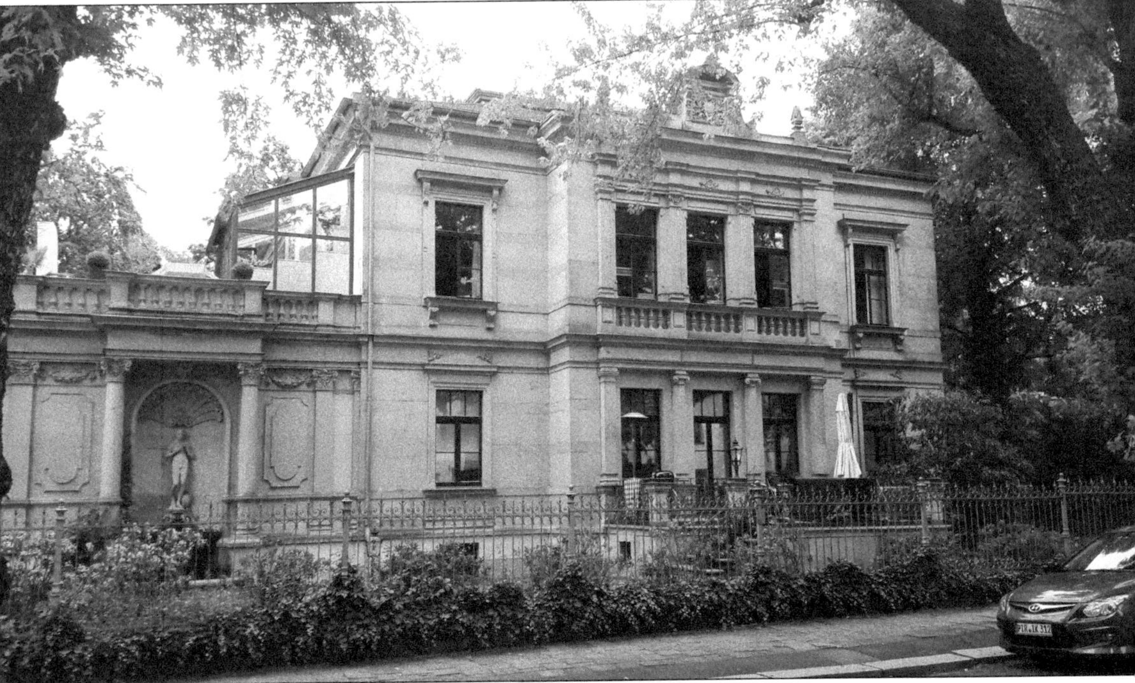

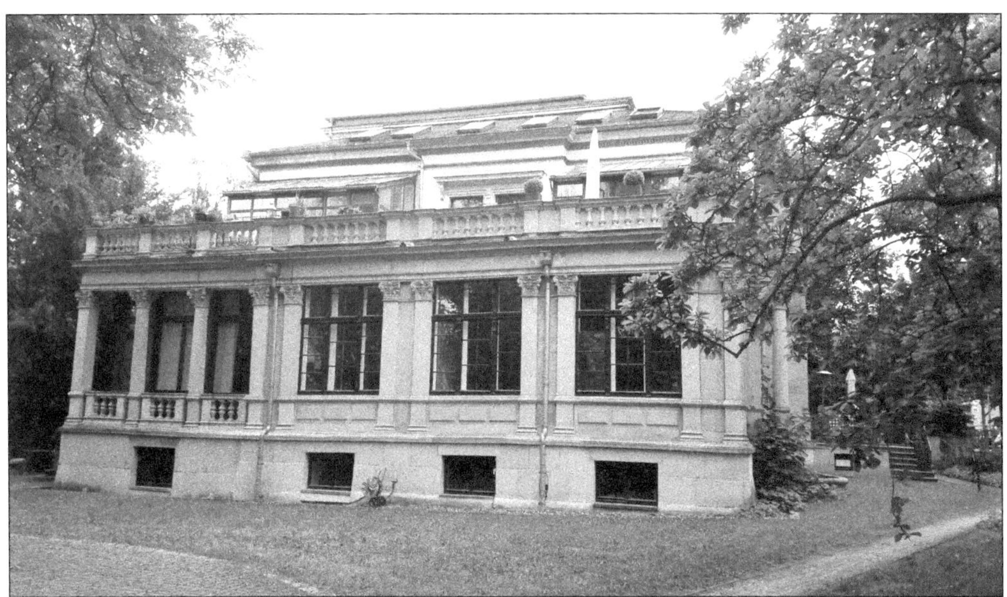

Die Rückfront der Villa Fritz Chrambach, 2018

garnicht welche mir am besten gefällt, aber ich glaube die, auf welcher mein Mining[233] ist. Sie sind doch sehr fleißig gewesen, da werden Sie nach Weihnachten wohl ein reicher Mann sein wenn die Mappe erschienen ist.«[234]

Martha arbeitet nun schon eine längere Zeit nicht mehr unten im Geschäft bei Frau Wähner. Mit Klavierspielen, Französischlernen, den Zeichenstunden und dem Sticken sind ihre Tage restlos ausgefüllt. Immer wieder arbeitet sie auch für Helene Chrambach. Denn sie möchte sich ihr gegenüber erkenntlich zeigen, jetzt, wo der Unterricht auch noch zu bezahlen ist. »Sie brauchen sich gar nicht so um meine Kosten zu sorgen. Frau Chrambach giebt es mir«[235], informiert sie Heinrich über die finanzielle Situation. Der hingegen fragt an, ob Martha wohl auch einmal versucht habe zu singen. »Lernen könnte ich es schon; aber meine jetzigen Unterrichtsstunden kosten monatlich schon 50 M[ark] da geht es doch nicht obgleich ich mir nichts Schöneres denken könnte.«[236] Aber bald schon wird Martha Gesangsstunden nehmen, zumal ihre Klavierlehrerin sie dazu ermutigt. »Sie ist nämlich auch Conzertsängerin.«[237] Also wird Martha von Fräulein Desirée Mortier de Fontaine nahe dem Weißen Hirsch auch noch in Gesang unterrichtet. »Wie schön denke ich es mir wenn ich Ihnen später schöne Sachen spielen kann u singen in Ihrem weißen Saal.«[238]

Vorerst aber ist die Kunstausstellung noch einmal Thema, denn Frau Chrambach macht Martha den Vorschlag, einige ihrer

Stickereien, die sich noch im Kunstsalon Wolffram befinden[239], am Stübelplatz auszustellen. Martha fragt Heinrich, »ob wir dann darauf schreiben dürfen ›Gestickt von Martha Schröder nach einem Entwurf von Heinrich Vogeler‹?«[240] Zwar müssten die Preise dann herabgesetzt werden, denn es sei doch besser, etwas weniger dafür zu bekommen, als gar nichts.

Mitte Juni dann zieht Martha in die Wohnung in der Mosczinskystraße ein, denn Helene und ihre Tochter Claire reisen nach Bad Elster ab. Nur die alte Marie ist noch da und leistet ihr Gesellschaft. Es macht Martha Spaß, nun hier die Hausfrau zu spielen und den Arbeitern zu sagen, wie Frau Chrambach bestimmte Dinge gerne hätte. Helene antwortet auch bald auf »Marthchens« ersten Brief. »Und ganz behaglich schreibst Du, so daß ich hoffen will, Du fühlst Dich selbst in der verlassenen Wohnung wohl. Mir ist es lieb, daß es sich so getroffen, denn Marie ist nicht mehr die Jüngste […]. Für Dein Zimmer bleibt Ihr aber sicher Zeit genug übrig – das brauchst Du nicht allein zu besorgen. Deine Stunden nehmen hoffentlich ihren Lauf und Du wirst zu all Deiner Anmuth auch noch ein sehr unterrichtetes Mädchen!« [241] Ihre Briefe unterzeichnet Helene Chrambach mit »Dein Dresdner Mütterchen«. »Das ist sie aber auch ganz«, meint Martha Heinrich gegenüber. »Ihr kann ich alles anvertrauen was mich quält. Sie versteht mich ganz und gar.«[242] Doch bald stellt sich das Heimweh ein, denn sie hat niemanden, mit dem sie sich austauschen kann. »Den Tag über arbeiten und abends keinen Menschen mit dem man ein vernünftiges Wort reden kann; Sie können ja zu Ihren Malmädchen gehen und sich amüsieren«[243], klagt sie Heinrich gegenüber. Gerne möchte sie einmal nach Worpswede fahren. Eine Ferienreise nach Hause jedoch wird es nicht geben, doch ein Hoffnungsschimmer zeigt sich am Horizont: ein Wiedersehen in Meißen. Der Name der alten Burgstadt an der Elbe taucht nun zunehmend in den Briefen auf. Aber erst im September werden beide sich dort treffen.

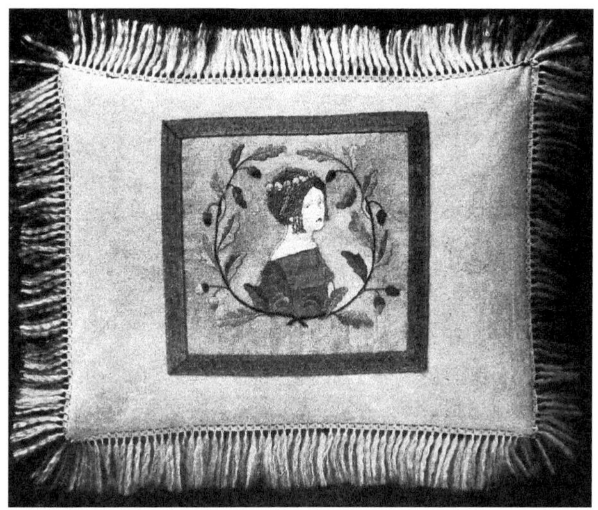

Kissen mit dem Motiv eines Mädchenkopfes, gestickt von Martha Schröder

Wie Marthas körperliche Konstitution äußerst zart ist, ist ihre seelische Konstitution sehr empfindsam. Das Alleinsein setzt ihr zu. In Helene Chrambach hat sie einen Menschen gefunden, der ihr Wärme entgegenbringt und ihr ein heimisches Gefühl vermittelt. Sie ist für Martha eine wichtige Stütze. Aber auch sie kann ihr Heinrich nicht ersetzen. Ihn liebt sie, seine Zuneigung erwidert sie. Durch ihn und seinen Barkenhoff hat sie eine neue, andere Welt kennengelernt. Die Welt der Kunst, die Welt des Schönen. »Außer Ihnen habe ich noch keinen Menschen gefunden der so viel Sinn für Schönes hat«[244], schreibt sie ihm einmal.

Auch Helene Chrambach reagiert aus Bad Elster auf ihr Heimweh, doch eher nüchtern. »Also Du hast immer wieder Sehnsucht nach Hause. Ja, was ist da zu thun? Schließlich musst Du Dich doch ganz danach richten, wie Vogeler darüber denkt ob Du auf einige Wochen zurück sollst. Wenn er aber ganz dagegen ist, so musst Du Deine Stimmungen zu bekämpfen trachten & Dir immer wieder sagen, daß es gute Gründe hatte, weswegen Du in die Fremde gingst. Die Freikarte in die Ausstellung ist doch so viel Zeitvertreib, daß Du dadurch & mit Deinem Lerneifer gar keine Langeweile haben dürftest.«[245] Martha ist eine Zeitlang nicht mehr am Stübelplatz gewesen. Doch jetzt will sie hingehen, um zu sehen, ob ihre Stickereien ausgestellt sind.[246] Und auch Helene fragte bereits an, ob sie denn angenommen worden seien?[247] Wie viele Arbeiten Marthas letztlich in die Ausstellung aufgenommen wurden, ist nicht mehr rekonstruierbar. Zwei jedoch sind nachweisbar: ein Kissen und eine Mappe. Für eine dieser Arbeiten hat Helene sogar einen roten Rahmen gestiftet, der aber keine Verwendung findet. Etwas ungeduldig fragt sie einmal nach: »Sind denn Deine Stickereien nun ausgestellt und ist mein roter Rahmen auch für würdig befunden worden?«[248] Das Kissen mit dem Motiv eines Mädchenkopfes erwähnt Heinrich Vogeler in einem späteren Brief: »Inzwischen ist das betreffende Kissen […] auf der grossen Dresdener Kunstausstellung ausgestellt worden. […] Ich halte dies Kissen technisch für das beste Stück der jungen Dame.«[249] Die Mappe, von der Martha in den Briefen spricht, muss eine Einlegemappe gewesen sein. Auch Helene Chrambach erwähnte sie einmal.[250] Welches Format sie hatte und mit welchem Motiv sie bestickt war, ist nicht zu ermitteln. Sie wurde für 17 Mark an einen jungen Herrn verkauft.[251] In diesen Tagen bittet Martha Heinrich auch, ihr das Wandteppichmotiv von dem

Paar mit dem alten König abzupausen und ihr mit Farbangaben zu schicken. Es soll eine Stickerei für Frau Chrambach zum Geburtstag werden.[252] Ob sie ausgeführt wurde, ist nicht bekannt.

An dieser Stelle sei eingefügt, dass Marthas Stickkunst bereits öffentlich gewürdigt wurde, denn wenige Wochen zuvor war in dem schon an anderer Stelle erwähnten April-Heft von »Deutsche Kunst und Dekoration« ein umfangreicher Beitrag zu Heinrich Vogeler erschienen, der auch Abbildungen von Arbeiten Marthas enthält. Darin heißt es: »Für applizierte und andere Stickereien wusste Vogeler sich die Hand einer künstlerisch nachfühlenden Dame, Frl. Martha Schröder in Worpswede zu gewinnen, in denen meist einzelne Pflanzen in getreuer Erfassung ihrer karakteristischen Haltung und Blattbildung vornehm in der Farbe wiedergegeben sind, durchaus vollwerthig den Arbeiten eines [Hermann] Obrist und anderer zur Seite zu setzen sind.«[253]

Rudolf Alexander Schröder

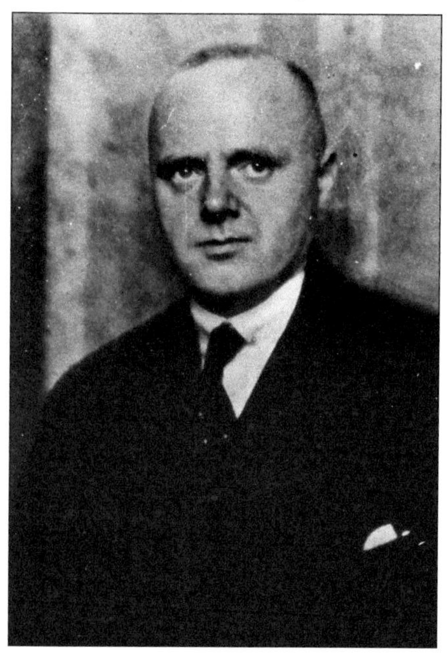

Anfang Juli meldet Carl Eeg sein Kommen an. Er will mit seinen Berliner Freunden die Kunstausstellung besuchen. Das verspricht etwas Abwechslung, Martha freut sich. »Morgen, Dienstag, kommen Herr Klein, der Finck[254] und ich (vielleicht auch Frl. Wolfthorn) nach Dresden, um die Ausstellung zu sehen. Wir sind den ganzen Tag dort und ich werde von dort zu Ihnen kommen, um Sie, falls Sie Zeit haben, in unsere Mitte zu holen. Es könnte doch riesig nett werden. Wir bleiben bis Mittwochabend.«[255] So wie Eeg den Dresdener Aufenthalt im Vorfeld skizziert, muss er annähernd verlaufen sein, denn Helene antwortet auf Marthas Schilderungen: »Ich war sehr erfreut, daß Du so viel Besuch & Zerstreuung hattest.«[256]

Jetzt, wo Martha allein ist, besucht sie die vielerorts angebotenen kleinen Sommerkonzerte und weiterhin die Ausstellung am Stübelplatz. Einmal sieht sie dort in den Ausstellungsräumen den jungen Rudolf Alexander Schröder, den Freund Heinrichs, den Martha inzwischen auch kennt. »Er fiel mir auf durch die schöne gelbe Rose die er im Knopfloch hatte. Ich glaube nicht daß er mich gesehen hat.«[257] Bei Heinrichs Bild »Heimkehr« bemängelt sie nach wie vor die Hängung. Und sie hat natürlich einen ganz persönlichen Bezug zu diesem Bild. »Jedes Mal wenn ich unser Bild in der Ausstellung gesehen habe träume ich von Ihnen. Es ersetzt mir etwas von der Zeit zu Hause.«[258]

In diesen Tagen, es ist Mitte Juli, ist Heinrich mit den Malerkolleginnen Marie Bock und Clara Westhoff auf Fahrrädern unterwegs durch Schleswig-Holstein. Sozusagen ein spontaner Ausflug ans Meer. Über die Stationen Adiek, dem Geflügelhof seiner Brüder, und Hamburg erreichen sie die nördlichen Gefilde Deutschlands. Zuerst radeln sie auf Landstraßen, was ihnen aber auf Dauer nicht zusagt, denn »das Meer war doch unser Ziel gewesen. Die kleine Karawane beschloß, sich nach der letzten deutschen Insel, Romö, übersetzen zu lassen.«[259] So erinnert er sich später. Von der Tour erhält auch Martha einen Bericht. Sie antwortet: »Wie gerne wäre ich bei Ihnen gewesen und hätte mich über all das Schöne mitfreuen können. Daß Sie mit Frau Bock reisten wußte ich trotzdem mir kein Mensch darüber geschrieben hat. Ich fühle es jedes Mal wenn Sie mit Ihr zusammen sind. Aber es ist keine Eifersucht, nur die Angst um Sie ist es. [...] Daß Cl. W[esthoff] mit war hat mich sehr gefreut, die habe ich sehr lieb.«[260] Auch wenn Martha es hier leugnet, so überkommt sie doch manchmal Eifersucht, wenn Heinrich von den Malerinnen, mit denen er des Öfteren zusammen ist, berichtet. Insbesondere Marie Bock gegenüber hegt sie dieses Gefühl.[261]

Und wieder stehen Veränderungen und damit Belastungen für Martha an. Anfang August zieht sie erneut um. Vielleicht auch deshalb ist sie erkrankt, streikt wieder einmal ihr Körper. »Mir geht es jetzt gar nicht gut, ich bin ganz nervös u habe wieder so Schmerzen im Kopfe wie vorigen Sommer.«[262] Dass Martha nicht auf Dauer bei Frau Chrambach wohnen bleiben würde, war von vornherein klar gewesen. Doch dass ein Umzug nun so bald ansteht, hat mit einer Italienerin zu tun, die sich kurzfristig bei Chrambachs angesagt hat, letztlich aber nicht kommt. Ein paar Tage später schon wohnt Martha bei Frau Wähner, der Inhaberin des Tapisseriewarengeschäfts, in der Struvestraße, dritte Etage. Nur Helene, die inzwischen nach Tirol weitergereist ist, reagiert ein wenig pikiert: »Ich war eigentlich erstaunt, daß Du ausgegangen[263] warst, ohne daß die Italienerin angelangt war. [...] Später hättest Du ja natürlich zu Frau Wähner gehen müssen, aber einen Monat hätte man auf diese Weise doch gespart.«[264]

Einige Tage zuvor hatte Martha noch Kontakt zu Fritz Chrambach, dem Bruder von Max, gehabt. Vermutlich aber nur telefonisch. Der Kaufmann und Hofjuwelier unterhält, wie bereits berichtet, am Jüdenhof gemeinsam mit Julius Jacoby ein Juweliergeschäft mit bester Reputation. Mit seiner Ehefrau Elsbeth Rosa Charlotte und den zahlreichen Kindern bewohnt er in der Liebigstraße 7[265] nahe dem Hauptbahnhof eine große, repräsentative Villa. Er führt ein offenes Haus, in dem die besten Kreise der Stadt verkehren.[266] Darunter auch viele Künstler, Musiker und Schauspieler. Ob auch Martha dort gelegentlich zu Gast war, ist nicht nachweisbar.[267] Und ob sie ihm jemals persönlich begegnete, auch nicht. Vermutlich aber telefonierte sie mit ihm in diesen letzten Julitagen, denn sie schreibt an Heinrich, dass auch Fritz Chrambach nicht wisse, wo Helene sich derzeit aufhält. Diese war aus Bad Elster abgereist und weiter nach Tirol gefahren, ohne Martha darüber in Kenntnis zu setzen. Martha aber benötigt den monatlichen Betrag von 50 Mark. So muss sie sich »durch die Köchin Geld aus dem Geschäft v[on] Chr[ambach] holen lassen, da morgen der 1. ist und ich meine Stunden bezahlen muß«.[268] Dieses Telefonat führte sie noch in der Mosczinskystraße, denn auch die Wohnung von Max Chrambach war schon damals, 1899, mit einem Telefon ausgestattet gewesen.

Die Briefe Marthas dieser Wochen offenbaren, dass Heinrichs Anspruch sie gelegentlich überfordert und sie krank macht. Auch wenn sie selbst gerne lernt beziehungsweise Studien treibt, ist es doch viel, was sie zu bewältigen hat. Zumal immer Neues, angeregt von Heinrichs Seite, dazukommt. Die Tätigkeit im Geschäft bei Frau Wähner hat sie längst aufgegeben, aber ihre Stunden fordern sie trotzdem sehr. »In der Klavierstunde geht es auch schon ganz gut, […] nun muß ich tüchtig Fingerübungen machen. Sie sehen doch daß ich fleißig bin?«[269] Oft übt sie zwei bis zweieinhalb Stunden am Tag. Dann kommen die Gesangsstunden hinzu, nach denen Heinrich sie fragte und die sie daraufhin bei ihrer Klavierlehrerin begonnen hat. Und nun noch ein Schreibkurs, denn Heinrich bemängelt ihre Briefe. Sogar das rosa Briefpapier, für das sie sich rechtfertigen muss: »Das rosa Briefpapier finde ich auch nicht schön, ich hatte mir lila gekauft, zu Hause sah ich, daß es rosa war.«[270] Ende Juli heißt es dann: »Daß ich einen Schreibcursus durchmachen soll, freut mich sehr; ich schäme mich jedes

Mal wenn ich Ihnen einen Brief schreibe, daß er nicht ordentlich geschrieben ist.«[271] Und Anfang August: »Mit meinem Schreiben sind sie noch nicht zufrieden. Das glaube ich wohl [...]. Mir wird es auch schwer, da ich mich an das andere so gewöhnt habe.«[272] Auch das Klavierspiel kommt zur Sprache. Mozart könne sie noch nicht spielen, erst würden einfache Stücke kommen.[273] Und bereits im Juni war davon die Rede, dass sie im kommenden Frühjahr in Scherrebek das Weben lernen solle. Es ist viel, was sie zu bedenken und zu bewältigen hat, und man kann sich des Eindrucks nicht erwehren, dass auch ein gewisser Druck dahintersteht. Selbst ihr Freund Carl Eeg ist besorgt: »Überanstrengen Sie sich nur nicht mit dem vielen Lernen, Sticken, Spielen, Zeichnen und Gott weiß was! Ich glaube fast Sie sind zu eifrig.«[274] Die junge Martha, die in wenigen Wochen 20 Jahre alt wird, fügt sich den Vorstellungen des um sieben Jahre älteren Heinrichs immer wieder, möchte der Rolle, die er ihr zugedacht hat, unbedingt entsprechen. »Denn mein größtes Bestreben ist doch ganz so zu sein wie Sie es haben wollen.«[275] Insofern ist der Ausdruck »sanfte Gewalt«[276], von der der Kunsthistoriker Bernd Küster in diesem Zusammenhang einmal sprach, durchaus gerechtfertigt. Bei all dem muss in Betracht gezogen werden, dass Martha noch nicht volljährig ist, dass letztlich noch die Mutter das Sagen hat. Und auch, dass die Dominanz des Mannes in dieser Zeit unangefochten und die Rolle der Geschlechter festgeschrieben ist.

Es ist immer noch Sommer in Dresden. Der August wartet mit Hitze auf. Mit dem Mann und der Tochter von Frau Wähner besucht Martha die Vogelwiesen, das große Volksfest auf der Elbwiese am Johannstädter Ufer. Nach den Hitzetagen rückt dann das Treffen mit Heinrich in Meißen näher.

Wiedersehen in Meißen

Bereits Anfang August hatte Helene Chrambach aus Tirol angefragt: »Hast Du Dein Rendezvous mit Vogeler in Meißen?«[277] Ja, das wird sie haben. Martha kann es kaum erwarten. »Kommen Sie erst hierher und dann nach Meißen oder umgekehrt? Ich bin ganz unbeschreiblich glücklich«[278], heißt es Ende August in einem Brief. Und dann ist es so weit. Etwa um den 10. September herum treffen sich beide in der 30 Kilometer nordwestlich von Dresden gelegenen Burgstadt. Fast ein halbes Jahr lang haben sie sich nicht gesehen. Diesen Ort mit seiner sich auf einem Felsen über das Elbtal stolz erhebenden spätgotischen Albrechtsburg hat Heinrich deshalb gewählt, weil er in der dortigen weltberühmten Porzellanmanufaktur seinen Satz Rosenschalen, der sich im halbfertigen Zustand befindet[279], begutachten will. Er ist für Martha bestimmt. Zudem hat sich dafür auch schon ein Bremer Auftraggeber gefunden. So war es naheliegend, in Meißen ein Treffen zu arrangieren. Dort angekommen, nimmt Heinrich gleich Kontakt zum Maler Oskar Zwintscher auf, der ihm bei der Suche nach einer Unterkunft hilft. Schließlich werden sie auf der altehrwürdigen Burg fündig. Diese Unterkunft war für Martha dann auch »nicht schwer zu finden, denn der steile Weg vom Bahnhof zur Oberstadt war an einer Stelle durch die Burg überbaut und bildete eine tunnelartige Unterführung, durch die die von der Bahn Ankommenden fluteten; über der Unterführung lag mein Zimmer, primitiv, aber ziemlich groß, mit zwei Fenstern, die auf die Straße gingen.«[280] Was Vogeler hier so anschaulich in seinem Buch »Werden« beschreibt, ist nichts anderes als das mittlere Burgtor, das auch heute noch als Torhaus bezeichnet wird. Es hatte in seiner jahrhundertealten Geschichte wechselnde Eigentümer und Bewohner gesehen, wurde von den Schweden im Dreißigjährigen Krieg niedergebrannt und kurz darauf wieder aufgebaut. Im 18. Jahrhundert kam ein Seitengebäude hinzu. Dieses Torhaus hatte auch illustren Gästen als Refugium gedient, so unter anderem dem Romantiker Ludwig Richter mit seiner Familie. Auch der Maler Oskar Zwintscher hatte dort zeitweilig sein Atelier. Es war also naheliegend, auch Heinrich Vogeler dort einzuquartieren. Schon als Zwintscher im Jahre 1892 im Torhaus wohnte, trug es ein neues Gewand, denn im Jahre 1875 war es im neogotischen Stil umgebaut worden, und 15 Jahre später wurden die beiden Blendbogennischen an der südlichen Seite mit byzantinischen Mosaiken geschmückt. Die Bildmotive, die heute noch existieren und die Martha vom Bahnhof kommend auch gleich gesehen haben muss, stellen den Kampf des Heiligen Georg mit dem Drachen sowie den Evangelisten Johannes dar.[281]

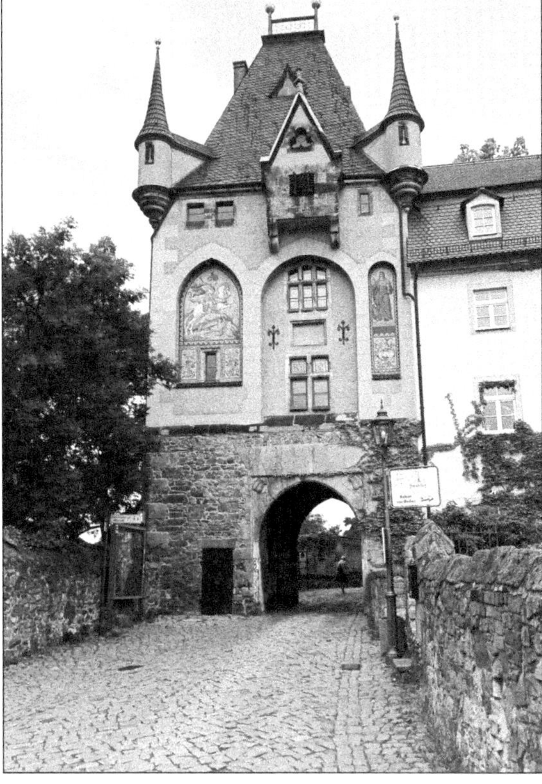

Das »Torhaus« der Burg Meißen

Für ihren Empfang hat Heinrich den weißgekalkten Raum, in dem es nur ein Bett, zwei Stühle und einen wackligen Tisch gibt, geschmückt. Vom Spaziergang hat er Feldblumen mitgebracht, die er als Willkommensgruß in eines der Fenster stellt. »Sie gaben dem Raum eine frohe Stimmung. Häufig sah ich hinunter auf die vom Bahnhof kommenden Menschen. Endlich, am zweiten Tage, fielen mir unter der Gruppe der Ankommenden schon von weitem das helle Kleid und das leuchtende Blond Marthas auf und es beglückte mich, als sie zu meinem Fenster hinaufschaute. Martha war in Begleitung der Tochter der alten Dame, die ihr den Weg zeigen sollte. Beide waren jetzt unter dem Torweg verschwunden, das begleitende Fräulein hatte sich verabschiedet. Kurz darauf öffnete sich die Tür, und Martha war bei mir und blieb.«[282] Es ist Claire Chrambach, die Martha hier nach Meißen begleitet hat. Sie und ihre Mutter waren in der letzten Augustwoche aus der Tiroler Sommerfrische wieder nach Dresden zurückgekehrt. Für Heinrich und Martha beginnt nun eine besondere, eine schöne Zeit, denn »es war das erstemal, wo wir in Ruhe und Abgeschlossenheit wie Mann und Frau einige glückliche Tage verleben konnten.«[283] Man kann wohl davon ausgehen, dass diese Tage auch die ihrer Verlobung waren, dass beide sich hier in Meißen ihr Eheversprechen gaben. Auch wenn Martha vielleicht anfänglich Vorbehalte gehabt haben mag. Denn Carl Eeg, den sie ihren »einzigen Freund«[284] nennt und dem sie ihr Vertrauen schenkt, reagiert etwa eine Woche später auf ihre

Zeilen, die über Meißen berichten, erleichtert. »Daß Sie sich in Meißen mit Herrn Vogeler gut amüsiert haben, kann ich mir lebhaft denken. Ich bin überrascht, zu hören, daß Martha endlich glücklich ist und jetzt vielleicht einsieht, daß ich s[einer] Z[eit] wohl mit Recht alle bösen Geister verneinte, die Sie sich vor die Sinne riefen. Sehen Sie! Herr V[ogeler] ist doch nicht ganz so schwarz wie er aussieht? Ich glaube auch kaum, daß H. V[ogeler] es übers Herz brächte, Sie in irgendeiner Weise grundlos zu kränken. Also das ist nun glücklich überstanden! Jetzt werden Ihnen hoffentlich nur noch Rosen blühen.«[285]

Einmal noch wird Martha nach Meißen zurückkehren, gemeinsam mit ihrer Freundin Lilly Riedel, die sie ein Dreivierteljahr später kennenlernen wird. Denn die beiden jungen Frauen fahren im Juli 1900 in das Städtchen, gemeinsam mit einer Bekannten, um eine Stadtratsfamilie zu besuchen, die Martha aus Teuschers Sanatorium her kennt. »Dann werde ich die Albrechtsburg wiedersehen. Mit welchen Erinnerungen werde ich den alten Thorbogen ansehen.«[286] Sie durchstreifen alle Räume der Burg, die über einen an der südlichen Außenfassade angefügten Treppenturm mit Fenstern, in dem sich aufwendig geschwungene Steinstufen nach oben winden, zu erreichen sind. Auch die Festsäle und Zimmer sind prunkvoll geschmückt; sei es mit steinernen Mosaikfußböden, verzierten Gewölbedecken oder farbprächtigen Kachelöfen. Und immer wieder mit monumentalen Wandbildern im damals bevorzugten historisierenden Stil. Martha ist beeindruckt und empfindet alles als ausgesprochen reizvoll. Zumal sie auch noch den »schönen alten Burggarten« besuchen.[287] Möglicherweise hatte sie ein Jahr zuvor das alte Burgschloss gar nicht so intensiv wahrgenommen und genießt bei diesem Aufenthalt die Schönheit und Besonderheit des Ortes.

Zurück im Elbflorenz

Nachdem Martha wieder zu Familie Wähner in die Struvestraße zurückgekehrt ist, denkt sie ganz ohne Wehmut an die vergangenen Tage zurück. »Ich dachte noch über die schöne Zeit in Meissen nach. Komischerweise bin ich ganz glücklich gestimmt noch keine Trähne ist zum Vorschein gekommen.«[288] Heinrich hatte im Torhaus seine Tasche vergessen, die Martha nun mit nach Dresden genommen hat. »Bei Gelegenheit schicke ich sie mit nach Hause.«[289] Und sie lässt ihn weiter wissen: »Meissen kommt mir jetzt vor wie ein schöner Traum, den ich recht oft wieder haben möchte.«[290] Ein paar Tage später kommt in der Korrespondenz noch einmal ein heikles Thema zur Sprache. »Nun noch Antwort auf Ihre Frage. Ob ich vor Meissen oder vielmehr vor dem Wiedersehen Furcht gehabt? Ja. Ich hatte Angst daß Sie mich auf Röm verloren hätten oder vergessen. Daß Sie mich nicht mehr so lieb hätten. Aber es war doch ganz anders!!!!«[291] Hier schimmern noch einmal Marthas Eifersuchtsgefühle auf, die sie – sicher unbegründet – Marie Bock gegenüber hegt. Aber dieses Thema erledigt sich, wird zwischen beiden nur noch einmal kurz aufflackern. Zum Schluss versichert sie Heinrich: »Es vergeht kein Augenblick wo ich mich nicht nach Ihnen sehne.«[292] Augenfällig in den Briefen nach dem Meißener Treffen, das beide auch in intimer Hinsicht näher gebracht hat, ist, dass Martha Heinrich immer noch mit »Sie« anspricht. Das wird auch ein Jahr lang noch so bleiben. Erst im September 1900 wird sie zum vertrauten »Du« übergehen.

Noch sind die letzten Septembertage warm, doch sie werden kürzer und die Nächte sind schon empfindlich kalt. Im Elbflorenz neigt sich der Sommer. Die Kunstausstellung am Stübelplatz ist um einen Monat verlängert worden, somit noch bis zum 15. Oktober geöffnet. Martha war, seit sie aus Meißen zurück ist, nicht mehr dort. Sie war stark erkältet und musste sich auf Geheiß von Mutter Chrambach eine Winterjacke kaufen. In einem der Briefe an Heinrich äußert sie nun auch ihre Freude darüber, dass im Herbst zwei Publikationen von ihm erscheinen werden. Nämlich die Mappe »An den Frühling«, von der schon kurz die Rede war, und der Gedichtband »Dir«[293], auf den sie sich besonders freut. Inzwischen hat sie auch wieder eine neue Stickerei in Arbeit: ein Kissen. Es wird im Herbst im Bremer Gewerbe-Museum in der

Kaiserstraße[294] im Zusammenhang mit Heinrichs kunstgewerblicher Ausstellung zu sehen sein.[295] Mitte Oktober ist es fertig und geht per Post nach Worpswede. »Wie gefällt Ihnen das neue Kissen für die Ausstellung?«[296], fragt sie bei ihm an. Daran »können Sie nun wieder einmal sehen daß ich ohne Sie garnichts kann; aber nehmen Sie einer Blume das Licht, das Notwendigste so sehen Sie, sie wird immer blasser, die Farben sind nicht so leuchtend, als wenn sie unter dem Einfluss der Sonne steht. – So geht es mir mit einer Stickerei ohne Sie.«[297] Obwohl Martha nach wie vor Zeichenunterricht nimmt und auch Fortschritte macht, überkommen sie doch immer wieder Selbstzweifel. Noch ein paar Tage zuvor war sie zuversichtlich gewesen: »Mit meinem Zeichnen geht es ganz gut weiter; etwas kann ich schon zum Sticken verwenden.«[298] Das neue Kissen findet dann auch einen Käufer. Anfang Dezember ist davon in einem Brief die Rede: »Gestern Abend erhielt ich aus Bremen die Anfrage ob es mir recht wäre daß das Kissen unter dem von Ihnen gemachten Preise verkauft würde da der Käufer sehr dränge. Ich habe sofort hingeschrieben und freue mich daß ich nun wieder etwas verdient habe. Es hilft doch immer, wenn es auch nur wenig ist.«[299] Das Kissen wechselte dann für 28,50 Mark[300] den Besitzer. In der Bremer Ausstellung waren auch noch andere Arbeiten von ihr zu sehen. Um welche es sich konkret handelte, ist nicht mehr festzustellen. Möglicherweise war auch das Kissen mit dem Motiv des Mädchenkopfes dabei, das bereits zweimal in Dresden ausgestellt, dort aber nicht verkauft worden war. Denn Heinrich bekommt diesbezüglich im November eine Anfrage von einer Interessentin, vermutlich einer Bremerin. Ob ein Kauf zustande kam, ist nicht bekannt.[301]

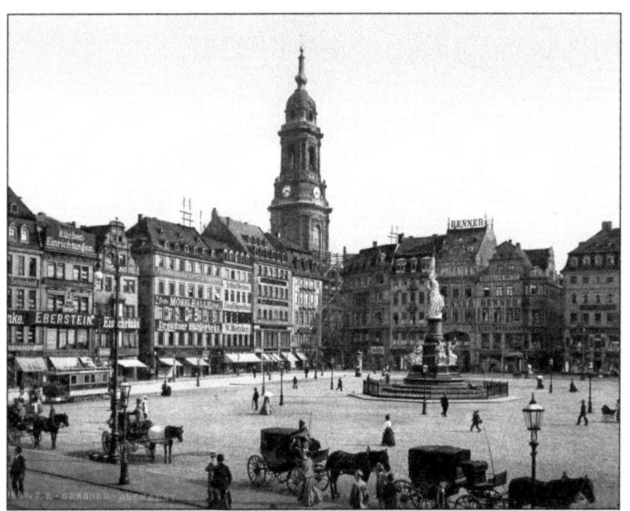

Der Altmarkt in Dresden mit Kreuzkirche und Modehaus Renner, 1900

Ende September bricht Martha ihren Schreibkurs ab; sozusagen von heute auf morgen. Sie möchte bei ihrer derzeitigen Schrift bleiben und will sich darin weiter üben, da sie »ähnlich einer mir sehr bekannten Schrift ist.«[302] Damit meint sie natürlich Heinrichs Schrift. Und fürwahr, inzwischen ähneln sich beider Handschriften sehr. Ihre feine, nach rechts geneigte Mädchenschrift hat sie abgelegt und sich eine vergleichsweise gröbere, steilere angeeignet. Diese wird sich im Laufe ihres Lebens dann weiter zu den ihr eigenen großen, kantigen Schriftzügen entwickeln.

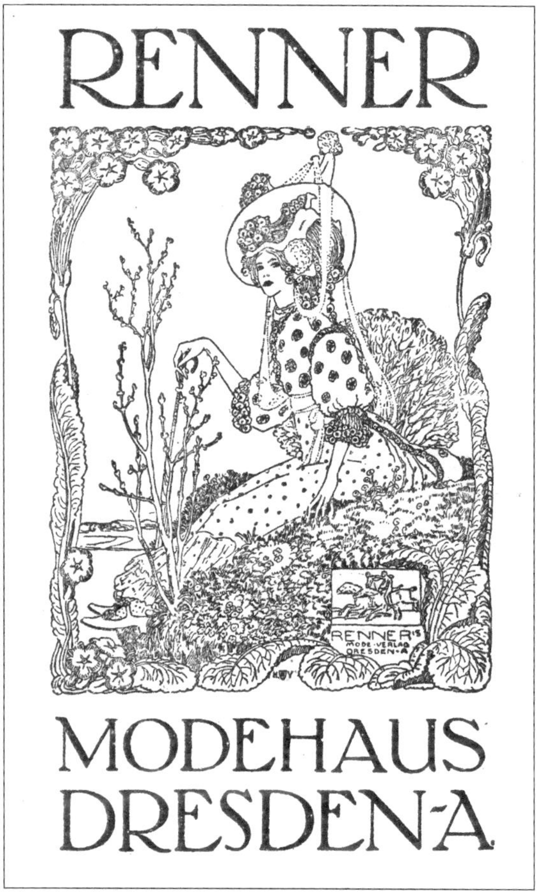

Nun, da der Herbst langsam Einzug hält, beginnt auch das kulturelle Leben im Elbflorenz wieder zu pulsieren. Martha besucht wieder Konzerte sowie Inszenierungen im Opernhaus. So sieht sie unter anderem den »Freischütz« von Carl Maria von Weber. Das Billet für den Abend ist ein Geburtstagsgeschenk von Helene Chrambach. Auch deren Mutter, Flora Meyer, ist um Marthas kulturelles Wohlergehen bedacht und lässt ihr ebenfalls eine Konzertkarte zukommen. Martha kennt die verwitwete Frau Meyer, die in der Fürstenstraße[303] wohnt, von den Gesellschaften bei Chrambachs her. Im Sommer ist sie gelegentlich auch bei ihr zu Tisch gewesen, als Helene und Claire in den Ferien waren. Im Dezember dann wird Martha auch Gast auf der Geburtstagsfeier von Flora Meyer bei Chrambachs sein, und Anfang des neuen Jahres wird Flora Meyer Martha anbieten, »für immer zu ihr zu kommen«.[304] Dieses Angebot muss man wohl hinsichtlich einer Gesellschafterin deuten, eine Aufgabe, die Flora Meyer der blonden, anmutigen Norddeutschen zugedacht hat. Aber Martha wird ablehnen, denn sie könne unter keinen Umständen immer von Worpswede fortbleiben, wird sie Heinrich gegenüber ihre Entscheidung begründen. Doch der freundschaftliche Kontakt zu der alten Dresdener Dame wird bestehen bleiben, zumindest eine Zeit lang. So wird Flora Meyer im Jahre 1903 die Vogelers auf ihrem Barkenhoff in Worpswede besuchen.

Heinrich Vogelers Entwurf für das Firmenzeichen des Modehauses Renner, 1910

In diesen Tagen begeht Martha ihren 20. Geburtstag. Ihr Freund Carl Eeg hingegen scheint diesen vergessen zu haben, und auch Heinrich ist mit den Glückwünschen ein bisschen spät dran. Doch Martha ist ihm nicht böse. »Ich weiß doch daß Sie sehr oft an mich denken und so einen dummen Geburtstag vergessen [können].«[305]

Mitte des Monats Oktober wird Martha wieder krank. »Es ist gräßlich. Die ganze Nacht konnte ich vor Magenkrämpfen nicht schlafen. […] Wenn ich nur meinen heißen Kopf auf ihre Hand legen dürfte wäre es besser zu ertragen.«[306] Hinzu kommen in diesen Wochen noch Zahnschmerzen. »Von Sonnabend an bin ich jeden Tag mindestens 1 mal zum Zahnarzt gewesen. Denken Sie sich, Ihre lüttje Krabbe[307] hat sogar auf der Straße geheult vor Schmerzen«[308], schreibt sie nach Worpswede. Ihren Heinrich hingegen ermahnt sie in diesen Tagen, nicht zu viel zu arbeiten, sich auch Zeit für Spaziergänge zu nehmen: »Wie schön der Herbst dort ist kann ich mir lebhaft vorstellen, aber daß Sie sich nicht mehr Zeit nehmen zum spazieren gehen ist nicht recht.«[309]

Marthas Musiklehrerin Desirée Mortier de Fontaine ist auch erkrankt, der Unterricht in Gesang und im Klavierspiel fällt aus. Nach zwei Wochen aber geht es weiter, und Martha studiert nun das Lied »Feldeinsamkeit« von Johannes Brahms ein. Und wieder einmal spricht sie ihre Sorge aus, Heinrichs Erwartungen nicht entsprechen zu können. »Aber mein Mining, nicht wahr Sie denken doch nicht zu viel von mir, daß ich vielleicht große Sachen spielen lerne. Ich werde einfache Sachen lernen aber die können wohl auch so gut sein daß es Ihnen Freude macht. – Es macht mich immer etwas bange wenn Sie es sich so schön ausmalen und Sie haben sich schließlich getäuscht.«[310]

Am 22. Oktober hat sich bei Helene Chrambach in der Mosczinskystraße außergewöhnlicher Besuch angesagt. »Heute erwartet sie einen türkischen General der einige Zeit bei ihr bleiben wird.«[311] Der General, den Martha nur den »Pascha« nennt, wohnt nicht bei Chrambachs, wird aber des Öfteren dorthin zu Tisch geladen. Wie Martha auch. Und so begegnen sich die beiden gelegentlich, können aber aufgrund der Sprachschwierigkeiten nicht viel miteinander reden. Vier Wochen später reist der General, »ein sehr schöner, geistvoller Mann«[312], wieder ab. Ihrem Freund Carl Eeg hat sie auch von diesem besonderen Besuch berichtet. Der antwortet prompt: »Ich möchte Sie übrigens wirklich einmal neben einem Pascha sehen.«[313]

Das Elbtal mit seinen zum Teil bewaldeten Hängen und Weinstöcken glüht in diesen Herbstwochen in warmen Farbtönen. Zu Hause im Moor, »das gerade jetzt sein köstliches Gewand angelegt, [und] von den ergreifendsten Stimmungen erfüllt ist«[314], kehrt nach und nach Arbeitsruhe ein. Martha hat wieder Heimweh nach Worpswede. »Nur Heimweh hat die Martha? Gern möchte ich sie trösten«, versichert ihr Carl Eeg. »Ich glaubte Sie wären so glücklich, daß das Heimweh ganz vergessen bliebe. [...] Sollte dieses Heimweh nicht stille Sehnsucht sein?«[315]

Ein Wiedersehen mit Heinrich steht bereits in Aussicht, schon für den Dezember. Fürs Erste, sozusagen als Trostpflaster, hält sie in diesen Tagen – es ist bereits Ende Oktober – etwas sehr Persönliches von ihm in den Händen: die ihr gewidmeten Gedichte im Bändchen »Dir«. »So glücklich bin ich, wenn ich daran denke daß die Gedichte für mich sind.«[316] Sie hatte in einer Dresdener Buchhandlung lange danach fragen müssen, sie dann aber schließlich doch bekommen. Sogar dem Pascha konnte sie noch, kurz bevor er abreiste, ein Exemplar schenken. Die Gedichte »sind wirklich fein, es ist nichts davon was man sich hätte schöner vorstellen können«[317], schreibt sie an Heinrich. Er hatte auch die Gestaltung des Büchleins übernommen, einschließlich des Buchschmucks. Auch wenn er zwei Jahre später diese Publikation als »ganz verfehlt«[318] ablehnen wird, wird sie in einer Fachzeitschrift wohlwollend besprochen werden.[319] Derjenige, der am Prozess dieser Arbeit ein wenig teilhaben durfte und sich nun auch über ihr Erscheinen freut, ist Carl Eeg. »Vogeler hat mir damals seine entzückenden Gedichte vorgelesen, ich sah verschiedene Zeichnungen dazu entstehen und [ich] brenne jetzt das fertige Buch zu durchblättern.«[320]

Ebenfalls in dieser Zeit, etwa Mitte Oktober, kommt eine neue Zeitschrift auf den Markt: »Die Insel«, ein anspruchsvolles Literaturmagazin mit modernem Buchschmuck und Illustrationen, das von nun an monatlich erscheint. Herausgeber sind Alfred Walter Heymel, Rudolf Alexander Schröder und Otto Julius Bierbaum. Die Erstgenannten sind Bremer und nur ein Jahr älter als Martha. Rudolf Alexander Schröder ist, wie bereits erwähnt, ein Jugendfreund von Heinrich, der ihn nur Rudi nennt. Auch Martha übernimmt diese Kurzform des Vornamens. Rudi Schröder wird dann auch derjenige sein, der Heinrich wenig später zur Mitarbeit an der Zeitschrift gewinnen wird. Martha entdeckt die Erstausgabe dieser Zeitschrift in einer Auslage und berichtet

Heinrich Anfang November: »Die Insel sah ich auch im Fenster aber mir können Bierbaums [sic] Zeichnungen nicht gefallen es sind zu plumpe Formen. Im Großen und Ganzen ist man aber mit dem Buchschmuck sehr weit, ich sehe sehr oft todnoble Sachen. Aber natürlich auch wieder sehr scheußliches Zeug.«[321] Hier lässt Marthas Urteilskraft aufhorchen! Das langjährige Zusammensein mit Heinrich und seiner Kunst hat sie in der Anschauung und im Empfinden künstlerischer Werke sensibilisiert, um nicht zu sagen geschult. Das halbe Jahr, das sie nun schon in Dresden weilt, wird ein Übriges dazu beigetragen haben.

In diesen Herbstwochen allerdings ist sie vom Pech verfolgt. Denn nicht nur Krankheit und Zahnweh plagen sie, sondern auch noch Gesichtsschmerzen. An einem Samstag Ende November ist sie, wie gewohnt, bei Chrambachs zu Tisch, kann aber kaum am Gespräch teilnehmen, da sie zuvor wieder einmal beim Zahnarzt war. »Ich hatte nämlich seit einer Woche ein schiefes Gesicht und nun war es so schlimm geworden daß es im Munde geschnitten werden musste.«[322] Und sie spricht geradezu von einem Schmiss, den ihr der Arzt in die Backe verpasst habe, »aber anstatt von außen, von innen.«[323] Doch nach und nach verheilt die Wunde.

Endlich, Anfang Dezember, kommt Heinrich nach Dresden. Zuvor war er zwei Tage in Berlin gewesen. Vermutlich um seine Arbeiten im Kunstsalon Schulte zu sehen, wo die Worpsweder derzeit ausstellen.[324] Auch Martha wäre gern in die Reichshauptstadt gefahren, um ihre Freunde Carl Eeg und Adele von Finck einmal wieder zu sehen. Zumal Eeg sie ermuntert hatte, »auf jeden Fall auch [zu] kommen. […] Es wäre doch richtig nett, wenn wir einmal alle wieder richtig zusammen wären.«[325] Doch dieser Wunsch erfüllt sich nicht, Martha fährt nicht nach Berlin. Und auch Heinrichs Besuch war nicht so, wie sie es erhofft und sich ausgemalt hatte. Denn er blieb nur einen Tag. Sein eigentliches Ziel war München, wo die Arbeit an der »Insel« auf ihn wartete.

Wenn Martha alleine ist – und das ist nicht selten der Fall –, geht sie gerne spazieren. Auch jetzt im Spätherbst scheut sie das ungemütliche Wetter nicht. Sie nimmt ihre Umwelt äußerst feinfühlig wahr und macht sich über vieles Gedanken. Meist scheinen dabei auch Erinnerungen an Heinrich und Worpswede auf. »Dann gehe ich so gerne in den einsamen Straßen umher und aus allem was mir von ungefähr vor die Augen kommt mache ich mir eine ganze Geschichte. Zum Beispiel ist hier ein Vogelhändler der in seinem Fenster einen Käfig hat mit Vögeln (den Namen weiß ich nicht) die garnicht ohne einander leben können. Sie hocken ganz dicht neben einander und wenn der eine stirbt so kann der andere auch nur höchstens eine ganz kurze Zeit leben und stirbt dann vor Kummer.«[326]

Pünktlich zu Weihnachten stellt sich der Winter mit viel Frost ein. Martha arbeitet, um etwas Geld zu verdienen, vor dem Fest im Geschäft von Frau Wähner in der Prager Straße. Doch verdient sie »erbärmlich wenig«[327], obwohl sie so manches Mal bis tief in die Nacht über die Stickereien gebeugt sitzt. Sie ist enttäuscht und entschließt sich, so etwas nicht wieder zu machen. Für Heinrich hat sie bereits ein Weihnachtsgeschenk fertiggestellt. Es ist »eine feine Mappe […] die beste die ich bis jetzt gemacht habe.«[328] Immer noch wohnt sie bei Wähners in der Struvestraße 11. Dort hat sie ein Klavier, auf dem sie nach wie vor täglich übt. Sie ist fleißig, spielt viel, und wenn sie müde wird, wechselt sie zum Französischen. Ihre Lehrerin, deren Namen in der Korrespondenz nicht auftaucht[329], empfiehlt ihr sogar, für einige Zeit in die Schweiz oder nach Frankreich zu gehen, um die Sprachkenntnisse zu vervollkommnen. »Sie sagt, ich wäre ihre fleißigste und talentierteste Schülerin. Nicht wahr? Es klingt geschmeichelt, aber wenn Sie meine strenge Lehrerin sehen würden, dächten Sie auch keine Minute daran.«[330]

Das Weihnachtsfest verbringt sie vermutlich im Kreise der Chrambachs; zumindest den Heiligen Abend. Vom Hemberg aus Worpswede trifft ein großes Paket mit Äpfeln ein, die auch für Helene bestimmt sind. Da der Wintereinbruch mit Frost den Carolasee[331] im Großen Garten mit einer dicken Eisschicht überzogen hat, nutzt Martha diese freien Tage ausgiebig zum Schlittschuhlaufen. Ein Vergnügen, das sie von zu Hause, von der Hamme her kennt und liebt. Der Große Garten, in dessen Nähe sie wohnt, ist ihr inzwischen von den Spaziergängen bestens vertraut. Am zweiten Weihnachtstag ist sie gleich morgens und nachmittags dort. Meist ist sie alleine unterwegs, nur einmal wird sie von Claire begleitet. Ein anderes Mal, als sie den Nachmittag bis zum Dunkelwerden dort verbringt, hat sie viel Spaß auf dem Eis. »Ein Herr hat mir fast das Bogenfahren beigebracht.«[332]

Während Martha dieser Tage im Elbflorenz die frische, klare Winterluft genießt, fährt Heinrich gen Süden, in die Renaissancestadt am Arno. Nachdem er Anfang Dezember von Dresden aus in Richtung München zur »Insel« aufgebrochen war, arbeitet er nun für deren grafische Ausstattung. Ende Oktober war Rudolf Alexander Schröder einige Tage in Worpswede gewesen, um ihn für diesen Plan zu gewinnen, den er mit seinem Vetter, Alfred Walter Heymel, ersonnen hatte. Der war vor nicht allzu langer Zeit volljährig geworden und hatte ein Millionenvermögen geerbt, das nun »einer wichtigen Kulturarbeit zugute kommen«[333] soll. Aber um die Weihnachtstage ruht die Arbeit in der Münchener Redaktion, und so fährt Heinrich nach Florenz, wo seine Mutter mit den beiden jüngeren Schwestern die Wintertage verbringt. Doch er erkrankt an einem »hartnäckigen Lungenkattarh«[334], sodass er einige Tage im Bett bleiben muss, was ihn ärgert und langweilt. Martha erfährt davon erst in einem Brief im neuen Jahr. »Mein geliebter Mining! Tausend Dank für Ihren so sehnsüchtig erwarteten Brief. Schon wieder sind Sie krank gewesen! […] Ein Glück, daß Sie aus dem bösartigen Lande fort sind. Aber wenn Sie jetzt wieder krank werden sollten, […] dann komme ich und verpflege sie, das ist doch immerhin netter als wenn Sie sich von den italienischen Kellnerinnen (und die nicht einmal hübsch sind, wie Sie schreiben) pflegen lassen.«[335] Die Nachricht von Heinrichs Kranksein in Italien hat auch Bremen erreicht. Sein Bruder Franz ist am ersten Weihnachtstag bei Carl Eeg und dessen Familie zu Gast und berichtet davon.

Vor dem Fest war dann auch endlich Heinrichs Radiermappe »An den Frühling« erschienen[336], auf die Martha so gewartet hatte. Ihr lindgrüner Einband, dicht bedeckt mit stilisierten Anemonen und Blattwerk, wird sie erfreut haben.

An der Schwelle zum neuen Jahrhundert

Das 19. Jahrhundert gilt bei manch einem Zeitgenossen als »kalt und eigennützig«[337]. Später, mit Abstand, werden Historiker es das lange Jahrhundert nennen. Das folgende 20. Jahrhundert hingegen wird das kurze sein. Dieses, gezeichnet von Verwerfungen, wird die Welt verändern. Auch Martha wird es zu spüren bekommen und von dem einen oder anderen Strudel mitgerissen werden. Von all dem aber ist an seiner Schwelle noch nichts zu spüren. »Zum neuen Jahrhundert herzlichen Glückwunsch«[338], schreibt am letzten Tag des Jahres 1899 Otto Modersohn an den Dichter Carl Hauptmann, den er im Sommer erstmals in Worpswede getroffen hatte. Martha war Carl Hauptmann in jenen Tagen nicht begegnet, sie weilte bereits in Dresden. Auch Rainer Maria Rilke sendet dem Kollegen aus Berlin-Schmargendorf einen Gruß zum neuen Jahr, in dem er außerdem seine Vorahnung äußert, dass dessen Schauspiel »Ephraims Breite« vor einem Erfolg stehe. Beide Dichter werden sich im Spätsommer 1900 auf dem Barkenhoff in Worpswede begegnen.

Marthas Grüße fürs neue Jahr an Heinrich verbindet sie mit dem Wunsch, wieder einmal beieinander sein zu können. »Ich möchte so gerne einmal bei Ihnen sein. Herzlichen Glückwunsch zum neuen Jahr!!«[339], schreibt sie ihm im letzten Brief des alten Jahres. Neben diese Sätze klebt sie ein rotes Herz, eine äußerst seltene Briefbeigabe. Wie Martha den Jahrhundertwechsel begangen hat, ist nicht überliefert. Auch von Heinrich gibt es diesbezüglich keine Nachrichten. Möglicherweise war er zu dem Zeitpunkt schon von Florenz aus nach Venedig weitergereist.[340] Aber Carl Eeg meldet sich kurz nach Neujahr bei Martha: »Möge Ihnen das neue Jahr Erfüllung Ihrer vagen Wünsche bringen und mögen Sie und Ihr Herz in Freude schwimmen. Ganz allein fern der Heimat, haben Sie Weihnachten und Sylvester feiern müssen; es war Ihnen gewiß etwas wehmütig ums Herz.«[341] Darüber hinaus berichtet er ihr, wie er in Bremen den Jahreswechsel begangen hat. »Sylvester war ich in Gesellschaft bei Senator Gildemeister und habe ich mich sehr gut dort amüsiert. Die erste Stunde im neuen Jahr wurde mit Tanz zugebracht.«[342] Den aufregendsten Jahreswechsel aber hat wohl Paula Becker erlebt. Sie bricht in der Silvesternacht nach Paris auf – alleine. Just zu der Stunde, als bei Senator Gildemeister fröhlich getanzt wird. Um Mitternacht hört sie noch die Domglocken das neue Jahrhundert einläuten. Danach bringen die Ihren sie »im großen Zuge«[343] zur Bahn. 17 Stunden später ist sie in der Seine-Metropole und im neuen Jahrhundert angekommen. Ihre Freundin Clara Westhoff weilt schon seit geraumer Zeit dort und studiert bei Auguste Rodin, dem bedeutendsten Bildhauer der Jahrhundertwende.

Für Martha nehmen die Studien in Dresden nun weiter ihren Lauf. Der Unterricht im Französischen geht gut voran. »Ich übersetze schon Märchen und Geschichten ins Deutsche.«[344] Auch »mit dem Klavierspielen geht es jetzt sichtlich schnell weiter«.[345] Seit dem Sommer studiert sie eifrig in einem Band der Kunstgeschichte, den sie sich von Claire Chrambach ausgeliehen hat. Darin »lese ich sehr oft, aber etwas was so geschrieben ist prägt sich lange nicht so gut ein wie die historischen Romane. [Beethoven] habe ich durch [einen] Roman so genau kennen gelernt, daß ich, wenn ich seine Musik höre, mir ganz gut vorstellen kann was ihn dazu trieb und was er dabei empfand.«[346] Wenig später hört sie im Konzert dessen fünfte Sinfonie, die »Schicksalssinfonie«. Überhaupt die Musik. Wenn sie es zeitlich einrichten kann, geht sie nach wie vor gerne in die Semperoper, erlebt dort die sinfonische Dichtung »Faust« von Franz Liszt und eine Sinfonie von Joseph Haydn, dessen Musik sie als »melodisch und doch so einfach und verständlich«[347] empfindet. Aber auch für das Handarbeiten braucht sie ihre Zeit, sodass solch ein Hörgenuss immer nur ein Höhepunkt sein kann.

In diesen ersten Wochen des neuen Jahres entdeckt Martha in einem Schaufenster die Ausgabe der »Insel«, welche Heinrich gestaltet hat. »Eben sah ich Ihre Insel.[348] Im Moment wußte ich garnicht was mir geschah, sie ist ganz famos; das Kräftige in den Farben ist ganz ausgezeichnet.«[349] Den Einband hatte Heinrich mit großflächigen Ornamenten im kräftigen Kontrast von Rot, Grün und Weiß auf schwarzem Grund geschmückt, der ihr natürlich sofort auffiel.

Der Winter ist in Dresden, wie in allen Großstädten, die Zeit der Bälle. Sie sind die gesellschaftlichen Ereignisse der Saison. Auch Martha soll an solch einem Tanzvergnügen teilnehmen. »Denken Sie nur Fr. Chr[ambach] will sogar daß ich hier einen Ball mitmachen soll, sie frug neulich schon Leutnant Sachse wo es wohl am nettesten wäre.«[350] Doch dass Martha einen solchen tatsächlich besucht hat, geht aus keinem der Briefe hervor. Aber es ist möglich, denn sie tanzt sehr gut und gerne. Heinrich wird später einmal sagen, dass ihr Tanz »außerordentlich leicht« und »für andere ein hoher künstlerischer Eindruck«[351] sei.

Helene Chrambach und Martha haben nach wie vor ein herzliches und vertrautes Verhältnis zueinander. »Frau Chr[ambach] und ich sind fast unzertrennlich ich weiß nicht was ich noch einmal ohne sie anfangen soll.«[352] In einem anderen Brief heißt es: »Diese Woche bin ich jeden Tag bei Chr[ambachs] wir sind ganz allein. Frl. Clärchen ist nach Berlin verreist. Es ist so schön wenn wir beide zusammen sind und uns so verstehen daß ich es schwer fühlen werde wenn ich erst wieder zu Hause bin und von niemandem verstanden werde.«[353] Dort, in der Beletage, schmückt sie auch gerne mal die Zimmer mit Blumen. Insbesondere im Frühjahr und Sommer. »Es macht mir so viel Freude, wenn ich für Fr. Chr[ambach] zum Markt gehen kann und so einen Arm voll Blumen holen darf und dann im Salon in die verschiedenen Vasen thun kann.«[354] Indessen steht bei Chrambachs eine Verlobung ins Haus. Seit dem Frühherbst geht in der Mosczinskystraße der in Berlin ansässige Leutnant Walther Sachse ein und aus. Martha kennt ihn inzwischen gut. Oft saß sie bei Gesellschaften neben ihm. Schon nach Weihnachten vermutete sie, dass »bald Verlobung gefeiert«[355] werde. Anfang Februar heißt es dann: »Fr. Chr[ambach] und Clärchen sind jetzt beide in Berlin, Montag kommen sie wieder, ich bin ganz gespannt was da kommen wird.«[356] Ende Februar ist es dann so weit. »Clärchen Chrambach ist jetzt wirklich mit Sachse verlobt. Dienstag hat er es beim Regiment gemeldet. Fr. Chr[ambach] ist jetzt so glücklich und ich freue mich mit ihr.«[357] Im selben Brief, in dem Martha Heinrich dieses mitteilt, geht sie auch auf das von ihm angeschnittene Thema Liebe ein. »Sie schreiben: Liebe allein thut nichts auf dieser Welt. Ja, sie thut sogar sehr viel, sie kann einen Menschen zu Tode quälen denn Liebe allein ist grausam. Liebe und Verstehen ist das was die Menschen glücklich macht.«[358] Es ist ihre Sicht; ob diese auch ihre Beziehung zu Heinrich berührt, ist dem Satz nicht zu entnehmen. Einige Tage später dann, zur Verlobungsfeier, sind viele Gäste geladen, »unter anderem Dr. Teuscher[359] mit Frau; er war mein Tischherr; wir haben uns sehr nett unterhalten. [...] Wie interessant es für mich war, diese Menschen kennen zu

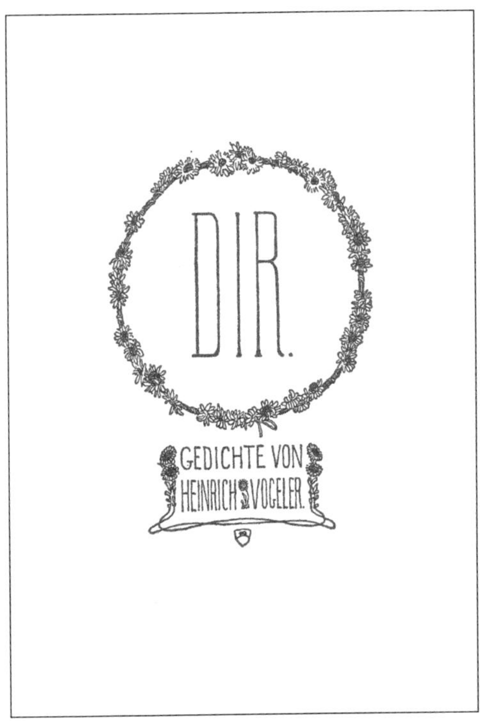

Blumenkranz aus dem Gedichtband »Dir«

lernen, können Sie sich denken.«[360] Schon des Öfteren hatte Heinrich ihr vor Augen geführt, wie wichtig es sei, immer wieder Menschen kennenzulernen. Für Martha heißt das: von ihnen lernen zu können. Sehr deutlich spricht sie es aus, als Heinrich ihr von einer Tänzerin berichtet. »Wieder haben Sie so viele Menschen kennengelernt. Aber ob Sie wirklich etwas Gutes oder Nützliches von dieser Art Menschen lernen ist mir eigentlich nicht so recht begreiflich; denn etwas lernen kann man doch nur von solchen die geistig über einem stehen oder die einen guten Charakter haben, das kann ich mir nun durchaus nicht von einer Saharet vorstellen.«[361] Über diese Tänzerin, eine Australierin, die mit bürgerlichem Namen Clarissa Rose Campell[362] heißt, hatte Heinrich ihr in einem Brief erzählt. In seinem Buch »Werden« erinnert er sich nach Jahrzehnten noch an sie. Er begegnete ihr in Stuttgart, wo sie einen Auftritt hatte. Mit Alfred Walter Heymel fuhr er dorthin, der ihn gebeten hatte, ihn zu begleiten. »Ich muß sie mit einer australischen Tänzerin bekannt machen, tolles Weib, tanzt wie ein Affe, wie ein Kobold, wie Blütenstaub im Sommerwind.«[363] Nach dem Auftritt, am späten Abend, erschien die Australierin bei Heymel zum Abendessen auf dessen Hotelzimmer, wo sie dann zum Abschluss eine private Tanzeinlage gab. Dass Martha auf solche Art von Berichten nicht gerade zustimmend reagiert, ist verständlich. Obwohl Heinrich derlei Vergnügungen seitens der Mitarbeiter der »Insel« von München her kennt und ihr sicher auch davon berichtet hat. Sie versichert ihm jedoch, dass sie nicht eifersüchtig sei, »das ist bei mir nicht mehr möglich«.[364]

Anfang März meldet sich der Winter zurück. »Hier schneit es toll. Auf der Straße sieht man die Dienstmädchen mit weißen Perücken wie Roccocodämchen herumlaufen, ein solches Schneewehen.«[365] Martha hat Spaß an diesem Wetter, erinnert es sie doch an die Winter am Weyerberg. In diesen Tagen macht ihr Lieblingsbruder Martin, mit dem sie in regem Briefaustausch steht, sein Lehrer-Examen. »Er ist doch der Beste und Fleißigste von uns Allen.«[366] Ihr anderer Bruder, Karl, wird nach Ostern heiraten. Das steht bereits seit Oktober fest. »Zu Karls Hochzeit komme ich aber. Bis dahin habe ich schon eine Menge gelernt.«[367] Das also ist gewiss: Martha fährt im Frühjahr nach Worpswede. Sie hat für die Trauungszeremonie auch schon einen besonderen Gesang eingeübt. Es soll eine Überraschung werden. Das Singen macht ihr noch immer viel Freude, und sie ist eifrig dabei. »Jetzt singe ich ein wunderschönes Stück ›Asra‹[368] v[on] Rubinstein was ich noch fleißig studiere.«[369]

Auch mit dem Sticken ist sie nach wie vor intensiv beschäftigt. Eine hellblaue Tischdecke mit einer Kante aus Butterblumen, die sie schon einmal für Heinrich gestickt hat, ist in Arbeit.[370] Doch bei Entwurfszeichnungen ist sie nach wie vor unsicher. So bittet sie Heinrich immer wieder, ihr zur Seite zu stehen. »Ich möchte mir noch gerne einige Stickereien aufzeichnen und es ist doch besser wenn ich an Ihren Zeichnungen etwas Halt habe, denn von alleine kann ich nichts.«[371] Für eine weitere Arbeit aber hat sie bereits eine Vorlage gefunden: »den kleinen Kranz, vorne aus Ihrem Gedichtbuch«[372], den sie auf einen Umschlag stickt. Darüber hinaus bestickt sie noch »kleine Täschchen«.[373]

Anfang März schreibt Heinrich ihr, dass die Worpsweder Malerinnen weben würden. »Daß die Malerinnen zu Hause weben, hat Minna mir auch geschrieben.«[374] Sie weiß es also schon von ihrer Schwester. In der Tat ist es Marie Bock, die einen Hochwebstuhl besitzt und damit arbeitet. Und für einen Teppich hat ihr Paula Becker, die noch in Paris weilt, einen Entwurf gezeichnet.[375] Aber Martha hofft, »daß wir zusammen doch ganz andere Sachen machen können. Alleine würde ich zwar auch nicht viel können; aber die haben doch eigentlich alle keine richtige Ahnung von Handarbeiten«.[376] Ja, das gemeinsame Arbeiten, darauf freut sie sich schon. Jetzt, wo sie inspiriert ist von viel Neuem. »Und dann wollen wir arbeiten zusammen daß die Menschen staunen.«[377] Mit dem gemeinsamen Arbeiten meint sie aber auch das Modellstehen. Denn sie möchte ihm auch weiterhin »stehen für die Bilder«.[378]

Dass bestimmte Stoffe und Garne für die textilen Arbeiten nötig sind, versteht sich von selbst. Dies alles ist in der Großstadt Dresden erhältlich. Aber sie bittet Heinrich, auch in München nach derlei Material Ausschau zu halten. »Wenn Sie alte Seidenstoffe finden kaufen Sie dieselben damit wir fleißig arbeiten können.«[379] Schon im Sommer hatten beide sich auf ein weißes Kostüm geeinigt, wofür Martha eine »weiße Liberty Seide sehr fein in der Farbe«[380] gekauft hatte. Für welchen Zweck es gedacht war, geht nicht aus dem Brief hervor. Denkbar wäre ein Kleid für ein neues Bild, für das sie hätte wieder Modell stehen können. Ist doch in dieser Epoche, der Epoche von Symbolismus und Jugendstil, das Motiv einer jungen Frau in Weiß en vogue.[381]

Nun, in diesen ersten Frühlingstagen, aber sehnt sie sich nach Hause. So rückt die Heimreise zusehends in ihr Blickfeld. »Jetzt lebe ich schon ganz im Gedanken an den Weyerberg. Die Zeit wird mir so lang, wenn ich erst aus der Ferne meinen lieben Berg sehen werde, weiß ich ja nicht, was vor Freude anfangen. Und den Barkenhoff wie alles größer und schöner geworden ist.«[382] Anfänglich war daran gedacht, von Dresden aus gemeinsam nach Hause zu reisen. Aber Heinrich, der zwischenzeitlich noch in Wien gewesen war, will die Gelegenheit nutzen, von Dresden aus nach Schreiberhau zu Carl Hauptmann zu fahren. Und so ist für Martha klar, »wenn Sie nach Schlesien fahren kann ich wohl nach Hause fahren.«[383] Erst einmal aber freut sie sich auf das Wiedersehen: »Jetzt könnte ich die Stunden zählen bis Sie hier sind. Vor Eile weiß ich jetzt garnicht was zuerst thun; denn es ist noch so vielerlei in Ordnung zu bringen ehe ich abreise. Mutter Chrambach ist deshalb ganz traurig. Ich wollte daß sie mitginge nach Worpswede; dann wäre es schön.«[384] Heinrich trifft am 18. März in Dresden ein und nimmt Quartier im Hotel du Nord in der Mosczinskystraße.[385] Also ganz in ihrer Nähe. Am übernächsten Tag fährt er weiter nach Schreiberhau. Beide verbringen also einen Tag gemeinsam. Nach Heinrichs Abreise dann bricht Martha Richtung Worpswede auf und ist zum Osterfest, das Mitte April stattfindet, wieder zu Hause am Weyerberg.

Ihr Bruder Karl und Meta Haar aus Adolphsdorf heiraten am 26. April, ein paar Tage nach dem Fest. Die Trauung findet in Adolphsdorf, im Elternhaus der Braut, statt.[386] Es ist, wie damals üblich, eine Haustrauung. Für den Trautisch mit Bibel und zwei Kerzenleuchtern wird Martha den Tischschmuck gefertigt haben: zwei Buchsbaumtürmchen, verziert mit Röschen und Veilchen aus Seidenpapier. Wie es Sitte im Moor ist und wie sie es in ihrer frühen Jugend schon für derlei Anlässe gefertigt hatte. Dass sie

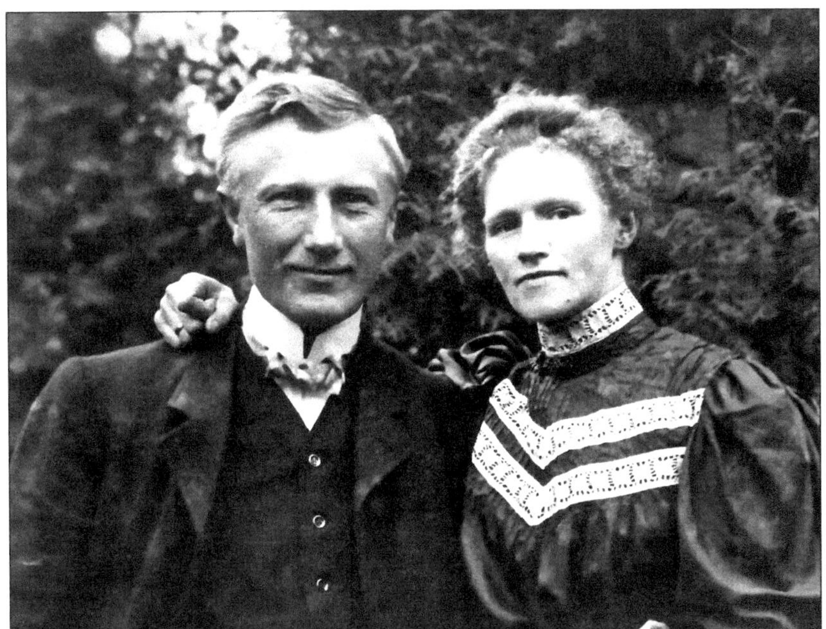

Karl und Meta Schröder, Sommer 1900, nach ihrer Hochzeit

und Heinrich gemeinsam auf dem Fest waren, ist nicht anzunehmen.[387] Martha wird alleine dort gewesen sein und den Großteil ihrer Geschwister und Verwandten wiedergesehen haben. Denn auch ihr Bruder Friedrich (Fred) aus Amerika ist zur Hochzeit gekommen. »Es ist doch etwas Sonderbares einen Bruder haben, den man nicht kennt.«[388]

Die ersten schönen Maitage verbringt Martha nun zu Hause in Worpswede. An den länger werdenden Abenden ist sie meist bei Heinrich in Ostendorf. Gemeinsam wandern sie zum Gartenberg an der Südwestseite des Berges mit seinem wunderbaren Blick in die Weite der Hammeniederung und nach Bremen. Oder sie sitzen im Barkenhoff-Garten, und Heinrich berichtet ihr von seinen Plänen.[389] Doch ist dieses nur ein Beisammensein auf Zeit, denn es ist schon beschlossene Sache, dass Martha noch einmal nach Dresden zurückkehren soll. Für ein ganzes Jahr.

Abermals in der Barockstadt

»Also Du kommst wieder! Wie willst Du es halten? Willst Du wieder zu Wähners oder soll ich mich umsehen nach einer anderen Pension? Was sollst Du hauptsächlich treiben? Conservatorium?«[390] Fragen über Fragen, die Mutter Chrambach an ihr Marthchen in Worpswede richtet, denn seit Ende April steht fest, dass Martha noch einmal nach Dresden zurückkehren wird. Der Schwerpunkt ihrer Studien soll – zumindest aus der Worpsweder Perspektive – die Musik, also das Konservatorium sein. Deshalb bemüht sich Helene neben einer neuen Unterkunft auch um den Kontakt zu Eduard Reuss, Professor und Klavierlehrer am Königlichen Konservatorium. Bald schon hat sie auch ein neues Domizil für Martha in Aussicht. »Frl. Weber hat beide Zimmer vermietet – sollte eines frei werden mit Clavier, so wäre es das gescheiteste, Du gingest dort hin.«[391]

Etwa Mitte Mai fährt Martha mit der Bahn wieder Richtung Dresden. Dort angekommen bezieht sie, wie von Mutter Chrambach eingefädelt, Quartier bei Fräulein Weber in der Reichenbachstraße 19. Es ist ein gemütliches Zimmer mit Klavier. Für Letzteres aber muss sie extra zahlen. Jedoch hadert sie mit der Tatsache, nun wieder für so lange Zeit in Dresden sein zu müssen. »Aber ich werde versuchen mich wieder zurecht zu finden.«[392] Im Zimmer nebenan wohnt Lilly Riedel, eine Pianistin. Etwas älter als Martha, verdient sie sich mit Gesangs- und Klavierunterricht ihren Lebensunterhalt. Sie ist »richtig gescheit und hat über alles ein so gesundes Urteil.«[393] Martha und sie werden gute Freundinnen werden.

Helene Chrambach freut sich, dass Martha wieder da ist. »Sie meinte ich wäre ihr ganz aus den Händen gegangen.«[394] Allerdings ist die Idee, aufs Konservatorium zu gehen, gleich in den ersten Tagen vom Tisch. Denn »Frau Chrambach meinte auch wenn es doch nur auf ein Jahr ist, hat es keinen Zweck auf das Konservatorium zu gehen.«[395] Damit meint Helene Chrambach wohl, dass dieser Zeitraum für die Studien an solch einer professionellen Einrichtung nicht ausreichen würde.

Ihre Mutter Becka in Worpswede ist beruhigt, dass Martha wieder so schnell in Dresden Fuß gefasst hat. »Den Abmeldeschein wirst Du wohl erhalten haben«[396], hofft sie. Martha hatte ihn von ihrer Schwester Minna erbeten, um sich in Dresden wieder anmelden zu können.

Jetzt nimmt Martha auch wieder Kontakt zu ihrer Musiklehrerin, Fräulein Desirée Mortier de Fontaine, auf. »Meine Lehrerin sagte daß meine Stimme sehr gut geworden wäre. Das heißt aber nicht, daß ich schon gut singen kann; denn dazu gehört viel mehr noch.«[397] Sie übt jetzt eine Arie aus »Zar und Zimmermann« von Albert Lortzing ein.[398] Die Tage um Pfingsten herum zieht es sie ins Grüne. Den Himmelfahrtstag verbringt sie oben auf dem Weißen Hirsch. Sie hat ihre Stickerei mitgenommen: einen Umschlag mit Rosen und kleiner Urne. »Dort im Park läßt es sich wunderschön sticken.«[399] Hier spricht sie wohl vom Park in Teuschers Sanatorium, denn auch über Pfingsten hält sie sich dort auf. »Der Garten ist riesig fein, alles wächst da so üppig.«[400] Zum Fest hat die Mutter einen Gruß vom Hemberg geschickt: Kuchen und Schinken.[401] Beides wird Martha wohl mit Lilly Riedel geteilt haben.

Auch Französischunterricht hat sie nun wieder jeden Tag, der straff organisiert ist, denn die Lehrerin wird bereits ab 1. Juli in die Ferien gehen. Und Marthas Zeichenunterricht übernimmt jetzt jeden Sonntag Herr Meier, ein Maler und Bekannter von Fräulein Riedel. »Es ist ein sehr armer Kerl der nicht einmal zu essen hat.«[402] Martha tut er leid. Von Lilly Riedel erfährt sie, dass er gerne ihren Kopf zeichnen würde. »Ich weiß nicht was Sie dazu sagen«[403], fragt sie Heinrich. Bald schon hat sie ihre erste Zeichenstunde, aber für Herrn Meier als Modell sitzen wird sie nicht. »Der vielen Zeit wegen und wie unangenehm mir das Sitzen ist wissen Sie am besten.«[404] Gewiss, aber bei Heinrich ist es etwas anderes. Ihm sitzt sie inzwischen gerne Modell, hat sich in diese Aufgabe gefunden. Einmal, im vergangenen Sommer, schlich sich bei ihr sogar die Sorge ein, »Sie würden mich nie mehr malen«.[405]

In diesen Frühsommertagen geht Martha mit ihrer Lehrerin – wahrscheinlich ist Fräulein Mortiere de Fontaine gemeint – zur Erfrischung in die Badeanstalt. Aber Martha kann nicht schwimmen. So duscht sie ausgiebig, probiert alle möglichen Duschen aus. Und hat Spaß daran.[406] Der Umschlag mit den Rosen ist inzwischen fertig, er muss nur noch gefüttert werden. »Ich werde weiße Seide dazu nehmen […] das sieht immer am feinsten aus.«[407] Anfänglich war sie wieder etwas unsicher bei der Auswahl der Farben, hat dann aber doch die richtige Entscheidung getroffen. Nun ist von einer Rosendecke die Rede, für die Heinrich schon mal einen

Entwurf zeichnen soll. »Wenn ich sie anfange müssen Sie dabei sein, alleine geht das nicht.«[408] Sie hofft, dass sie sich im Sommer wiedersehen. Auch, um gemeinsam arbeiten zu können.

Bei Heinrich in Worpswede ist in diesen Tagen der Musiker Egon Petri aus Dresden zu Gast. »Daß Sie so schöne Musik hören können, darum beneide ich Sie«[409], lässt Martha ihn wissen. Der junge Pianist konzertiert im kleinen privaten Kreis. Entweder auf dem Barkenhoff oder beim Ehepaar Overbeck, das seit gut zwei Jahren ein neues Heim in der Nähe des Gasthofs Stadt Bremen bewohnt. Dort gibt es in der kleinen, roten Stube ein schwarzes Klavier. Denn auch Fritz Overbeck spielt gerne auf dem Tasteninstrument. Vor 1900 ist das Overbeck'sche Haus ein geselliger Treffpunkt für die Worpsweder Künstler.[410] Aber besonders eng ist das Künstlerpaar mit den Familien Modersohn und Schroeter verbunden. Dieser Tage aber trifft bei Martha eine traurige Nachricht ein: Helene Modersohn ist gestorben.[411] »Ich kann es mir gar nicht vorstellen, daß Modersohn's Frau tot sein soll. Der arme Mann! Was hätte er wohl nicht alles drum gegeben, wenn er die letzten Stunden hätte bei ihr sein können.«[412] Modersohns Frau war seit geraumer Zeit an Tuberkulose erkrankt und von ihrer Freundin Hermine Overbeck gepflegt worden. Zum Zeitpunkt ihres Todes besuchte ihr Mann mit anderen Worpswedern gerade die Weltausstellung in Paris. Und »sie liess ihn noch so freudig ziehen nach Paris, hinaus aus der Luft voll Sorge«.[413] In der Seine-Metropole traf er auch Paula Becker und Clara Westhoff wieder. Heinrich übermittelt Carl Hauptmann die traurige Botschaft und berichtet ihm von den letzten gemeinsamen Stunden. »Frau Modersohn konnte den weiten Weg zu mir nicht mehr machen und da musicirten wir bei Overbecks. […] Zuerst hatten wir das italienische Conzert von Bach und dann kam die Adieux Sonate von Beethoven. Mein Gott wie sich die Gefühle da fanden von diesen beiden sich so innig verstehenden Menschen.«[414]

Im Juni ist es bereits heiß in Dresden. Martha spielt viel Klavier, immer wieder die ungeliebten Fingerübungen, an denen aber kein Weg vorbeiführt. Und dann noch kleine Stücke. Zudem gibt ihr Lilly Riedel jede Woche zweimal musiktheoretischen Unterricht. »Dann bekomme ich auch eine Ahnung von Harmonie. Sie giebt mir die Stunden umsonst.«[415] Wegen der Hitze steht Martha morgens schon um sechs Uhr auf und arbeitet. Dann hat sie um acht Uhr Französischunterricht, eine halbe Stunde Fußweg entfernt von ihrer Wohnung. So kommt sie zu ihrem täglichen Spaziergang. Danach geht sie kurz zu Chrambachs und wieder nach Hause, um gegen zwölf Uhr noch einmal zur Französischstunde aufzubrechen. Dort in der Nähe isst sie auch zu Mittag. Den ganzen Nachmittag bereitet sie sich dann auf die Stunden für den nächsten Tag vor. So bleibt im Moment überhaupt keine Zeit zum Sticken. Bei Chrambachs ist sie jetzt, wie schon angedeutet, häufiger. »Morgen bleibe ich überhaupt für ein paar Tage dort weil Claire verreist mit dem Bräutigam.«[416] Über den Bräutigam schreibt sie an Heinrich, dass er sehr eifersüchtig sei. »Na, Sie haben es an mir ja oft genug erlebt. Ich glaube aber das ist jetzt vorbei obgleich ich mich über die Abreise von Frau Bock wirklich gefreut habe.«[417] Marie Bock war am 9. Juni gemeinsam mit Otto Modersohn und Fritz Overbeck nach Paris zur Weltausstellung aufgebrochen. Doch durch den plötzlichen Tod von Modersohns Frau fuhren alle früher zurück als geplant. Und noch einmal ist Marie Bock Gegenstand des brieflichen Dialogs. Heinrich äußert nämlich die Absicht, im Sommer jemanden zur Miete im Barkenhoff aufnehmen zu wollen, und hat an Frau Bock gedacht. »Es ist doch ganz selbstverständlich daß sie es Frau Bock sagen; vielleicht thut sie es. Jetzt wo alles so in Ordnung ist, ist bei mir alle Eifersucht verschwunden.«[418] Dieses schreibt Martha, als die Hochzeit im kommenden Jahr bereits ein Thema ist. Zumal sie Ende Juni einen Brief von Heinrichs Mutter erhält, der sie sprachlos macht. »Daß ich wirklich den Brief von ihrer guten Mutter in Händen habe. Ich hätte ja nie geglaubt daß sie so schreiben würde. Es wird ihr auch sicher schwer geworden sein.«[419] Martha glaubt, die Mutter habe es getan, um Heinrich zufriedenzustellen. »Daß ich Sie über alles lieb habe und nur für Sie leben kann, wissen Sie, und wir wollen unser Bestes thun damit Ihre Mutter späterhin zufrieden sein kann.«[420]

Anfang Juli ziehen Martha und Lilly Riedel bei Fräulein Weber aus. Allerdings nur zwei Häuser weiter. Sie wohnen nun in der Reichenbachstraße 23 bei Frau Schöne im Parterre.[421] Martha freut sich nun schon sehr auf ein Wiedersehen mit Heinrich, das auf der Insel Sylt oder in Adiek stattfinden könnte. Aber »ich möchte ja lieber nach Hause und ich begreife nicht so recht warum Sie es nicht haben wollen; aber Sie sind der Mann und ich muß gehorchen«.[422] Auf Sylt macht derzeit die Dresdener Familie Petri Urlaub, die Martha dort kennenlernen könnte. Doch aus dem

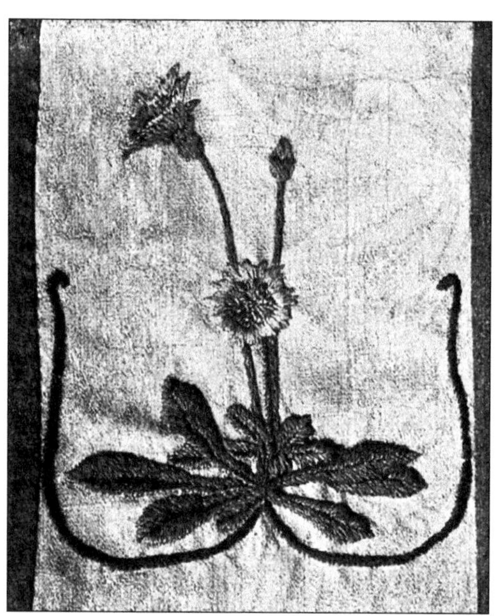

Gestickter Buchumschlag von Martha Schröder

Inselaufenthalt wird nichts. Und auch Adiek, der Geflügelhof von Heinrichs Brüdern in der Nähe von Zeven, ist immer noch mit einem Fragezeichen versehen. »Ihre Brüder werden keine Lust haben und Ihre Mutter wird sagen daß es wohl nicht geht wenn ich zu drei Brüdern komme.«[423] Die Hitze jetzt im Juli ist immer noch unerträglich. Martha fährt weiterhin regelmäßig zum Weißen Hirsch hinauf, zum Musikunterricht. In dieser Zeit beginnt sie, eine Mozart-Arie einzustudieren, und freut sich, Heinrich dieses mitteilen zu können. Denn er hatte immer wieder nach Mozart gefragt. Da der Französischunterricht wegen der Ferien ruht, kümmert Martha sich nun um Italienischstunden. Mitte Juli heißt es: »Heute habe ich schon meine zweite italienische Stunde gehabt. Den Monat für 15 M[ark] habe ich täglich eine Stunde.«[424]

Ende Juli aber trifft unverhofft Besuch aus Amerika ein. »Gestern nachmittag klingelt es, ich mache auf und vor der Thür stehen meine Cousine und Onkel [Martin] aus Amerika.[425] Ich habe mich so gefreut, dann sind wir noch nach Pillnitz hinaus gefahren und gegen Abend in die Ausstellung gegangen.«[426] In diesem Brief fragt sie Heinrich, ob er wisse, ob ihr Bruder Hinni – der um zwei Jahre Ältere – wirklich nach China ginge. Martha hat es von Minna erfahren und ihre Sorge gleich Mutter Chrambach mitgeteilt, die seit Anfang Juli in Franzensbad kurt. Diese antwortet: »Also Dein Bruder geht vielleicht auch nach China! Aber weißt Du, die jungen Leute thun es alle gerne & und hängen schließlich nicht so am Leben wie wir Frauenzimmer.«[427] Hinni, der in Neumünster stationiert ist, schreibt Martha dann wenig später selbst von der Sache. »Von unserer Komp[anie] sind auch schon circa 10 Mann nach China, ich hätte Lust mit dem ganzen Regiment dort hin.«[428] Ob er dann letztlich mit seinen Kameraden von Bremerhaven aus nach China eingeschifft wurde, um an der Zerschlagung des Boxeraufstandes[429] teilzunehmen, ist nicht nachweisbar. Martha jedenfalls ist angesichts der Soldaten mit ihren Familien, die sie in diesen Tagen in Dresden sieht, erleichtert, daß Heinrich kein Soldat ist.[430]

In ihrem Dresdener Bekanntenkreis, den sie stets pflegt, gibt es auch einige Künstler, wie den Bildhauer Karl Groß.[431] Bei ihm und seiner Familie ist sie schon im vergangenen Jahr häufiger mal zu Gast gewesen. Über Hildegard von Mach, eine junge Malerin, die Martha gleich zu Anfang bei Chrambachs kennengelernt und sich mit ihr angefreundet hatte, kommt sie jetzt mit Josef Anton Pepino[432] in Kontakt, der Lehrer an der Kunstakademie ist. Er hat im gerade neu erbauten Künstlerhaus in Loschwitz ein Atelier gemietet. Ob Martha je dort gewesen ist, bleibt fraglich, ist jedoch nicht anzunehmen. Aber sie besucht in diesem Villenort »eine wirklich sehenswerte alte Künstlerweinkneipe mit vielen Zeichnungen von Hermann Vogel[433] der sehr viel dort gewesen sein muß«.[434]

Nach einem erneuten Umzug finden Martha und Lilly Riedel sich in einem »ganz kleine[n] Hinterhausparterre«[435] in der Uhlandstraße 32 wieder.

Zu Hause erscheint in diesen Tagen in der Wümme-Zeitung eine etwas ungewöhnliche Nachricht. Unter der Rubrik »Unfug« ist zu lesen, dass es am Sonntagnachmittag zwischen fünf und sechs Uhr mit einer kurzen Unterbrechung vom Kirchturm geläutet habe. Man glaubte, dass es ein Feuerausbruch sei. Einige Leute seien zur Kirche geeilt. »Dort stellte sich heraus, daß zwei erwachsene weibliche Personen aus Uebermuth an der Glocke gezogen hatten.«[436] Natürlich erfährt Martha über Heinrich sogleich von dieser Missetat Paula Beckers und Clara Westhoffs und meint, dass die beiden Malerinnen es sich nun »wohl sicher mit den Weyerbergern verdorben haben. [...] Im Gedanken sehe ich Pastor Fitschen's süßsaures Gesicht. Ein Glück daß es Damen aus der Gesellschaft waren; wären es welche von unseren Worpsweder Kindern gewesen, ganz gewiß hätte er sie verdammt aus dem Himmel.«[437]

Gestickter Buchumschlag von Martha Schröder

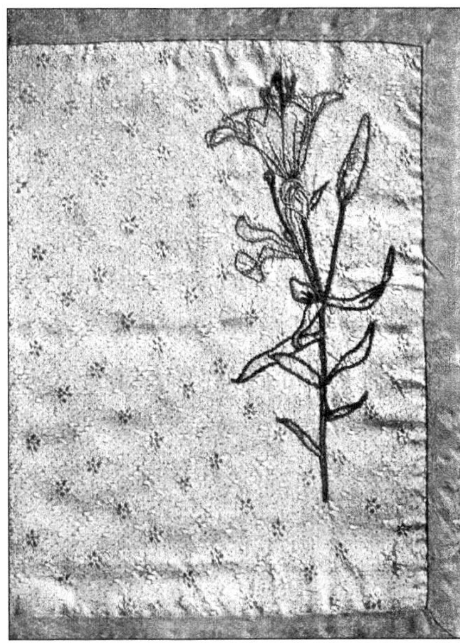

Seit Juli schon nimmt das Sticken für sie wieder mehr Raum ein. Bereits im Juni spricht sie von einer kleinen grünen Decke. »Bei der ist es unmöglich daß die Blumen weiß werden entweder muß es ein bläuliches

Rosa oder Gelb sein, so ist es viel zu hart.«[438] Hier tritt wieder ihr sicheres Farbempfinden zutage, obwohl sie immer auch wieder zweifelt. Wie gerne würde sie endlich mit Heinrich zusammenarbeiten! Um »wieviel weiter würde man kommen und wieviel sicherer arbeitet man«.[439] Sie bittet ihn, den Rosenvorhang fertig zu zeichnen, damit sie ihn anfangen könne. »Dann werde ich schon eine Stickerin finden, die mir helfen kann.«[440]

Die gemeinsame Arbeit beider, wenn derzeit auch nur auf dem Postwege besprochen, findet Anerkennung. »Es ist doch fein daß Keller und Reiner ein Zimmer von uns gemacht haben wollen.«[441] Die Galerie Keller & Reiner in Berlin hat sich seit ihrer Gründung im Jahre 1897 neben der freien, vorzugsweise modernen Kunst auch auf die angewandte Kunst spezialisiert, die um 1900 im Gewand des Jugendstils daherkommt. Heinrich wird Anfang des neuen Jahres dort eine Ausstellung haben. Der junge Worpsweder ist mit seinen buchkünstlerischen und kunstgewerblichen Arbeiten geradezu prädestiniert, dort auszustellen. Und auch Marthas Stickereien sind in diesem Zusammenhang gefragt, da sie seine Arbeiten in Form von Kissen, Tischdecken und Wandbehängen aufs Feinste abrunden. Mitte September – sie ist gerade von ihrer Reise nach Adiek zurück – schreibt sie an Heinrich: »Morgen Abend kann ich wohl schon die große Stickerei nach Berlin schicken dann ist sie fertig.«[442] Möglicherweise ist hier der oben bereits erwähnte Rosenvorhang gemeint. Martha spricht in der Korrespondenz aber auch von einer Tapete beziehungsweise Wandbekleidung. Alle drei genannten Gegenstände sind wohl identisch. »Das Tulpenkissen ist richtig fein geworden. […] Das Polstern habe ich ganz alleine gemacht und eine sehr feine grüne Tuffetseide als Volant was dem ganzen erst das richtige Aussehen giebt. An der Anemonendecke habe ich noch fleißig zu arbeiten.«[443] Diese drei Arbeiten und ein »Ro-

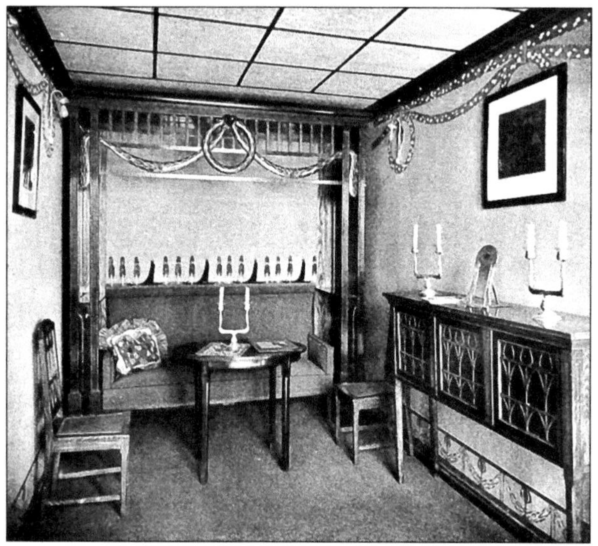

Vogeler-Zimmer mit Marthas Kissen bei Keller & Reiner, 1901

senumschlag«[444] sind es wohl, die Martha bei Keller & Reiner ausstellt. Allerdings gibt es im Vorfeld eine Irritation bezüglich der Urheberschaft, die sich aber klärt. An Heinrich schreibt sie: »Du hattest einfach vergessen den Leuten zu sagen, daß ich die Stickereien machte. Sie wußten überhaupt nicht wer ich bin.«[445] Paula Becker, die gemeinsam mit Rilke im Januar 1901 die Ausstellung besucht, lässt sich von Marthas Tulpenkissen verzaubern: »Ich habe selten so etwas Schönes derart gesehen.«[446]

Insbesondere durch das Sticken hatte Martha im Juli »rasend viel zu thun.«[447] Denn im August klagte sie über Augenschmerzen. Der Optiker diagnostizierte eine Überanstrengung. Doch alles wendet sich zum Guten. Und nun, im Frühherbst, belegt sie noch einen Kochkurs. »Du kannst Franz und Etu sagen ich könnte jetzt auch schon allerhand kochen wenn ich zu ihnen käme.«[448]

Gerade erst war sie bei Franz und Eduard, den Brüdern Heinrichs, in Adiek gewesen. Das kleine Gut bei Zeven war dann also doch das Ziel ihrer Sommerreise geworden. Ende August schrieb Heinrich ihr spontan von dort, dass Franz sie einlade, »sofort nach Adiek zu kommen zum Besuch. [...] Vergiss die Stickereien nicht, da wir vieles besprechen müssen. (Singnoten etc.).«[449] Und Mutter Chrambach hoffte, dass sie wohl von den Brüdern gleich als Verwandte aufgenommen würde.[450] So stieg Martha in Dresden-Neustadt in den Zug, fuhr über Leipzig, Magdeburg, Uelzen und Harburg nach Scheeßel, dem kleinen Ort an der Wümme, wo sie von den Brüdern abgeholt wurde. In Adiek blieb sie etwa zwei Wochen. Wie diese ausgefüllt waren, kann nur vermutet werden. Wahrscheinlich mit Stickarbeiten, Spazierengehen, Gesang und vielleicht der Mithilfe im Haushalt. Auch Clara Westhoff war in dieser Zeit für zwei Tage dort. Martha mag sie sehr. »Sie ist doch ein zu netter Kerl.«[451] Mit sich selbst allerdings ist sie im Nachhinein nicht im Reinen. »Es ist mir so unangenehm Deinetwegen wie ich mich benommen habe, wäre ich vernünftiger gewesen dann hätte ich doch viel mehr von den Tagen haben können.«[452] Was Martha hier konkret meint, können wir nicht wissen.

Etwa zur gleichen Zeit, als Martha in Adiek eintraf, war der Dichter Rainer Maria Rilke unterwegs nach Worpswede. Heinrich reiste deshalb das ein oder andere Mal von Adiek fort, um Rilke auf dem Barkenhoff zu treffen. Martha aber blieb bei den Brüdern. Als sie schließlich wieder in Dresden eintrifft, steht für sie ein letzter Umzug an. »Heute Morgen habe ich mir hier in demselben Hause nur [im] Vorderhaus ein Zimmer gemietet.«[453] Lilly Riedel geht nicht mit, sie zieht zu ihrer Großmutter. Die Tage in Adiek aber haben trotz allem etwas Nachhaltiges bewirkt, denn fortan spricht Martha Heinrich in ihren Briefen mit »Du« an.

Musikerfamilie Petri

»Wenn ich zum Beispiel zu Petris gehen müßte, wie hat man sich da anzuziehen? Wohl das Beste was man hat. Wenn ich vielleicht öfter zu ihnen müßte werde ich mir wohl noch einige gute Sachen kaufen müßen.«[454] Martha hat inzwischen durch Chrambachs einige Dresdener und deren Familien kennengelernt. Sie gehören alle mehr oder weniger den gehobenen gesellschaftlichen Kreisen an. So beispielsweise der Arzt Dr. Teuscher und Frau, Fräulein von Mach und Fräulein von Beringe, zwei junge Damen in Marthas Alter, sowie die bereits erwähnten Künstler. Außerdem den Direktor des Konservatoriums, Eduard Reuss, und dessen Frau. Von der Musikerfamilie Petri hat sie längst von Heinrich gehört, schon in Worpswede, schon vor der Dresden-Reise. Und natürlich auch von Mutter Chrambach. Aber sie kennenzulernen, mag Heinrich ihr noch einmal in Adiek ans Herz gelegt haben. Er selbst war im Herbst 1898 bei Familie Petri ein- und ausgegangen, hatte dort einige Hauskonzerte miterlebt. Jetzt will Martha den Kontakt zur Musikerfamilie aufnehmen, sie kennenlernen. Eine neue Kleiderordnung allerdings, wie sie oben meint, ist dafür nicht nötig. »Soeben komme ich von Petris zurück. Frau Petri war ausgegangen und so habe ich meine Karte dort gelassen. Im Zimmer hörte ich wunderschön spielen. Das Haus finde ich riesig fein und ich glaube, ich werde mich, wenn wir uns erst kennen, sehr wohl fühlen.«[455] Einige Tage später dann sucht Frau Petri Martha im Vorderhaus in der Uhlandstraße 32 auf. »Sie ist eine reizende Frau, ich kann sie mir garnicht besser denken. In den nächsten Tagen soll ich zu ihnen kommen. [...] Nun brauchst Du guter Kerl Dich nicht mehr zu sorgen daß wir uns nicht verstehen lernen.«[456]

Doch gleich schon am nächsten Tag geht Martha wieder zum Hause Petri in der Hähnelstraße 13[457], die ganz in der Nähe der Stübelallee liegt. Diesmal trifft sie Frau Petri an. »Sie war sehr freundlich zu mir und bedauerte daß Egon nicht da wäre, der sollte mich bald zum Concert holen und nächstens sollte ich zu ihnen zu Tisch kommen. Ich hatte sie mir viel älter vorgestellt, sie hatte an dem Tag riesig viel von einer Primadonna, sie war in einem mächtigen weißen Morgenkleid, durchaus nicht geschmacklos. Hoffentlich wird sie mich gern haben und mich verstehen lernen.«[458]

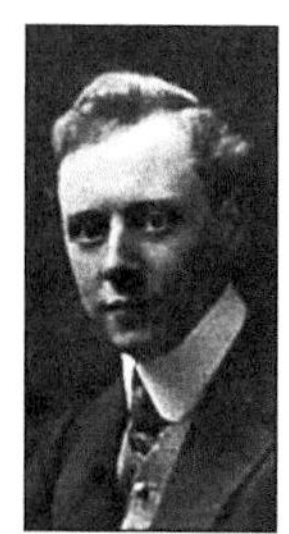

Der junge Egon Petri

Seit Mai 1889 ist Henri Petri, ein gebürtiger Niederländer, in Dresden als Konzertmeister angestellt. Zuvor war er Leiter des Gewandhauses in Leipzig gewesen. Als junger Mann hatte er in Berlin bei dem großen Geiger der Zeit, bei Joseph Joachim[459], studieren können. Petri ist ein renommierter Musiker und feiert in den ersten Konzertsälen Deutschlands sowie des Auslandes große Triumphe.[460] Seine Ehefrau Katharina ist Konzertsängerin und beide Kinder, Helga und Egon, treten ebenfalls in die musikalischen Fußstapfen der Eltern. Helga wird Konzertsängerin und später Musikpädagogin am Dresdener Konservatorium werden. Und Egon, »ein langhaariger blonder Jüngling«[461] von 19 Jahren, spielt Violine und Klavier. Wenig später wird er Schüler des damals bedeutenden italienischen Pianisten und Komponisten Ferruccio Busoni[462] werden.

Anfang Oktober ist Martha wieder in der Hähnelstraße zu Gast und lernt den Maestro persönlich kennen. »Sonntag war ich bei Petris. […] Petri ist ein sehr lieber Mensch und war gegen mein Erwarten riesig freundlich zu mir. Er hat ein so feines Empfinden für uns wie es wohl selten einen Menschen giebt. Nachmittags fuhren wir hinaus zur Bastei. Wie wir dort ankommen schien der Mond schon, es war Dämmerung; dann stiegen wir Egon und ich voran bei immer schöner werdendem Mondschein hinauf. […] Noch nie in meinem Leben habe ich solche Empfindungen gehabt wie dort wo man sich in einem verfallenen Märchenreich denkt, die Sandsteinfelsen sehen aus wie die romantischsten Schlösser; man wagt nicht zu atmen in der wundervollen Stille, dort vereinen sich die Seelen […]. Oft sind wir stehen geblieben und haben der wunderbaren Stille gelauscht. Oben angekommen haben wir uns auf den Aussichtspunkt gesetzt und geträumt. Dann ging Petri zum Hotel und holte eine Flasche Sect. […] Wieder unten angekommen haben wir zu Abend gegessen. […] Nach dem schönen Abend konnte ich noch lange nicht einschlafen.«[463]

Ein paar Tage später schreibt Egon Martha einen Brief und legt Konzertkarten bei: »eine für heute Nachmittag zum Mozartverein wo Joachim spielt.«[464] Beide besuchen also das Konzert mit dem »berühmtesten Geiger der Gegenwart«.[465] Martha ist beeindruckt. »Er war auch der Lehrer von Petri. Er spielte wunderschön. In einer Zugabe spielte er Bach ganz allein wo man ihn so recht bewundern konnte. […] Egon knöpft mir jetzt über Musik erst recht die Augen auf. Weil ich doch sehr oft auf dem Holzwege bin und mich von dem äußerlichen Schein täuschen lasse.«[466]

Da Martha in den Sommerwochen dieses Jahres 1900 noch viel für die Berliner Ausstellung zu sticken hat, bleibt eigentlich für anderes wenig Zeit. Aber die Treffen und Konzerte mit Familie Petri nimmt sie gerne wahr. Außerdem besucht sie mit einer Bekannten die »Rüstkammer in der Gewehrgalerie. Es war mir sehr interessant vor allem die Stickereien an den Gewändern.«[467] Am 9. Oktober, ihrem 21. Geburtstag, wird Martha mittags von Mutter Chrambach in die Mosczynskistraße zum Essen eingeladen. Ein Tisch voller Blumen und Geschenke erwartet sie dort. Ihren Heinrich jedoch musste Martha daran erinnern, dass ihr Geburtstag »am 9. October [ist]. Du wolltest es ja gerne wissen.«[468] Und sie wünscht sich, dass er kommen möge und sie durch einen langen innigen Kuss von ihm aufwache. Vom Hemberg trifft eine große Kiste mit Äpfeln und Birnen ein, die Martha sich gewünscht hat. Und Minna schreibt ihr, dass nun auch ihr Bruder Karl, der Frischvermählte, sein Lehrer-Examen bestanden habe.

Langsam neigt sich der Dresden-Aufenthalt seinem Ende zu. Als sie aus Adiek zurückkehrte, war von November die Rede. Aber bis sie dann endlich zurück nach Hause kommt, wird es Anfang Dezember werden. Die restlichen Wochen werden Martha lang, trotz Familie Petri. Zumal sie nun auch nicht mehr so oft zu Helene Chrambach geht. »Sie ist lange nicht mehr so wie früher. Ob das von Petris kommt?«[469] Und sie sehnt sich – wie immer – nach Heinrich. Und nach einem lieben Wort von ihm. »Aber Du mußt Mitleid mit mir haben wenn ich mich so nach innigen lieben Worten hier in meiner Verlassenheit sehne und es kommt dann ein so vernünftiger Brief mit leisen gut gemeinten Vorwürfen.«[470]

Von dem um zwei Jahre jüngeren Egon Petri und seinem Verständnis von Musik ist Martha sehr angetan. »Gestern war ich mit Egon […] in der Kirche und habe seinem Orgelspiel zugehört, er hat mir etwas sehr Schönes von Bach gespielt.«[471] Auch eigene Improvisationen spielt er ihr vor. »Vieles hat er mir an der Orgel erklärt, ich möchte schon einen solchen Lehrer haben.«[472] Mit Egon zusammen hört sie auch die »Schöpfung« von Haydn. Schon einmal hatte sie dieses Monumentalwerk erlebt. Das war gleich in den ersten Dresdener Wochen gewesen. Nun ist sie wieder aufs Neue fasziniert. »Die Musik ist doch riesig fein.«[473]

Gemeinsam mit Egon und seiner Mutter besucht sie zudem ein Sinfoniekonzert, in dem der Pianist d'Albert[474] auftritt. »Wie viel Gutes habe ich doch noch durch Petris«[475], schreibt sie Ende Oktober an Heinrich. Sie ist hin- und hergerissen, denn einerseits möchte sie gerne noch in Dresden bleiben, wegen Familie Petri, andererseits aber möchte sie auch endlich zu ihm nach Hause. Wenn dort nicht die Hürde in Gestalt seiner Mutter und Schwestern wäre, denen sie dann als Heinrichs Braut zwangsläufig unter die Augen treten muss. »Du kannst es mitfühlen nicht wahr daß das erste Mal nicht angenehm ist?«[476] Doch dann erhält sie unverhofft ein Paket aus Bremen, mit der Handschrift Marie Louise Vogelers. Anfänglich löst es Staunen bei ihr aus, dann wechseln Schreck und Freude sich ab. Als sie das Paket öffnet, kommt ein Kuchen vom Freimarkt zum Vorschein, »zum Zeichen daß sie an mich gedacht hätten. Und darunter stand: ›Herzlichen Gruß von Henny und Marie Deine Mutter.‹ Ich konnte es gar nicht fassen daß es Wirklichkeit war.«[477] Nun also dürften alle Misslichkeiten ausgeräumt sein und Martha offenen Herzens in die Vogeler'sche Familie aufgenommen werden.

Anfang November besucht sie mit Egon ein Konzert von Eduard Reuss, das beide aber vorzeitig verlassen. »Denn Egon meinte ich würde mir da nur meinen Geschmack verderben.«[478] Das klingt nach harschem Urteil, aber Egon hatte Martha vor dem Konzert seine Interpretation der Bach- und der beiden Beethoven-Kompositionen zu Gehör gebracht, die auf dem Programm von Reuss standen, und »wie es Egon vorher gespielt hatte war es tausendmal schöner«.[479] Zum Abschluss dieses Abends trinken beide noch ein Glas Wein, sprechen dabei viel von Heinrich und darüber, dass Egon den Künstlerfreund gerne bald wieder einmal besuchen würde. Doch dieser Wunsch muss warten, denn erst Anfang des Jahres 1902 wird Egon wieder gen Norden reisen.

Aus Worpswede erreicht Martha dieser Tage die Nachricht von der Verlobung Otto Modersohns und Paula Beckers, wenn auch verspätet. So packt sie die Gelegenheit beim Schopfe und spricht im Brief das Thema ihrer eigenen Verlobung nochmals an. Denn über Minna erreichen sie Nachrichten vom Weyerberg, dass bei ihr und der Mutter diesbezüglich immer mal nachgefragt werde. Martha stellt Heinrich gegenüber also klar: »Vor allem will ich Dich über die Verlobung beruhigen. Mir ist es eher unangenehm als erwünscht öffentlich verlobt zu sein. […] Wir lieben uns so sehr daß eine Verlobung die Liebe schwerlich noch verstärken kann.«[480] Schließlich hatten sie sich vor gut einem Jahr in Meißen ihr Eheversprechen gegeben, eine Angelegenheit, die nur sie beide etwas angeht und nicht die Öffentlichkeit. Und natürlich freut Martha sich jetzt sehr auf zu Hause. »Die 14 Tage dünken mich eine Ewigkeit«[481], lässt sie Heinrich wissen. »Kannst Du nicht schreiben mit welchem Zuge Du kommst daß wir (Egon u ich) Dich vielleicht abholen können?«[482] Ob Heinrich sie letztlich aus Dresden abgeholt hat, ist nicht mehr zu ermitteln.

Ein Resümee ihres Dresden-Aufenthaltes zieht Martha schließlich selbst und eher unbewusst: »In dieser kurzen Zeit wo ich Petris kenne[,] lerne ich mehr wie in den ganzen anderthalb Jahren wo ich hier bin.«[483] Ja, Martha hat vieles lernen können, auf den verschiedensten Gebieten. Doch nicht nur durch Petris. Sie konnte interessanten Menschen begegnen, was sie wiederum selbstsicherer gemacht hat. Nun kehrt sie Anfang Dezember heim – als Heinrichs Braut.

Weißer Saal

Kehren wir noch einmal zurück in die Spätsommertage des Jahres 1900. Martha ist gerade in Adiek angelangt. Da trifft etwa zeitgleich in Ostendorf ein weitgereister Gast ein – Rainer Maria Rilke. Er kommt über St. Petersburg, Danzig und Berlin direkt auf den Barkenhoff. Etwa vier Monate zuvor, Anfang Mai, war er mit der Freundin Lou Andreas-Salomé zur zweiten gemeinsamen Russlandreise aufgebrochen, die auch eine Begegnung mit dem Schriftsteller Leo Tolstoi auf dessen Landgut in Jasnaja Poljana mit sich brachte. Hier, in der Einsamkeit des Moores, will der Dichter nun seine Reiseeindrücke literarisch verarbeiten, will über russische Kunst schreiben. Aber dazu wird es nicht kommen, denn er trifft auf junge, werdende Künstler und auf eine Landschaft, die sein ganzes Schauen und Empfinden beanspruchen wird. Heinrich, der Hausherr, weilt in dieser Zeit nicht ständig auf seinem Anwesen, denn er ist in Adiek, um bei Martha zu sein. Der Barkenhoff mit seinem Weißen Saal[484] wird in den kommenden Tagen und Wochen geselliger Treffpunkt der jungen Worpsweder Künstler werden. Mit Rainer Maria Rilkes und Carl Hauptmanns Anwesenheit erhalten sie einen Glanz, der lange nachwirken wird. Rilke wohnt im roten Zimmer des weißgetünchten Hauses, unter dem gerundeten Dachgiebel, der nach Süden weist. Da Heinrich nur sporadisch anwesend ist und Martha an all dem gar keinen Anteil nehmen kann, fühlt Rilke sich bisweilen als Hausherr. Am 4. September notiert er im Tagebuch: »Ich gebe Gesellschaften. Dr. Hauptmann kommt mit zwei Schwestern, einer blonden und einer dunklen, über den Berg. Herr Modersohn […] ist mitgekommen. Wir sitzen im Musiksaal: weiß, weiße Türen, Vasen darüber gemalt, aus denen Rosenketten sanft zu beiden Seiten fallen. Alte Stiche, kleine galante Gartenszenen, graziöse Porträts. J. J. Rousseaus Grabmal. Empirestühle, ein Lehnstuhl, gerade für die blonde Schwester recht. Man spielt Richard Strauß, Robert Franz, Schubert … Später, da man mich bittet, lese ich einiges. […] Und später las Dr. Hauptmann.«[485] Einige Tage danach heißt es: »Eigentlich ist das ein Märchen. Ich sitze in einem ganz weißen, in Gärten verlorenen Giebelhaus unter schönen und würdigen Dingen, in Stuben, die voll von der Stimmung eines Schaffenden sind. Ich sitze in seinen träumerischen Stühlen, freue mich an seinen

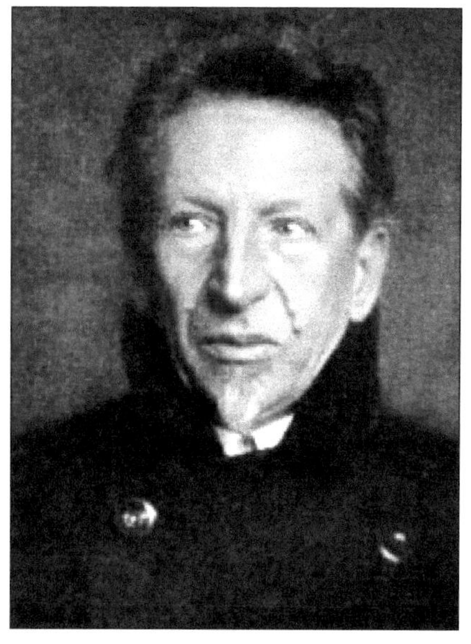

Carl Hauptmann

Blumen, schaue mich in seinen Spiegeln, und seine Uhren sprechen mich an wie den Herrn. Da wohne ich einsam, wartend immer, sechs Tage lang. Und am siebenten empfange ich im weißen Saal bei zwölf Kerzen, die in hohen silbernen Leuchtern stehn, die ernstesten Männer der Gegend und sehr schöne schlanke Mädchen in Weiß.«[486] Zum Kreis dieser Sonntagabende gehören Clara Westhoff, Paula Becker, Otto Modersohn, Milly Becker, die Schwester Paulas, und natürlich Rainer Maria Rilke. Kurzeitig sind auch Carl Hauptmann und gelegentlich Marie Bock und Fritz Mackensen zu Gast. Der Herr des Hauses kommt manchmal innerhalb der Woche aus Adiek herüber, ist an den Sonntagen jedoch kaum zugegen. Carl Hauptmann, der zum zweiten Mal in Worpswede weilt und sich beim Schuhmacher Kück[487] im Dorf eingemietet hat, bleibt etwa eine Woche lang. Seine Freundschaft zu Otto Modersohn hat ihn wiederholt nach Worpswede geführt. Die Malerin Paula Becker, die sich wenige Wochen zuvor ihr neues Atelier unweit des Barkenhoffs bei Bauer Brünjes eingerichtet hat, fasst die erste Begegnung der beiden Dichter im Weißen Saal in ihrem Tagebuch zusammen: »Dr. Carl Hauptmann ist auf eine Woche hier. Er ist eine große, starke, ringende Seele, einer, der schwer wiegt. […] Daneben Rainer Marie Rilke, ein feines lyrisches Talent, zart und sensitiv, mit kleinen rührenden Händen. […] Die beiden Männer konnten sich im letzten Grunde nicht verstehen.«[488]

An einem der ersten Septemberabende, als Heinrich aus Adiek herübergekommen ist, unternehmen er und Rilke einen Spaziergang durch die Heide. Rilke nimmt sehr feinfühlig die Landschaft und ihre eigentümliche Farbigkeit wahr. Und während dieses Wanderns und Schauens spricht Heinrich dem Dichter gegenüber zum ersten Mal von Martha Schröder. »Ich muss Ihnen auch noch eine große Geschichte erzählen, die damit zusammenhängt, warum ich so oft jetzt fortgehe. Ich werde im Frühjahr oder Herbst heiraten. […] Sie ist ein Mädchen von hier, ein Mädchen aus dem Volk, ein starkes, einfaches, liebes Mädchen. Man mußte sie erst von den Verhältnissen hier loslösen. Wir haben alles zusammen gehabt – längst, immer schon. Sie ist es, mit der ich alles erlebt

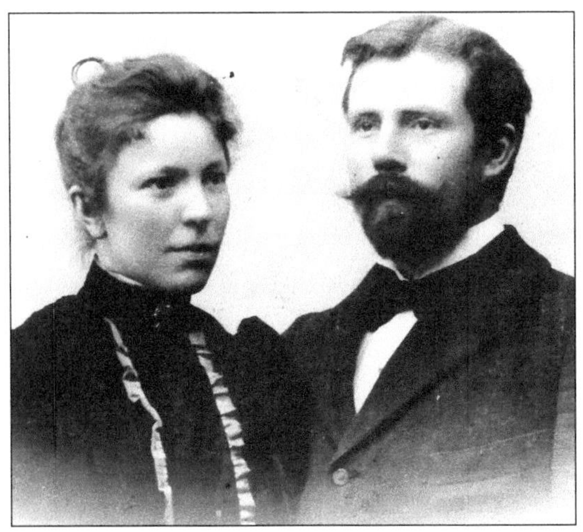

Hermine und Fritz Overbeck

habe.« Rilke ist für das ihm entgegengebrachte Vertrauen dankbar, er antwortet: »Sie müssen, da ich das weiß, bald wieder nach Adiek gehen. Ich bin ja so froh, daß ich gerade das hier mitleben darf.« Im Tagebuch merkt er später an: »Gerade in den letzten Tagen habe ich dieses Mädchen so gefühlt, als ginge sie manchmal abends in dem Giebelhaus umher. Und jetzt weiß ich: sie ist! Alle Bilder sind zu ihrem Preis, und seit Jahren ist alles Erfüllung. Darum diese Märchen, darin alles geschieht, darum das Festliche und Stille und Sehnsuchtslose. Denn die besten Märchen sind sehnsuchtslos.« Einen Tag später entsteht dann das Gedicht »Die Braut«:

Die Braut

Ich habe sie in diesem Haus empfunden,
die blonde Braut, die lange einsam litt.
Mit ihrer Stimme singen alle Stunden,
und die Geräusche haben ihren Schritt.

Die Dinge, die mir täglich dienen mußten,
waren enttäuscht, wenn ich zu ihnen trat,
und sehnten sich nach einer Unbewußten,
die ihrer Einfalt wohler tat.

Nichts in dem Hause hat sie laut verraten,
doch alles sagte, daß es mir nicht gilt,
und ging ich abends durch die Stuben, baten
mich alle Spiegel um ihr sanftes Bild.[489]

Auch im Haus von Hermine und Fritz Overbeck[490], die beide nicht zum Barkenhoff-Kreis gehören, wird gemeinsam ein Abend verbracht. »Ein guter Abend«[491], wie Rilke im Tagebuch vermerkt. Die Malerin Paula Becker, die blonde der beiden Schwestern, bei der er zuvor im Atelier gewesen ist, ist seine Tischnachbarin. Sie reden viel miteinander. Die Bildhauerin Clara Westhoff, die dunkle Schwester, ist von Westerwede mit dem Fahrrad gekommen. Auch Carl Hauptmann hat Platz genommen. Der gut gedeckte Tisch bietet als Schmuck einen leinenen Tischläufer, der an diesem Abend nach einer Seite hin mit frischen Kamillenblüten dekoriert ist. Das Besondere an dem Läufer sind die Namen der bereits dagewesenen Gäste, in Rot und Blau aufgestickt.[492] So sind die Namenszüge von Clara Westhoff, Marie Bock, Paula Becker, Egon Petri sowie die von Helene und Otto Modersohn zu lesen.[493] An diesem Montagabend, es ist der 10. September, schreiben auch Rilke und Hauptmann ihre Namen mit Bleistift auf das weiße Tuch[494], welches die Gastgeberin später »sorgfältig in Stielstich [nachstickt], teils rot, teils blau, so daß auf solche Weise eine Art Tagebuch geführt«[495] wird. Hermine Overbeck ist nicht nur eine talentierte Malerin, sondern hat auch eine Affinität zur Stickkunst, ähnlich wie Martha. Es ist denkbar, dass die beiden jungen Frauen sich in dieser Frage ausgetauscht haben. Denn auch Martha und Heinrich Vogeler haben sich irgendwann auf dem Tischläufer verewigt. Es wird ein langer Abend bei den Overbecks. Rilke und Clara Westhoff gehen, nachdem sie sich verabschiedet haben, gemeinsam in die Nacht hinaus, Clara ihr Rad nebenher schiebend. Sie gehen, ins Gespräch vertieft, Richtung Ostendorf, lassen den Barkenhoff rechterhand liegen und folgen der Birkenallee, bis sie nach geraumer Zeit in Westerwede, wo sich Claras Atelier befindet, ankommen. Es ist schon weit nach Mitternacht, als Rilke umkehrt und schließlich den Barkenhoff wieder erreicht, wo ihm die weißen Empireurnen von Tiefe und Luft umgeben erscheinen.[496]

Rainer Maria Rilke

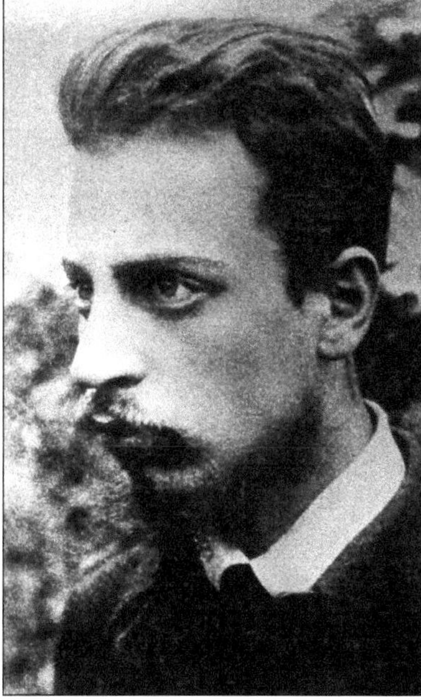

Zum Ende dieser Woche reist Carl Hauptmann nach Schreiberhau zurück, um die letzten Korrekturen für sein Schauspiel »Ephraims Breite« vorzunehmen, das am 23. September in Hamburg Premiere haben wird. Und Heinrich kommt aus Adiek zurück, denn Martha ist wieder nach Dresden abgereist. Nicht ganz zwei Wochen verbrachte sie auf dem Hof seiner Brüder. Am Freitag, auf einer gemeinsamen Fahrt nach Bremen, spricht Heinrich Rilke gegenüber noch einmal von seiner jungen Braut, erzählt von den Anfängen ihrer Zweisamkeit. Dann, am Sonntag, trifft man sich – auch Heinrich ist nun dabei – nachmittags gegen fünf im

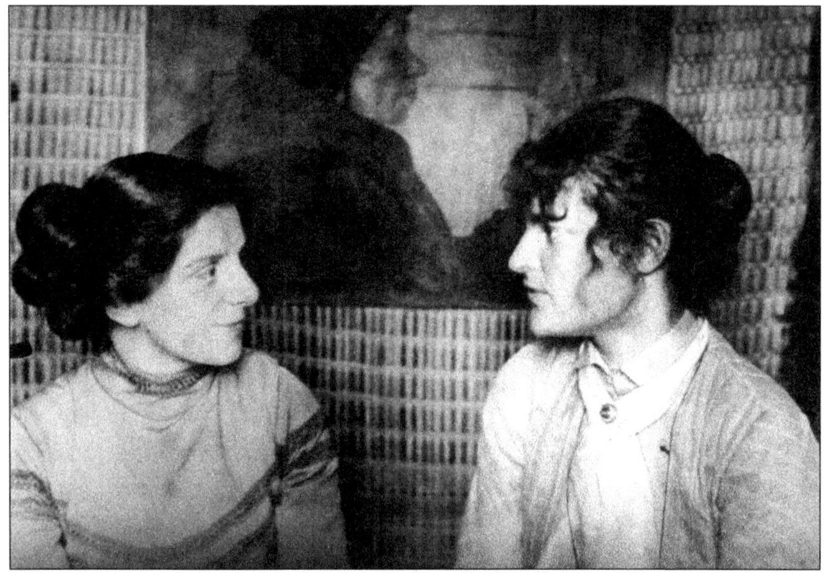
Paula Becker und Clara Westhoff

Weißen Saal, wo schon leichte Dämmerung herrscht und Rilke deshalb die Pianokerzen anzündet. Auch Franz ist aus Adiek herübergekommen. Milly Becker singt, wie meist, und Rilke liest dieses Mal aus dem »Buch vom lieben Gott«. Anschließend geht man den Weg über die Heide ins Gasthaus zum Abendessen. Zurück in Vogelers Giebelhaus, sitzt man wieder oben in der weißen Diele beisammen, und Rilke liest noch einmal an diesem Abend. Dann aber bricht man auf ins Atelier von Paula Becker – dem Lilienatelier[497] –, um einen nächtlichen Kaffee zu trinken. Die Milch dafür liefert eine Ziege von der Diele nebenan, die von den jungen Frauen gemolken wird. Paula trägt eine Steinschale an den Tisch heran, darin die Milch aber nicht weiß leuchtet, die Milch ist schwarz. Keiner der Anwesenden wagt, etwas dazu zu sagen. Der eine oder andere mochte denken, es sei ja Nacht und deshalb sei die Milch so schwarz. Und alle trinken von dem Kaffee mit schwarzer Milch und werden seltsam wach davon.[498] Weit schon ist die Nacht fortgeschritten, als Rilke und Franz Vogeler die junge Bildhauerin nach Westerwede begleiten. Als sie den birkengesäumten Weg nach Ostendorf zurückgehen, ist es bereits heller Morgen. Eine halbe Stunde später sitzen beide auf Heinrichs hohem, gelbem Wagen, dem Sandschneider, »der rasch unter dem Rauschen der Bäume hinstrich. Wir fuhren vier Stunden bis nach Adiek.«[499]

Adiek

Inwieweit die Reise nach Adiek in die Nähe Zevens geplant oder eine spontane Entscheidung war, ist Rilkes Tagebuch nicht zu entnehmen. In wenigen Sätzen beschreibt er die sich verändernde Landschaft, die von weiten Moorflächen zu Buschwerk und einzelnen Baumgruppen und schließlich zu einem Stück Föhrenwald wechselt. Dann erwähnt er die welkende Heide. »Ich empfand dieses als ein Traurigwerden des Landes, und ich erfuhr in den kommenden Tagen manche Bestätigung dieses Gefühls.«[500]

Auf dem Flecken Adiek angekommen, nimmt er vor dem Haus, welches »weiß mit grünem Balkenrahmenwerk und Strohdach ganz das Bild seiner Bauernart behalten hat«[501] und im Schatten hoher, alter Bäume steht, den Geflügelzuchthof als kleine Fabrik wahr. Heinrich hatte seinen Brüdern bei den Plänen für den Ausbau der Hofstelle geholfen. So sollte das alte Bauernhaus auch Zimmer für Sommergäste bereithalten, Stallungen für Hühner und Enten hingegen mussten neu errichtet werden.[502] Als Rilke am 17. September 1900 dort eintrifft, scheint das alles bereits Wirklichkeit gewesen zu sein.

Zwei Jahre zuvor hatte der in Zeven ansässige Frühgeschichtsforscher Hans Müller-Brauel die beiden Brüder Franz und Eduard auf den zum Verkauf stehenden Hof aufmerksam gemacht.[503] Ein Jahr später dann, also 1899, erwarben sie ihn und gründeten die Firma Geflügelgut Adiek, Franz Vogeler. Noch im Jahre 1898 waren die Brüder, um auf diesem Gebiet Erfahrungen zu sammeln, in die USA gereist, »wanderten dort lernend als Tramps und Gelegenheitsarbeiter von Geflügelfarm zu Geflügelfarm«.[504] Mit einem großen Koffer voller Bruteier zurückgekehrt, die von der weißen amerikanischen Pekingente stammten, brüteten sie diese auf dem Barkenhoff aus, den Heinrich ihnen den Winter 1899 über zur Verfügung gestellt hatte, denn er selbst arbeitete in dieser Zeit in Dresden. Zwar sahen Haus und Hof danach ziemlich wüst aus, aber für die Brüder war der Grundstein zu einer eigenen Geflügelzucht gelegt. Die Begeisterung für das Federvieh war bei Franz und Eduard etwa fünf Jahre früher, im Jahre 1894, aufgekommen. Während ihr großer Bruder Heinrich auf der Düsseldorfer Akademie seine Studien beendete, bereiteten sie sich auf die Geflügelmast vor. Eduard, der ältere der beiden, erlernte auf einer staatlichen Schule in der Nähe von Paris die Geflügelzucht, währenddessen Franz in Bremen den hinteren Teil des elterlichen Hauses in einen Geflügelhof verwandelte und in der Waschküche mit Brutmaschinen experimentierte.[505]

Der Hof Adiek, der in früheren Jahrhunderten meist nur mit einer Feuerstelle und später mit zwei bis drei Häusern besiedelt war, wirkt einsam in der Weite der Landschaft. Er ist ein »Meyerhof mit ca. 260 Morgen Land und den Wallanlagen einer aus dem achten Jahrhundert stammenden Feldburg am Tal der Oste«.[506] Von dieser Burg war nur noch eine höher liegende, umwallte Fläche geblieben. Hier hatten die Bauern beim Pflügen wiederholt Steinwerkzeuge, Waffenteile und Reste anderer Artefakte gefunden.[507]

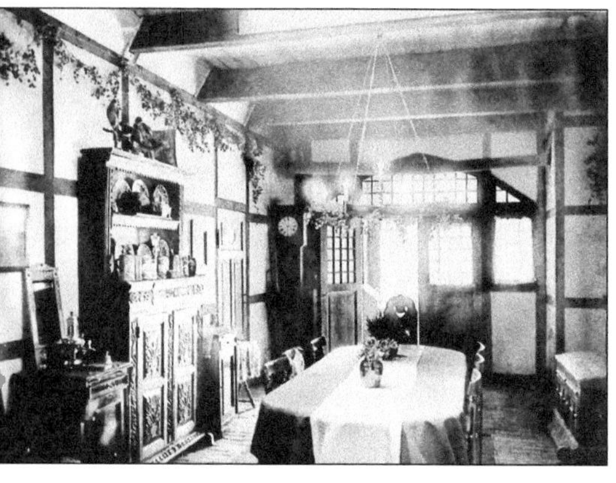

Die Diele vom Hof Adiek

Das alte Haus mit Diele und offenem Herdfeuer ist im Spätsommer 1900 noch nicht mit den »schönen Bauernmöbeln, Fayencen, Zinn und Kupfer aus der Gegend eingerichtet«.[508] Das wird erst später der Fall sein. So bietet der Flecken für Rilke wenig Reizvolles, trotz einer malerischen Landschaft und der Zeugnisse vergangener Kulturepochen in seinem Umfeld. »Alles muss erst werden hier. Das ist namenlos traurig.«[509] Rilke fühlt sich nicht wohl.

Am anderen Tag wird die alte Heeslinger Kirche besucht. Sie wird ein halbes Jahr später, Anfang März des Jahres 1901, der Ort sein, an dem Martha und Heinrich den Bund fürs Leben schließen. Noch am selben Tag fahren die Adieker und ihr Gast zu Hans Müller-Brauel nach Zeven, dem »glücklichen Aufdecker so vieler Heidengräber. Steinwaffen, Urnen, Ringe füllen seine Schränke«.[510] Da Müller-Brauel auch ein passionierter Fotograf ist, entsteht hier ein Porträtfoto von Rilke. Zudem trägt der Dichter sich mit Versen in das Gästebuch des Hauses Sachsenheim ein.[511] Dann, am Abend zurück in Adiek, unternimmt Rilke einen Spaziergang über Wiesen und Heide. Das Haus der Vogeler-Brüder aber bleibt für ihn ein »Einsamhaus in dunklen Bäumen«.[512] Der Aufenthalt muss für den Dichter also wenig erbaulich gewesen sein, was mit seiner inneren Verfassung zu tun gehabt haben mag. Auch Martha begegnet er dort nicht. Sie ist seit etwa fünf Tagen wieder in Dresden. Ob er wohl noch einen Hauch ihrer Anwesenheit gespürt hat? Wo er sie doch im Barkenhoff so sehr gefühlt hatte! Vermutlich nicht, denn von Frauen ist in seinen Aufzeichnungen diesmal nicht die Rede.

Da wäre zumindest Tante Henny zu nennen, die den Haushalt der beiden Vogeler-Brüder führt. Denn nach dem ersten, unbeweibten Adieker Jahr hatte der Familienrat in Bremen beschlossen, »den beiden Wilden eine alleinstehende Tante zu schicken«[513], damit sie sich um das Haus kümmere. Die unverheiratete Henny Förster, Schwester Marie Louise Vogelers, galt als Familienfaktotum. Hilfsbereit, wie sie war, hatte sie seinerzeit auch dem Junggesellen Heinrich auf dem Barkenhoff zur Seite gestanden.[514] Aber auch die 22-jährige Philippine Scholz ist zu erwähnen, die Franz im Jahre 1900 kennenlernt. Philine, wie sie von Anfang an gerufen wird, ist »ein Mädchen aus dem Waisenhaus, sehr schön, dunkelhaarig, mit großen erstaunt blickenden Augen«.[515] Im Herbst des Jahres 1902 werden beide heiraten. Im Frühsommer desselben Jahres wird Philine einen Brief an ihre künftige Schwägerin Martha in Worpswede schreiben, die zu dem Zeitpunkt bereits Mutter der kleinen Mieke ist. Zu dieser Zeit lebt Philine noch als Haustochter in einer Bremer Familie, die sie wegen ihrer neuen Lebenspläne verlassen will. »Liebe Martha, Erfreuliches kann ich Dir leider nicht mitteilen, das Endresultat ist: warten bis Ersatz da ist. Wie wird Franz enttäuscht sein, ich habe ihm soeben tele-

Familie Franz Vogeler in Worpswede, um 1906

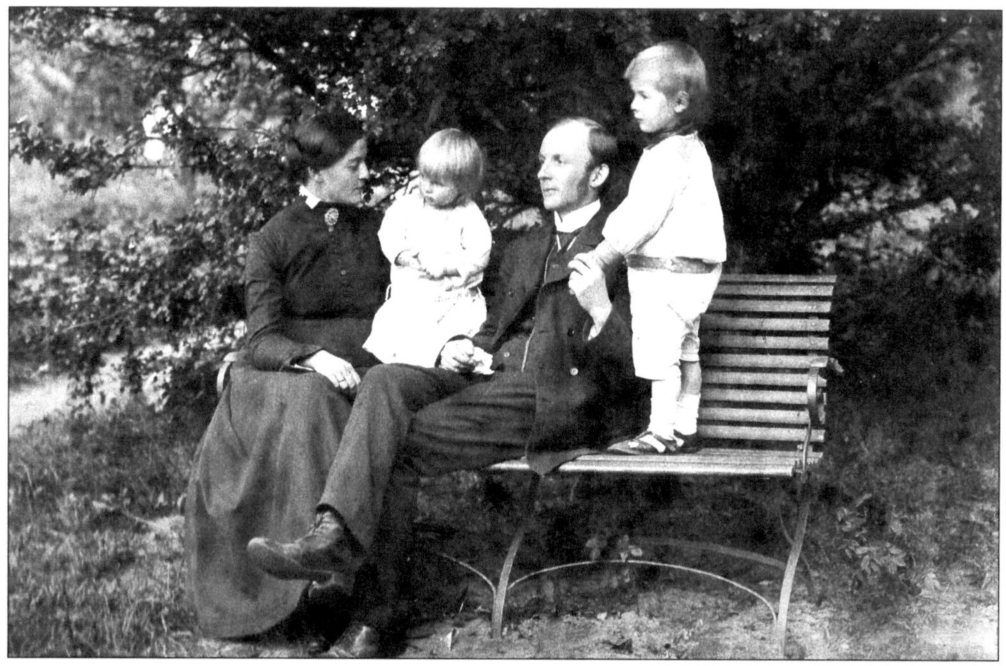

grafiert. […] Franz ist gestern Abend noch nach Adiek zurückgefahren und sehe ich ihn nun erst am Sonntag wieder. […] Mich treibts mächtig dorthin, wo Franzens Heimat und auch bald die meinige ist.«[516] Adiek aber wird nicht Philines Zuhause werden, denn Franz und sie leben dort nur kurze Zeit, da bald schon absehbar wird, dass die Geflügelfarm zwei Familien nicht ernähren kann. Sie liegt zu weit von der Bahnstation entfernt, der Transport des Schlachtgeflügels gestaltet sich als sehr aufwendig. So rückt Worpswede für das junge Paar mehr und mehr in den Blickpunkt und wird schließlich die Lösung. Denn dort wird Franz sich in den nächsten Jahren um die geschäftlichen Belange seines Bruders Heinrich kümmern und sich mit Fragen des Kunsthandels beschäftigen. Nach dem Tod von Johann Monsees[517], dem Eigentümer der weißen Villa nahe der Zionskirche, im Jahre 1905 zieht die junge Familie, zu der inzwischen zwei kleine Söhne gehören, in die obere Etage des neoklassizistischen Villenbaus ein. Ein Jahr später, im Frühjahr 1906, eröffnen Philine und Franz Vogeler dann in der Remise der Villa die erste Verkaufsausstellung im Dorf: Das Kunst- und Kunstgewerbehaus Worpswede G. m. b. H.

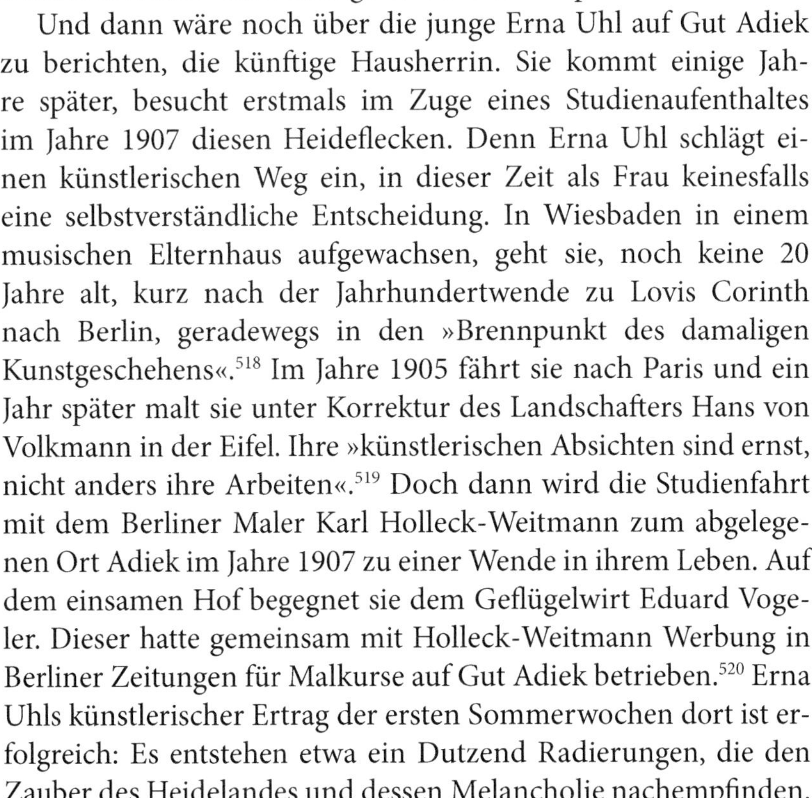

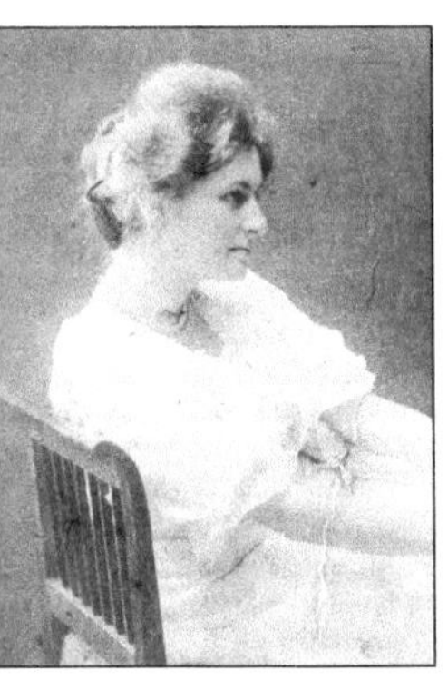

Erna Uhl

Und dann wäre noch über die junge Erna Uhl auf Gut Adiek zu berichten, die künftige Hausherrin. Sie kommt einige Jahre später, besucht erstmals im Zuge eines Studienaufenthaltes im Jahre 1907 diesen Heideflecken. Denn Erna Uhl schlägt einen künstlerischen Weg ein, in dieser Zeit als Frau keinesfalls eine selbstverständliche Entscheidung. In Wiesbaden in einem musischen Elternhaus aufgewachsen, geht sie, noch keine 20 Jahre alt, kurz nach der Jahrhundertwende zu Lovis Corinth nach Berlin, geradewegs in den »Brennpunkt des damaligen Kunstgeschehens«.[518] Im Jahre 1905 fährt sie nach Paris und ein Jahr später malt sie unter Korrektur des Landschafters Hans von Volkmann in der Eifel. Ihre »künstlerischen Absichten sind ernst, nicht anders ihre Arbeiten«.[519] Doch dann wird die Studienfahrt mit dem Berliner Maler Karl Holleck-Weitmann zum abgelegenen Ort Adiek im Jahre 1907 zu einer Wende in ihrem Leben. Auf dem einsamen Hof begegnet sie dem Geflügelwirt Eduard Vogeler. Dieser hatte gemeinsam mit Holleck-Weitmann Werbung in Berliner Zeitungen für Malkurse auf Gut Adiek betrieben.[520] Erna Uhls künstlerischer Ertrag der ersten Sommerwochen dort ist erfolgreich: Es entstehen etwa ein Dutzend Radierungen, die den Zauber des Heidelandes und dessen Melancholie nachempfinden.

Sie werden noch im selben Jahr mit anderen ihrer Arbeiten in ihrer Heimatstadt ausgestellt. Doch diese Schau bleibt die einzige in ihrem Leben, denn zwischenzeitlich verlobt sie sich mit Eduard Vogeler. Im Frühjahr 1908 heiraten beide. Nach und nach lebt die junge Frau sich in Adiek ein, wird Farmerin und Mutter von fünf Kindern. All das zum Preis einer so vielversprechenden künstlerischen Laufbahn, die jäh zum Stillstand kommt. Denn von diesem Zeitpunkt an malt und zeichnet sie nicht mehr. Stattdessen stellt sie ihre ganze Kraft den Erfordernissen der Familie und des Hofes zur Verfügung, dessen Schlachtgeflügel an die Dampfer des Norddeutschen Lloyds geliefert wird. Das alte Bauernhaus aber »wird zu einer Dependance von Worpswede, viel Besuche hin [und] her, per Auto […], mit der Kutsche und zu Pferd«.[521] Dieser Austausch, diese familiäre Bindung der Vogelers zwischen Adiek und Worpswede, bleibt über viele Jahrzehnte erhalten, bis zum Tode von Erna Vogeler im Jahre 1954. Heinrich Vogeler jedoch scheint die künstlerische Seite seiner Schwägerin kaum wahrgenommen zu haben, denn er erinnert sich nur an sie als eine Malerin, die ganz in dem Zuchtbetrieb aufgegangen sei und ihrem Mann »einige tüchtige Kinder schenkte«.[522]

Der Hof der Gebrüder Vogeler in Adiek

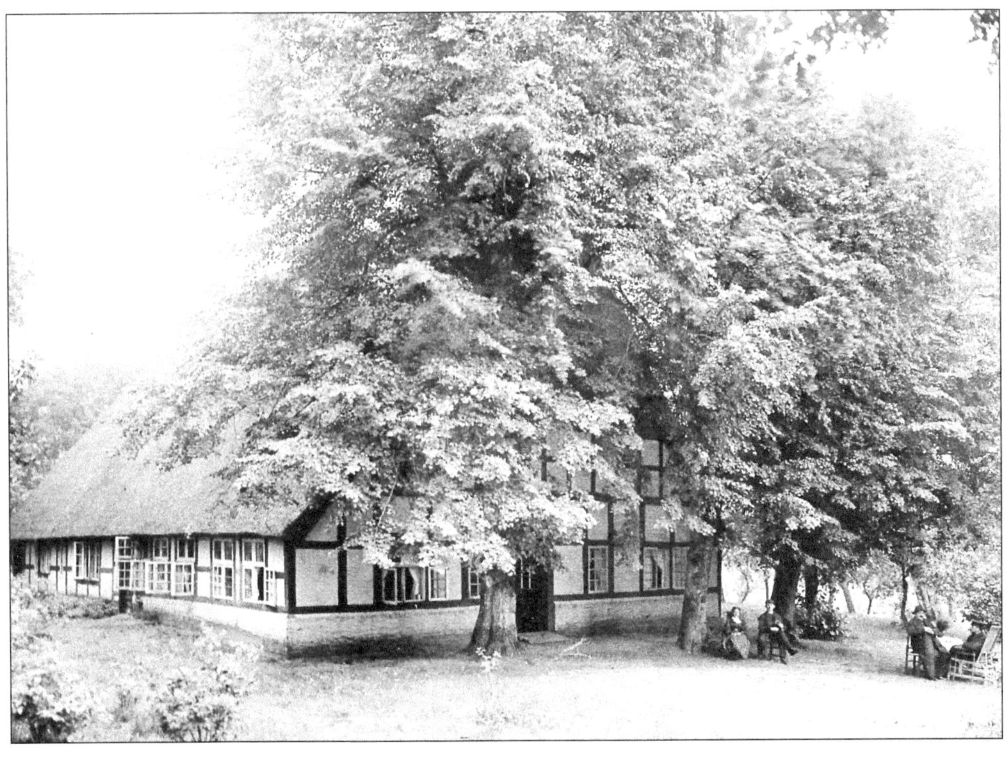

»Vielbeschenkte Tage«

Zwei Tage nach der Rückkehr aus Adiek im September 1900 steht für Rilke erneut eine Reise an: die Fahrt zur Premiere von Carl Hauptmanns Schauspiel »Ephraims Breite« in Hamburg. Schon im Januar hatte Hauptmann seinen Freund Otto Modersohn wissen lassen: »Augenblicklich bewirbt sich Hamburg um die ›Breite‹.«[523] Und nun, kurz nach seinem Besuch im Dorf am Weyerberg, lädt der schlesische Dichter alle neu gewonnenen Freunde ein. »Ich muss wissen, wieviele aus dem lieben Worpswede kommen. Ich vergass ganz [...] Rilke. Der ist doch auch noch da! Der muss mit. Und bitte, bitte vermitteln Sie in Güte meine herzliche Einladung an die Familie Overbeck und an die Damen Becker, Westhoff. [...] Vogeler und Rilke kommen doch gewiss gemeinsam mit! Sprechen Sie Mackensen.«[524] Schließlich sind es neun Kunstliebhaber, die nach Hamburg aufbrechen: Fritz Mackensen, Clara Westhoff, Paula Becker und deren Schwester Milly, Rainer Maria Rilke, Otto Modersohn, Marie Bock und Heinrich Vogeler. Auch dessen Bruder Franz schließt sich aus Adiek der kleinen Reisegesellschaft an. Das Ehepaar Overbeck fährt nicht mit. Es werden ereignisreiche und atmosphärisch dichte Tage. »Wunderbar, unvergeßlich waren die Tage in Hamburg. Eine einzige Harmonie erfüllte die ganze Gesellschaft«[525], notiert Modersohn kurz nach der Rückkehr in sein Tagebuch. Bei Rilke liest es sich so: »Am Morgen nach der Hauptmann-Premiere trug ich den Mädchen viele rote Rosen zu, und sie tranken fast alle aus an diesem städtischen Tage, der sehr rasch verging. [...] Wir waren nie ohne Rosen in diesen Tagen.«[526]

Neben der Premiere und der anschließenden kleinen Premierenfeier im Hotel Kempinski standen am nächsten Tag eine Hafenrundfahrt, ein Besuch der privaten Kunstsammlung des Bankiers Behrens und am Abend eine Aufführung von Mozarts »Zauberflöte« auf dem Programm. Am Dienstag, dem Abfahrtstag, besuchte man zudem noch die Kunsthalle. »Dienstag abends kamen wir mit der Post wieder in Worpswede an. Schöne, stille Sternennacht, festlich und gut zur Heimkehr. Da entschloß ich mich, in Worpswede zu bleiben.«[527] Rilke, der dieses in seinem Tagebuch notiert, ist ganz eingenommen von den »vielbeschenkten Tagen«[528], »von den gewissenhaften und guten Malermenschen, die so unglaublich nahe zu den Bildern kommen«.[529]

Martha, die seit etwa zwei Wochen aus Adiek zurück wieder in Dresden weilt, erfährt über Heinrich von der Reise und antwortet umgehend. »Hoffentlich habt Ihr [Euch] auch in Hamburg sehr gut unterhalten und viel Schönes gesehen. Das Theaterstück war wohl sehr fein? Ach, wenn ich doch erst auch mit Dir ausgehen kann.«[530] Der letzte Satz offenbart, dass sie, obwohl inzwischen in Dresden im gesellschaftlichen Umgang geübt, doch scheinbar immer noch Unsicherheiten verspürt, sich für derlei Gegebenheiten noch nicht gewappnet fühlt. Eigentlich hätte sie das nicht mehr nötig.

Der September schreitet fort, neigt sich nun seinem Ende zu. Und wieder steht ein Sonntag im Weißen Saal an. Es wird der letzte dieser Art sein, denn die Tage von Rilkes Anwesenheit auf dem Barkenhoff sind gezählt. Otto Modersohn, der nun wieder die Korrespondenz mit Carl Hauptman in Schreiberhau aufnimmt, berichtet dem Freund: »Am vorigen Sonntag war der durch Ihre Anwesenheit geschaffene Kreis wieder bei Vogeler versammelt, Fritz Mackensen u Bruder nahmen auch theil, Frl. Becker sang wieder u Herr Rilke las, das sind jetzt die einzigen Stützen u allgemein ist das Bedauern über Ihr Fehlen. Sie bildeten den wahren Mittelpunkt.«[531] Fritz Mackensen nebst Bruder aber hat man offenbar an diesem Sonntag als etwas störend empfunden, denn Rilke und seine Freunde sprechen am nächsten Tag, als sie bei Clara Westhoff im Atelier sind, noch einmal darüber und von der Gefahr, die ihrem Kreis mit jeder Erweiterung erwachse. »Denn eine Gemeinsamkeit, die sich gerundet hat, ist ein Heiligtum. Laßt uns unser Heiligtum hüten.«[532] Doch diese Gemeinsamkeit wird es ein paar Tage später schon nicht mehr geben. Rilke nimmt bereits am Freitag, dem 5. Oktober, die erste Postkutsche nach Bremen, ohne sich von irgendjemandem verabschiedet zu haben. Er fährt wieder zurück nach Berlin, nach Schmargendorf in die Nähe von Lou Andreas-Salomé. Am Abend vorher aber deutet noch nichts auf einen Aufbruch hin. Denn es »war ein reicher Abend im Atelier mit den Lilien. Ich las, und anschließend daran waren gute Gespräche«.[533] Er war bei Paula Becker im Brünjes-Atelier gewesen. Im Tagebuch hält er noch am selben Abend den Inhalt der Gespräche fest. Sie bewegten sich hauptsächlich um Gott. Dann aber brechen seine Aufzeichnungen ab, es fehlt eine Seite, die der Dichter herausgerissen haben muss. Und diese Seite gab immer wieder Anlass zu Spekulationen. Spekulationen darüber, ob seine

Abreise mit der Verlobung von Paula Becker und Otto Modersohn in Verbindung zu bringen sei, die bereits am 12. September in aller Stille vollzogen worden war.[534]

Doch der Grund, warum Rilke Worpswede so plötzlich verließ, war wohl der, dass er hier für seine Arbeit über die Russlandreise, die doch nachhaltiger in ihm wirkte, als er in den ersten Worpswede-Tagen annahm, letztlich nicht die nötigen Bedingungen vorfand.

Nach Rilkes plötzlichem Aufbruch aber bleibt der Kontakt zu den Worpswedern erhalten. Man schreibt einander Briefe, insbesondere Paula Becker und Clara Westhoff. Und beide »Schwestern« senden dem Dichter unabhängig voneinander kleine Aufmerksamkeiten, denen der Zauber des gemeinsam verlebten Spätsommers in Worpswede noch anhaftet. Denn diese Tage und Wochen waren erfüllt vom vielstimmigen Klang des Lebens. Alle Beteiligten werden das gespürt haben. Man war offen für Gespräche über Kunst und Landschaft, über Leben und Tod, über Gott. Und man war jung, lebensfroh und voller Streben nach der wahrhaftigen Kunst.

Ein Jahr später wird das etwas anders aussehen, da gibt es den befreundeten Künstlerkreis, die sogenannte »Familie«, zu der dann auch selbstredend Martha gehört. Man trifft sich weiterhin sonntags auf dem Barkenhoff. Aber schon wenig später ändern sich die Gegebenheiten, denn mit den Eheschließungen und Gründungen von Hausständen tritt der Alltag zunehmend in den Vordergrund.

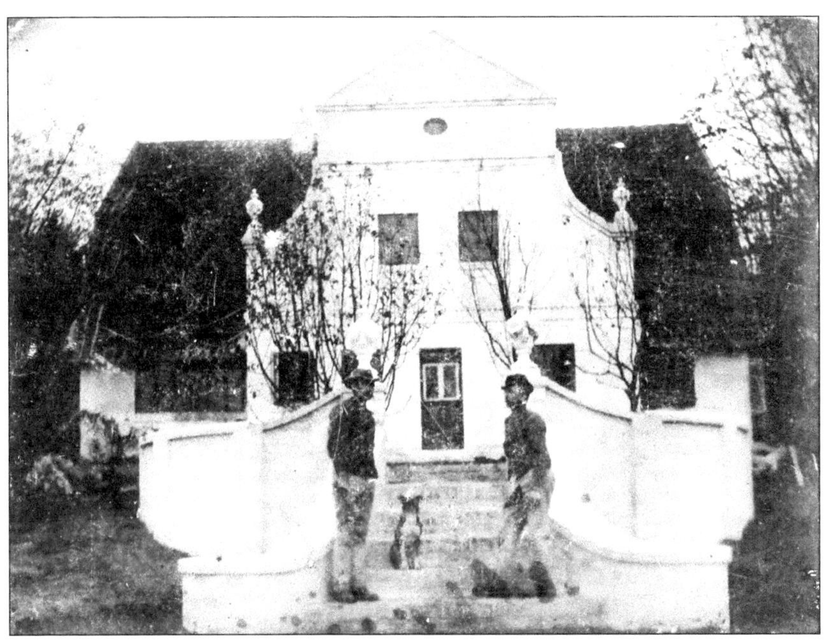

Barkenhoff

Die »Familie«

Anfang Dezember des Jahres 1900 trifft Martha, aus Dresden kommend, wieder am Weyerberg ein – als Heinrichs »kleine blonde Braut«.[535] Am 12. Dezember, seinem Geburtstag, feiert sie gemeinsam mit ihm und den Freunden sowie einem Musikstudenten aus Leipzig oben im Weißen Saal. Es wird »musicirt und schließlich bis 2 Uhr sogar getanzt«.[536] Dresden, das kunstsinnige Elbflorenz, liegt nun hinter ihr und wird lange nachwirken. Es wird die längste Reise in ihrem Leben darstellen, ihr längster Aufenthalt außerhalb Worpswedes. Doch ab jetzt nimmt auch sie, wie bereits angedeutet, an den sonntäglichen Zusammenkünften auf dem Barkenhoff teil. Dort trifft sie auf einen Kreis, dem insbesondere die Anwesenheit Rilkes eine Strahlkraft verliehen hat. Otto Modersohn ist euphorisch, wenn er rückblickend von geistig anregenden Tagen spricht und für Worpswede – ausgehend vom Freundeskreis – eine neue Zeit anbrechen sieht, eine hoffnungsvolle, geistige.[537] Dieser Kreis wird auch ohne Rilke fortbestehen und wird zunehmend die Handschrift Marthas als Gastgeberin tragen. Denn ist Martha in diesen Tagen und Wochen noch die Braut Heinrichs, wird sie im Frühjahr schon die »auserlesene Herrin«[538] des Barkenhoffs sein.

Paula Becker spricht von einer kleinen, stillen Gemeinde, die man nun lebe. »Vogeler und seine kleine Braut, Otto Modersohn und ich, und Clara Westhoff. Wir nennen uns: die Familie. Wir sind immer sonntags beieinander und freuen uns aneinander, und teilen viel miteinander.«[539] Auch Carl Hauptmann ist gelegentlich in Gedanken dabei. »Dass sie immer noch Sonntag Abendfeier halten, das freut mich herzlich. Ich bin in Gedanken immer in dem feinen Raume […]. Wenn doch Schreiberhau nicht so weit wär!«[540]

Selbst Heinrich empfindet diese Zeit mit den Freunden als die eines engen Familienlebens.[541]

Weihnachten rückt jetzt näher und auch die »Familie« findet sich aus diesem Anlass zusammen. Die Freunde treffen sich, wie gewohnt, im Weißen Saal, der nun vom Lichterglanz eines Tannenbaumes erstrahlt. Diese Atmosphäre wird durch Milly Beckers Gesang, die aus Bremen gekommen ist, stimmungsvoll untermalt. Alle sind festlich gekleidet, Paula Becker und Clara Westhoff tragen von Vogeler entworfene »Engelsgewänder« und seine »Braut Martha Schröder ging im grünseidenen Empire-

Vorherige Seite: Der Barkenhoff mit weißem Giebel und Treppe, um 1900 kleid, in dem er sie gemalt. Sie sah ganz reizend aus«.[542]

Helene Chrambach meldet sich noch kurz vor dem Fest aus Dresden. »Also Ihr zimmert bereits Euer Heim – wie das klingt und tönt durch die Luft – weit mehr als Weihnachtsempfinden. Möchte all Eure Märchenpoesie sich in Euch verwirklichen.«[543] Sie berichtet Martha, dass sie nun alleine sei, dass sie sich alleine die Lichter am Baum anstecke. Ihre Tochter Clara hatte am 7. Dezember geheiratet. »Von der Hochzeit könnte ich Dir noch viel Schönes erzählen. Mein Zimmer war traumhaft hergerichtet. Die Tafel dergl[eichen] & die Gesellschaft in ganz vorzüglicher Stimmung. Wie Clärchen aussah würde Vogeler interessiert haben, zu sehen. Gelegentlich kann sie schön sein.«[544] Martha war zum Zeitpunkt der Hochzeit schon nicht mehr in Dresden, sie war bereits zu Hause. Die Vorbereitungen aber zu dem Fest, oder besser gesagt die Unannehmlichkeiten, hatte sie das gesamte Jahr über noch mitbekommen. Denn Clara, wie ihre Eltern mosaischen Glaubens, musste sich erst noch taufen lassen, da ihr Zukünftiger als Offizier keine Jüdin heiraten durfte. Nun aber ist all das vergessen, sind Clara Chrambach und Walther Sachse glücklich verheiratet. Und auch für Martha und Heinrich steht dieses Ereignis im neuen Jahr an.

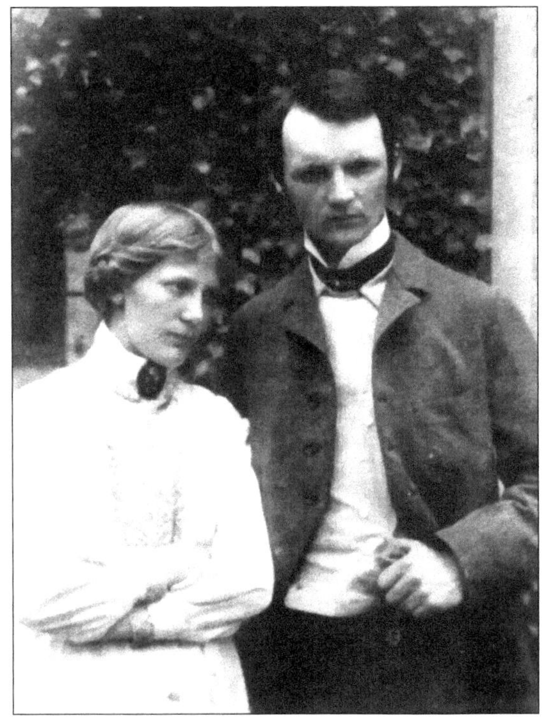

Martha und Heinrich

Vorher aber, unmittelbar zu Weihnachten, trifft noch ein besonderes Geschenk von Alfred Walter Heymel auf dem Barkenhoff ein. Es ist ein weißer Windhund. Martha, die sich jetzt meist bei Heinrich aufhält und ihm auch schon bei seinen Schreibangelegenheiten zur Hand geht, hat viel Freude mit dem Tier und spielt mit ihm oben im weißen Musiksaal. Dabei manchmal in eine der alten, verblichenen Seidenroben gehüllt. An Heymel schreibt Heinrich: »Mein Barkenhoff wird immer vollständiger. Jetzt sind überall gezirkelte Blumenbeete und zwischen ernsten Machandelbäumen stehen helle Urnen. Nun noch mein kleines schmales blondes Kind und dieser entzückende Hund!«[545]

Das neue Jahr beginnt für Carl Hauptmann mit einer kleinen Reminiszenz an die Spätsommertage 1900 in Worpswede, die er in einem Neujahrsgruß an Rilke nach Berlin sendet. »Ich denke so oft an unsere gemeinsamen Tage in den Mooren und die tausend Empfindungen, die dort wahr waren.«[546] Jetzt aber hat im Moor und am Weyerberg der Winter mit meterdickem Eis und viel Schnee Einzug gehalten. Die Fensterscheiben sind mit Eiskristallen verziert. Nicht nur die Kinder zieht es hinaus in die winterklare Luft, auch die Künstlerfreunde holen ihre Schlittschuhe hervor, denn die dunklen Eisspiegel der Moorgräben laden zu ausgedehnten Entdeckungsfahrten ein. »Es waren ganz köstliche Tage. Heinr[ich] Vogeler mit seiner Martha und Frl. Westhoff fuhren auch mit. Weite Strecken durcheilten wir, wohin man zu Fuß nicht leicht kommt. Unter hundert kleinen Brücken durch, über hundert Klappen mußte man überklettern.«[547] Am Abend sitzt man dann auf dem Barkenhoff »dodmüde um den dampfenden Punsch«.[548] An einem dieser strahlenden Wintertage begleiten die Freunde auch Paula Becker auf den Kufen bis zur Kirche von St. Jürgen, von wo aus sie dann alleine nach Ritterhude weiterläuft, um in den Zug Richtung Berlin zu steigen. Paula, nun die Braut Otto Modersohns, wird in Berlin einen mehrwöchigen Kochkurs belegen. Das fordert die bürgerliche Norm, das erwarten die Eltern von ihr als künftiger Ehefrau. In der Kunst ein Freigeist, fügt sie sich dieser gesellschaftlichen Forderung. In Berlin wird sie auch Rilke wieder treffen. An ihn schreibt sie noch auf dem Bahnhof in Ritterhude: »Wir haben wieder wundervolle Tage hinter uns wir die Familie. Wir haben wundervolle Eisfahrten gemacht. Und heute brachten sie mich an einem kleinen, einsamen Kirchlein vorbei, zu dem die Leute nur auf Schlittschuhen zum Beten kommen können.«[549] Für die anderen gestaltet sich der Rückweg dann schwieriger als gedacht. »Anfangs war die Fahrt an dem Dorfe Mittelbauer vorbei ganz köstlich. Aber wie wir den ›Dodenweg‹ suchten, da fanden wir ihn nicht. Das Eis hörte auf u wir mußten abschnallen und zu Fuß laufen. Über Oberende gelangten wir nach Südwede

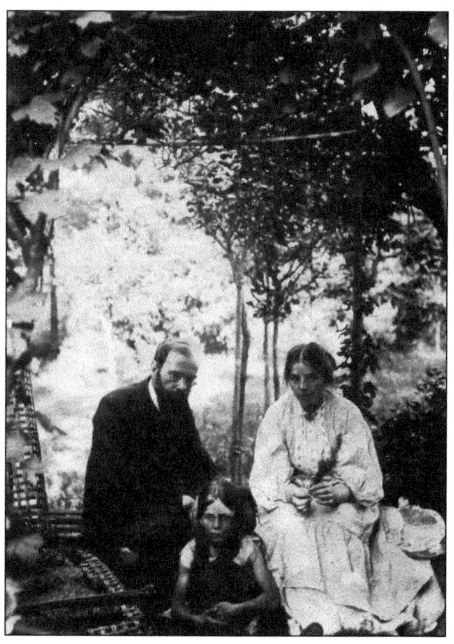

Otto Modersohn, Tochter Elsbeth und Paula Modersohn-Becker auf dem Barkenhoff, fotografiert von Martha Vogeler

u von da nach Haus. Martha Sch[röder] war ganz kaput. Seitdem ruht der Eissport.«[550] Wie immer in den Wintertagen wird es still in Worpswede und die »Familie« ist nun merklich zusammengeschrumpft. »Gestern hatten wir die unerwartete Freude, daß Milly Becker kam und sang im Weißen Saale, das war wieder ein schöner Sonntag.«[551] Auch Henny Förster, Heinrichs Tante, ist dieses Mal dabei. Irgendjemand kommt an diesem Abend auf die Idee, Paula Becker einen Kartengruß nach Berlin zu senden. Und so schreibt jeder der Anwesenden ein paar Zeilen. »Wir haben endlich mal wieder einen feinen Sonntag gehabt mit Milly. Wir konnten ihn aber auch gebrauchen. […] Nun ein Glas Wein aus Heinrich Vogelers grünen Gläsern auf noch viele feine Sonntage miteinander in der Zukunft und auf das Wohl der Familie! Auch Rilke gilt das […]«[552], lässt Clara die Freundin in Berlin wissen. Henny Förster wie auch Otto Modersohn und Martha machen sich den Spaß und formulieren auf Französisch. Martha bittet Paula, eine Fotografie von sich für den Weißen Saal zu schicken, »damit wir sie auf ihren Stuhl stellen können«.[553]

Ende Januar dieses neuen Jahres antwortet Helene Chrambach auf einen Brief Marthas, der wenig positiv gestimmt gewesen sein muss. Als erstes aber lobt sie die Form: »Wie gut Du jetzt schreibst – eine individuelle Schrift und der Styl vortrefflich – ich glaube Du bist nicht umsonst in Dresden gewesen.« Dann geht sie auf den Inhalt ein: »Die allgemeine Stimmung in W[orpswede] hätte ich mir besser vorgestellt. Aber wenn Vogeler dort nicht eine Frau findet, die sich Deiner annimmt, so von ganzem Herzen – da müsst Ihr miteinander von W[orpswede] fortgehen oder Ihr müsst endgültig auf andere Menschen verzichten. Das ließ sich auch machen, wenn man künstlerisch so viel vorhat, daß man sogenannte Freunde

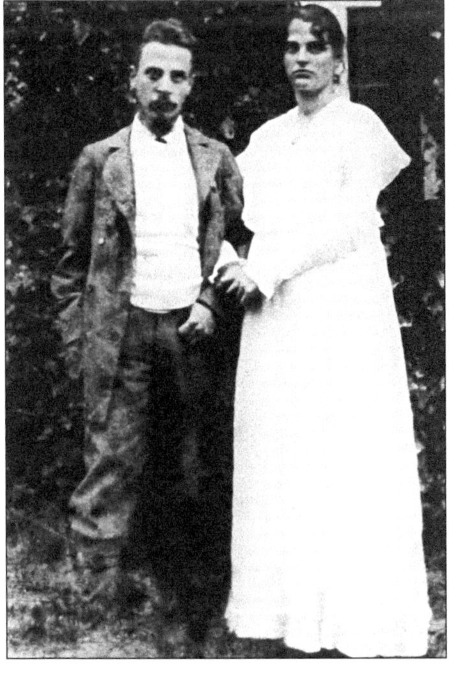

Rainer Maria Rilke und Clara Rilke-Westhoff

gar nicht braucht. […] Ihr seid Beide wirklich besseres Entgegenkommen werth. Natürlich ändern sich auch die Zeiten. Vielleicht daß später Euch alles zujubelt.«[554] Dass hier die »Familie« gemeint ist, ist nicht anzunehmen. Eher wohl Künstlerinnen oder Künstler, die nicht zu diesem Freundeskreis zählen. Oder aber die Worpsweder im Allgemeinen.

Die von den Freunden gelebte Idee einer »Familie« wird sich aber schon im Frühjahr in drei junge Künstlerfamilien auffächern. An eine Erweiterung des Kreises ist ohnehin nicht zu denken. Rilke hatte schon im Sommer seine Vorbehalte geäußert, obwohl er kurz darauf Worpswede verließ. Und auch mit Fritz und Hermine Overbeck scheint sich keine weitere freundschaftliche Beziehung zu gestalten. So sieht es zumindest deren alter Freund Otto Modersohn. Den Glauben, Overbecks würden in die »Familie« passen, müsse er »immer mehr aufgeben, ich habe sie besucht […]. Immer am Gefrierpunkt«.[555]

Für Martha und Heinrich aber rückt der Hochzeitstermin zusehends näher. Anfang März ist es soweit. Und zur Überraschung aller haben sich Clara Westhoff und Rainer Maria Rilke ebenfalls verlobt. Über die neuen Gegebenheiten am Weyerberg informiert Otto Modersohn seinen Freund Carl Hauptmann im Brief vom Februar 1901. »Mit seiner Martha wird [Vogeler] am 6. März Hochzeit halten u. dann gehts für einige Wochen nach Holland. Dann werden Sie, wenn Sie kommen, vielleicht drei neue Paare finden. Zweien hat der Weiße Saal seine Weihe gegeben.«[556] Womit Rainer Maria Rilke und Clara Westhoff sowie Otto Modersohn und Paula Becker gemeint sein dürften, denn Martha gehörte im Spätsommer 1900 noch nicht zum Barkenhoff-Kreis. Sie weilte zu dem Zeitpunkt in Dresden.

»Ein Märchenpaar«

»Ja, wann soll denn die Hochzeit sein?«[557], fragte Helene Chrambach Martha im Juli 1900 in einem Brief aus Berlin. Martha war zu dem Zeitpunkt noch in Dresden, über die Vermählung jedoch wurde längst gesprochen. Wenn auch noch kein konkreter Termin feststand. Dann, ein gutes halbes Jahr später, am 12. Februar 1901, wird in Worpswede »zur allgemeinen Kenntnis gebracht, daß der Kunstmaler Carl Johann Heinrich Vogeler, wohnhaft in Ostendorf, Haus Nr. 20 [und] die Haustochter Martha Schröder, wohnhaft in Worpswede, Haus Nr. 38 [...] die Ehe miteinander eingehen wollen«.[558] Dieses Aufgebot habe in Ostendorf, Worpswede und in Dresden bekannt gemacht zu werden. In Worpswede ist es bis zum 28. Februar am Haus des Gemeindevorstehers[559] ausgehängt. Noch am selben Tag schreibt Heinrich an Carl Hauptmann, dass er nun vor der Verbindung mit dem Mädchen stehe, »das als Kind vor 8 Jahren in mein Leben trat und durch das es eine neue grundlegende Richtung gab. [...] Eine lange romantische Geschichte einer Liebe voller Leid und Freude findet in unserer Ehe ihr Ziel und ganz neue weitere Ziele eröffnen sich uns.«[560] Dem Brief legt er die gedruckte Hochzeitsanzeige bei. Etwa um dieselbe Zeit kommen Glückwünsche von Helene aus Dresden: »Da Du am 6. März kaum Zeit haben wirst meine Glückwünsche mit Andacht zu lesen, so nimm bereits diesen Brief als Gratulationsschreiben entgegen. Alle Schneeglöckchen & Veilchen die an Deinem Hochzeitstag aus der Erde gucken, sollen Dir Heil verkünden! Du siehst also, dass die Zahl Eurer Gäste von 10 sich erheblich vermehren wird und eigentlich seid Ihr ein solches Märchenpaar, daß 10 leibliche Menschen schon viel zu viel für Euch bedeuten. Also werdet mir recht zufrieden & glücklich.«[561]

Am 5. März, einem Dienstag, fährt dann auf dem Barkenhoff der alte Kück'sche Reisewagen vor. Tags zuvor hatte man noch bei Otto Modersohn ein bisschen den Ehebund gefeiert.[562] Das Innere der Kalesche ist mit Efeuranken geschmückt. »Etwas leichtes Gepäck kam auf den Bock zum Kutscher, Martha stieg ein und auch die Tante Henny, unser Familienfaktotum, d[ie] in der letzten Zeit das Haus durch ihre sorgende Hilfe behaglich gemacht hatte. Dann stieg ich mit Marthas Schwester Minna ein, die Fahrt ging durchs Moor hinauf zur Geest, über das holprige Kopfsteinpflaster der kleinen Kreisstadt Zeven in die Heide nach dem Geflügelgut

Adiek. Die Brüder hatten alles vorbereitet. Gegen Abend fuhren wir noch mit einem Adieker Gespann beim Pastor in Heeslingen vor, und am nächsten Tag fand die Trauung in der alten Kirche statt.«[563] Die aus Feldsteinen errichtete romanische Kirche erhielt erst im Jahre 1896 einen neugotischen Turm mit spitz aufragendem Helm. Durch dessen ebenso spitzgiebligen Eingang treten Martha und Heinrich am 6. März in das kleine Kirchenschiff und vor den spätgotischen Flügelaltar, wo der Pastor sie erwartet. Von Trauzeugen allerdings ist in keinem der Dokumente die Rede. Nach der Trauungszeremonie fahren sie zu dritt zurück nach Adiek. Dort wird in engstem Familienkreis das Hochzeitsmahl eingenommen und ein bisschen gefeiert. Später wird »der lustige angeheiterte Pastor vom Geflügelhof heimgefahren«.[564] Kurz darauf bricht das frisch vermählte Paar zu seiner Hochzeitsreise auf. »Und von da an sahen wir Kunst – immer herrliche Kunst. Zuerst in Hamburg und dann in Holland.«[565] Über Hamburg fährt das Paar nach Amsterdam und dann weiter in die Provinz Zeeland und schließlich nach Brügge. In Sint Anna ter Muiden besuchen

Heinrich und Martha Vogeler, Sommer 1901

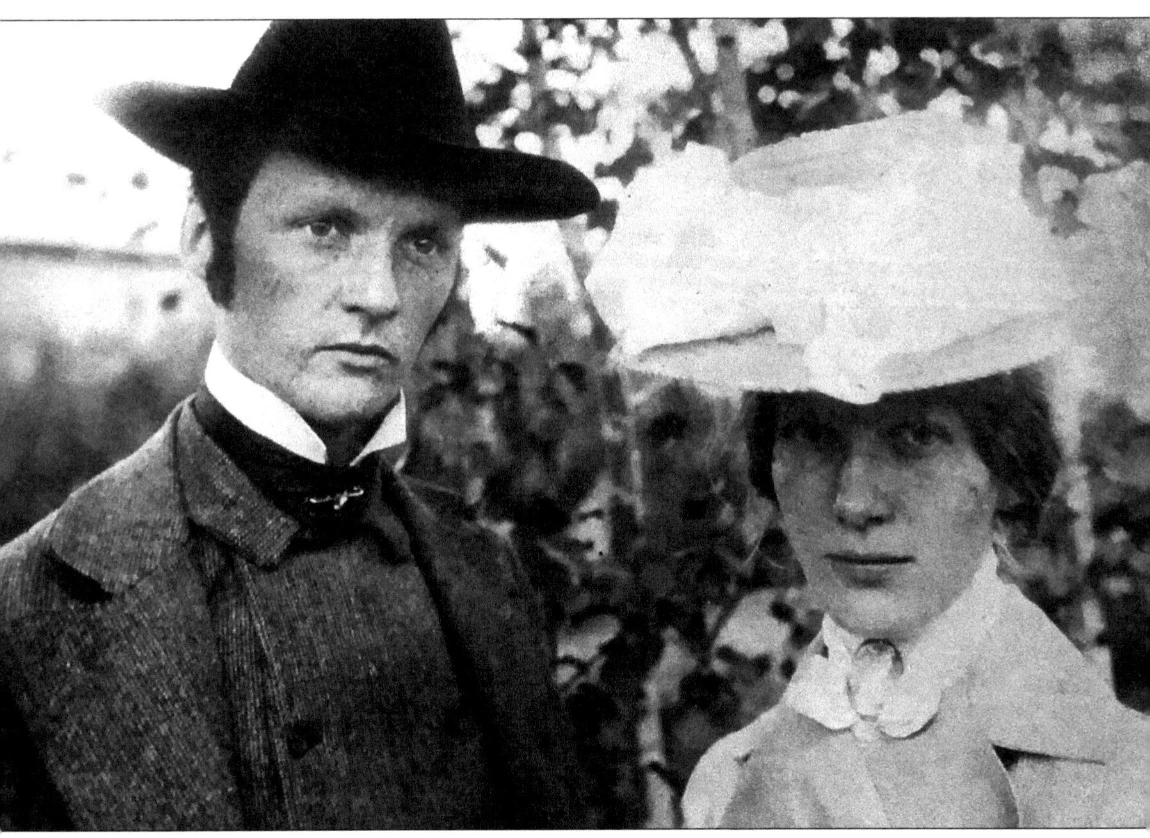

sie den Freund Otto Sohn-Rethel aus Düsseldorfer Studientagen. »In einem ganz kleinen Häuschen mit niederem Ziegeldach und grünen Fensterläden lebt der Mensch wie ein alter Sonderling umgeben von den wertvollsten alten Sachen.«[566] Hier nun hat Martha Gelegenheit, sich mit dem um zwei Jahre Älteren auszutauschen, den sie auch gerne in Dresden getroffen hätte, denn auch er hielt sich einige Zeit in der Barockstadt auf. Aber es kam keine Begegnung zustande.

Anschließend erlebt das junge Paar die Kunst von Hans Memling und die von van Eyck. Aber ihre Flitterwochen verbringen Martha und Heinrich nicht nur zu zweit, wie eigentlich üblich. Sie lassen für ein paar Tage Tante Henny nachkommen, um ihr etwas von Holland und holländischer Kunst zu zeigen. Und nach Marthas Darstellung sei sogar Marie, die Schwester Heinrichs, dabei gewesen. »Aber es war entzückend, wenn wir durch Holland fuhren auf den großen Kremsern. […] Und dann saßen meistens Marie und ich hinten wo sonst die Pagen sitzen.«[567] In Brügge ist vor allem Martha vom Spitzenmuseum stark beeindruckt, »das sie sehr genau studierte. Im späteren Leben zog man sie gerne zu Rate in allen Fragen, die Ursprung und Technik von echten Spitzen betrafen«.[568]

Zum Ende der Reise schreibt Heinrich an die Frau des Verlegers Eugen Diederichs, dass vielleicht einmal ein Hauch von all diesen Kunsteindrücken in seinen sowie in Marthas Arbeiten zu spüren sein werde. Denn »wir stellen schon seit Jahren viel zusammen aus. Meine Frau macht kunstgewerbliche Sachen, sie führt meine Ideen aus«.[569] Von Antwerpen aus starten sie schließlich wieder Richtung Heimat, besuchen noch das niederländische Vlissingen und fahren dann von dort direkt nach Hause. Sie freuen sich auf ihren Barkenhoff, auf ihr nun gemeinsames Zuhause und auf »alle unsere Blumen die wir im Herbst in die Erde versenkten und die wir nun erwarten«.[570]

Daheim auf dem Barkenhoff

Anfang April, am Karfreitag, kehren Martha und Heinrich auf ihren »blumenüberschütteten Barkenhoff«[571] heim. Überall recken die Frühjahrsblüher, vornehmlich die farbigen Krokusse und leuchtenden Tulpen, ihre Köpfe Richtung Sonnenlicht; aber auch die betörend duftenden Hyazinthen und zarten Blausterne. Viele Postsendungen sind inzwischen eingetroffen, denn das Ehepaar ist vier Wochen lang unterwegs gewesen. Auch von Helene Chrambach ist wieder ein Brief dabei. »Ich habe mich riesig über Eure Nachrichten von der Hochzeitsreise gefreut & nehme an, daß Ihr Ostern auf Barken-Hoff zurück seid. Da wird's erst schön für Dich werden, denn das eigene Heim, so wie Ihr es Euch gezimmert habt, ist doch das eigentliche nid d'amour.«[572]

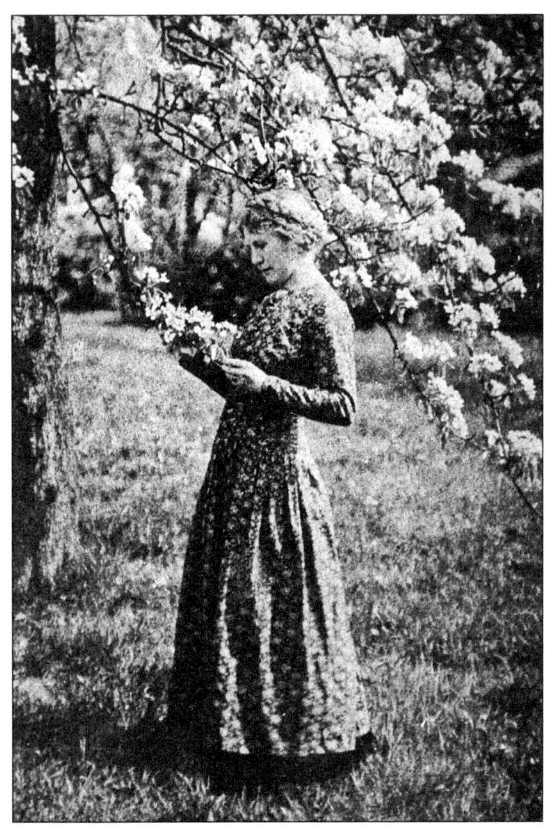

Martha auf dem Barkenhoff, um 1902

Ja, nun ist es Wirklichkeit geworden: Das blond bezopfte Dorfmädchen Martha ist Heinrichs Frau. Und der Barkenhoff hat jetzt seine »seit Jahren auserlesene Herrin. [...] Das Haus war wie meine Kunst ganz diesem Mädchen geweiht und jetzt ist es als wenn das alte dicke Haus mit den graziösen Giebeln eine Seele bekäme«.[573] Die jungen Eheleute ziehen in das vordere Giebelzimmer des Hauses ein. Es ist das Schlafzimmer, das Heinrich mit polierten Birkenholzmöbeln nach eigenen Entwürfen ausgestattet hat: zwei Betten mit jeweils einem kleinen Schrank dazu. Es »hatte eine besondere Schönheit«[574], erinnert sich der Hausherr später. »Aus den beiden kleinen Fenstern des Schlafzimmers, die nach Sonnenaufgang gingen, blickte man hinunter über den Blumengarten ins Moor.«[575] Die kleine Bibliothek neben der großen Dielentür ist schwarz getäfelt und beherbergt vor allem die Romantiker. Dort

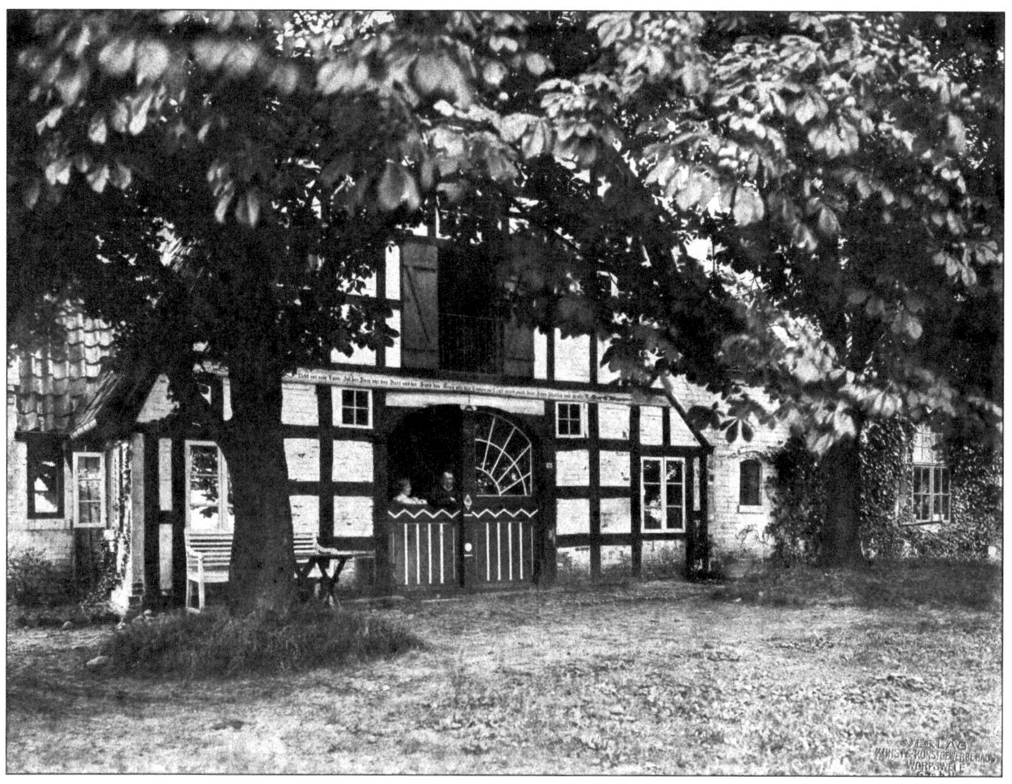

werden, in einer schönen alten Bauerntruhe, auch die mittelalterlichen Kostüme für Heinrichs künstlerische Arbeit aufbewahrt. Und hier, von der Bibliothek aus, erreicht man das Atelier. Auf der mit Feldsteinen gepflasterten Diele befinden sich auf den Holzgesimsen altes Zinngerät, Fayence-Geschirr und anderer Zierrat. Von dort gelangt man in »eine stille Stube mit seidenen Tapeten und alten Mahagonimöbeln«[576], wie Hans Bethge, der Dichterfreund, es um diese Zeit erlebt. Auch Carl Eeg ist vom Barkenhoff fasziniert, wo er immer gerne zu Gast ist. In einem Brief an Martha vom Mai 1899 heißt es: »Vogelers Haus ist entzückend geworden. Wie nett die vielen kleinen Zimmerchen sind und die weiße Diele. […] Das Eßzimmer wird sicher sehr stilvoll, die Stickerei am Wandstoff ist fein und muß ich Sie und Ihr Talent nebst Geschicks immer wieder bewundern.«[577] Und im Garten, der sich Richtung Osten erstreckt, blüht es in den Rondellen, die meist mit Buchsbaum eingefasst sind. »Wie freue ich mich darauf für Dich Deine Blumen zu pflegen, unser Garten soll ein kleines Paradies werden worin unser Glück wohnt«[578], schrieb Martha im Herbst 1900, als die gemeinsame Zukunft längst beschlossenen Sache ist.

Die große Dielentür des Barkenhoffs mit Martha und Heinrich

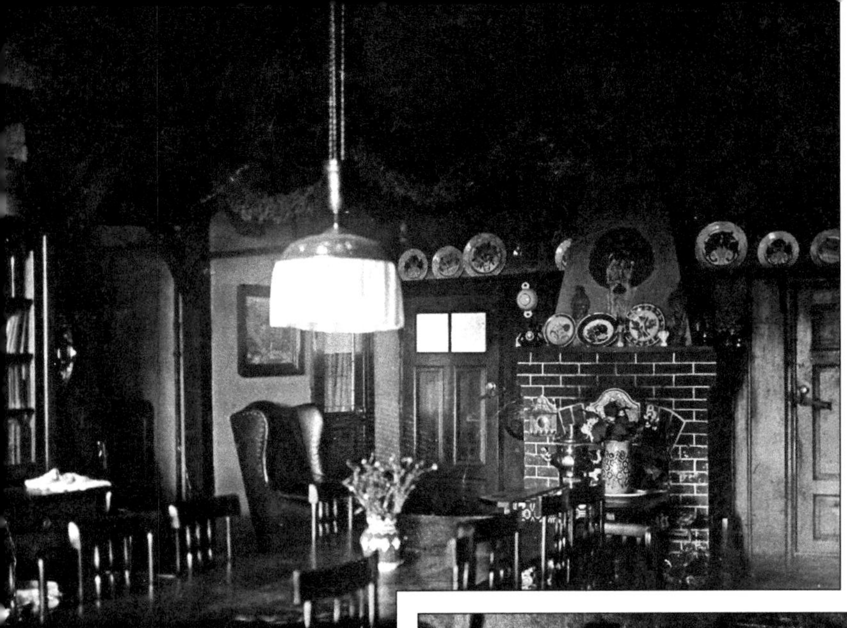

Links: Das Flett des Barkenhoffs

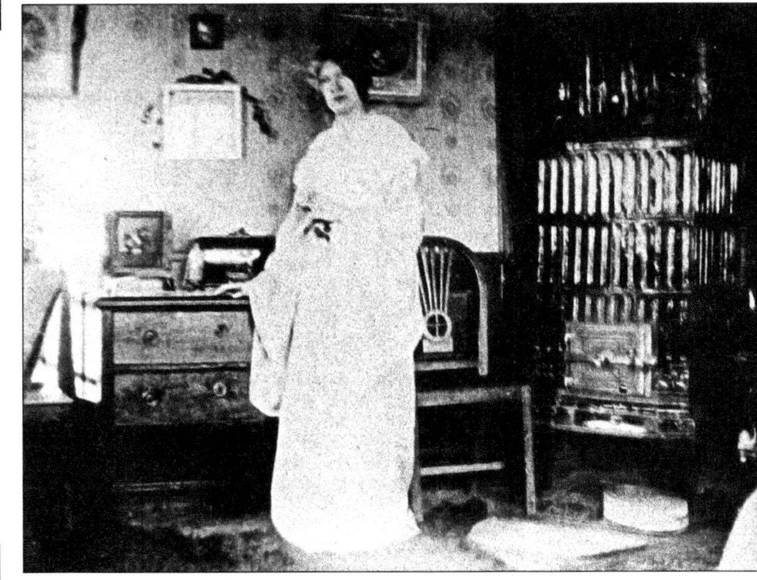

Rechts: Martha in einem der vielen kleinen Zimmer des Barkenhoffs, um 1901

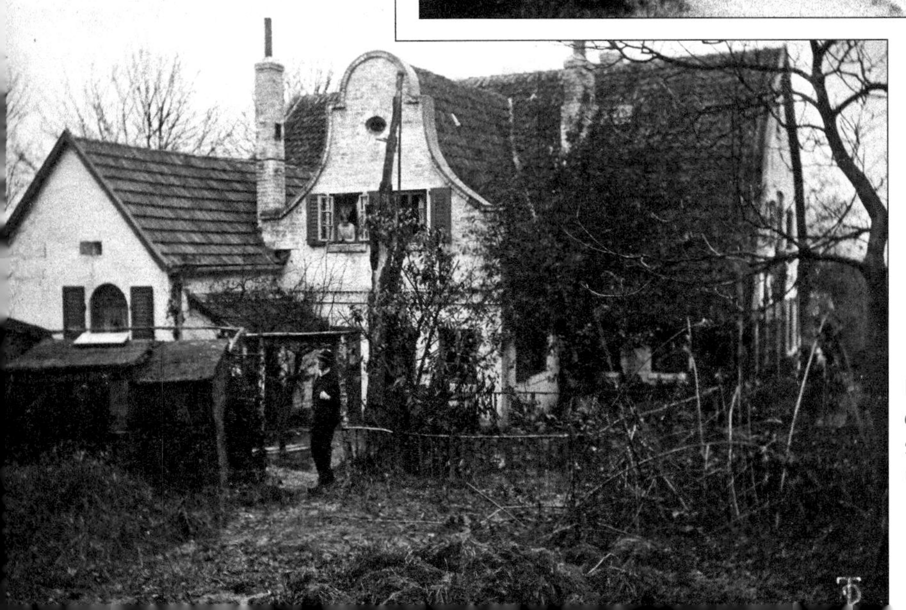

Links: Die Hofseite des Barkenhoffs, zu sehen sind Martha und Heinrich

Diesen Garten, diesen Hort des Glücks, wie sie es formuliert, wird Rilke ein gutes Jahr später in seiner Monografie über Worpswede in die Kunst Heinrichs einbinden, Garten und Kunst wird er miteinander verflechten. Denn für ihn ist der Garten ein Quell für Heinrichs Frühlingssehnen, das sich insbesondere in seinen frühen Radierungen, aber auch in einigen seiner Gemälde sinnbildhaft zeigt; in Letzteren bis etwa 1910.

Als das junge Ehepaar auf dem Barkenhoff eintrifft, wohnt bereits Heinrichs Mutter unten in dem Haus an der Landstraße. Heinrich hatte es vier Jahre zuvor erworben, vermutlich für Gäste. So hat auch die Mutter für die schöne Jahreszeit dort immer eine Bleibe. Später wird es ihr gehören. Es ist behaglich eingerichtet, mit schönen alten Kachelöfen. Heinrich geht am Abend gerne mal hinunter zur Mutter, im Gegensatz zu Martha, die oben im Barkenhoff bleibt und sich gekränkt fühlt. Und sich fragt: Warum bleibt er nicht bei mir? Doch niemand, auch nicht die Freunde merken, wie schwer es manchmal in dieser ersten Ehezeit für sie ist.[579]

»Vogeler ist mit s[einer] Martha glücklich von s[einer] Reise nach Holland u. Belgien heimgekehrt«, schreibt Otto Modersohn Ende des Monats an Carl Hauptmann. »Er besitzt seit gestern ein Pferd zum reiten, gegen ein Bild hat er es bekommen.«[580] Von einem Pferd war zwischen den Brautleuten schon einmal die Rede gewesen. Nun ist es eine ungarische Vollblutstute geworden, die Heinrich gegen eine Replik des Bildes »Heimkehr« eingetauscht hat. Ein Bremer Major war der Auftraggeber gewesen. Doch stellt sich bald heraus, dass das Pferd lahmt. Schließlich gibt Heinrich es zu den Brüdern nach Adiek, wo es sein Gnadenbrot erhält, aber bald stirbt.

Martha hält vom Barkenhoff aus den Kontakt zu ihrem »Dresdner Mütterchen«, wie Helene gelegentlich ihre Episteln unterschreibt, per Post aufrecht. In gewissen Abständen treffen sowohl in Dresden als auch in Worpswede Briefe mit Neuigkeiten ein. So wird Helene nicht schlecht gestaunt haben, als Martha ihr schrieb, dass sie wieder nach Dresden kommen wolle, um weiter zu lernen. So fragt diese noch im April bei ihr in Worpswede an: »Wann willst Du denn hier sein? Sollten nicht gerade Ferien sein im Conservatorium so könntest Du sicher den Unterricht dort nehmen.«[581] Ein anderes Mal heißt es: »Dein Briefchen hat mir wirklich wohlgethan; so eine glückliche warme Sonnenstimmung.

Ich kann mir Euch so vorstellen, in Eurem Garten. Endlich einmal Marthchen, die nicht häßlich neben ihren Blumen erschien. Also weiter vergnügt! Lieblich im Anblick!«[582] Vermutlich hat Martha zuvor Fotos mitgeschickt, auf denen sie nicht eben fröhlich aussieht, sondern die ihre innere Befindlichkeit spiegeln. In diesem Brief berichtet Helene auch von der Internationalen Kunstausstellung, die am 20. April eröffnet wurde. »In der Ausstellung sah ich Deinen Kopf[583] mit zuallererst! Ganz vortrefflich gezeichnet! Warum aber nichts Großes von Mining? Überhaupt Worpswede, das bei der letzten Internationalen eine so bedeutende Stellung einnahm, hat diesmal ganz ausgesetzt. Denn Waldfrau & Erdmännchen von Modersohn[584] ist doch gestohlene und wenig gut ausgeführte Idee.«[585] In diesem Brief deutet Helene auch an, dass sie in ihre neu erbaute Villa in der Stübelallee einziehen werde, zusammen mit ihrer Tochter Clara und deren Mann, die nun beide in Dresden leben wollten. Bereits seit zwei Jahren ist die Villa an der Stübelallee 5[586] fertiggestellt und scheint bisher leer gestanden zu haben. Martha kennt den neuen Bau, denn als Helene in den Sommermonaten verreist war, hatte sie dort gelegentlich nach dem Rechten geschaut. Und so hofft Helene nun, dass Martha ihr beim Umzug helfen werde. »Was nun aus Deiner Reise wird? […] Wenn ich zurück komme bist Du hoffentlich da & kannst mir tüchtig helfen. […] Du bist die Einzige, die ungefähr Bescheid weiß.«[587] Aber Martha wird nicht nach Dresden reisen, denn Martha ist schwanger. Im Spätsommer erreicht Helene diese Nachricht. »Du kleiner zarter Mensch, selbst noch ein Kind, siehst also solchen Ereignissen entgegen? Na da wünsche ich nur recht zünftige Gesundheit & daß Ihr bei Zeiten für einen guten Arzt & für die beiden unumgänglichen Weiber sorgt. […] In Eurer Einöde ist das nämlich doppelt wichtig, daß alles vorher geordnet ist.«[588]

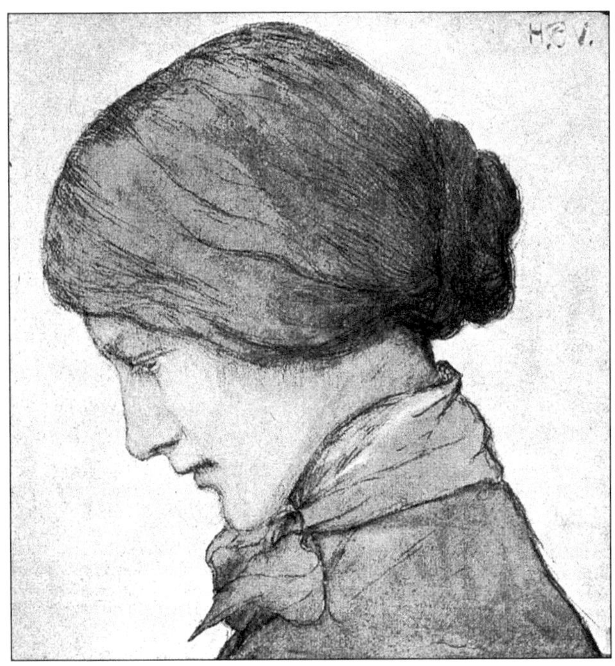

Studienkopf von Martha, Zeichnung von Heinrich Vogeler, um 1898

Gerne würde Mutter Chrambach nach Worpswede reisen, hat aber wegen des bevorstehenden Umzugs keine Zeit. Aber die Freundin Lilly Riedel trifft bei den Vogelers auf dem Barkenhoff ein; im Juli, auf ihrer Rückreise von Norderney. »Das waren die schönsten Tage meiner ganzen Reise, Krabbchen! [...] hat mir zu gut gefallen. [...] Schreiben Sie mir einmal, wie es Frau Bock geht! Wie hat es Allen bei Muther gefallen? Hat mich interessiert, daß sich 3 Pärchen auf die Beine gemacht haben zu ihm. Herzliche Grüße an die Frau Modersohn! Ich finde die wirklich liebreizend. Sie wissen, daß mich die ›Zigeunerin‹ lebhaft interessiert – Clara Westhoff.«[589]

Es müssen anregende Tage für die Dresdener Freundin gewesen sein, die, in den Kreis der »Familie« eingeführt, auch andere Künstlerinnen und Künstler kennenlernte. Die »Familie« hat sich, wie es hier anklingt, bereits in drei junge Künstlerpaare aufgefächert. Denn auch Clara Westhoff und Rainer Maria Rilke sowie Paula Becker und Otto Modersohn gingen im Frühjahr den Bund der Ehe ein. Erstere heirateten am 28. April in Bremen und Letztere am 25. Mai, dem Pfingstsonnabend, ebenfalls in der Hansestadt. Die Rilkes sind derzeit dabei, sich ihr Heim in Westerwede einzurichten. Dort, wo sich Claras Atelier befindet. Und die Modersohns bewohnen nun das Haus, welches Otto seinerzeit für seine erste Frau und sich erworben hatte. Auch die Zusammenkünfte auf dem Barkenhoff beginnen wieder, an frühere Zeiten anzuknüpfen. »Der letzte Sonntag war seit langer, langer Zeit ein den damaligen ähnlicher. Meine Schwägerin Milly sang und Rilke las einiges im weißen Saale [...]. Ganz allmählig beteiligen sich Rilke und Frau wieder an der Geselligkeit, die sie bisher fast ganz gemieden«[590], berichtet Otto Modersohn seinem Freund nach Schreiberhau. Dass die drei befreundeten Paare eine Fahrt zum Kunsthistoriker Richard Muther nach Breslau unternommen haben, so wie Lilly Riedel es schreibt, ist jedoch nicht anzunehmen, denn es gibt darüber keine weiteren Belege. Vermutlich

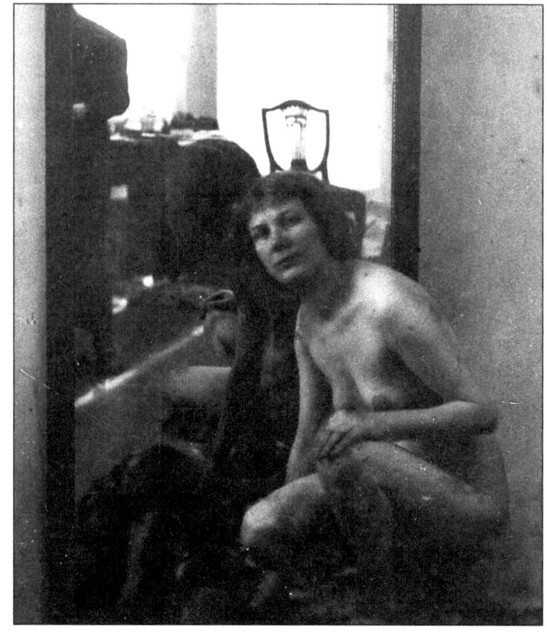

Aktfotografie von Martha Vogeler

war so eine Reise geplant gewesen, dann aber doch wieder verworfen worden. Denn »Frau Rilke, wie auch die kleine Frau Vogeler sehen einem Sprößling entgegen«.[591] Vielleicht war das einer der Gründe, die Reise nicht anzutreten. Noch im Mai hatte sich Paula Becker in einem Brief gegenüber der Freundin Clara Rilke geäußert, wie sie jetzt die Atmosphäre auf dem Barkenhoff erlebe. Es sei immer liebenswert. Und es blühe viel Wundervolles aus der kleinen Martha auf. »Ich merke immer mehr wie neben ihrer Blumenhaftigkeit und Reinheit ein Mensch in unserem Sinne in ihr lebt. Alleine unter vier Augen wage ich mich nicht zu ihr und in sie. Ich glaube da haben wir beide Scheu. Sie ist aber zart und der Frühling macht sie zittern und ihre Nerven so, daß sie das Regenwasser riecht, nachdem sie sich damit gewaschen hat. Wir müssen sie schön pflegen.«[592]

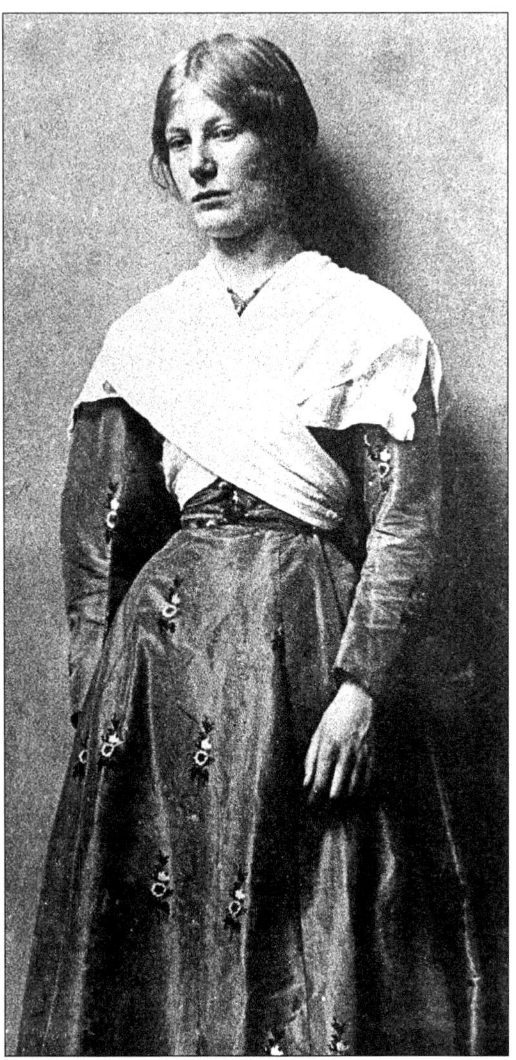

Ihren 22. Geburtstag am 9. Oktober feiert Martha dann im Kreise der »Familie«. Rilkes aus Westerwede überbringen ihr eine 200 Jahre alte, gut erhaltene Filet-Stickerei von seltener Feinheit. Das Ehepaar konnte sie bei einem Antiquar günstig erstehen. Es war eines der wunderschönen Dinge, die sie an diesem Tag geschenkt bekam.[593] Rilke hatte ohnehin immer schon an Heinrichs Braut gedacht, wenn er auf Reisen war. So hatte er ihr »aus Südrußland einen Seidenschal«[594] mitgebracht. Später dann wird es aus Ägypten ein Ring mit dem Heiligen Ibis sein.

Glückwünsche kommen an diesem Tag auch aus Adiek von Eduard, Franz und Tante Henny,[595] was Martha gefreut haben wird, denn sie war mit Heinrich dort im August für ein paar Tage auf Erholung gewesen.

Also auch Rainer Maria Rilke gratuliert Martha in diesem Jahr persönlich. Beide werden sich in den Sommertagen dieses Jahres 1901 überhaupt zum ersten Mal begegnet sein. Denn ein früherer Zeitpunkt kommt dafür kaum in Betracht. Es ist die Zeit, wo alle drei frisch vermählten Freundespaare ihre Häuslichkeiten beginnen einzurichten und sich dann auch wieder an den Sonntagen im Weißen Saal zusammenfinden. An dem Ort, wo Rilkes Gedichte am stärksten zu leben begannen, »wenn sie bei Kerzenschein und Rosen und silbernen Schalen gesprochen wurden.«[596] Und natürlich in Gegenwart schöner Frauen. Doch auch die Schattenseiten der drei Ehen bleiben nicht aus. »Nach außen sah es ganz reizend aus diese drei jungen Paare[,] auch unter den Freunden, die alle nur die Sonnenseite mitmachten.«[597]

In wenigen Wochen nun sieht Martha, wie bereits angesprochen, der Geburt ihres ersten Kindes entgegen; ebenso Clara Rilke. »Diese beiden harrenden Frauen in ihrer Grundverschiedenheit wirken so merkwürdig«[598], äußert sich Paula Modersohn-Becker gegenüber Martha Hauptmann in einem Brief von Ende November.

Links: Martha Vogeler im »Rosenkleid«, das auf verschiedenen Gemälden zu sehen ist

Mieke

»Diese Nacht weckte mich auf einmal meine Frau um mir eine Weihnachtsvorfreude zu bescheren: Heute morgen um 5 Uhr gab eine kleine Prinzessin (Marieluise soll sie heissen) ihre ersten Lebenszeichen von sich. Die junge Mutter strahlte bald wie eine Madonna; es geht ihr gut.«[599] Heinrich schreibt diese Zeilen einen Tag vor Heiligabend an den Verleger Eugen Diederichs in Leipzig, mit dem er seit einigen Jahren zusammenarbeitet. Im selben Brief bedankt er sich auch für eine Büchersendung, die gerade noch vor dem Fest eingetroffen ist. »Da werde ich mich vertiefen können während der Zeit der Wochenpflege, wo ich doch das Zimmer meiner Frau kaum verlassen werde.«[600] Eigentlich hatte Martha die Niederkunft erst im Januar, »wenn der nächste Mond«[601] sich gerundet hat, erwartet. Aber nun ist es doch schon im Dezember so weit. Noch im November hatte Lilly Riedel geschrieben: »Wenn Sie nur gut durchkommen – hoffe es und wünsche es ja – aber man sorgt sich doch.«[602] Aber Martha kommt gut durch. Da es kurz vor Weihnachten ist, hatte sie beim Bäcker die sogenannten »Christkinder« bestellt, kleine, in Figuren ausgestochene Kuchen aus hellem Teig, die für die Ostendorfer Schulkinder bestimmt waren. Denn auf dem Barkenhoff wollte man zusammen ein kleines Weihnachtsfest feiern. Als Martha dann mit zwei großen Körben – an jedem Arm einen –, gefüllt mit dem Gebäck aus dem Laden, auf die Straße trat, war diese plötzlich mit Eis überzogen. Da kam von fern die Freundin Paula. Als sie Martha sah, freute sie sich, warf ihre Hände hoch und lachte und fiel dabei aufs Eis. Dann rutschte sie mindestens 5 Meter weit. Martha hingegen stellte ihre Körbe ab und lachte ebenfalls. Und kam dann aus dem Lachen einfach nicht mehr heraus.

Seltsamerweise war das der Anlass zur Geburt. Denn nachts um zwölf Uhr fühlte sie, dass das Kind kommen würde. Heinrich rannte über den Berg und holte die Hebamme. Die werdende Mutter hingegen ging in die Küche und machte Wasser heiß, zum Baden für das Kind. Sie bereitete alles im Atelier vor, denn sie wollte ihr Kind dort bekommen und nicht oben im Schlafzimmer, welches sie nicht mochte. Und dann kam Mieke ganz schnell, auf dem Sofa. Um zwei Uhr war bereits alles vorbei, das Kind gewaschen und alles festlich gemacht. Für das Neugeborene stand eine sehr schöne alte Mahagoniwiege bereit, die gleich zu Anfang der Ehe gekauft worden war. Jedoch die Aussteuer fehlte. Für diese hatte Großmutter Vogeler in Bremen gesorgt, wollte sie aber erst schicken, wenn es so weit wäre. Da das Baby nun früher gekommen war, fehlten die Sachen. Doch die kleine Oma Kück hatte zwei Wochen vorher das Allernotwendigste genäht. So waren zumindest fürs Erste Hemdchen und kleine gestrickte Jäckchen vorhanden.[603] Und dazu noch etwas sehr Besonderes: das aus feinem Garn gewirkte Babyhäubchen der Bettina von Arnim.[604] Die kleine Marie Luise wird in ihrer Wiege also doch ein bisschen festlich ausgesehen haben. Ihr Vater Heinrich aber ging in dieser Nacht noch einmal über den Berg und holte vorsorglich den Arzt Dr. Wulff, obwohl die Geburt komplikationslos verlaufen war.

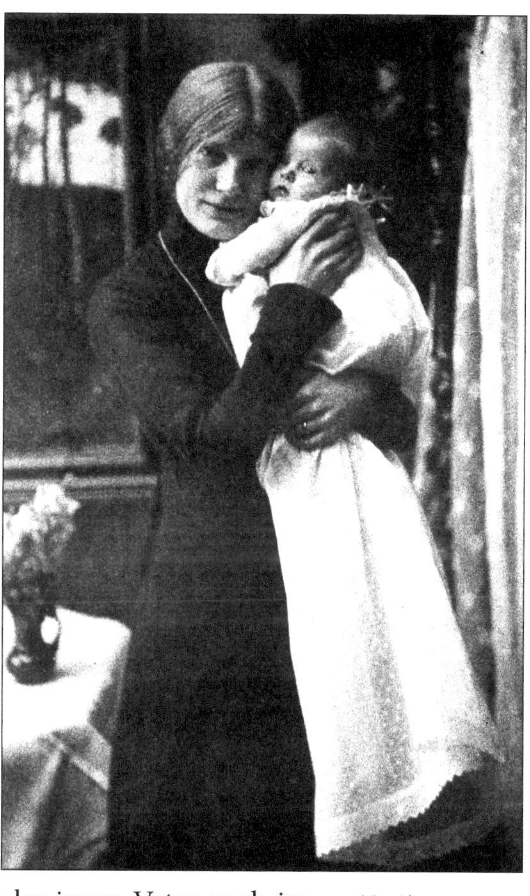

Martha und Mieke, Anfang Februar 1902

»Vogeler thut leise sorgend mit seligem Angesicht die Arbeiten der Wochenstube«[605], beschreibt Paula Modersohn-Becker in einem Brief an das Ehepaar Hauptmann kurz nach Neujahr die Situation auf dem Barkenhoff. Heinrich selbst spricht in einem Brief an Heymel von den Vaterfreuden, die er sich nicht so glänzend vorgestellt hätte.[606] In dieser Zeit zückt der junge Vater auch immer wieder den spitzen Stift oder die Feder, um das Töchterchen aufs Papier zu bannen; selbst die Briefbögen ziert er mit ihrer kleinen Gestalt. Auch das Verlegerehepaar Diederichs lässt Heinrich an den neuen häuslichen Gegebenheiten teilhaben. »Meine kleine Frau veränderte sich sehr in der Wichtigkeit ihres Berufes. Diese Gefühle des jungen Weibes sind die Quelle ganz neuer inniger Beziehungen zwischen zwei Gatten. Die kleine Madonna ist eine geborene Mutter und man könnte so stundenlang vor ihr sitzen wenn sie in ihrem Sessel sitzt und das hungrige kleine Ding nährt. – Alles strahlt an der jungen Mutter! Seit Sylvester sorgt sie schon wieder im Hause herum.«[607]

Lilly Riedel in Dresden ist erleichtert über die gute Nachricht, die sie aus dem Teufelsmoor erreicht. Anfang des neuen Jahres antwortet sie: »[Meine] Schwester und ich freuten uns [...] sehr über die Mitteilung der glücklichen Ankunft Ihres Prinzeßleins. [...] Wie Krabbe No. 2 wohl aussehen mag?«[608] Vielleicht ja wie »ein blonder Mining«.[609]

Am 8. Februar 1902 wird die kleine Marie Luise getauft. Es ist eine Haustaufe. So wird auf dem Barkenhoff ein einfacher Festtisch mit Kerzen und der Bibel hergerichtet. Pastor Fitschen findet sich auch bald ein, ebenso die Taufpaten: Heinrichs Mutter und Heinrichs Schwester, beide ebenfalls den Namen Marie Luise tragend. Eigentlich sollte Franz der dritte sein, aber er ist wohl verhindert oder hat sich verspätet. Jedenfalls wird er durch Bruder Heinrich vertreten.[610] Die nunmehr dritte Marie Luise Vogeler – später von allen nur Mieke oder Miekelies gerufen – wird das künstlerische Talent vom Vater erben. Beide wird, insbesondere in schwierigen Zeiten, eine innige Beziehung verbinden.

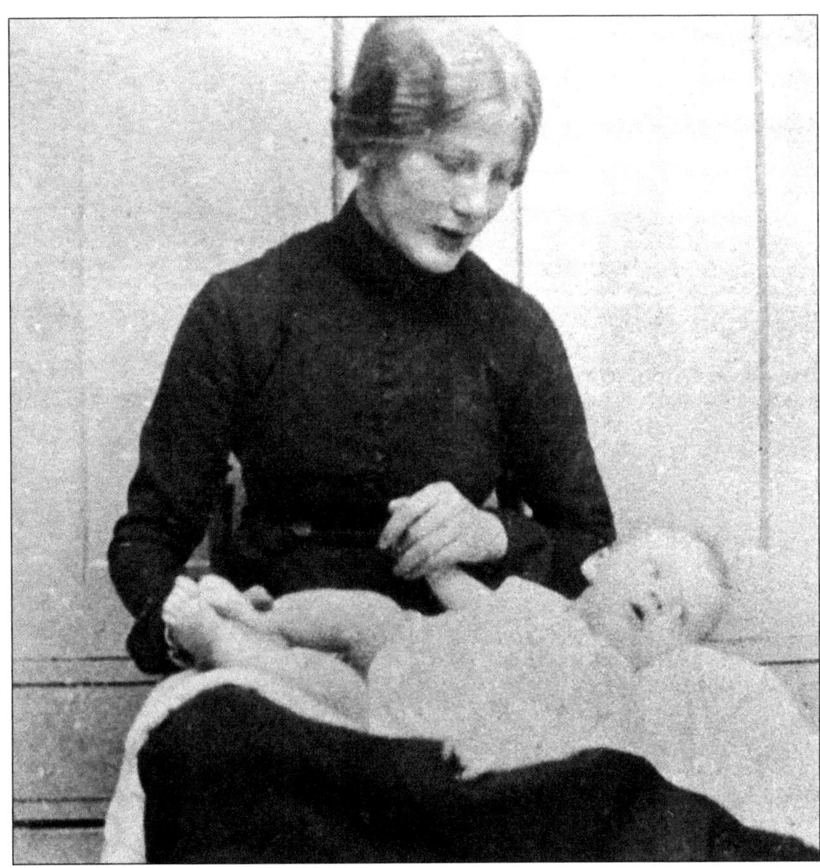

Martha und Mieke, 1902,

Pianist Egon Petri

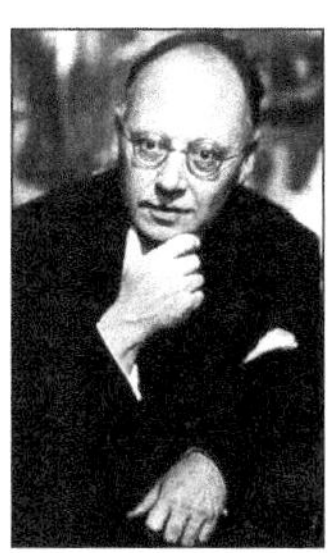

Egon Petri

»Neulich war ich in einem Konzert der ›Volkssingakademie‹ um Egon Petri zu hören [...]. Ich sprach ihn dann und er läßt Sie Beide herzlich grüßen. [...] Egon spielte sehr schön. [...] Einmal mußte er ›batzen‹, lag nicht an ihm, am ganzen Chor u. Orchesterkörper. Bestätigte aber gerade dadurch am besten seine große musikalische Kapazität.«[611] Dieses schrieb die Dresdener Freundin Lilly Riedel Mitte November 1901 nach Worpswede. Martha, die zu dem Zeitpunkt hochschwanger war, erinnerte sich natürlich gerne an die Familie Petri in Dresden, durch die sie auf besondere Weise an die Musik herangeführt wurde. Denn den Kontrapunkt und dergleichen hatte Egon ihr nahegebracht.[612]

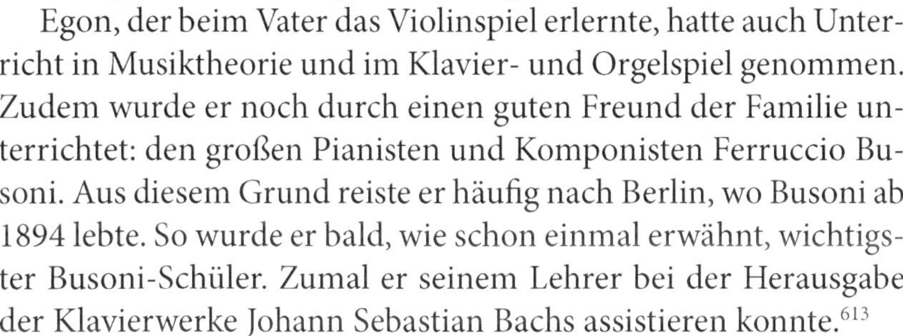

Egon, der beim Vater das Violinspiel erlernte, hatte auch Unterricht in Musiktheorie und im Klavier- und Orgelspiel genommen. Zudem wurde er noch durch einen guten Freund der Familie unterrichtet: den großen Pianisten und Komponisten Ferruccio Busoni. Aus diesem Grund reiste er häufig nach Berlin, wo Busoni ab 1894 lebte. So wurde er bald, wie schon einmal erwähnt, wichtigster Busoni-Schüler. Zumal er seinem Lehrer bei der Herausgabe der Klavierwerke Johann Sebastian Bachs assistieren konnte.[613]

Anfang Februar des Jahres 1902 kommt Egon Petri zum zweiten Mal an den Weyerberg und bleibt ein gutes halbes Jahr.[614] »Bei uns ist jetzt seit dem 1. 2. der Musiker Egon Petri aus Dresden von dem ich Dir wohl schon früher erzählt habe, er hat sich bei Kü[c]ks ein Zimmer gemietet und übt da auf einem wunderschönen Flügel und manchmal spielt er uns auch vor«[615], schreibt Martha an ihren Bruder Karl nach Wulsdorf bei Geestemünde. Auch Paula Becker erwähnt in einem Brief den Pianisten, der ihnen »himmlisch Bach zuführt«.[616] Und ihr Mann Otto Modersohn berichtet Carl Hauptmann, dass der junge Musiker Petri aus Dresden in Worpswede sei, »da hören wir oft wundervolle Musik. Er spielt ausgezeichnet auf seinem Bechsteinschen Flügel«.[617] Die Bechstein-Vertretung in Bremen hat Egon Petri den Flügel geliefert, den er benötigt, um für seinen Lehrer Busoni die Choralvorspiele von Bach, die dieser für Klavier transformiert hatte, einzustudieren. Für Heinrich ist es eine »außerordentlich reiche Zeit, in der ich mich in Bachsche Musik vertiefen konnte. Der kleine Raum, in dem Egon Petri bei [Schuster Kück][618] wohnte war zu winzig für die brausenden Töne seines Bechsteinflügels. Egon mußte schon bei geöffneten Fenstern spielen, so daß die Atmosphäre des Dorfes häufig erfüllt war vom Rauschen des Instrumentes. [...] Manchmal gingen wir hinauf in die Kirche, weil Egon die Originalfassung der Choralvorspiele auf der Orgel hören wollte«.[619]

Nicht nur für Heinrich sind diese Wochen und Monate bereichernd. Auch, wie oben zu lesen ist, für die anderen Künstlerkollegen. So auch für das Ehepaar Overbeck[620], denn Bach'sche Musik in dieser Zeit von solch einem Pianisten in Worpswede zu hören, ist etwas Außergewöhnliches. Egon konzertiert aber auch auf dem Barkenhoff, in dessen Weißem Saal ein Klavier steht. Gelegentlich tritt er auch als »Minne-Clavierspieler«[621] im mittelalterlichen Kostüm auf, das wohl aus der alten Bauerntruhe in der Bibliothek stammt. Mutter Chrambach in Dresden kann sich natürlich vorstellen, wie er den beiden Vogelers »werthvoll ist«.[622] Auch wenn der Dresdener Freund die kunstvolle Musik Johann Sebastian Bachs in diesen Wochen und Monaten in Worpswede immer wieder zelebriert, ist Martha emotional von etwas ganz anderem in Anspruch genommen: von ihrer kleinen Tochter Marie Luise.

Egon Petri

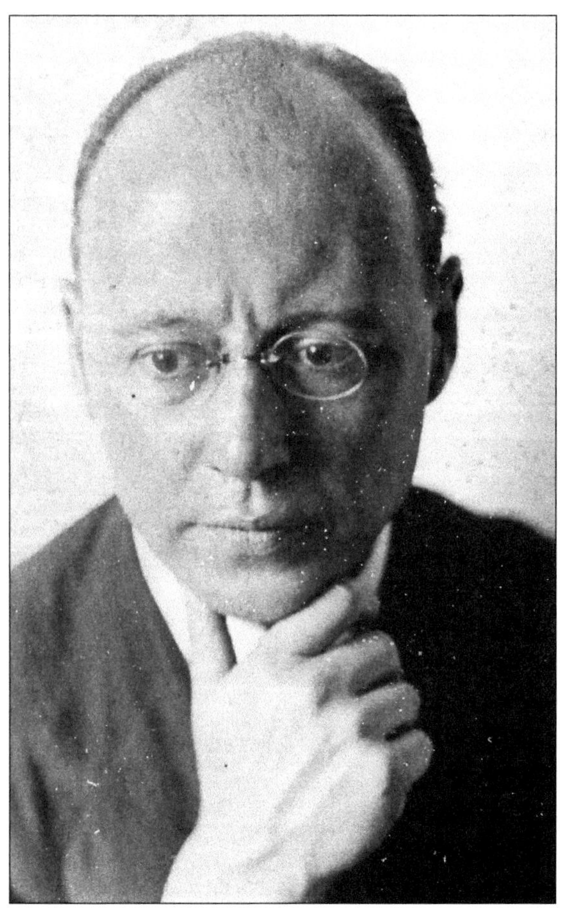

Egon Petri bleibt bis in den August hinein am Weyerberg. Marthas Freundin Agnes Wulff[623], Tochter des Medizinalrats Wulff, schreibt ihr am 27. August nach Adiek, wo sich das Ehepaar Vogeler mit Marie Luise nach dem intensiven Sommer ein paar Tage Erholung gönnt, dass sie eine Karte von Egon erhalten habe. »Er scheint ja richtig vergnügt zu sein.«[624] Außerdem teilt sie ihr mit, dass ihr kleiner Bruder Ernst den Musiker vermisse. »Jeden Tag geht er nach Kücks und guckt durchs Fenster in Egons Zimmer, und dann kommt er immer mit sehr trübseligem Gesicht wieder, und erzählt jedem der kommt, Okker Petihi (Onkel Petri soll das nämlich heißen) ist noch immer fort, hat garnicht gespielt.«[625]

Im Juli hatten die Vogelers auf ihrem Barkenhoff zudem noch Helga Petri, die 12-jährige Schwester Egons, zu Besuch. Deren Mutter Katharina, die Martha in Dresden kennen- und schätzen gelernt hatte, schreibt Martha Ende August einen Dankesbrief. »Ich bin Ihnen und Ihrem lieben Mann so dankbar daß Sie meine Helga so freundlich u. liebevoll in Ihrem Hause aufgenommen haben. […] Hoffentlich hat Helga Ihnen Ihre Güte ein wenig durch Folgsamkeit u. freundliches Wesen gelohnt. […] Ueber ›Marie Luise‹ höre ich die fabelhaftesten Dinge, sie soll so reizend hübsch sein u. soll so lustig krähen können u. so lieb lachen. Zudem behauptet Egon wie Helga daß sie für alle ›Fälle‹!! imprägniert sei, was man aber dem kleinen süßen Ding garnicht ansieht.«[626] Zudem berichtet Katharina Petri Martha über ihre Berlin-Reise: »Wir haben Egon in Berlin in einer Vorspielstunde bei Busoni gehört. Er hat nicht nur am besten von allen übrigen Schülern gespielt, sondern überhaupt […] vorzüglich. Ich denke er wird nur noch kurze Zeit in Berlin […] bleiben u. dann wieder nach Worpswede in die herrliche Stille in die schöne freie Natur u. in den Frieden zurück kehren. Busoni findet, so sagte er mir, daß Worpsw[ede] sehr günstig auf Egons Wesen eingewirkt habe. Daran habt auch Ihr mitgearbeitet, liebe Vogelers, auch dafür gebührt Euch unser Dank.«[627]

Es ist nicht anzunehmen, dass Petri im selben Jahr noch einmal nach Worpswede zurückkehrte. Aber Martha und Heinrich werden auch in späteren Zeiten zu ihm Verbindung halten. Wenn er Worpswede besucht, wohnt er im Haus von Vogelers Mutter unterhalb des Barkenhoffs.[628] Und wenn es Martha und Heinrich möglich ist, besuchen sie seine Konzerte, wo immer sie auch stattfinden: sei es in Birmingham, auf der Insel Sylt, in Berlin oder Warschau. Viel später, im Rückblick auf ihr Leben, wird Martha einmal sagen, dass Musik überhaupt das Schönste sei, was es gebe.[629] Dass Martha dieses so empfunden hat, wird sicher auch Egon Petris Verdienst gewesen sein.

»Sehnsucht nach der Antike«

Im Jahre 1902 besucht noch ein weiterer Gast den Weyerberg. Auf Einladung Rainer Maria Rilkes kommt Anfang März der Maler Oskar Zwintscher aus Meißen zu Besuch. Rilke hat den Wunsch, dass dieser ein Porträt von Clara, seiner Frau, malt. Nur bei Otto Modersohn findet sich ein Hinweis auf diesen Besuch.[630] Vogelers erwähnen ihn nicht, obwohl Zwintscher, der auch seine Frau mitbringt, unten im Haus der Vogeler-Mutter wohnt und nicht bei Rilkes in Westerwede. Das Meißener Ehepaar bleibt gut vier Wochen, und statt einem Porträt gibt es am Ende drei. Denn nicht nur Clara, sondern auch der Dichter und schließlich der Gastgeber werden von Zwintscher konterfeit.[631]

Der Barkenhoff wird auch jetzt, wo Martha und Heinrich eine Familie gegründet haben, ein Treffpunkt für Freunde und Künstler bleiben. Gastfreundschaft und Gastfreiheit werden ihn auszeichnen, viele Jahre lang. Im Frühjahr kommt der Bremer Freund Carl Eeg wieder einmal in Ostendorf vorbei. »Er hat sich sehr wohl in Eurem Heim gefühlt«[632], meldet Helene Chrambach aus Dresden, wo Eeg sich derzeit aufhält. In diesem Brief schreibt sie auch: »besucht mich ehe Ihr nach Italien geht.«[633] Martha und Heinrich haben beschlossen, den Winter über in den Süden zu reisen. Aber so weit ist es noch nicht. Nach den sonnigen Maitagen fällt Anfang Juni der Sommer unvermittelt und mit Hitze ein. Heinrich malt jetzt »Frau und Kind unter dem Rosenbusch«.[634] Dieses Bild betitelt der stolze Vater mit »Erster Sommer«, denn Martha sitzt, die kleine Marie Luise auf dem Schoß haltend, auf einer Bank in einer von Rosen umrankten Laube.

Aber zunehmend zeigt sich der Sommer von seiner herbstlichen Seite. Im September kommt es dann zu einer einschneidenden Veränderung für den Freundeskreis, für die »Familie«. Denn Rilke bricht Richtung Paris auf. Clara wird ihm im Oktober folgen, da sie erst noch den gesamten Westerweder Haushalt auflösen und vieles davon auf einer Auktion verkaufen muss. Ein Teil der Möbel aber kommt bei den Vogelers auf dem Barkenhoff unter. Ihr Töchterchen Ruth, das wenige Tage vor Marie Luise Vogeler geboren worden war, wird von nun an bei Claras Eltern in Oberneuland aufwachsen.

Kurz bevor die Vogelers in den Süden aufbrechen, sitzt Martha mit Mieke noch der Freundin Paula Modersohn-Becker Modell.

Es ist bereits November. »Heute morgen fing ich die kleine Frau Vogeler mit dem weißen Kinde an.«[635] Es wird ein Bild ohne die Mutter werden, obwohl sie anfänglich zur Komposition dazugehörte. Doch »später haben wir das Kind herausgeschnitten«[636], erinnert sich rückblickend die hochbetagte Martha. So füllt seitdem die kleine Mieke im weißen Kleid das schmale, hohe Bildformat alleine aus. Mit einer Perlenkette, die höchst merkwürdig aus dem Bild heraus zu schweben scheint.

Am 14. November dann brechen beide Vogelers »aus Sehnsucht nach der Antike nach Rom« auf.[637] Mieke bleibt in der Obhut von Marthas Schwester Minna. Das Paar legt einen kurzen Zwischenaufenthalt in Dresden bei Helene Chrambach in der Stübelallee 5 ein. »Für Dich steht unser Puppen=Fremdenzimmer bereit, aber Mining? Oder geben wir ihn da hinein & Du schläfst auf einem Sofa dicht bei mir im Wohnzimmer?«[638]

Martha hat auch ihre ehemalige Klavier- und Gesangslehrerin Desirée Mortiere de Fontaine über ihre Durchreise informiert. Diese hatte vor einigen Monaten geheiratet und lebt jetzt im Südwesten der Elbestadt. Auch sie lädt beide ein, bei sich und ihrem Mann zu wohnen.[639] »Fährt Baby mit?«[640], fragt sie an. Ob letztlich ein Wiedersehen zustande kam, ist nicht mehr zu ermitteln.

Die erste Station in Italien ist also Rom. Doch wird der Aufenthalt überschattet von einer Lebensmittelvergiftung, die sich beide gleich zu Anfang zuziehen. In der Korrespondenz ist darüber mehrfach zu lesen. Heinrich schreibt Anfang Dezember an Otto Modersohn, dass bei ihnen »eine Vergiftung oder irgend so was, nämlich ein Brechdurchfall der uns in einer Nacht furchtbar herunterbrachte«,[641] auftrat. Martha schreibt auch Helene Chrambach davon, die besorgt ist. »Solltet Ihr nicht ein deutsches Bierhaus ausfindig machen können, wie es in Venedig auch die einzige Zuflucht der Fremden bildet. […] Ja, der Magen ist Numero 1 – jede Antique kommt erst nachher.«[642] Und Schwager Franz empfiehlt aus Adiek: »Ihr müßt aber auch nicht allen

Martha Vogeler

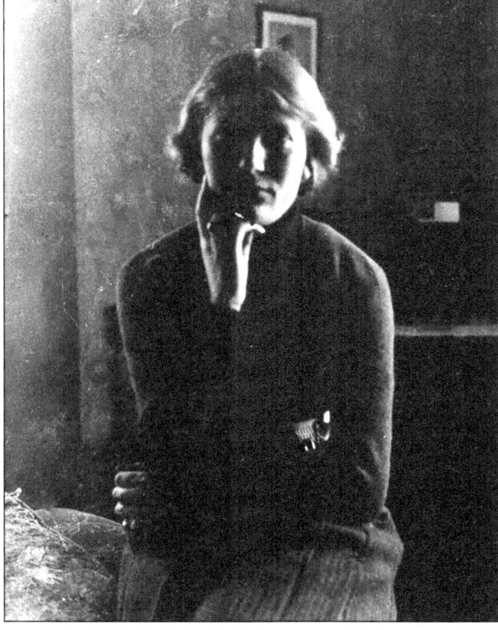

Dreck essen, haltet Euch an guten Wein, der hat noch keinem was Ernstliches anhaben können.«[643]

So recht genießen können beide die Ewige Stadt daher nicht. Sie wohnen im nördlichen Teil, nahe der Piazza del Popolo, und »gegen Abend steigen wir wohl mal auf den Monte Pincio, da liegt Rom in der goldenen Sonne unter uns und stinkt nicht mehr.«[644] In diesen Tagen treffen sie auch Otto Sohn-Rethel, der sich in einem Teil der Villa Borghese eingemietet hat. Ansonsten aber sind sie für sich. Und die Antike bleibt ohne Reiz für sie. Martha hält es dann auch nicht mehr lange aus. Noch im Dezember reist sie heim auf den Barkenhoff. Von Rom aus hatte sie noch an ihre Verwandten geschrieben. So auch an ihren Schwager Heinrich Klindworth, dem Ehemann Minnas, dem sie berichtete, dass Miekelies ihr von ihrem Onkel Heinrich geschrieben habe. Was wohl reichlich übertrieben ist. Aber vielleicht hat die kleine Mieke ja für die Mutter etwas aufs Briefpapier gekritzelt.[645] Nach Marthas Abreise bleibt Mining noch ein gutes Vierteljahr im Land der Sehnsucht. Über Neapel reist er nach Pompeji. Von dort aus schreibt er an seine »lüttje Frau« nach Worpswede. »Pompei ist für mich! [...] Schreib mir gleich dorthin, wie es Dir geht und der Lüttjen. [...] Ich habe zu meinem Schrecken gesehen, dass ich Deine gute Winter oder Frühlingsjacke zwischen meinen Sachen behalten habe, der große Koffer ist schon fort und so sende ich Dir den Mantel von Rom per Post.«[646] Von Pompeji aus reist Heinrich also wieder zurück nach Rom, welches er nun ausgiebig genießen kann. »Die Antike hatte mich [nun] ganz.«[647]

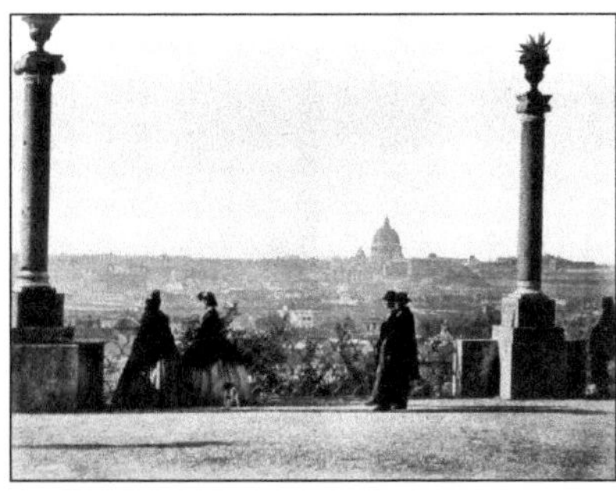

Blick auf Rom vom Monte Pincio

Anschließend geht es Richtung Norden: Assisi, Perugia und schließlich Florenz. An Carl Hauptmann schreibt er aus der Arno-Stadt: »Schon seit zwei Monaten hat mich meine kleine Frau verlassen und ist nach Hause zu unsrer Princessin Marieluise gereist. Sie mochte dies Land nicht und hatte Sehnsucht nach viele[m], dem Kind, dem Schnee, dem Barkenhoff, den dicken Kachelöfen; und ich liess sie ziehen, denn sie begann mir ernstlich krank zu werden.«[648] Und nicht nur das, denn Martha »hat einen dermassen shoc von Italien, dass sie nie wieder in das Land reisen möchte«[649], berichtet er einige Zeit später dem alten Freund Rudi Schröder.

Zu Hause auf dem Barkenhoff wieder angekommen, wird Martha mit Mieke eine Zeit lang von Tante Henny umsorgt, die den beiden in diesen kalten Wintertagen Gesellschaft leistet. Als die Tante Ostendorf wieder verlässt, fühlt Martha sich einsam im weißen Giebelhaus. Daran ändert auch ihr Kontakt zu Otto Modersohn und dessen Tochter Elsbeth nicht viel, die ebenfalls alleine sind, denn Paula weilt wieder in der Seine-Metropole. Sie besuchen einander, essen gelegentlich zusammen und trotz einer Influenza, die sich bei ihm eingestellt hat, gratuliert Martha dem Freund zum Geburtstag »mit Hyacinthe u Mappe«.[650]

Schließlich reist sie Anfang März in die Hansestadt zu ihrer Schwiegermutter und lässt sich und Mieke dort zwei Wochen lang verwöhnen, denn Heinrich wird erst Anfang April wieder zurück sein. In dessen Elternhaus, An der Schleifmühle, erreicht Martha dann ein Brief aus England, von einer Verwandten namens Dorothy S. Martine.[651] Diese bedankt sich für ein Foto, das Martha ihr von Mieke geschickt hatte. »Ihre kleine Tochter ist doch ein Darling, wir finden sie sieht Heinrich sehr ähnlich. Ich kann es mir denken, dass Sie in Italien das Kind sehr vermisst haben. Ich hoffe dass es Ihnen jetzt etwas besser geht. Tante Henn[y] hat mir gesagt, dass Sie zu mager sind – Sie müssen doch tüchtig essen, wenn es auch langweilig ist!«[652] Auch ein Gruß von Paula Modersohn-Becker aus Paris erreicht Martha in Bremen. »Liebe Martha Vogeler, Ich hatte Ihnen zum Sonntag ein kleines Kästchen Veilchen geschickt, damit sie in Ihrer kleinen braunen Wohnstube Ihnen etwas vordufteten. Nun höre ich, dass Sie in der Stadt weilen.«[653]

Und in der Bremer Presse liest Martha die Geburtsanzeige des Ehepaares Overbeck, dem ein Töchterchen geschenkt wurde. »Hoffentlich darf ich Sie bald sehen, wenn ich wieder nach Hause komme«[654], schreibt sie an Hermine Overbeck nach Worpswede.

Bettina

Auch bei den Vogelers hat sich wieder Nachwuchs angemeldet. Denn dass es Martha in Rom nicht sonderlich gut ging, hatte auch mit ihrer zweiten Schwangerschaft zu tun, von der sie vor der Reise schon wusste. Helene Chrambach macht sich im Nachhinein so ihre Gedanken. Anfang Juni schreibt sie an Martha: »Ich habe sehr lange nichts von Dir gehört. […] ich bin froh, daß die kleine Unterbrechung ›Italien genannt‹ vorüber & Ihr wieder echt Worpsweder Glück athmet. Durch eine große Märchenbrille, die ich mir auf die Nase setzte, konnte ich mir auch nachträglich Deine ›römische‹ Magenverstimmung erklären! Was hast Du Schelm für ein bedeutendes Gesicht gemacht, als ich Dir eine Vorlesung hielt, wie man der Überbevölkerung Deutschlands am besten entgegen arbeiten könnte. Na nun ist's für diesmal zu spät.«[655]

Im Juli reist Familie Modersohn für einige Wochen in den Urlaub nach Amrum. Ihr Vogel Claus wird in die Obhut der Vogelers gegeben. Ende des Monats muss Heinrich eine traurige Nachricht Richtung Nordseeinsel senden: »Claus ist tot. Gestern gegen Sonnenuntergang haben wir ihn vermisst und nach kurzem Suchen fand ich ihn ertrunken in der Regentonne.«[656] Der freundschaftliche Umgang der Modersohns und Vogelers ist, seitdem Rilkes sich aus Worpswede verabschiedet haben, enger geworden, und so ist es selbstverständlich, dass man einander behilflich ist. Und sei es, einen kleinen Vogel in Pflege zu nehmen. Insbesondere die kleine Miekelies hatte mit ihm Freundschaft geschlossen, »denn er lockte sie durch den ganzen Garten«.[657]

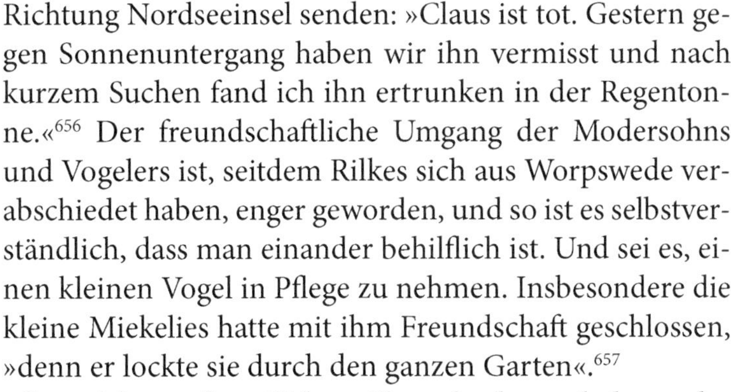

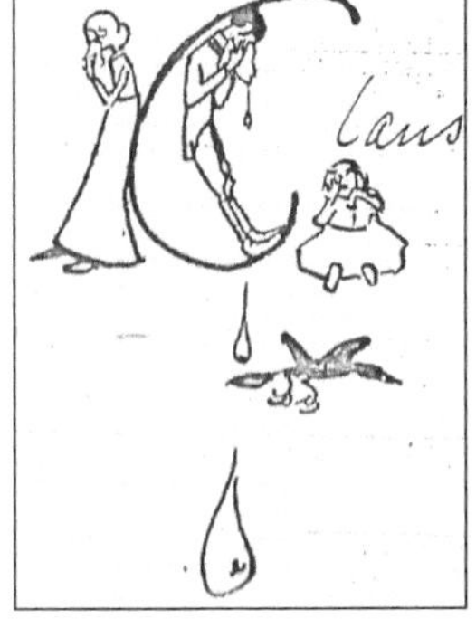

Briefinitiale von »Claus« mit einer Karikatur von Heinrich Vogeler

Mitte dieses Monats fragt Helene Chrambach an, ob denn »der Prinz« schon da sei, und spricht die Hoffnung aus, dass alles gut vorübergehen möge. Zudem würden sich zwei Kinder viel besser erziehen lassen als eines. »Und für die großen Bilder gruppiert sich's vielleicht auch recht gut.«[658] Etwa zwei Wochen später, am 4. August, wird Helene Bettina geboren. Es ist also kein Prinz, sondern wieder eine Prinzessin. Helene Bettina wird künftig aber nur mit ihrem zweiten Namen gerufen werden. Und wie der erste vermuten lässt: Helene Chrambach ist eine der drei Paten. Rilke, der um diese Zeit mit seiner Frau als Gast der Vogelers auf dem Barkenhoff weilt, findet ihn »einen altmodischen blassen Namen«[659];

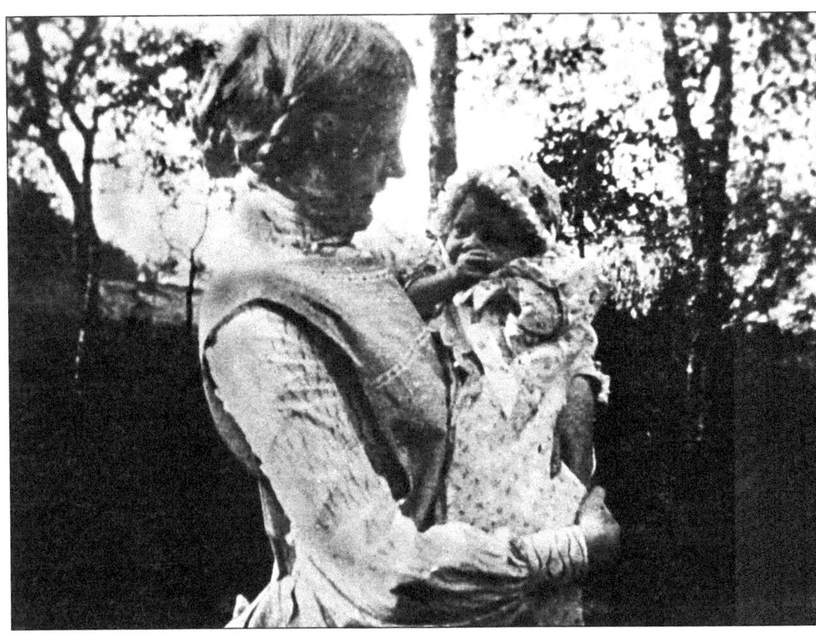

Martha und Bettina, 1903

ohne zu wissen, wer Helene ist und was sie der jungen Mutter bedeutet. Auch diese selbst wird nicht von seinem harschen Urteil verschont. »Die kleine Frau, die so zart und märchenleise war, wird mit jeder Geburt stärker und bauernbreiter.«[660] Was man sich aber kaum vorstellen kann, denn die Fotos aus dieser Zeit zeigen Martha, wie immer, schlank und mädchenhaft.

Ohnehin geht Rilke in diesen Briefen an Lou Andreas-Salomé nicht gerade zimperlich mit seinen Gastgebern um. So auch mit Heinrichs Kunst, die ebenfalls auf dem Prüfstand steht, sowie auch Haus und Hof. In einem Brief an seine Mutter Phia hingegen hört sich alles viel freundlicher an. »Bei Vogelers ist am 5. [sic] d. M. ein kleines Töchterchen eingetroffen und da schien es uns, daß wir im Hause nun doch störten, da Frau Vogeler doch besser nun ganz bei sich bleibt, ohne Gäste [...]. Es geht übrigens beiden, Mutter und Töchterchen sehr gut und sie scheinen recht zufrieden miteinander. Da sind wir also wieder nach Oberneuland zurückgekehrt.«[661]

Etwa Mitte August reist dann erneut ein Gast an, nämlich Flora Meyer, Helenes alte Mutter. Sie ist sehr angetan von der »ideal schönen Häuslichkeit«[662] bei den Vogelers. »Meine Mutter ist von Euch ganz ausgefüllt«,[663] schreibt Helene nach dem Besuch an Martha. Sie selbst bedauert, dass sie zu weit voneinander entfernt wohnen, denn »der Märchenzauber, Eure harmonische Existenz

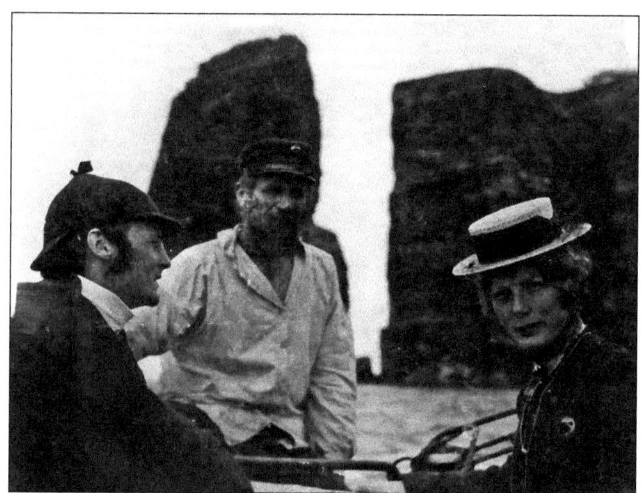

Martha und Heinrich auf Helgoland, um 1903

wär mir höchst bekömmlich«.[664] Selbst zur Taufe am 29. September kann sie nicht kommen, fragt aber an, wer sie denn vertreten würde.[665] Es ist Großmutter Vogeler, die an diesem Tag Helenes Platz einnimmt. Und auch Martha, also die Mutter selbst, ist als Patin im Taufbuch vermerkt. Ebenso ihr Schwager Heinrich Klindworth aus Südwede.[666] Das Taufsakrament wird, wie bei Mieke, zu Hause auf dem Barkenhoff zelebriert. Möglicherweise hat die kleine Bettina aus diesem festlichen Anlass ebenfalls das Häubchen ihrer Namensvetterin der von Arnim geziert, wie vor gut eineinhalb Jahren ihr Schwesterchen Mieke.

Aufgrund ihrer Abwesenheit hat Helene Chrambach ihr Taufgeschenk schon vorsorglich per Post gesandt. Es ist eine kleine silberne Schüssel.[667] »Eigentlich schickt man so etwas zum ersten Geburtstag, aber bei so wohl erzogenen Kindern wird ein Schüsselchen zum Essen vielleicht schon früher gebraucht!«[668] Sie stellt zudem in Aussicht, dass sie sich ihr »Pathchen« einmal zur Sommerzeit ansehen werde. »Vielleicht hat sie dann von unserer Zusammengehörigkeit schon einen besseren Begriff.«[669]

Wer aber Bettina viel eher in Augenschein nehmen wird, sind Carl Hauptmann und seine Frau Martha. Ende September treffen beide, von der Insel Helgoland kommend, am Weyerberg ein. »Der erste Abend bei Modersohns war voll lebendiger Mittheilung und Freude an einander. Vogeler kam mit seiner zarten, lieblichen, blonden Frau, deren Augen hehr sind wie ein Junihimmel; und wir sassen beim Glase Wein zusammen. Am andern Tage gingen wir mit Modersohns zu Vogeler und begrüssten Frau und Kind. Miekelies, die erstgeborene nun [eineinhalb] jährige sass im Kohl wie ein Hase und wühlte mit dem Knechte Pflanzen aus.«[670]

Rückblickend wird Martha einmal sagen, dass Bettina »ganz meine«[671] war, die immer bei ihr geblieben sei oder bei Oma Schröder. Im Gegensatz zur älteren Schwester Mieke, die eher zu Oma Vogeler ging.

Ein Porträt und Misstöne

Schon einmal hatte Martha dem Maler Paul Schroeter Modell gestanden. Das war im Jahre 1897 für das Bild »Christkind« gewesen, als sich Schroeter erstmals in Worpswede aufhielt.[672] Ein Jahr später war das Bild in der Kunsthandlung Gurlitt in Berlin zu sehen gewesen. Dann kehrt Schroeter im Jahre 1901, gemeinsam mit seiner Frau Margarete (genannt Grete), zurück an den Weyerberg. Auch er hatte, wie der größte Teil der Worpsweder Künstlerkollegen, in Düsseldorf studiert. Man kennt sich also. Und Ende des Jahres 1901 wird auch ihm, »dem neu zugezogenen Maler«[673] ein Mädchen geboren, wie bei den Rilkes und Vogelers. Grete und Paul Schroeter schließen sich eng an die Overbecks an. Beide Familien werden viele Jahre lang befreundet sein, auch über die Worpsweder Zeit hinaus. Denn im Sommer 1904 ziehen Schroeters schon wieder fort, nach Bremen-Horn, und auch das Ehepaar Overbeck verlässt ein Jahr danach Worpswede für immer.

Nach dem Wegzug kommt es dann noch einmal zu einer Zusammenarbeit zwischen Martha und Paul Schroeter, denn sie sitzt ihm Modell für ein Porträt. So fährt sie im September 1904 erstmals nach Bremen-Horn. Es wird ein Bild von ihr »im grünseidenen Ballkleid«[674] werden. Ob Martha oder Heinrich den Kollegen Schroeter um das Bildnis gebeten haben oder ob Schroeter selbst an Martha herangetreten ist, muss im Dunkeln bleiben. Es gibt keine Belege, die diesen Umstand erhellen könnten.

Martha fährt zu diesem Zweck nun den Herbst über mehrmals in die Stadt. »Hoffentlich gelingt es Paul ein ganz feines Porträt von Fr. Vogeler zu malen; der Vorwurf ist sehr reizvoll, u. Pauls Lust dazu ist groß«[675], schreibt Grete Schroeter an ihre Freundin Hermine Overbeck. Doch der Fortgang der Arbeit erweist sich zunehmend als schwierig. »Frau Vogeler war gestern 2 Std. zur Sitzung – sie sitzt sehr schlecht – Paul war etwas deprimiert – heute geht's besser – u. er hofft wieder.«[676]

Doch Paul Schroeter quält sich mit dem Martha-Porträt. Insbesondere der Kopf will nicht gelingen. Das Kleid und der Hintergrund hingegen scheinen »eine glückliche Lösung gefunden zu haben«.[677] So steht Marthas Bildnis »einstweilen in der Ecke«.[678] Ob es je vollendet wurde und in wessen Hände es gelangte – vollendet oder unvollendet –, ist nicht mehr zu rekonstruieren. Allein die

Tatsache aber, dass Paul Schroeter, der später in Berlin ein gefragter Porträtist werden wird, in dieser Zeit ein Bildnis Martha Vogelers anfertigt, ist bemerkenswert. Denn eigentlich ist dieses die Domäne ihres Mannes. Zumal Martha dessen Muse ist. Allerdings hatte die Bildhauerfreundin Clara ihren Kopf schon einmal in Westerwede modelliert. Die Arbeit gilt als verschollen.[679]

Bei den Sitzungen im Hause Schroeter kommt man zwangsläufig ins Gespräch. Bei einer dieser Gelegenheiten spricht Martha ihre und Heinrichs Freundschaft zum Ehepaar Modersohn an. Über die Freundin Paula allerdings berichtet sie nicht gerade Schmeichelhaftes. Da ist von »auf alles herabsehend« und »lieblos« die Rede und von »sich für wahnsinnig bedeutend haltend«.[680] Martha leidet wohl gelegentlich im Freundeskreis, trotz ihrer Dresdener Lehrjahre, immer mal unter einem Gefühl von Herabsetzung, wie sie es anfänglich schon gegenüber den jungen Malerinnen empfunden hatte. Dies mag sie vielleicht auch Paula Modersohn-Becker gegenüber besonders empfinden, da diese eine selbstbewusste junge Frau ist und künstlerisch wie intellektuell ihren Kopf durchzusetzen vermag. Otto Modersohn wiederum klagte schon Ende 1901 in seinem Tagebuch, dass Heinrich die Kunst Paulas nicht verstehe, dass er sie als Malerin nicht anerkenne. Was ihn wiederum kränkte. »Neulich war er bei ihr u. sagte zu ihren Arbeiten nichts.«[681] Nach Heinrichs Meinung müsse einer Frau die Kunst klein erscheinen, sie müsse eben nur Frau sein. »Seine Martha mag ihn darauf gebracht haben«[682], schlussfolgert Modersohn. Clara Westhoff jedoch würde von Seiten Vogelers als Künstlerin geschätzt. Von Hausfrau dürfe bei ihr keine Rede sein, im Gegenteil, sie müsse unbedingt nach Florenz. In diesem emotionalen Beziehungsgeflecht der Freunde beziehungsweise der »Familie« wird deutlich, dass der scheinbar so harmonische Klangteppich auch Misstöne birgt. Was menschlich gesehen verständlich ist. Auch Paula hatte sich einmal Rilkes gegenüber offen kritisch geäußert, hatte den Dichter sogar dafür verantwortlich gemacht, dass sie sich von ihrer Freundin Clara, die zu dem Zeitpunkt bereits Ehefrau und Mutter war, emotional vernachlässigt fühlte.

Was in all diesen Konflikten deutlich wird, ist die Tatsache, dass Frauen mit einer künstlerischen Ausrichtung in der Zeit um 1900 eben nicht nur von Seiten der Gesellschaft, sondern auch von ihnen nahestehenden Menschen wenig Akzeptanz erwarten konnten. Insbesondere wenn sie so ein Freigeist waren wie Paula Modersohn-Becker.

Mit dem Weggang von Rilkes im Spätsommer 1902 hatte sich der Kreis der »Familie« ohnehin aufgelöst. Auch die freundschaftliche Bande zwischen Modersohns und Vogelers – man trifft sich nach wie vor regelmäßig, auch zu Ausflügen – beginnt nun lockerer zu werden, denn Paula wird immer öfter Richtung Paris aufbrechen. Ihr allzu früher Tod im Jahre 1907 dann wird diese unvergleichliche Ära der Künstlerfreundschaften abrupt beenden. Aber der Barkenhoff der Vogelers bleibt derselbe. Dort werden wieder neue Menschen, neue Künstlerfreunde eintreffen und seinen gastlichen Charakter genießen und das Leben dort durch ihre Anwesenheit mitgestalten.

Scherrebek und das Weben

Doch werfen wir erst noch einen Blick auf die Kunstwebschule in Scherrebek (heute Dänemark), die für Martha kurzzeitig wichtig war. Denn von Seiten Heinrichs war angedacht gewesen, sie dorthin zur Ausbildung zu schicken. In der Korrespondenz der Dresdener Zeit taucht dieser Aspekt mehrmals auf. So schrieb sie im Juni 1899 an Heinrich: »Auf Scherrebeck freue ich mich sehr. Die ausgestellten Teppiche sind hier wundervoll.«[683] Tatsächlich sah sie 1899 auf der Kunstausstellung am Stübelplatz auch Bildwebteppiche, die in Scherrebek produziert worden waren, unter anderem die »Fünf Schwäne« von Otto Eckmann[684], die »Wasserlilien« von Gadso Weiland und Otto Westphals großformatige »Magnolien.«[685]

Alle drei Arbeiten stehen repräsentativ für die Webwerkstatt, die 1896 in dem kleinen Ort im äußersten Norden der preußischen Provinz Schleswig-Holstein nahe der dänischen Grenze gegründet wurde. Die Initiative ging vom damaligen Direktor des Hamburger Museums für Kunst und Gewerbe, Justus Brinckmann, aus, der dabei von seinem Mitarbeiter, dem Kunsthistoriker Friedrich Deneken, aktiv unterstützt wurde. So arbeitete Deneken bis zu seinem Weggang 1897 eng mit dem Pastor der Gemeinde Scherrebek, Johannes Jacobsen, zusammen, der die Webwerkstatt mitgegründet hatte. Dieser sorgte auch maßgeblich für die Finanzierung des Unternehmens. Galt die Webschule in Brinckmanns Augen als Stätte der »Erneuerung der Volkskunst«[686], sah Jacobsen sie als neue Erwerbsmöglichkeit für die weibliche Landbevölkerung im Grenzland zwischen Dänemark und Holstein. Nicht zuletzt, um sie mehr »an das Deutschtum zu binden«.[687] Hier klingen deutschnationale Töne an, die Jacobsen, der in einem dänisch gesinnten Umfeld groß geworden war, zunehmend vernehmen ließ. Um der Schule ein eigenes Profil zu geben, regte Deneken an, junge deutsche Künstler, »die an den internationalen Reformbestrebungen im Kunstgewerbe teilhatten«[688], für die Mitarbeit zu gewinnen. So waren unter anderem Otto Eckmann, Otto Ubbelode, Gadso Weiland oder Otto Westphal für die Bildweberei tätig. Man begann mit skandinavisch-geometrischen Entwürfen, die den im ländlichen Raum ansässigen Weberinnen entgegenkamen, entwickelte aber bald schon komplexe bildhafte Themen, die der Webschule im Rahmen der Jugendstilbewegung schließlich zu einer einzigartigen Blüte verhalfen. So wundert es nicht, dass dort auch zwei Wandbehänge nach Entwurfszeichnungen von Heinrich Vogeler gewebt wurden: der großformatige mit dem Titel »Dornröschen« und der kleinformatige mit dem Titel »Spaziergang«. Beide entstanden in den Jahren 1898 und 1899. Schon da kam Martha Schröder ins Spiel, denn beiden Motiven gingen Applikationsstickereien voraus, die sie nach den Entwürfen Vogelers ausgeführt hatte. »Von den gewebten Umsetzungen unterschieden sie sich durch einen großen Detailreichtum, der der technisch bedingten Flächigkeit der Handweberei geopfert werden musste.«[689]

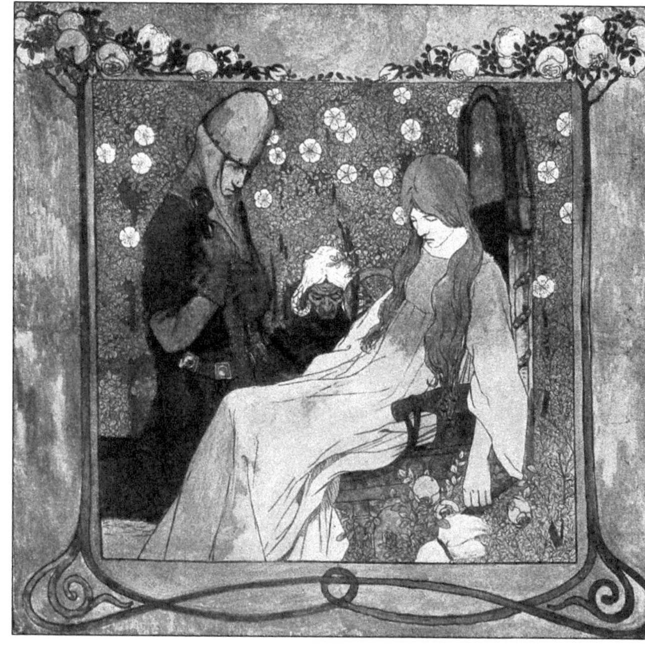

»Dornröschen«, Entwurf zu einem Wandteppich von Heinrich Vogeler

Dass Martha aber in Scherrebek die Bildweberei erlernte, ist auszuschließen, denn es existieren keinerlei Hinweise darauf, obwohl Heinrich dieses – wie bereits angedeutet – für sie vorgesehen hatte. Im September 1899 schrieb Carl Eeg ihr noch nach Dresden: »Und im Frühling [1900] geht es sogar noch zum Teppichweben lernen nach Scherrebeck!«[690] Wenige Wochen später fragte er etwas skeptisch nach: »Wie wird es denn mit Scherrebeck? Vogeler schien so recht nicht an die Leute zu glauben.«[691]

Die Scherrebeker Webschülerinnen kamen aus dem gesamten deutschsprachigen Raum. Mit der Idee einer Erneuerung der Volkskunst strebte das Unternehmen Filialgründungen an. So soll auch eine in Worpswede entstanden sein, »wo Marie Bock, die zusammen mit Clara Westhoff und Heinrich Vogeler 1899 in Scherrebek gewesen war, die Arbeit am Hochwebstuhl aufnahm«.[692] Doch die drei Worpsweder hatten auf ihrer Fahrradtour nach Röm im Sommer 1899 Scherrebek nicht besucht, keine der Quellen berichtet davon. Dass Marie Bock allerdings in Worpswede mit dem Weben begonnen hatte, war schon im Briefwechsel zwischen

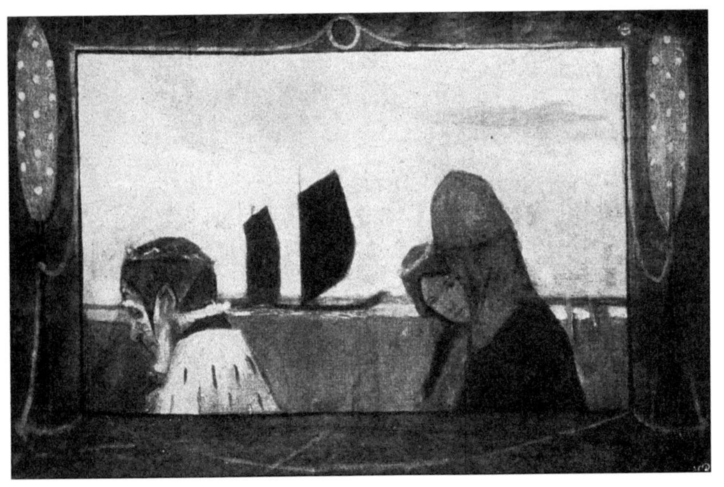

»Der Spaziergang«, Entwurf zu einem Wandteppich von Heinrich Vogeler

Martha und Heinrich im Frühjahr 1900 zu lesen gewesen.[693] Wo sie diese kunsthandwerkliche Technik erworben hatte, ist nicht bekannt. Da die Malerin aber Worpswede bereits im Jahre 1902 verließ, ist das Gobelinweben nur für diese zwei Jahre anzunehmen. Von einer Scherrebeker Dependance aber kann nicht die Rede sein.

Die Webschule in Scherrebek existierte nicht mehr lange. Im Jahre 1903 erlebte sie ihr finanzielles Aus. Und das, obwohl die Schule auf ganz Europa ausstrahlte, die großen Kunstgewerbemuseen ihre Arbeiten ankauften und renommierte Kunsthandlungen in den Metropolen Scherrebeker Wandbehänge in ihr Verkaufsprogramm aufnahmen. Bereits einige Jahre zuvor hatte sie mit finanziellen Schwierigkeiten zu kämpfen gehabt. Sicher auch durch fehlerhaftes, spekulatives Geschäftsgebaren seitens Pastor Lorenzens, der neben der Webschule noch andere wirtschaftliche Unternehmungen gegründet hatte.

Auch auf der Pariser Weltausstellung 1900 war Scherrebek präsent. Unter anderem mit Heinrich Vogelers »Dornröschen«-Wandbehang.[694] Anfang April 1903 meldete die Webschule Konkurs an. Schon im Frühjahr 1902 wurden auswärts arbeitende Weberinnen entlassen und in der Schule selbst die Zahl stark reduziert. Schließlich nahm ein Konkursverwalter die Abwicklung des Unternehmens in die Hand, die sich über mehrere Jahre hinzog.

Die Frage aber bleibt, wo Martha das Weben beziehungsweise das Bildweben erlernt hat. Sie selbst hat sich dazu einmal in den 1930er Jahren geäußert. »Mit achtzehn Jahren hatte ich das Kunstweben angefangen, angeregt durch die Teppiche nach H[einrich] V[ogelers] Entwürfen die in Scherrebek [in] Holstein gewebt wurden. Die nächsten Jahre webte ich nur für den Hausgebrauch ab und zu künstlerische Stücke.«[695] So wird Martha bereits auf dem Hemberg einen kleinen Hochwebstuhl gehabt haben. Und später auf dem Barkenhoff auch, denn um 1914 kommt die Weblehrerin Adelheid Höbel aus Flensburg nach Worpswede[696] und führt sie und vermutlich auch ihre Töchter Mieke und Bettina in die Feinheiten der Bildweberei ein. Der Kontakt zu der Weberin aus dem Norden war schon einige Jahre zuvor entstanden, denn in einem Brief Clara Rilke-Westhoffs an Adelheid Höbel aus dem Jahre 1908 empfiehlt diese sie an Heinrich Vogeler. »Und dann schreiben Sie vor allen Dingen an Herrn Heinrich Vogeler. Ich vermute, er wird Ihnen selbst Aufträge geben, wenigstens solche verschaffen. Setzen Sie ihm alles auseinander wie Sie es mir schrieben. Es freut mich, daß Sie da oben sind und wünsche Ihnen guten Mut und Ausdauer für die Arbeit.«[697] Ob Adelheid Höbel ihre Ausbildung in Scherrebek genossen hat, kann nur vermutet werden. Nachweisbar ist es nicht.

In den Jahren des Ersten Weltkriegs wird Martha dann die Tradition des Flachwebens unter Anleitung einer älteren Weblehrerin an Bauernwebstühlen aus der Region systematisch betreiben. Denn in dieser Zeit diktiert die Not den Alltag. Wolle, Leinen und andere Stoffe werden Mangelware sein. So wird sie sich entschließen, mit anderen Mädchen aus dem Dorf dieses bäuerliche Handwerk zu beleben und Gebrauchsstoffe herzustellen.[698] Dafür entsteht auf dem Barkenhoff eine kleine Webschule mit insgesamt acht Webstühlen, wo auch Gobelins gewebt werden. Für die Entwürfe ist unter anderem Martha zuständig.[699] Auch wenn sie das Weben in dieser Zeit intensiv betreibt, wird es später nie eine Hauptbeschäftigung für sie sein. Es wird eher ein Freizeitvergnügen bleiben. So ist auch der kleine Bildteppich »Martha und Paula Schafe hütend« in diesem Zusammenhang zu sehen, den Martha allerdings erst in den 1950er Jahren nach einer Aquarellvorlage der früheren Freundin Paula Modersohn-Becker am Hochwebstuhl fertigen wird. Und das sogar zweimal.[700] Die Vorlage mit stark vereinfachten Figuren in leuchtenden Farben war bereits im Jahre 1904 entstanden. Die Ehepaare Modersohn und Vogeler waren zu dieser Zeit noch eng befreundet.

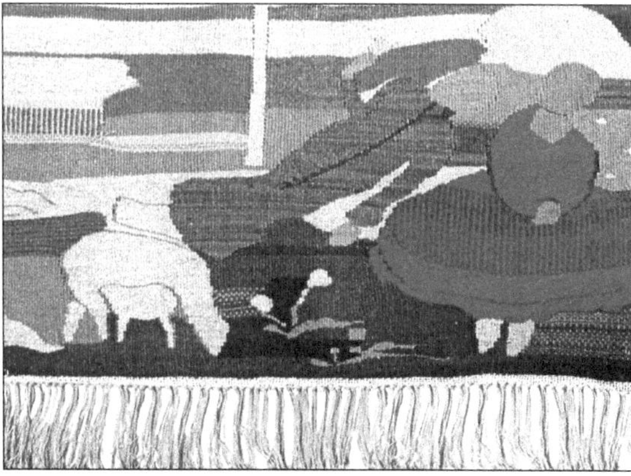

»Martha u. Paula Schafe hütend«, Gobelin, Entwurf von Paula Modersohn-Becker von 1904, ausgefürt von Martha Vogeler, 1950er Jahre

»Duncan tanzen« und die kleine Martha

Bleiben wir noch einen Moment im Jahre 1904, in welchem Paul Schroeter Martha porträtiert und die Worpsweder Künstlerfrauen eine neue kreative Beschäftigung für sich entdecken: das sogenannte »Duncan tanzen«. Angeregt hatte es wohl Paulas Mutter.[701] Paula und Martha sind immer dabei, gelegentlich auch Paulas jüngere Schwester Herma.[702] Diese Art zu Tanzen ist gleicherweise ein Sommer- wie Wintervergnügen. Wobei es aber wohl mehr in den dunklen Wintertagen zelebriert wird. Da Martha sehr gerne tanzt, macht es ihr besondere Freude, zumal Intuition und Improvisation gefragt sind. Otto Modersohn spricht in diesem Zusammenhang einmal auch vom »Duncanaufspielen«.[703]

Hintergrund des Ganzen ist die amerikanische Tänzerin Isadora Duncan, die um 1900 zur Wegbereiterin des modernen Ausdruckstanzes wird. Sie tritt meist in Schleiergewändern auf und unterlegt ihre Choreografien mit klassischer Musik, was neu ist. Die Duncan, wie sie meist genannt wird, tritt auch in Bremen auf. Martha hatte sie sogar einmal in München erlebt und war begeistert: »Eine umwälzende Art zu tanzen.«[704] Ende November schreibt Otto Modersohn an den Dichterfreund Carl Hauptmann: »Am letzten Sonntag hatten wir einen feinen Genuß; Frau Vogeler u. meine Frau tanzten in reizenden Gewändern à la Duncan, das würde sie auch interessiert haben.«[705] Das Weihnachtsfest in diesem Jahr beschert den Barkenhoff-Bewohnern vielerlei Gaben aus dem Riesengebirge von der Familie Hauptmann. Da ist etwa der Rübezahl auf einem mit Perlen besetzten Glas zu bestaunen und »Miekelies mit einer strahlenden Goldmütze auf ihren blonden Haaren«.[706] Auch die Modersohns werden von den Hauptmanns zum Fest großzügig mit einer gut gefüllten »Wunderkiste«[707] bedacht.

Im Januar des Jahres 1905 gibt es ein paar herrliche Frosttage, die die überschwemmte Hammeniederung in eine riesige, spiegelglatte Eisfläche verwandeln. Modersohns, Vogelers und Clara Rilke schnallen sich wieder einmal ihre Schlittschuhe unter und laufen von der Worpsweder Mühle in einer großen Tour bis nach Bremen, »und den ganzen Weg per Schlittschuh zurück.«[708]

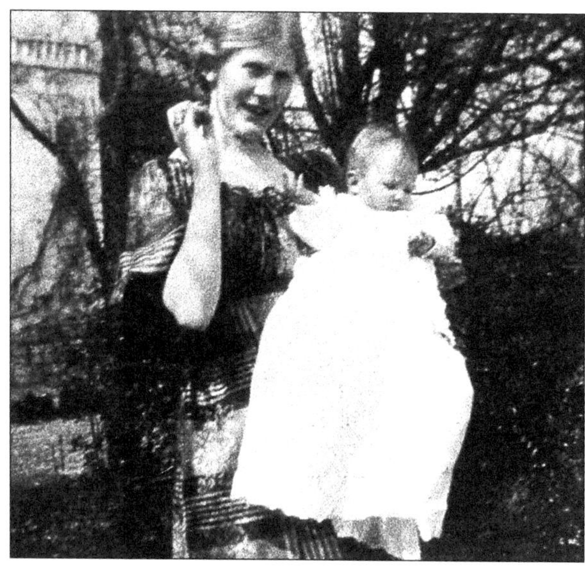

Martha mit der kleinen Martha, 1906

Martha liebt das Schlittschuhlaufen, doch ist dieses Vergnügen seltener geworden, denn die Ostwetterlage, die knackigen Frost bringt, stellt sich immer weniger ein. Früher teilte sie dieses Vergnügen gerne mit Clara, als diese noch nicht Frau Rilke hieß. Etwa am 12. Februar fährt Heinrich nach Dresden, um Antikenstudien für die beiden Seitenfelder des Rahmens für das große Bild »Sommerabend« anzufertigen, das im Sommer in Oldenburg ausgestellt werden soll. Er wohnt bei Helene Chrambach in der Stübelallee 5 und besucht unter anderem auch Familie Petri, die »sehr liebe[n] Menschen«.[709] Zudem fährt er ab und zu nach Meißen, um seine Rosen zu modellieren. Auch dieses Porzellan, für den Toilettentisch einer Dame gedacht, soll auf der Großen Nordwestdeutschen Kunstausstellung präsentiert werden. Doch mit den Antiken hat er noch viel zu tun, »es ist doch mehr Arbeit wie ich dachte«.[710] Und bald schon sehnt er sich nach dem Barkenhoff, nach der einfachen Lebensweise dort, nach Marthas Fürsorge und nach ihren Augen.[711]

Martha hat währenddessen Gesellschaft von Tante Henny bekommen, damit sie mit Mieke und Bettina nicht so alleine ist. Einmal besuchen beide Frauen gemeinsam mit Otto Modersohn und dessen Schwiegermutter einen Theaterabend in Welzels Saal: einen Überbrettelabend[712]. An seine Frau Paula, die seit Mitte Februar wieder in Paris weilt, schickt Otto nach dieser Aufführung eine Postkarte mit einem satirischen Vierzeiler:

»In feierlicher Prozession
Zieht Mutter, Martha, Modersohn
In Welzels Festsaal frohgelaunt
Worpswede aber sitzt und staunt!!!!«[713]

Paula also hält sich wieder zum Studieren in Paris auf. Es ist das dritte Mal. Schon bald steht fest, dass eine kleine Gruppe aus

Worpswede ihr im Frühjahr für ein paar Tage folgen wird. Unter ihnen Martha und Heinrich, der Anfang März wieder aus Dresden zurück sein wird. Doch gibt es zwischen Otto und den Vogelers wegen des Reisetermins einige Unstimmigkeiten, denn Martha möchte eigentlich erst ihre monatliche Regel, im engeren Sprachgebrauch das »Vergnügen« genannt, abwarten. So schreibt Otto an Paula: »Ich habe lange mit Vs. [Vogelers] geredet, die kl. Frau war zunächst ziemlich knurrig, aber ihr Vergnügen ist so ungewiß, daß es vielleicht auch am 6. erst beginnt. Fahren macht ihr nichts.«[714]

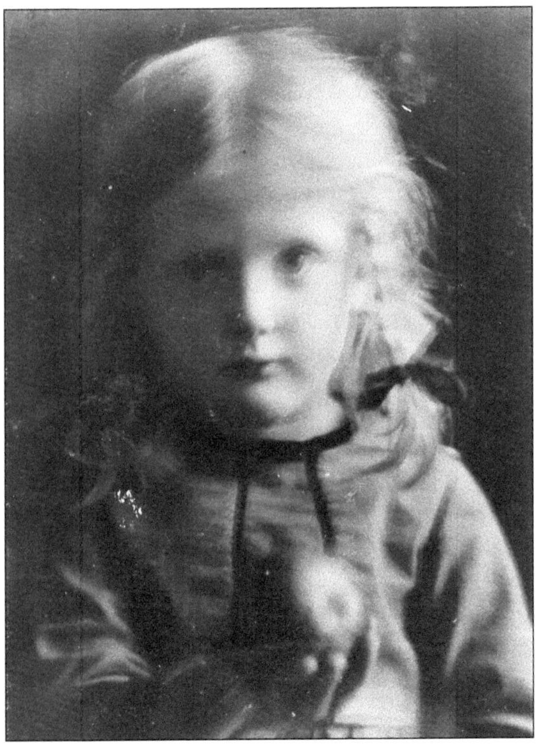

Die kleine Martha, um 1907

Letztendlich reist die kleine Gruppe, zu der Martha und Heinrich, Otto, dessen Schwägerin Milly und Heinrichs Schwester Marie gehören, doch schon am 28. März ab. Man steigt in Bremen in den Nachtzug, fährt über Köln und ist am Abend des folgenden Tages in Paris. Paula erwartet die Gruppe am Gare du Nord. Sie hat alle in ihrem Hôtel rue Madame einquartiert. Ein Ausflug in die bezaubernde Umgebung von Paris, nach Meudon, steht auf dem Programm; auch ein Besuch »bei Fayet [mit den] Gauguins«[715] sowie das Show-Spektakel von Buffalo Bill am Fuße des Eiffelturms. »Paula sorgte auch auf ihre Weise für eine gute Ernährung der Worpsweder Gäste. Da war die Brasserie Universelle von ihr ausgekundschaftet worden. Dort gab es das beste Horsd'œuvre.«[716]

Schon nach gut einer Woche sind alle wieder zurück in Worpswede, auch Paula. Am Karfreitag schreibt diese dann einen langen Brief an ihre Schwester Herma, die sich als Au Pair immer noch in Paris aufhält. In dem heißt es: »Vogelers erwarten vielleicht ein drittes Kind.«[717] Dass sie noch einmal schwanger sein könnte, wird Martha wohl schon in Paris gespürt haben und ihr wenig später zur Gewissheit geworden sein. Diese Aussage Paulas im Brief an Herma ist der einzige Hinweis auf Marthas dritte Schwangerschaft. Weder in den Briefen Helene Chrambachs noch in anderen Quellen wird darauf Bezug genommen. Auch nicht in den Briefen von Heinrich. Dieser arbeitet jetzt fieberhaft an den Vorbereitungen zur großen Ausstellung in Oldenburg, die Mitte Juni eröffnet wird. Sein »Sommerabend«, auch als »Konzert« betitelt, an dem er gut fünf Jahre gearbeitet hat[718], wird mit der Großen Goldenen Medaille für Kunst und Wissenschaft ausgezeichnet. Es ist der Freundeskreis, den er in diesem Bild noch einmal auf dem Vorplatz seines Barkenhoffs versammelt. Doch ist dessen Botschaft bereits ein »Abgesang auf die große frühe Zeit der Künstlergemeinschaft«[719], denn nichts deutet mehr auf ein gesellig-musisches Miteinander hin, die Atmosphäre wirkt unterkühlt. Martha, als zentrale Figur am Tor stehend, schaut in eine ungewisse Ferne und wirkt abwesend. Unterhalb von ihr, auf den Treppenstufen, liegt der russische Windhund, das Geschenk Alfred Walter Heymels. Rainer Maria Rilke ist gar nicht vertreten. Für Heinrich selbst ist es ein »totes ernstes Bild«.[720]

Alles in allem aber wird die Oldenburger Ausstellung für ihn ein Erfolg, als einzigem Künstler hat man ihm einen eigenen Saal zugestanden, wo er zahlreiche Exponate seines künstlerischen wie kunsthandwerklichen Schaffens zeigen kann.

Auch Helene gratuliert Mining zur Goldenen Medaille. »Das ist doch eine schöne Anerkennung der Verständigen.«[721] Martha hegt in dieser Zeit die Absicht, wieder einmal nach Dresden zu fahren. »Aus Deinem Brief strahlt mir nur entgegen, daß Du mich besuchen willst. Ich werde mich königlich freuen«[722], schreibt Helene nach Worpswede. Aber erneut reist Martha nicht zu ihr, wohl der Schwangerschaft wegen. Heinrich hingegen hält sich Ende November noch einmal in Dresden sowie in Leipzig auf. In den Briefen an seine Frau ist jedoch nichts über die bevorstehende Geburt zu lesen.

Zwei Wochen später dann, am 7. Dezember, wird die dritte Tochter Martha geboren. Sie erhält also den Namen der Mutter. Die Geburt des Töchterchens erwähnt Heinrich nicht in seinem Brief an Carl Hauptmann, als er Ende Dezember zu einer großen Seereise aufbricht, um ein Augenleiden zu heilen. Die Taufe am 26. Dezember aber kann er noch mitfeiern, die, wie bei ihren beiden Schwestern, auf dem Barkenhoff ausgerichtet wird. Als Paten sind im Taufbuch die Mutter des Kindes, deren Schwester Minna Klindworth aus Südwede und der Bruder Martin Schröder, der in Heudorf eine Lehrerstelle angetreten hat, eingetragen.[723]

Noch am Silvestertag verfasst Heinrich vom Bremer Bahnhof aus, kurz vor seiner Abreise Richtung Südasien, einen Neujahrsgruß an Helene Chrambach.[724] Diese hatte kurz zuvor eine Karte nach Ostendorf geschickt und bei Martha angefragt, ob sie die Brosche erhalten habe. Möglicherweise ein Geschenk ihrerseits zur Geburt der kleinen Martha an die Mutter. Helene ist »froh, daß alles gut geht! Halte Dich noch recht, es kommt so viel darauf an!«[725] Dieser gut gemeinte Rat einer erfahrenen Frau und Mutter könnte als indirekter Hinweis auf Marthas neue Situation gelesen werden.

Einmal aber erwähnt Heinrich die Geburt der dritten Tochter doch, nämlich in einem Brief an Paula Richter in Łódź, den er ihr aus Ceylon schreibt, dem Ziel seiner Seereise. Diese wiederum richtet einige Zeilen an die junge Mutter in Ostendorf: »Herr Vogeler schrieb mir von Ihrer dritten Tochter Martha – und auch hierzu bitte ich verspätet aber sehr sehr herzlich meine Glückwünsche aussprechen zu dürfen. Das kleine Kleeblatt wird viel Leben machen und viel Freude bringen. […] Wem ist das Kleine nun ähnlich: Bettina oder Marie Louise?«[726]

Auch ein inzwischen selten gewordener Gast trifft zum Jahresende auf dem Barkenhoff ein: der Freund Rainer Maria Rilke, der das Weihnachtsfest und den Jahreswechsel bei seiner Familie in Worpswede verbringt. »Seine Nähe war wohltuend am Wochenbett als die jüngste der drei Töchter […] geboren war«[727], wird Martha später sagen. Ja, drei kleine Töchter hat Martha nun, die sie künftig fordern werden. Letztlich aber wachsen sie recht selbständig auf. Ein blondes Dreigestirn, das unzertrennlich sein wird.

Bremer Freunde

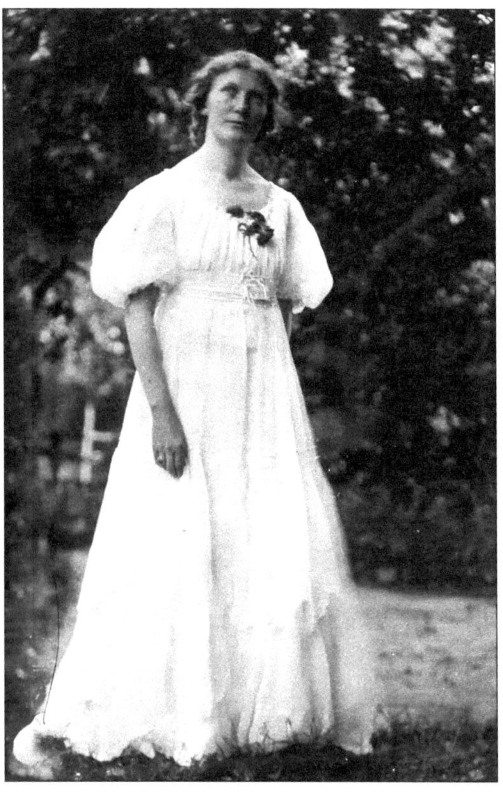

Martha Vogeler, um 1907

Marthas Lage Anfang des Jahres 1906 sieht nicht gerade rosig aus. Da will das Neugeborene, da wollen die zweieinhalbjährige Bettina und die vierjährige Mieke versorgt sein. Und Heinrich ist auf großer Reise.

Maria Rohne, eine der neuen Malerfreundinnen, erfasst die Umstände auf dem Barkenhoff mit weiblichem Instinkt und solidarischer Empathie: »Herrgott, so Männer haben's doch gut.«[728] Zwar hat Martha Unterstützung im Haushalt, in der Küche und im Gemüsegarten von zwei Mädchen aus dem Dorf, aber dennoch muss sie sich nun um drei kleine Kinder kümmern. Die Malerin Maria Rohne und Martha kennen sich seit geraumer Zeit, denn seit Mitte des Jahres 1904 kommt diese regelmäßig nach Worpswede.[729] Meist in der schönen Jahreszeit. Die Wintermonate verbringt sie in Berlin, der Stadt, in der sie aufgewachsen ist. Im Künstlerdorf mietet sie sich meist beim Postboten Garwes ein Atelier, wo vermutlich auch ein Porträt von Martha entstanden ist. Näheres darüber ist nicht bekannt.

Die dunkelhaarige junge Frau, etwas jünger als Martha, lernt auch die Modersohns kennen. So wird sie gemeinsam mit Vogelers, Modersohns, mit Clara Rilke und Agnes Wulff im Juni dieses Jahres 1906 zu zwei Gartenfesten nach Bremen eingeladen. Zum einen bei Alfred Walter Heymel[730], der wieder in seiner Heimatstadt lebt. Zum anderen beim Werftbesitzer, Reeder und Reiskaufmann Robert Rickmers, der mit seiner Frau Lily auf seinem Landsitz Hodenberg in Oberneuland einen Abend unter dem Motto »Sommernachtstraum« gibt. Alle Damen erscheinen »in griechischen Gewändern«.[731] Die Vogelers sind um diese Zeit mit den Rickmers' befreundet, denn Heinrich hatte einige Aufträge für die Ausgestaltung von Gut Hodenberg erhalten.

Otto Modersohn erscheint auf diesem Fest alleine, denn seine Frau hält sich seit Februar erneut in Paris auf, will mit dieser Reise endgültig die Trennung von ihm vollziehen. Die Ehe der Modersohns steckt also in einer tiefen Krise. Als Heinrich Anfang März aus Ceylon zurückkam, hatte Otto sich ihm anvertraut. Von Martha aber war er enttäuscht gewesen, denn sie war »natürlich gegen mich. [...] Schade, daß M[artha] V. je etwas erfahren; für soetwas ganz ungeeignet«.[732] Martha hatte sich in diesem Konflikt auf die Seite Paulas geschlagen. Über die Lage der Modersohns muss sie auch nach Dresden berichtet haben, denn Helene bringt ihre Meinung, wie meist, ohne Umschweife auf den Punkt: »Modersohns scheinen total verrückte Leute zu sein. Wie kann man nur der Welt solch Schauspiel geben?«[733] Martha und Paula aber bleiben weiterhin im Kontakt, sind nach wie vor vertraut miteinander. Bald nach ihrer Ankunft in Paris hatte Paula die Freundin gebeten, ihr »Wäsche zu schicken«.[734] Sie fragte außerdem an, ob Martha wohl im Mai nach Paris kommen würde. »Hüte giebt es dies Jahr hier, Hüte! Wohl die hübschesten, die ich in meinem Leben gesehen habe. Ich habe mindestens bei fünfen an Sie gedacht.«[735] Im Mai schreibt Paula ihr dann: »Ihr kleiner Brief hat mir viel Freude gemacht. Ich sehe daraus, dass Sie mich gerne leiden mögen und das thut immer gut. Wir bleiben ja trotzdem ›Familie‹, wenn ich auch nicht bei Ihnen bin. [...] Wenn Sie und Mining eine Woche mal herkämen, das wäre sehr schön. [...] Was Sie mir von meinen Studien geschrieben haben, hat mir natürlich viel Freude gemacht. Sowas hört man gerne.«[736]

Bürgermeister Marcus

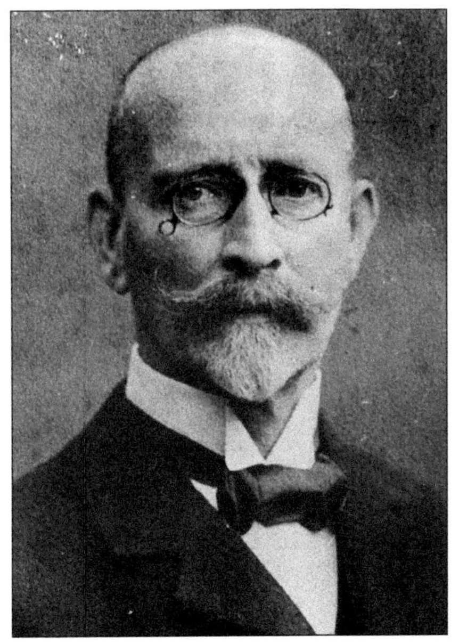

Vogelers haben die Absicht, drei Bilder von Paula zu erwerben, kaufen schließlich aber nur eines: das kleine »Stillleben mit der rothen Decke und dem grünen Glas für 100 Mark«.[737]

Zu den neuen Freunden dieser Jahre zählt neben dem Ehepaar Rickmers auch der Rechtsanwalt Hermann Julius Kulenkampff-Post mit seiner Frau Marie-Louise. Es sind die »Aufträge vor allem kunstgewerblicher Art für Privathäuser«[738], die die freundschaftlichen Bande zwischen dem Worpsweder Künstlerpaar und den gutbürgerlichen Kreisen Bremens knüpfen. Man besucht einander, vor allem aber kommen die Bremer immer gerne auf das Vogeler'sche Anwesen mit dem strahlend weißen Giebel. Nicht zuletzt wegen der Gastfreundschaft des Hauses und der blonden Gastgeberin, die ihre Gäste zu verwöhnen weiß. »Liebe Vogelers – herzliche Grüße, wir denken noch immer an den reizenden Nachmittag neulich bei Ihnen. Caspar träumt vom Weyerberg und vom süßen Baby«[739], berichtete Marie-Louise Kulenkampff schon im Jahre 1902 nach Worpswede. Caspar ist ihr damals siebenjähriger Sohn. Beide Frauen, Marie-Louise und Martha, verständigen sich auch über Handgearbeitetes wie beispielsweise Puppen. »Könnten Sie mir ihre alten Kostümbilder noch einmal leihen. Ich wollte sie so gerne für die Puppen haben. […] Hermann spricht sehr viel von Martha«[740], womit die kleine Martha gemeint sein dürfte.

Das Ehepaar Kulenkampff-Post hat drei Söhne: Hermann, der jüngste, wurde 1904 geboren, Caspar, der älteste, 1895 und Georg, der mittlere, 1898. Dieser ist ein äußerst begabter Violinist. Als Zwölfjähriger wird er auch einmal auf dem Barkenhoff musizieren. »Unvergeßlich war für mich der Eindruck dieses jungen Menschen, Georg Kulenkampff, wie er in seinen kurzen Hosen auf der Diele des Hauses die Violine nahm und eine Sonate von Beethoven spielte«[741], erinnert sich Heinrich Vogeler. Georg Kulenkampff wird einer der bedeutendsten Violinisten seiner Zeit werden.

Zum Kreis der gutsituierten Bremer Freunde gehören auch Marie und Senator Victor Marcus. Marcus wird bald schon Bürgermeister der Hansestadt sein. Vermutlich ist die Bekanntschaft mit den Vogelers in diesem Jahr 1906 über den Kauf des Ziegeleigeländes zustande gekommen. Denn »Marcus hat für 40 000 M den ganzen Bolte gekauft.«[742] Darin inbegriffen ist vermutlich auch das Stück Heide am Hang des Berges, das später seinen Namen tragen wird. Dieses grenzt an das Barkenhoff-Grundstück, welches Heinrich gerne nach Norden hin erweitern möchte. So erwirbt er wenig später von Victor Marcus im Tausch gegen das Bild »Sehnsucht« einen Teil der Heide mit Lehmgruben. Dieses neue Stück Land benötigt er, um eine neue Zufahrt zum Haus anzulegen, und für die Anlage eines romantisches Teiches, der dem Anwesen einen parkähnlichen Charakter verleihen wird.

Wenige Tage nach dem Grundstückserwerb besucht das Ehepaar Marcus den Barkenhoff. »L[iebe] Fr. V[ogeler], unser Tag draußen war so schön, daß ich nicht meine Blumen betrauern

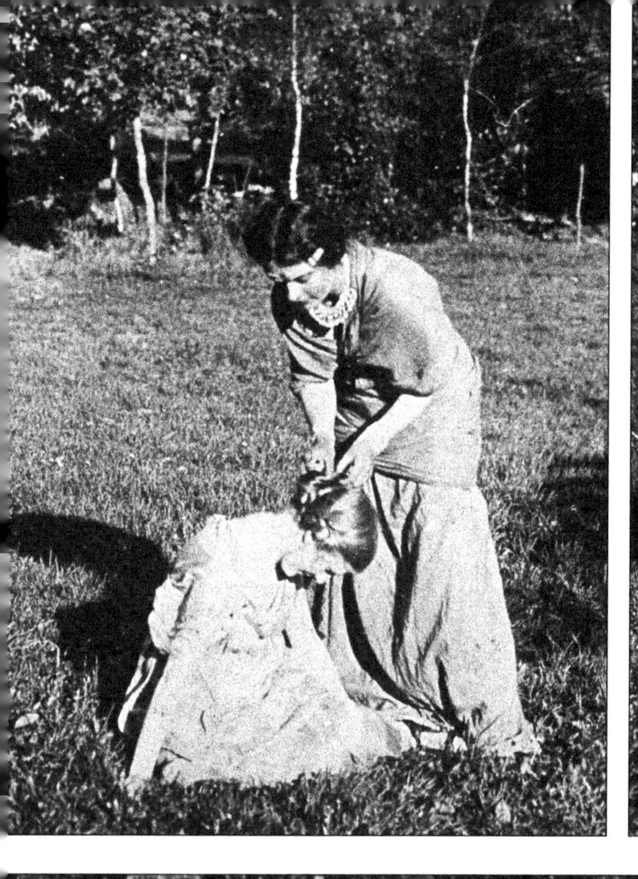

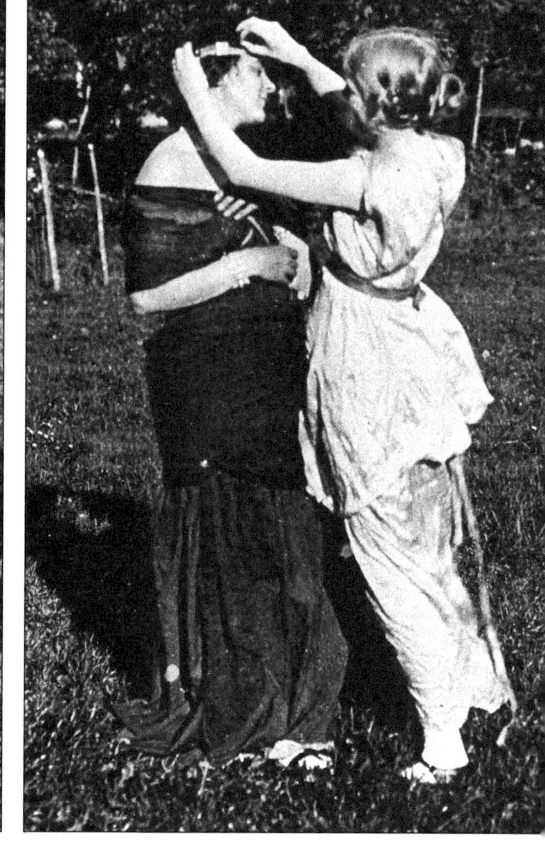

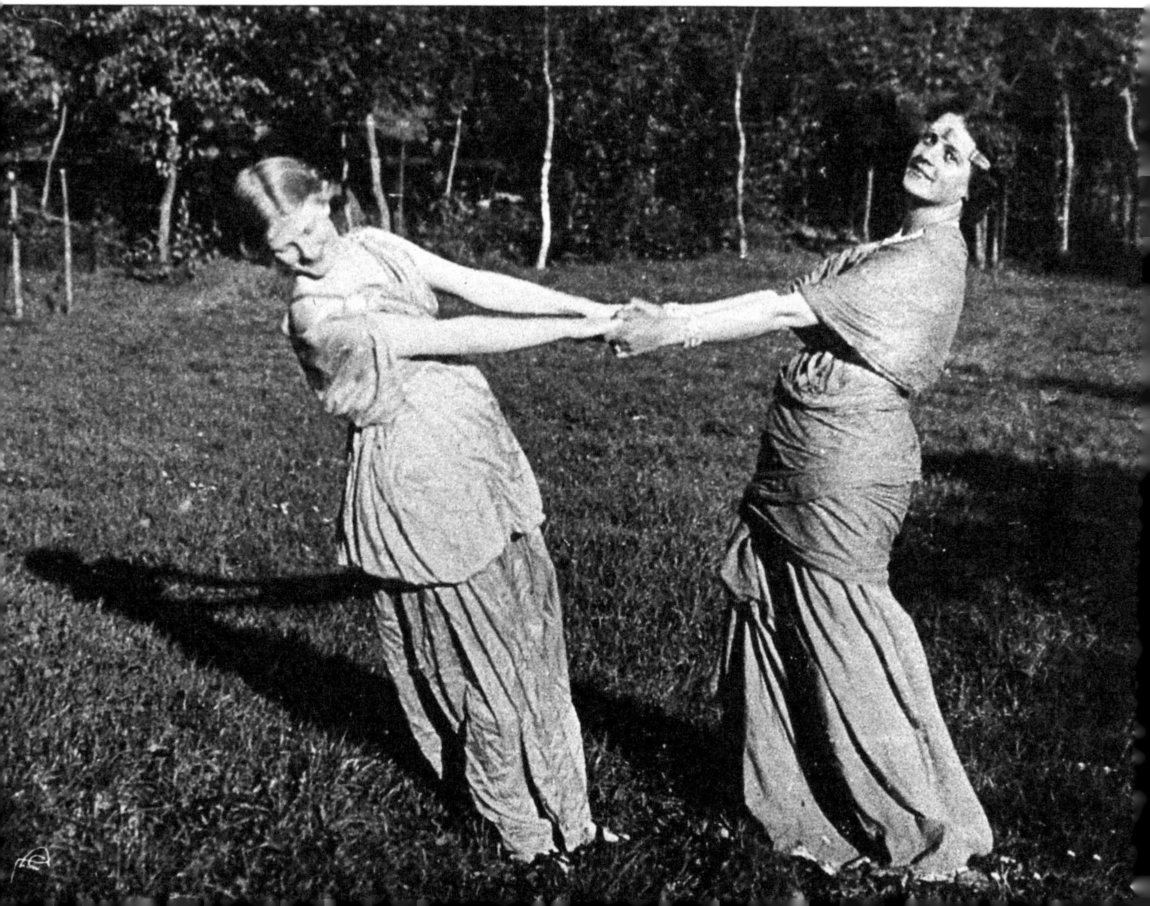

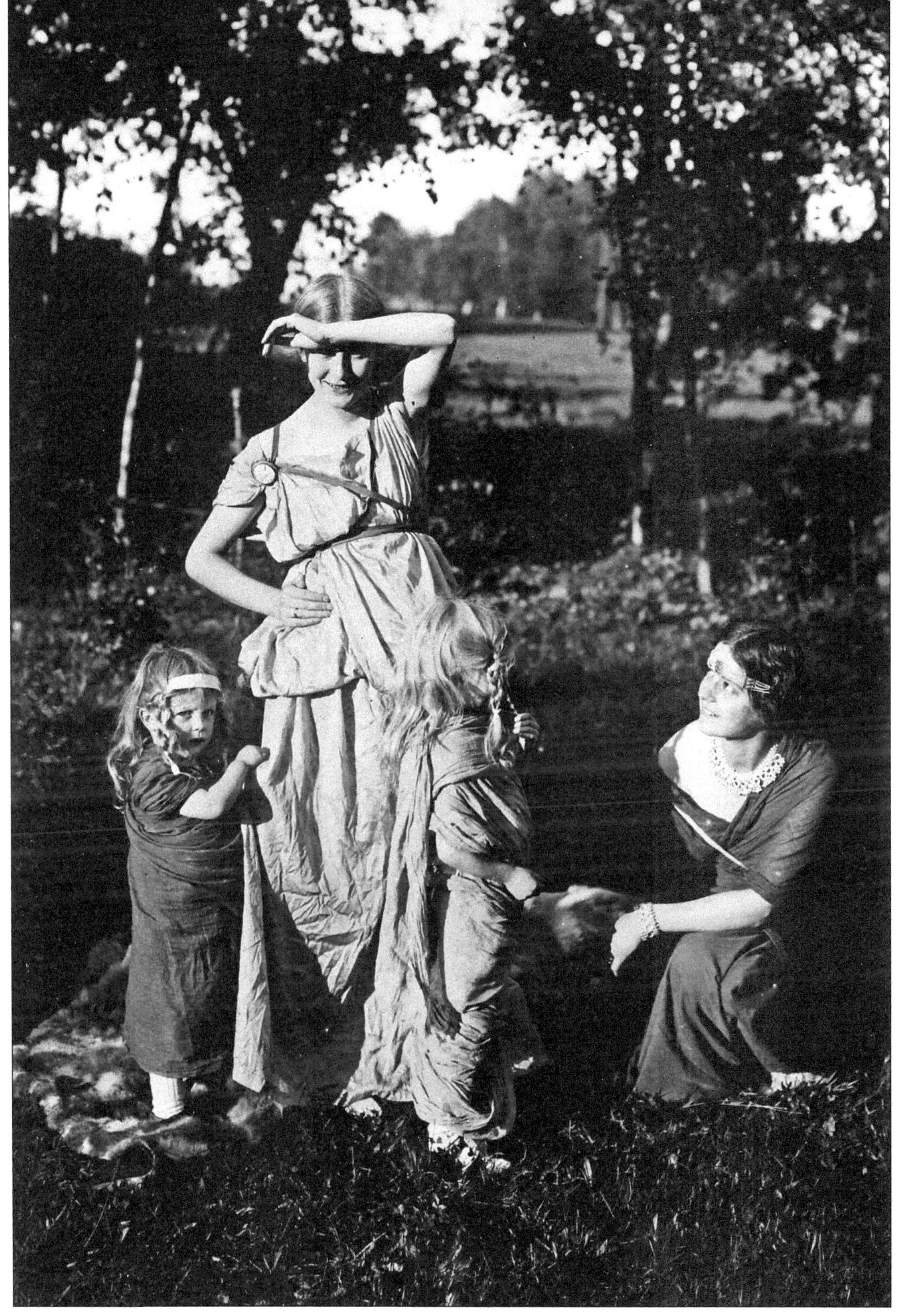

Linke Seite: Martha und Maria Rohne (spätere Frau von Carl Hauptmann), 1906

Oben: Martha mit Maria Rohne und den Töchtern Mieke und Bettina

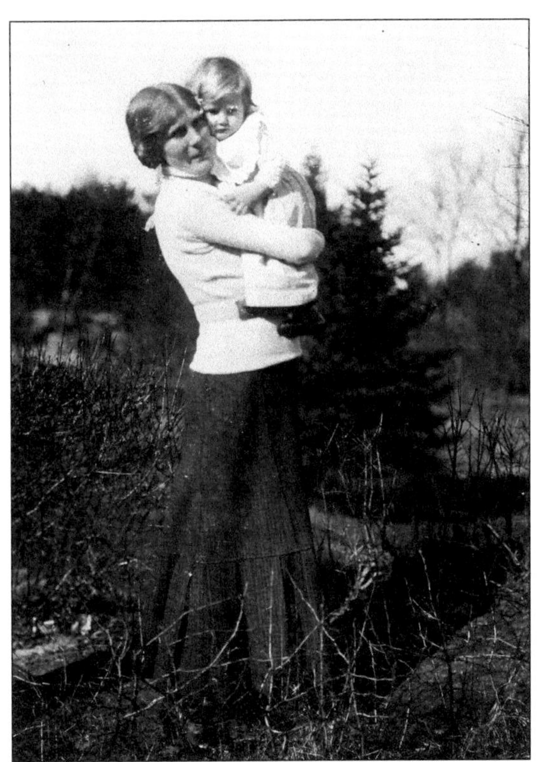

will, die bei Ihnen in guter Pflege bleiben. Gefreut hätten sie sich in Erinnerung an [den] Johannistag 1906. Es war einer unserer schönsten, wir glauben sogar unser allerschönster.«[743] Im November dann heißt es: »Was für einen schönen Tag hatten wir Sonntag bei Ihnen! Man denkt Frühling kommt und nicht Winter und wie gemütlich war es an Ihrem Kamin.«[744]

Anfang Oktober dieses Jahres – Maria Rohne hält sich immer noch in Worpswede auf – entsteht an einem sonnigen Tag im Garten des Barkenhoffs unter den noch im Sommergrün stehenden Birken eine Fotoserie mit ihr und Martha, gehüllt in griechische Gewänder. Es werden wohl dieselben gewesen sein, welche beide jungen Frauen im Juni auf dem Rickmer'schen Gartenfest getragen haben. Der Fotograf ist Georg Tappert, ein Künstler aus Berlin, der gerade in Worpswede angekommen ist und etwa drei Jahre im Dorf am Weyerberg bleiben wird. Hier richtet er eine Malschule ein und beschäftigt sich intensiv mit der Fotografie, dem neuen bildkünstlerischen Medium. So werden Martha und Maria von ihm auf einer Wiese, umgeben von schlanken Birken, in Szene gesetzt: sich an den Händen haltend und tanzend, sich die Frisuren richtend, Blumen pflückend oder sich zu den Töchtern Mieke und Bettina hinabbeugend, die die kleinen Szenerien personell erweitern.

Mutter Martha und Töchterchen mit spitzengesäumtem Lätzchen, 1906

Aber es gibt noch jemanden, der das Ganze vom Rande der Wiese aus beobachtet: der Dichter Carl Hauptmann. Er hält sich wieder für ein paar Tage in Worpswede auf und hat bei diesem Fototermin vor allem nur Augen für die junge Maria Rohne. Vermutlich waren sich beide im Jahr zuvor hier erstmals begegnet. In diesen Oktobertagen muss auch das Foto von Martha mit ihrer Jüngsten, der pausbäckigen Martha mit spitzengesäumtem Lätzchen, entstanden sein, die von ihrer schlanken, biegsamen Mutter auf den Armen gehalten wird.

Ein paar Tage später fahren Martha, Heinrich und dessen Schwester Marie für acht Tage nach Paris. Eine verspätete Reise, denn Paula hatte schon im Mai gehofft, dass beide Vogelers kommen würden. Auch ihr Mann Otto ist schon an der Seine eingetroffen, denn beide wollen einen Neuanfang wagen. An ihn schreibt Heinrich: »Am Donnerstag Abend sind meine Frau, Marie und ich in Paris, wir freuen uns Euch wieder zu sehen und hoffen auf genussreiche Tage.«[745]

Die Worpsweder Freunde verbringen also einige Tage gemeinsam. Unter anderem besuchen sie den Salon d'Automne, den seit 1903 jährlich stattfindenden Pariser Herbstsalon, der neben bildender Kunst auch Architektur, Musik, Literatur und dekorative Inneneinrichtungen zeigt. Und sie begegnen erstmals dem Bildhauer Bernhard Hoetger, mit dem Paula sie bekannt macht.

Anfang November treffen Vogelers dann wieder am Weyerberg ein. Wer in der Zwischenzeit ihre drei Mädchen gehütet hat, kann nur vermutet werden. Vielleicht wieder Marthas Schwester Minna, die seit geraumer Zeit selbst Mutter ist, und die beiden Großmütter. Zu Hause angekommen, findet Martha einen Brief von Maria Rohne vor, die inzwischen wieder in Berlin ihr Winterquartier bezogen hat. »Liebste Frau Vogeler, nach der Karte Ihrer Schwägerin [Philine] kommen Sie jetzt wieder nach Hause u. da will ich doch auch mal wieder ein bisschen zu Ihnen kommen – weil wir's doch nun mal so gewohnt sind. [...] Wie's wohl in Paris war? Himmlisch? Sie müssen mir mal davon erzählen.«[746] Maria Rohne hält sich immer gerne auf dem Barkenhoff bei Martha auf, die sie lieb gewonnen hat. Für sie sind die anregenden Worpsweder Wochen wieder vorbei. Aber die Freundinnen werden sich bald schon wiedersehen, denn Martha und Heinrich reisen zum Jahreswechsel ins Riesengebirge nach Schreiberhau, begleitet von Maria Rohne.

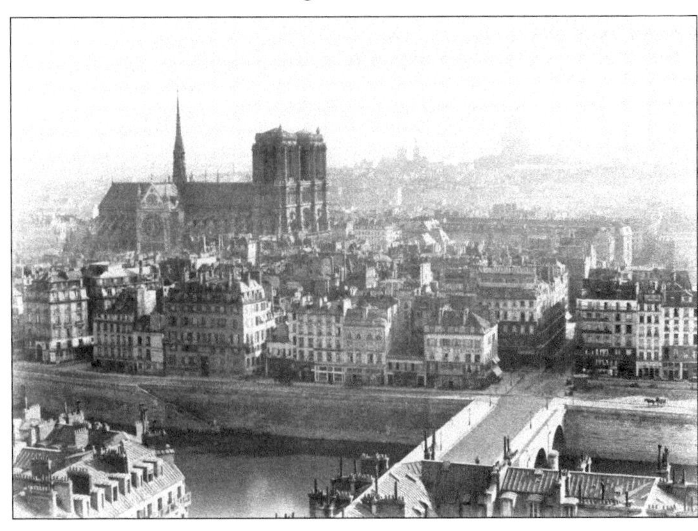

Blick auf die Kathedrale Notre-Dame de Paris

Zimmer einer jungen Frau

Aber zuvor sollen noch zwei andere Reisen des Ehepaares angesprochen werden. Bereits im Mai dieses Jahres 1906 hatte Helene Chrambach nach Worpswede gemeldet: »Minings Zimmer ist das Gespräch von Dresden.«[747] So bringt dieses Jahr den Vogelers nicht nur viele freundschaftliche Begegnungen, sondern auch eine weitere Ausstellung. War es im Jahr zuvor die Nordwestdeutsche Kunstausstellung in Oldenburg gewesen, so ist es in diesem Jahr die Dritte Kunstgewerbeausstellung in Dresden. Heinrich ist mit dem »Zimmer einer jungen Frau«[748] vertreten, wo unter anderem auch die Rosenporzellane zu sehen sind, die er in Meißen fertigen ließ und die bereits in Oldenburg ausgestellt waren. Hier schmücken sie nun den Toilettentisch. Auch sind Stickereien auf Kissen mit dabei, die allerdings nicht von Martha stammen, sondern von Adelheid Bergmann aus Bremen.[749] Für derlei Arbeiten hat Martha nun erst einmal keine Zeit. Der Haushalt, die Gäste und die drei Kinder erfordern all ihre Aufmerksamkeit.

Das Ehepaar Marcus aus Bremen sieht die Ausstellung bereits kurz nach der Eröffnung und schreibt aus Dresden: »L[ieber] Herr Vogeler, wir möchten Ihnen gern sagen, wie große Freude uns Ihr reizendes Rosenzimmer machte, schade, daß Ihre Frau es nicht sieht!«[750] Martha ist seit Ende Mai erkrankt, was auch Helene in einem Brief durchblicken lässt. »Liebes Marthel. Geht Dir's wieder ganz gut? […] Wirst Du reisen oder bleibst Du in W[orpswede]?«[751]

Dann aber ist irgendwann doch von einem Besuch in Dresden Anfang Juli die Rede. Und davon, dass, wenn Helene Sehnsucht nach ihren beiden Worpswedern hat, sie »immer ins Rosen-Zimmer«[752] im Ausstellungspalast am Stübelplatz gehe. Seitdem sie in der Stübelallee wohnt, ist der Weg dorthin nicht weit, praktisch nur über die Straße.

Ursprünglich wollte Martha alleine nach Dresden fahren, aber nun reisen sie zu zweit, bleiben den halben Juli über. »Daß Dein liebes Männchen auch her kommt ist ja hoch erfreulich – gestern haben wir in größerem Kreise seiner gedacht – ich hatte als Tischdekoration & als Damenbouquets Monatsröschen mit Kornblumenblauen Bändern gehalten – alle einstimmig erkannten ›Das Zimmer einer jungen Frau‹!«[753] Dessen weißlackierte Möbel-

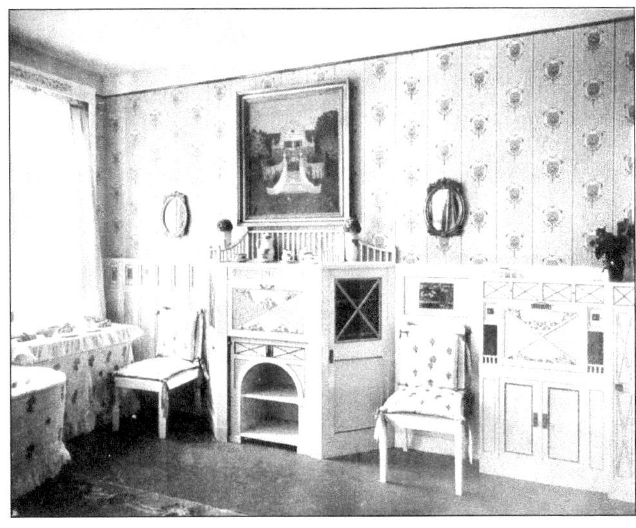

Zimmer einer jungen Frau, Dresden 1906

fronten tragen strenglinige Auskreuzungen der Flächen, die teilweise von flach geschnitzten Rosenbouquets spielerisch wieder aufgelöst werden. Rosenmotive kehren auch auf den Kissenbezügen wieder und schließlich im Porzellan. So trifft die Bezeichnung »Rosenzimmer« den Kern dieses Entwurfs, von dem Helene hofft, dass für Heinrich »jetzt die Zeit wo die Märchenpreise mit wirklichen ganz baren Münzen beglichen werden«[754], beginnt. Doch dem wird nicht so sein. Ein wirtschaftlicher Erfolg wird das Zimmer nicht, Aufträge bleiben aus. Vielleicht deshalb, weil es zu speziell oder zu teuer ist. Denn »das Zimmerchen ist der Traum eines jeden jungen Mädchens. Ich finde auch, daß es besser für Unverheirathete passt, denn nachher gibt es doch nicht mehr so viel gestickte Rosen – außer in Worpswede«.[755]

Also ein Zimmer eher für ein junges Mädchen als für eine junge Frau, wie Mutter Chrambach meint. Den leicht ironischen Unterton, der mitschwingt, mag ihr die eigene Lebenserfahrung diktiert haben. Und ob die Rosen in Worpswede – Martha und Heinrich sind gemeint – immer blühen werden, wird man sehen.

Reise nach Łódź

Und noch eine Reise gilt es für die Vogelers in diesem Sommer zu arrangieren. Im Frühjahr hat Heinrich sein großes Bild »Frühling« – 1897 mit Martha als Modell entstanden – nach Łódź[756] an den deutschen Textilfabrikanten Joszef Richter und dessen Frau Paula verkauft. Postwendend kommt eine Einladung.[757] Wann und wie die Bekanntschaft mit den Richters zustande kam, ist durch keinerlei Quellen nachweisbar.[758] Beide Ehepaare stehen aber seit geraumer Zeit im Briefwechsel miteinander.

Schon im November 1904 hatte Paula Richter an Martha geschrieben: »Meine liebe Frau Vogeler. Ich erhalte Ihren Brief und will Ihnen gleich antworten, denn ich möchte, daß alle Wärme die von Ihnen zu mir strömt wieder zurückströme zu Ihnen. Damit Sie so recht fühlten wie lieb wir Sie hier haben und wie sehr ich speziell mich freue wenn ich von Ihnen höre. [...] Daß Sie mir so viel zu denken, zu reden und zu lieben geben. [...] Sie laden uns so nett ein, daß wir schon gern kämen. Aber die Entfernung! So müssen wir uns denn auf den Sommer vertrösten, der nebst allem Schönen auch Ihren Besuch uns bringen soll. Aber Ihren Barkenhoff will ich ganz gewiß einmal kennen lernen, er muss behaglich [...] sein.«[759]

Doch der Sommer 1905 brachte das in Aussicht gestellte Treffen nicht. Erst jetzt, im Juni 1906, wird es konkret. »Ihr beider Kommen ist für mich eine große, große Freude. Wir wissen unsere Freunde immer mehr zu schätzen wo wir so von Allen getrennt sind.«[760] Martha und Heinrich, die, wie im vorigen Kapitel erwähnt, im Juli in Dresden bei Helene Chrambach zu Besuch sind, fahren vermutlich gleich von dort aus weiter nach Łódź in Polen, was einer Tagesreise entspricht. Dort angekommen, werden sie von Paula Richter, die betont schlicht gekleidet ist, auf dem Bahnsteig empfangen. Sie ist eine sympathische Frau mit ernsten, grauen Augen. »Ein elegantes Gespann mit sehr schnellen Pferden brachte uns durch die mit hohen Holzplanken eingefaßten Straßen. Das Holztor einer dieser Planken wurde schließlich von einem Wärter geöffnet, der sich tief verbeugte, der Wagen fuhr durch und wendete vor dem Hauseingang einer modernen Villa.«[761]

Nur wenige Tage bleiben sie in der Stadt und im Kreise der Familie Richter mit den beiden Kindern. Dann fahren sie gemeinsam mit Paula und Joszef hinaus aufs Land, ins Dörfchen Glinnik, das etwa 14 Kilometer Luftlinie nördlich von Łódź entfernt liegt. Hier, auf deren Landgut mit dem langgestreckten Haus und seinen einfachen, weiß gekalkten Zimmern, werden sie von einer großen Schar Kinder, die in hohe Stiefel und einfache russische Hemden gekleidet sind, empfangen. Die Einrichtung des Hauses ist solide. Auch die Ernährung trägt einen einfachen, den ländlichen Gegebenheiten angepassten Charakter.

Einige Jahrzehnte später schreibt Heinrich im Rückblick, dass der Aufstieg Joszef Richters als Fabrikant, der mit großem Reichtum einherging, seine Frau belastet habe. Sie hätte sich verpflichtet gefühlt, die sozialen Missstände des Landes auf ihre Weise zu lösen. So habe sie Schulkinder aus proletarischen Kreisen, die mit ihren eigenen Kindern zusammen zur Schule gingen und spielten, im Sommer dazugeholt, sie neu eingekleidet, und sogar Ponys gekauft, mit denen sie spielen und auf denen sie reiten konnten. Missklang habe sie unter den Kindern nicht geduldet. Wenn es gar zu arg gewesen sei, musste das entsprechende Kind sein Bündel schnüren und gehen.[762]

Noch während ihres Aufenthalts in Glinnik erfahren die Gastgeber, dass der Pianist Egon Petri einen Chopin-Abend in Warschau geben wird. So fahren beide Ehepaare gemeinsam in die Hauptstadt und erleben einen vom polnischen Publikum stürmisch gefeierten Egon Petri, der sich ebenso wie die Vogelers über das unverhoffte Wiedersehen freut.

Der großformatige »Frühling«, der die Freundschaft mit dem Ehepaar Richter stiftete, hat seinen Platz in der geräumigen Fabrikantenvilla gefunden. Während des Ersten Weltkriegs aber wird er mit anderen Kunstgegenständen aufs Land nach Glinnik kommen, wo auch alle anderen Bilder und Radierungen von Heinrich hängen, sozusagen ausgelagert sind.[763]

Etwa zehn Jahre später, im August 1915, wird Paula Richter in einem Brief an Bäumer über den Kunstsinn der Menschen nachdenken: »Aber ob dem Durchschnittsbürger drüben [in Glinnik] je das Herz klopft wenn er vor dem ›Frühling‹ steht?«[764] Paula Richter ist – wie Heinrich einmal bemerkte – eine sympathische Frau, eine mit sozialer Empathie und viel Feingefühl für Kunst. Die Freundschaft zu Martha und Heinrich wird viele Jahre andauern, später auch Ludwig Bäumer miteinbeziehen.

»Blonde Verwegenheit«

Nun, zum Ausklang des Jahres 1906, welches das Worpsweder Ehepaar nach Dresden, Łódź und Paris führte, kommt noch Schreiberhau hinzu. Anlass ist ein Besuch bei Carl Hauptmann und dessen Frau Martha. Die Freundin Maria Rohne schließt sich, wie bereits erwähnt, von Berlin aus an. Im winterlichen Schlesien erwartet sie ein behagliches Schriftstellerhaus ohne großen Luxus. Carl und Martha Hauptmann sind liebenswürdige Gastgeber. Am Silvestertag sind alle beim Bruder Gerhart Hauptmann in Agnetendorf eingeladen. Im Gegensatz zu Carls Heim macht dessen Haus auf die Gäste einen sehr wohlhabenden, gar opulenten Eindruck. »Eine fürstliche Verpflegung, die wir genossen, überbot alle meine lukullischen Lebenserfahrungen, ohne meine Sympathien für den Dichterfürsten zu vergrößern«[765], erinnert sich Heinrich rückblickend noch nach 30 Jahren. Seine kleine, zarte Frau hingegen inspiriert den inzwischen national gefeierten Dramatiker zu Reflexionen über »die Blondköpfe«, über die er am Neujahrstag in seinem Tagebuch sinniert:

> »Frau Vog[e]ler. Denke an Sie bei den Nibelungen, denen vielleicht das Jahr gehören wird. Blond, klug, verwegen. Die blonde Verwegenheit. Ein Köpfchen voller Phantasie. Gösta Berling, eine Einbildung, ist der von ihr bewunderte Mann. Also nicht einer aus Fleisch und Blut. Das ist es, was unter diesen Blondköpfen vorgeht: sie sind nicht sinnlich, es ist ihnen möglich auf Umarmungen von Fleisch und Bluth zu verzichten, aber nicht auf die Umarmungen der Phantasie. Sie sind abenteuerlich. Der Abenteuerdrang ist ihr wesen. Sie blicken und suchen nach dem Abenteuer, das ihr[e] kühnen und romantischen Empfindungen frei macht. Diese Naturen haben etwas einfaches und Wahres. Ihre Phantasie vermählt sie sofort ihr Auge erobert rücksichtslos. Es ist gleichsam blaue Wahrheit aber nicht im Sinne der Worte, sondern des Schweigens.«[766]

Gösta Berling, den Gerhart Hauptmann hier erwähnt, ist ein Protagonist im Werk der schwedischen Schriftstellerin Selma Lagerlöf, über den der Dramatiker und Martha sich vermutlich ausgetauscht haben. Martha ist, was Literatur betrifft, auf dem Laufenden. Heinrich hat sie auch in dieser Beziehung von Anfang an gelenkt, denn Buchempfehlungen seinerseits gehörten auch zu dem Bildungsprogramm, welches er ihr angedeihen ließ. Zunehmend aber hat Martha sich in dieser Frage eine eigene Meinung gebildet, zumal sie sich über Literatur bald schon mit einem ganz anderen Mann austauschen wird.

Die Schreiberhauer Tage in zauberhaft-verschneiter Berglandschaft mit nächtlichen Schlittenfahrten und tagsüber Skifahren sind bald vorüber. Heinrich karikiert Martha und sich als Schneeschuhläufer, »die amüsanteste Vergegenwärtigung der gemeinsam verlebten schönen Wintertage«.[767] Auch das Ehepaar Marcus in Bremen erhält einen solchen Kartengruß.[768]

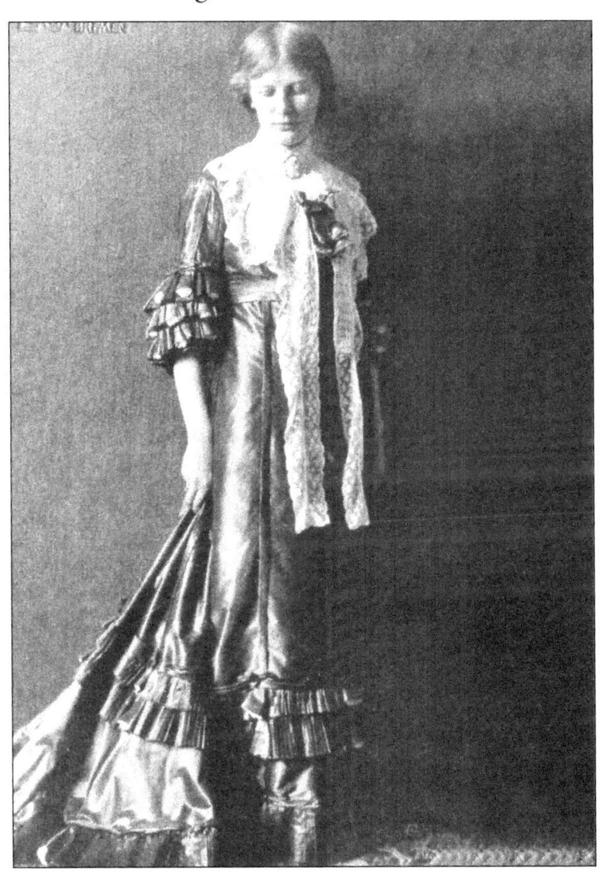

Martha, um 1907, aufgenommen von L. O. Grienwaldt

Über Berlin mit dem Besuch von zwei Theaterabenden fahren Vogelers dann wieder heim auf ihren Barkenhoff. Einen dieser beiden Abende hätte das Ehepaar mit dem bekannten Soziologen Werner Sombart und ein paar Damen vom Theater in einem Weinrestaurant nahe der Leipziger Straße ausklingen lassen können. Sombart hatte seine Einladung in ihrem Hotel hinterlegt. Doch Vogelers sagen das Treffen ab, »weil (unter uns gesagt) ich mich etwas fürchtete neben diesen Weltdamen allzu bieder und ängstlich zu erscheinen; mein lieber Mann war auch müde und gingen wir früh zu Bett«[769], schreibt Martha an ihre Gastgeberin nach Schreiberhau. Wobei diese Zeilen auch selbstironisch gelesen werden können, denn Martha ist inzwischen eine junge Frau mit Selbstbewusstsein; zudem Ehefrau und Mutter, die künftig eigene Entscheidungen für sich treffen wird.

Ende Januar feiert Familie Vogeler in ihrem weißen Giebelhaus ein großes Fest. »Unser Kostümfest ist vorbei wo ich mich schon sehr schlecht fühlte.«[770] Bei Martha deutete sich zu dem Zeitpunkt bereits eine Kehlkopfentzündung an, die ihr einige Wochen zusetzen wird. Doch denkt sie auch unter diesen Umständen an Familie Hauptmann und schickt ein Paket mit Gesticktem nach Schreiberhau. Vermutlich löst Martha damit ein Versprechen ein. Für die Hausfrau ist ein Kissen für deren Worpsweder Stuhl [771] dabei. Auch bietet Martha ihr an, Weiteres anzufertigen, »nur mache ich immer andere Muster, da ich sie nicht vorzeichne. Ich freue mich ja, wenn recht viel von mir in Ihrem Hause ist«.[772] Gerne denkt sie noch an die märchenhaften Tage in Schreiberhau zurück. Auch die Freundin Maria Rohne lässt Martha Anfang Februar wissen, dass sie noch »ordentliches Heimweh nach Schreiberhau«[773] und der gemeinsamen schönen Zeit dort habe.

Martha Hauptmann hingegen hofft, dass beim nächsten Mal auch »die jüngsten Damen Worpswede's Frl. Marieluise, Bettina und Martha«[774] mitkommen werden.

Kinderparadies und kunstgewerbliche Arbeiten

»Wüst sieht es um mein Haus aus da ich noch immer einige Berge versetzen muß!«[775], schreibt Heinrich im Januar nach der Rückkehr aus Schreiberhau an Carl Hauptmann. Die Vergrößerung des Barkenhoff-Geländes mit der Urbarmachung der neu erworbenen Heide und den Lehmbrüchen ist für die kommenden Monate geplant.

Inzwischen steht bei den Vogelers wieder ein Pferd auf dem Hof, ein Geschenk des Freundes Alfred Walter Heymel. Es ist ein heller Fuchs, welcher, vor den leichten, hochrädrigen Wagen gespannt, das Ehepaar auch bis nach Bremen zu den Freunden und auf deren Landgüter bringt. Manchmal wird das Gefährt vom Kutscher Gottlieb Sämann in weißgrüner Livree – den Farben des Barkenhoffs – auf dem Bock gelenkt.

Für die nun anstehenden Erdarbeiten muss aber noch ein zweites Pferd angeschafft werden, sodass Martha und Heinrich im Frühling gelegentlich auch ausreiten können, derweil sich die drei Töchter im Garten ausgiebig beschäftigen, wo sie ihre stillen

Martha Vogeler und Gottlieb Sämann, um 1905

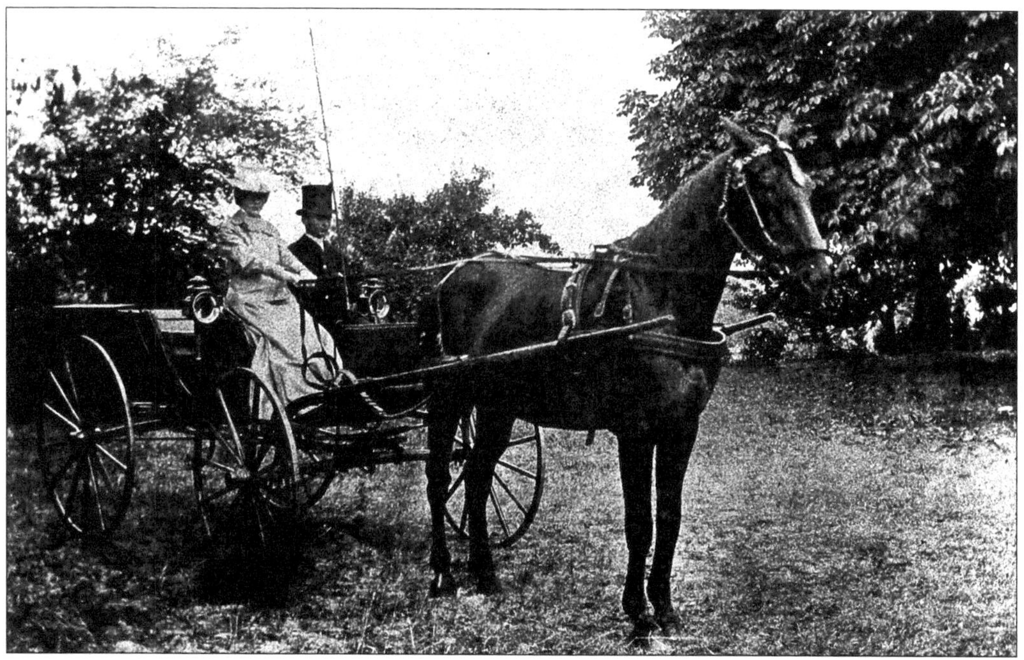

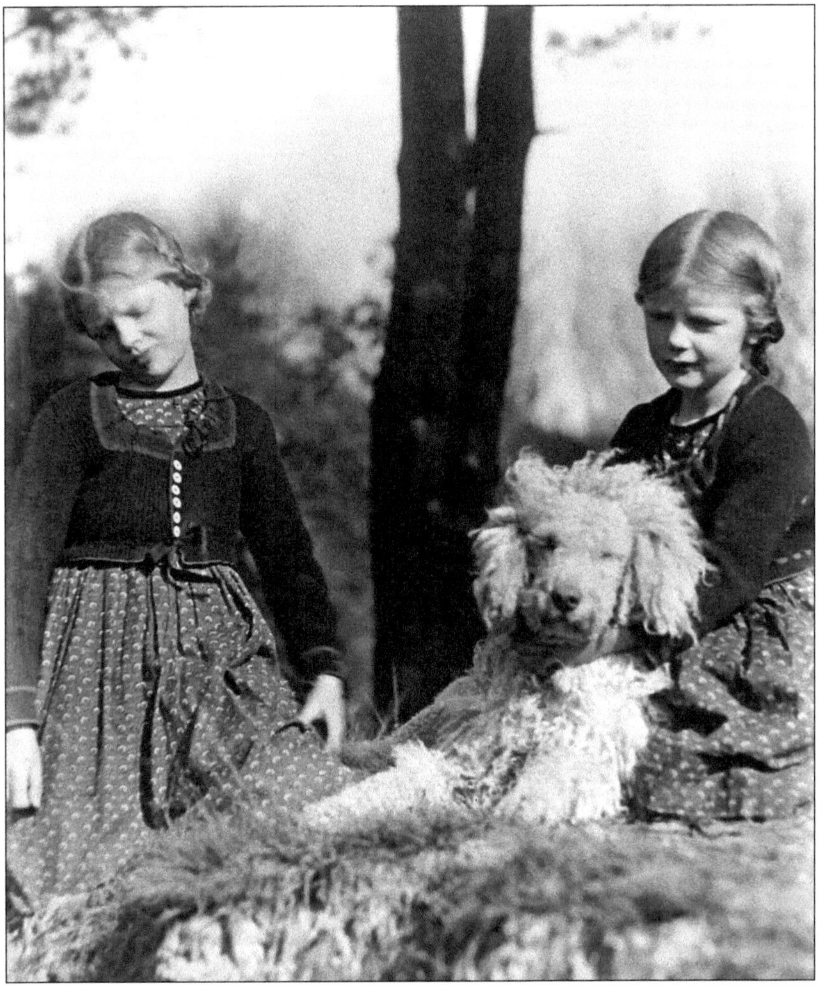

Die Töchter von Martha und Heinrich Vogeler mit dem Familienhund »Pudel«; im Hintergrund der kleine Peter Schulze (unten), um 1911

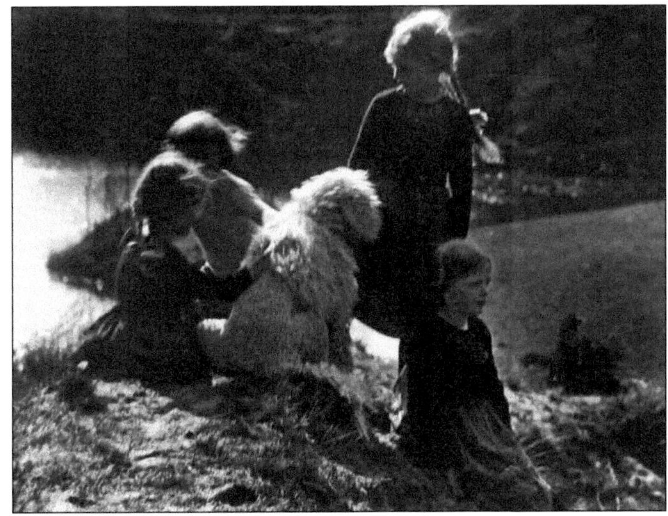

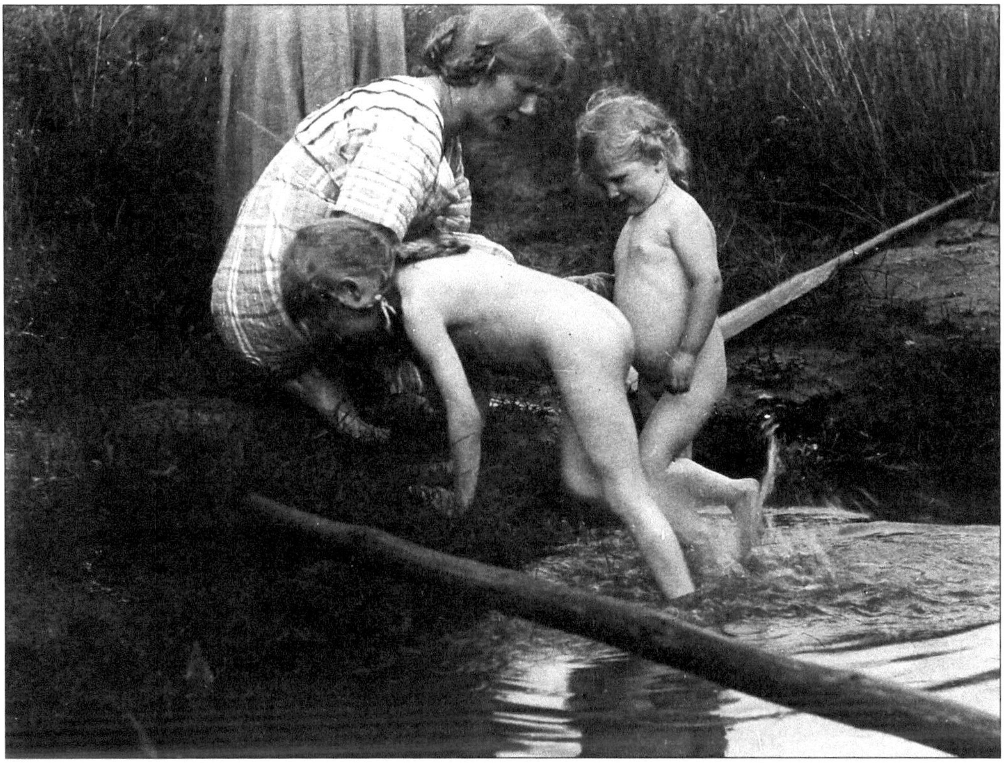

Oben: Martha am Teich mit ihren Töchtern, um 1908

Unten links: Am Barkenhoff-Teich, um 1905

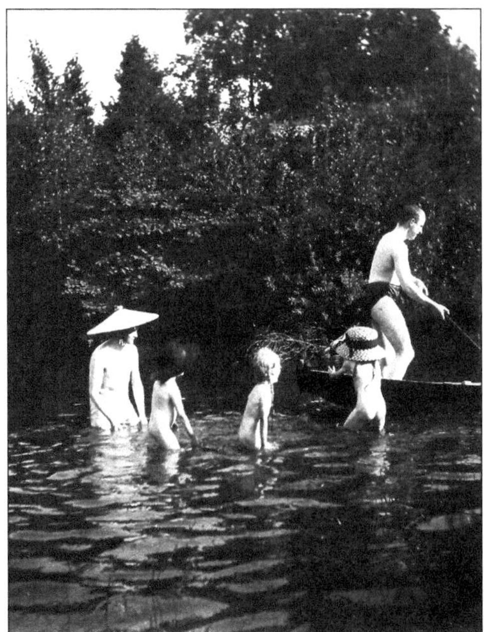

Unten rechts: Martha und ihre Töchter, um 1905

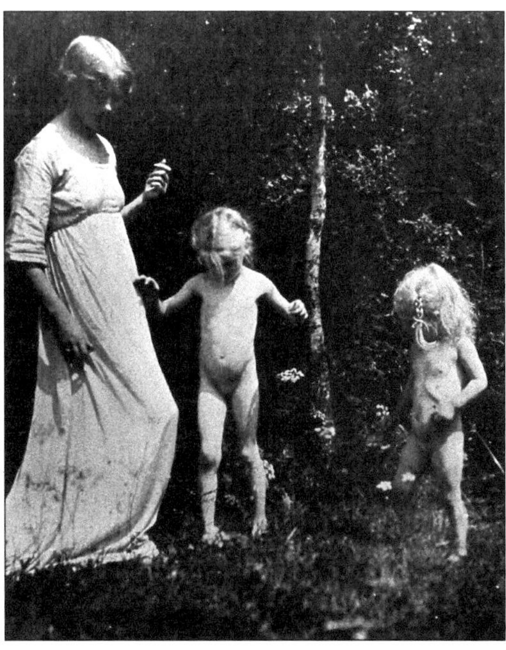

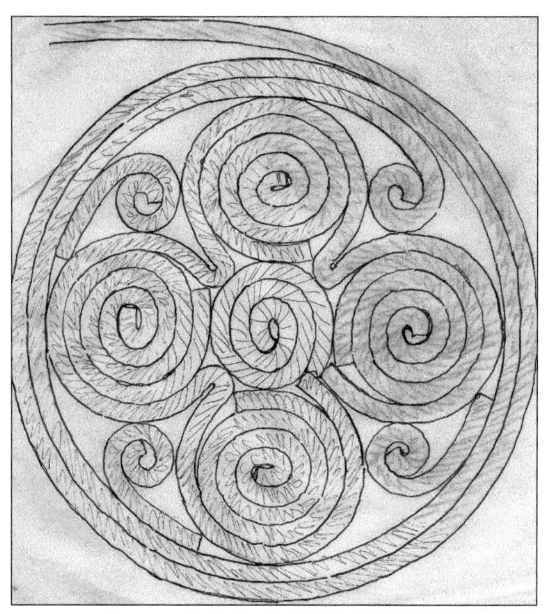

Entwurf eines schneckenförmigen Binsenmusters

und geheimen Plätze haben. Zu jeder Jahreszeit basteln sie Gebilde und Figuren aus dem, was sie dort vorfinden. Da werden im Sommer Blätter, Blüten und Gartenfrüchte zu Märchenwelten arrangiert. Alles ihrer kindlichen Fantasie entsprungen.

In diesem Jahr 1907 aber bekommen die drei Mädchen noch einen weiteren Spielgesellen: den weißen Schnürenpudel, der von ihnen heiß geliebt wird. Oft wartet er um die Mittagszeit auf dem Berghang und äugt mit steifen, aufmerksamen Ohren auf die Straße, um dann Mieke und Bettina, die aus der Dorfschule kommen, rennend und mit flatternden Ohren freudig zu begrüßen.[776]

Auch die Naturbühne an der Nordseite des Hauses ist ein Ort ihrer Spiele, ihrer Reigentänze in zart gewirkten Gewändern. Der Barkenhoff mit seinem Hof und Garten, mit der Teichanlage und dem vielen Grün ringsherum ist das Paradies ihrer Kindheit.

Neben den Arbeiten auf dem eigenen Grundstück, bei denen er von Gottlieb Sämann tatkräftig unterstützt wird, hat Heinrich jetzt viel mit kunstgewerblichen Entwürfen zu tun. Sein Bruder Franz hatte im vergangenen Frühjahr das Kunst- und Kunstgewerbehaus an der Monsees'schen Villa eröffnet, dessen künstlerischer Leiter nun Heinrich ist. »Ich versuche hier einen Zusammenhang mit der alten Bauernkunst zu finden und diese für den modernen Menschen, der auf dem Lande in ländlichen Häusern wohnen will, praktisch verwertbar zu machen; meine Frau hilft mir.«[777] Wie konkret diese Hilfe Marthas aussieht, geht aus dem Brief an die Verlegergattin Voigt-Diederichs nicht hervor. Denkbar aber wären Entwürfe für Binsen- beziehungsweise Schilfmöbel[778] inklusive deren farbigen Mustern, welche für Landhäuser und Gärten zunehmend gefragt sind. Denn Martha fängt in dieser Zeit an, sich intensiv mit derlei Konzepten zu beschäftigen. So entstehen Entwürfe für Binsenmöbel und deren farbige Dekore. Für Letztere wird sie ein Jahr später einen Musterschutz erwerben. Beide Eheleute arbeiten also eng zusammen, kreieren Sitzgelegenheiten, die auch in Brüssel auf der Weltausstellung zu sehen sein werden.

Im Archiv im Haus im Schluh haben sich einige Entwurfszeichnungen für Möbel dieser Art und deren Details erhalten. Die Blätter aus Marthas Nachlass zeigen in Bleistift ausgeführte flächige sowie in Seitenansicht aufgefasste Sessel und Tische. Auch ein Schaukelstuhl ist dabei. Gelegentlich ist ein Sitzmöbel perspektivisch dargestellt. (Vergleiche dazu Kapitel »Werkbundausstellung in Köln 1914«). Alle diese Möbel sind mehr oder weniger mit Mustern an Rückenlehnen oder Seitenflächen verziert. Zudem wird in zwei großen Detailentwürfen deutlich, wie die Binsenschnur zu einer Schnecke gedreht oder parallel zu einem eckigen Muster geformt wird. Das Material Binse wird für Möbel und Matten gleichermaßen eingesetzt. Martha wendet sich diesem in Mooren und Sümpfen beheimateten und bisher traditionell für bäuerliches Mobiliar verwendeten Naturstoff zu, um ihn in eine kunstvolle Form zu verwandeln. So kommen vor allem die Dekore ihrem Gestaltungswillen entgegen, erinnern sie doch bisweilen an Stickmuster und Applikationen, für die sie schon als junges Mädchen fein aufeinander abgestimmte Farben auswählte, sodass die Oberflächen schließlich durch warmtonige oder kontrastierende Farbklänge ihre Wirkung erzielten. Marthas Talent zeigt sich, neben der Formgebung, also immer wieder im farblichen Gestalten; dieses sowohl im textilen Bereich als auch bei Naturmaterialien. In beidem vermag sich ihr handwerkliches Können zu entfalten und ihr ästhetisches Empfinden auszudrücken.

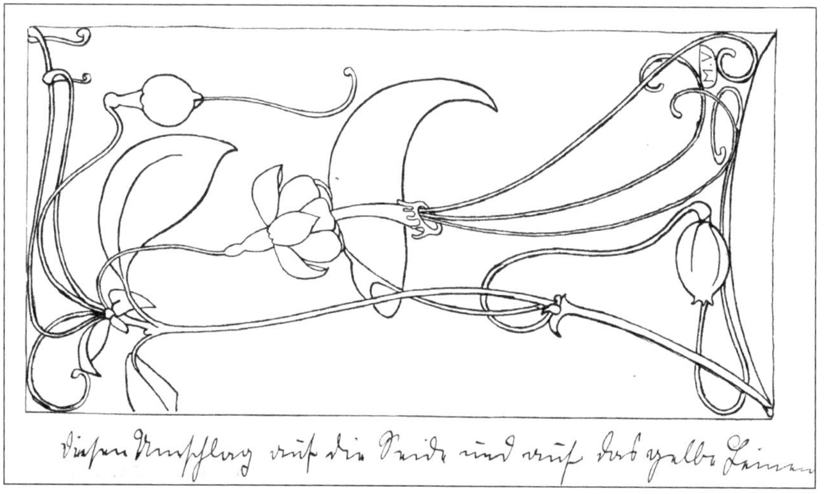

Stickentwurf, Martha Vogeler

Die Hilfe für Heinrich, von der er oben spricht, kann aber auch seine Innenraumentwürfe betreffen, die er zunehmend plant und für die Martha in bewährter Weise Kissen mit Stickereien, Vorhänge oder andere textile Beigaben entwirft beziehungsweise fertigt. Für ihre Tätigkeiten richtet sie sich auf dem Barkenhoff einen eigenen Arbeitsraum ein, denn sie wird neben ihren kunsthandwerklichen Ambitionen auch in den bildkünstlerischen Bereich eintauchen, wird mit dem Pinsel und der Leinwand experimentieren und mit verschiedenen Drucktechniken arbeiten wie beispielsweise der Radierung oder dem Holzschnitt. Selbst die Batiktechnik wird sie ausprobieren. Sie benötigt also zum kreativen Arbeiten einen eigenen Rückzugsort.

»Füllhorn«, kolorierte Radierung von Martha Vogeler

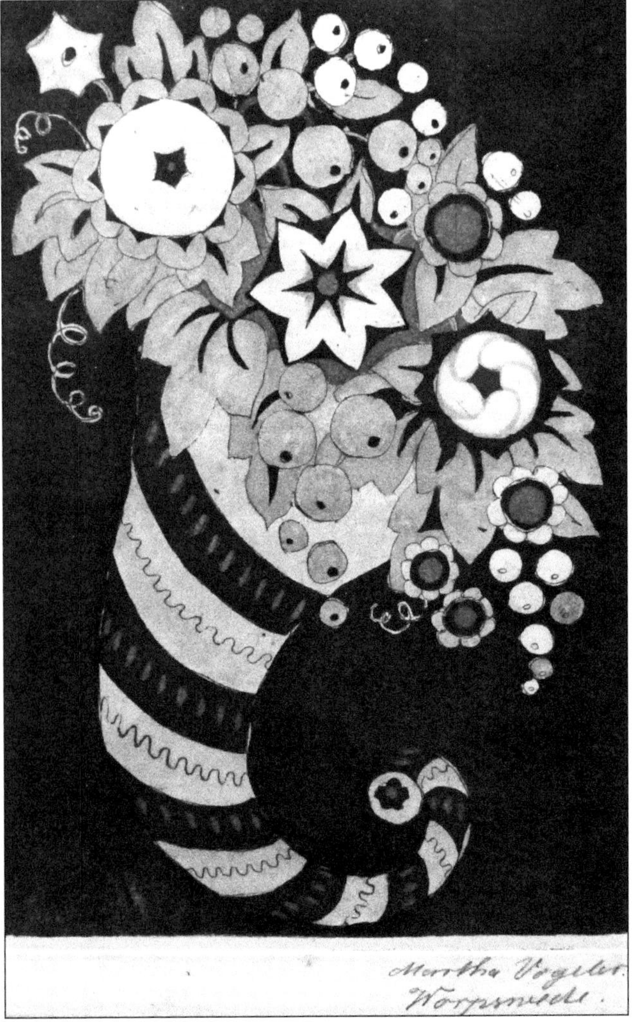

Dass Heinrich sich an der »alten Bauernkunst« orientiert, wie aus dem obigen Brief hervorgeht, ist eine zeitgemäße Erscheinung. Denn auch er war drei Jahre zuvor Gründungsmitglied des Vereins für niedersächsisches Volkstum in Bremen gewesen, der aus Sorge vor dem Verlust bürgerlicher wie bäuerlicher Traditionen angesichts von Industrialisierung und Stadtentwicklung ins Leben gerufen wurde.[779] Dieser Verein war Teil einer reichsweiten, vom Gedanken des Heimatschutzes getragenen Bewegung, die auf nationale Identität setzte. Martha aber gehörte nicht zu den Gründungsmitgliedern des Vereins für niedersächsisches Volkstum, wie gelegentlich zu lesen ist. Ihr Name wird im Verzeichnis der Gründer nicht aufgeführt.[780]

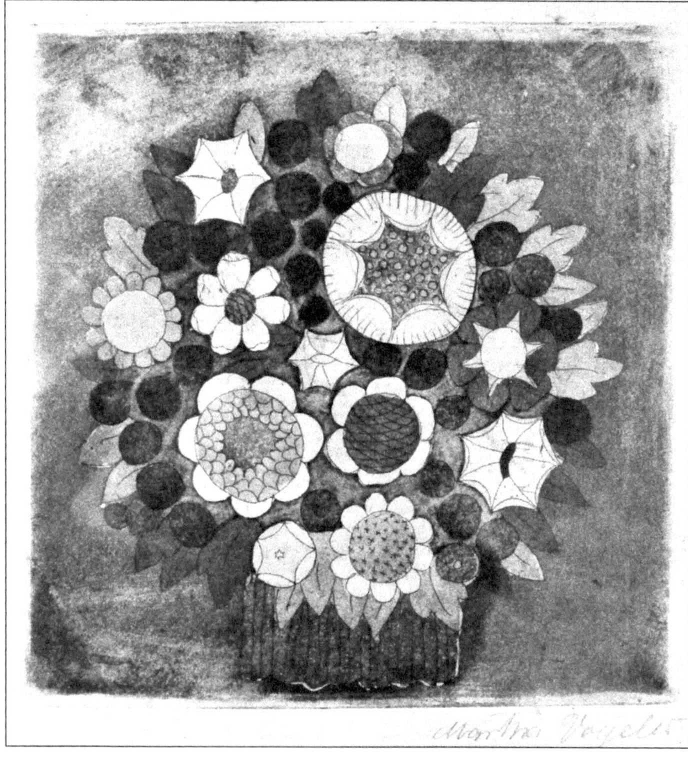

»Strauß«, kolorierte Radierung von Martha Vogeler

In den Januartagen dieses Jahres 1907 kommt noch eine weitere Hilfe für Heinrich auf den Barkenhoff. Es ist der Architekt Walter Schulze, der aus Berlin anreist, um ihn bei architektonischen Entwürfen zu unterstützen.[781] Denn auch Fragen von Architektur und sozialem Hausbau wecken zunehmend sein Interesse. Walter Schulze wird bald schon ein eigenes Haus unweit des Barkenhoffs, am Hang der noch jungen Lindenallee hin zu den Lehmbrüchen, errichten. Dort wohnt er mit seiner Frau Johanna (genannt Hanne) und deren Schwester Asta Lange. Die Schulzes werden bald schon zum neuen Barkenhoff-Kreis, zu den neuen Freunden des Ehepaars Vogeler zählen.

Im Sommer dann meldet sich die Freundin Maria Rohne wieder an. Sie liebt Worpswede und wird auf ihrer Ferienrückreise von der Insel Langeoog Ende Juli für ein paar Tage Station auf dem Barkenhoff machen. Das letzte gemeinsame Treffen in Schreiberhau liegt erst ein halbes Jahr zurück, aber dennoch »freue [ich] mich schrecklich, daß Sie mich noch haben wollen u. auf's Wiedersehen u. auf Worpswede u. alles!«[782] Sie selbst ist, wie bereits angesprochen, künstlerisch tätig und schätzt Martha und die familiäre wie auch kreative Atmosphäre auf dem weißen Musenhof in Ostendorf.

Edmund Schaefer – »Liebliche Herrin«

In dieser Zeit – wir befinden uns immer noch im Jahre 1907 – beginnen Haus und Hof der Vogelers in Ostendorf wieder ein Treffpunkt für Künstler zu werden. »Die Gastfreundschaft des Barkenhoffs war bekannt und bot manchem jungen Künstler, der zeitweilig auf Strand geraten war, ein Obdach, bis er wieder flott war und sich eine eigene Existenz im Dorf aufbauen konnte.«[783] Martha ist die Hausherrin und aufmerksame Gastgeberin zugleich. Und manchmal auch geduldige Zuhörerin, denn »die Jugend war es schon gewohnt, ihre Sorgen bei der jungen Mutter Martha abzuladen, die immer Rat und Hilfe wußte«.[784]

Einer dieser Kunsteleven, der die Vogelers kennen und schätzen lernt, ist Edmund Schaefer aus Bremen. Er ist ein talentierter Maler und Radierer und nur ein Jahr jünger als Martha. An den Kunstgewerbeschulen in Stuttgart und München ausgebildet, entschloss er sich nach einem freiwilligen Jahr als Wehrpflichtiger, noch einmal nach Stuttgart zurückzukehren und die dortige Kunstakademie zu besuchen. So wurde er Meisterschüler von Friedrich Keller. »Da er dann aber glaubte an diesem Ort der Erkenntnis der rein malerischen Probleme nicht gefördert zu werden, ging er nach Dresden zu Professor [Carl] Bantzer, dem er nachrühmt, es in genialer Weise verstanden zu haben, seinen Schülern die Augen zu öffnen für das Wesen der Malerei.«[785]

Selbstbildnis Schaefers 1911

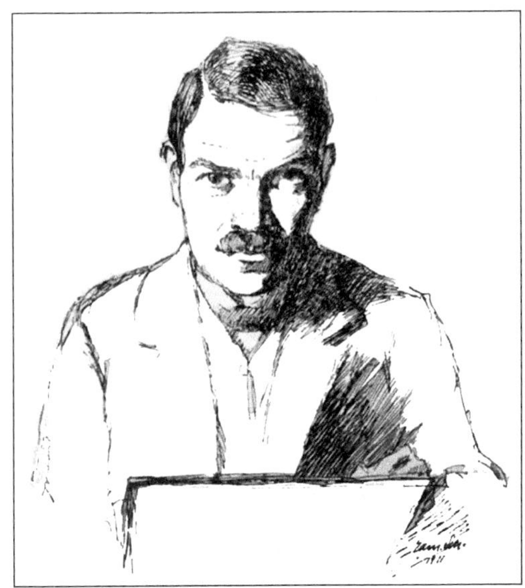

Edmund Schaefer ist also ein gründlich ausgebildeter junger Künstler. Er malt, zeichnet, radiert, lithografiert und liefert Buchschmuck für die Zeitschriften »Jugend« und »Niedersachsen« sowie für die Verlagsanstalt in Stuttgart.

Im Frühherbst des Jahres 1907 kommt er nach Worpswede und mietet sich einstweilen im Gasthof Stadt Bremen ein Zimmer. Auch er

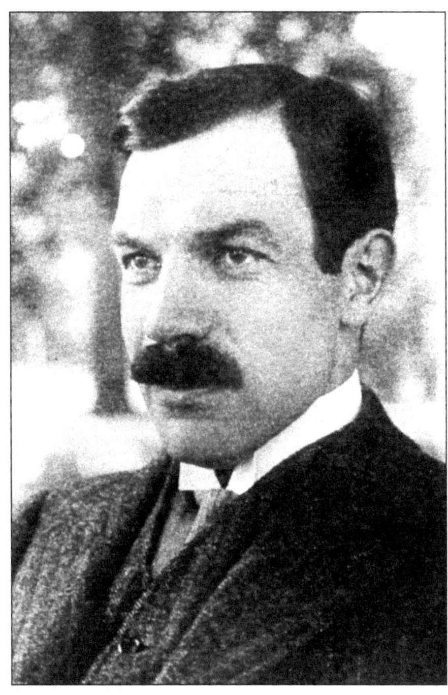

Edmund Schaefer

will die spröde Landschaft, die sich bisweilen unter dem hohen Himmel stimmungsvoll gibt, auf sich wirken lassen, will sie erleben, um sie dann ins Künstlerische zu verwandeln. Doch nicht nur sie nimmt ihn gefangen. Es ist auch die blonde Martha, die ihn fasziniert – und der er gleich in den ersten Tagen den Hof zu machen beginnt.

Er ist ein Hitzkopf und voller Gefühle, die ihn gelegentlich überfluten und die er in Briefen an sie zu beherrschen versucht. »Gerade komme ich von einer Radfahrt zurück und sitze bei einer Tasse Thee bei Lampenschein an meinem Tisch, um mit Ihnen ein wenig zu plaudern. Vor mir steht in einem hellgrünglasierten Weintopf [...] Ihre Rose. [...] Ich war also an der Hammehütte im Teufelsmoor. Bin so rausgesaust, um mir irgendwie Luft zu machen. [...] Ihre lieben Worte von heute zum Abschied klingen noch in meinem Ohr, ich fuhr geschwind nach Haus, die aufgeregten Wellen meines Gemütes und Herzens zu beruhigen.«[786] Diesen ersten Brief an sie schreibt er am Abend. Und dann weiter in der Nacht. Tagsüber hatten beide sich erstmals getroffen, waren sogar Mining begegnet, »der in Sorge um seine Frau keine rechte Ruh zu Hause hat[te]«.[787] Was bei dem jungen Schaefer wiederum ein Gefühl des »Unrechten, das ich that«[788], auslöste. Denn er schätzt Heinrich als Menschen und Künstler. Aber die Gefühle für dessen junge Frau kann er nicht unterdrücken. Und bald schon werden sie erwidert.

Am 12. Oktober gehen Martha und Heinrich auf Reisen. Die drei Töchter sind bei den Verwandten wieder gut aufgehoben: Mieke bei Großmutter Vogeler in Bremen, Bettina bei Großmutter Schröder auf dem Hemberg, und die kleine Martha bei Minna in Südwede. Über Wiesbaden, wo sie sich mit dem Vater Erna Uhls treffen[789], fährt das Ehepaar weiter über Frankfurt und München in die Alpen, nach Partenkirchen, um sich in der klaren Herbstluft zu erholen.

»Morgen gehst Du fort! – das ist der Gedanke, der [mir] beunruhigend stets durch meine Seele geht«[790], schreibt Schaefer

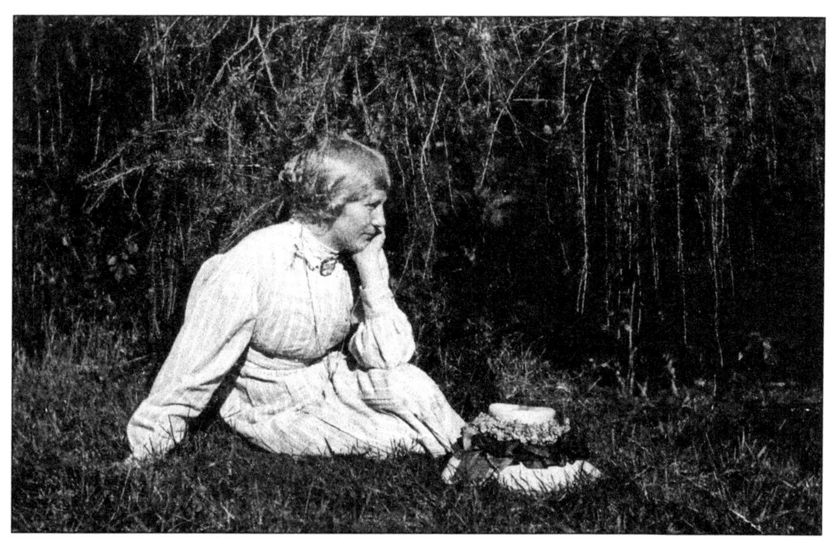

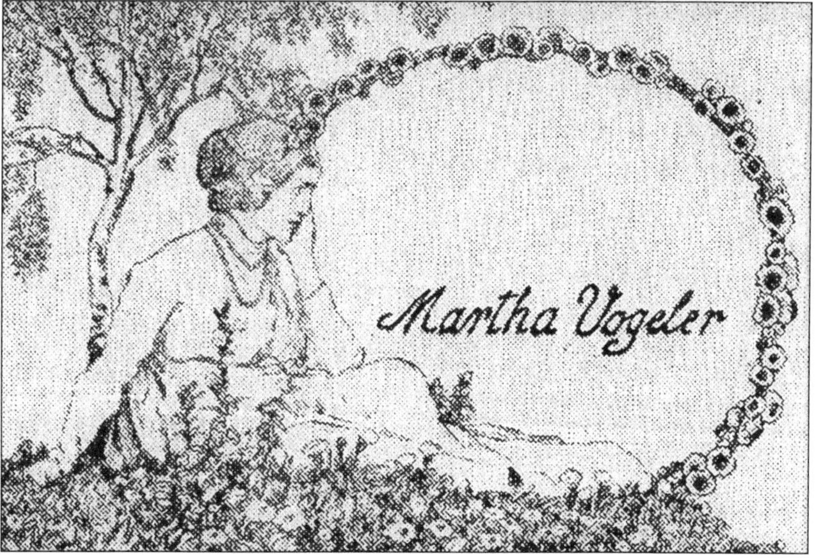

Oben: Martha Vogeler, 1907; diese Fotografie diente Heinrich Vogeler als Vorlage für eine Besuchskarte

Mitte: Besuchskarte und Briefkopf, Heinrich Vogeler, 1908

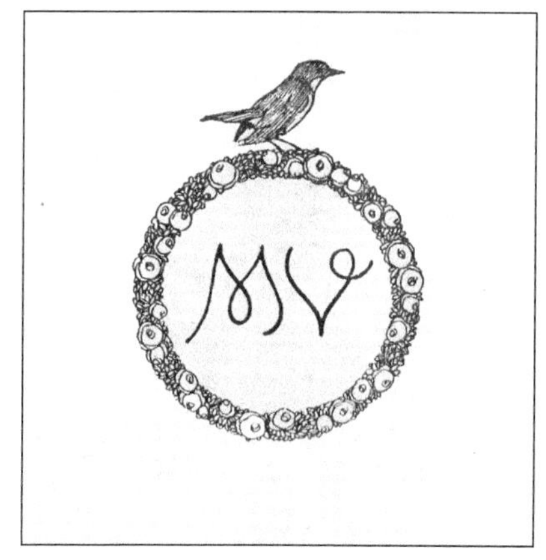

Rechts: Dekorkranz mit Marthas Initialen von Edmund Schaefer

am Vorabend der Abreise an Martha. Im selben Brief heißt es: »Gleich ist es Zeit, daß ich gehe. Ich kann es kaum erwarten, daß ich Dein liebes Gesicht wieder sehe, Deine liebe Stimme höre – Du lieber Mensch.«[791]

Heinrich weiß wohl, dass beide sich des Öfteren treffen. Schließlich war er ihnen schon beim ersten Mal begegnet. »Heute soll ich früh zum Aufbruch mahnen, hat Mining mir ans Herz gelegt, als ich ihn am Nachmittag radelnder Weis[e] traf. Verzeih! Von mir geht's nicht aus.«[792]

Die Situation ist prekär, was auch die Korrespondenz von Partenkirchen zeigt. Denn Edmund Schaefer schreibt sowohl an beide als auch nur an Martha. Ersteres sind dann die »offiziellen Briefe«. So sandte er bereits nach einer Woche Fotos an das Ehepaar mit einem sechs Seiten langen Brief an Heinrich. Und dann noch »einen 6 Seiten langen an Dich, aber nur an Dich! Wenn den Mining in die Hände bekommen hat, so ist das ein wenig compromittierend, denn für ein anderes Auge als Deines war er nicht berechnet«.[793] In den zurückliegenden Tagen wollte der junge Künstler arbeiten, was aber nicht gelang, »weil ich meine Gedanken nicht concentrieren konnte, weil sie immer wieder den Weg zu Dir suchten«.[794]

Indes haben die Vogelers in Partenkirchen in der Pension Gibson »endgültig Winterquartier bezogen, wenngleich es warm ist, wie im Sommer«[795], lässt Heinrich Otto Modersohn in Worpswede wissen. Und »mit Sehnsucht warten wir auf eine gute glückliche Nachricht von Euch«.[796] Paulas Niederkunft steht kurz bevor, und natürlich nehmen die Freunde aus der Ferne Anteil an diesem zu erwartenden Ereignis. Denn lange hatte Paula sich ein Kind gewünscht. Nun soll dieser Wunsch in Erfüllung gehen. Anfang November schreibt Heinrich dann: »Mein lieber Otto Modersohn, wir haben uns ausserordentlich gefreut über Deinen glücklichen Brief, danach scheint es der jungen Mutter doch ganz fein zu gehen. Ich kann mir die Familie jetzt sehr schön vorstellen. Meine Frau weckte mich heute schon um 6 Uhr und sagte jetzt sitzt Paula Modersohn in ihrem Bette und giebt ihrer kleinen Mathilde die Brust.«[797] Mathilde Modersohn wurde am 2. November dieses Jahres 1907 geboren.

Partenkirchen ist auch um diese Zeit schon ein beliebter Wintersportort, nahe der Zugspitze gelegen und mit seinen kopfsteingepflasterten Straßen noch recht ursprünglich. »Meiner Frau bekommt dies Luft- und Sonnenbaden sehr gut. Täglich zwischen 2-3 geht sie ohne Kleider auf den Balkon, legt sich in einen Sessel und lässt sich langsam nach allen Seiten hin braten. (Im November!)«[798], berichtet Heinrich an die Modersohns. Sie »ist übrigens sehr in Ordnung, kraxelt auf hohe Höhen, (P. Modersohn wird's ja kaum glauben) reibt sich morgens mit kaltem Wasser ab und betreibt eine richtige Abhärtungskur. Hier in der Pension hustet alles, nur diese ›kranke‹ Frau nicht.«[799] Auch Martha leidet immer mal unter starkem Husten, der meist in der kalten Jahreszeit auftritt. Aber nun genießen die Vogelers das unverhofft milde Wetter und die komfortable Wohnung. Sie machen Skitouren in den höheren Lagen und erleben die Maskerln in dieser Zeit, eine alte Volkssitte, bei der kein Unmaskierter die heimischen Restaurants betreten darf, die erfüllt sind vom unheimlichen Graunzen der Holzmasken. Denn man sucht hinter den Masken seinen Feind, Freund oder seine Geliebte, um ihnen eine gute oder schlechte Botschaft zu übermitteln.

Die weiten Täler allerdings empfindet Heinrich als laut und störend. »Hier bimmelt es den ganzen Tag, Schafe, Kühe – Kirchen und Kapellen. Die Menschen johlen und die Partnach rauscht, und sogar auch Nachts, was ich nicht liebe.«[800] So sehnt er sich nach der Stille der Moorlandschaft. Auch erlebt er die großartige Bergwelt bisweilen als bedrückend. Er mietet in München noch zusätzlich ein Atelier, »damit wir zur Erholung immer dorthin gehen können«.[801] Martha aber passt sich den örtlichen Gegebenheiten an, trägt sogar ein »Alplerkostüm«, welches Schaefer bedauert, nicht an ihr sehen zu können.[802]

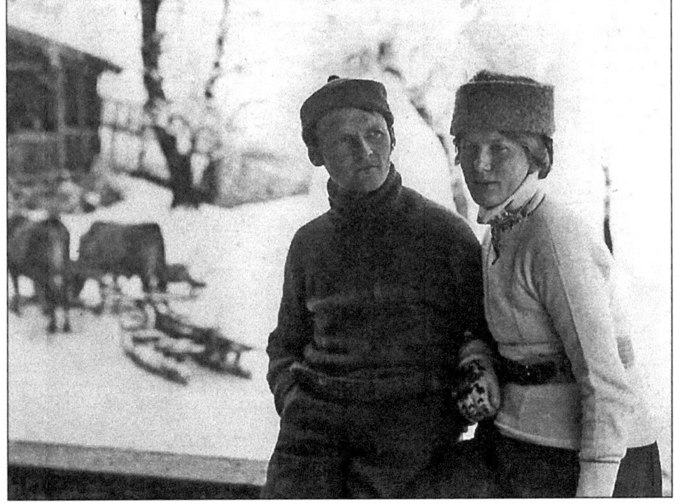

Heinrich und Martha Vogeler in Partenkirchen, 1. Januar 1908

In der letzten Oktoberwoche verlässt Edmund Schaefer »mit schwerem Herzen«[803] das Dorf am Weyerberg und geht nach Bremen, um dort in einem Atelier zu arbeiten.[804] Schöne Erinnerungen nehme er mit, weil sie mit ihr verknüpft seien,

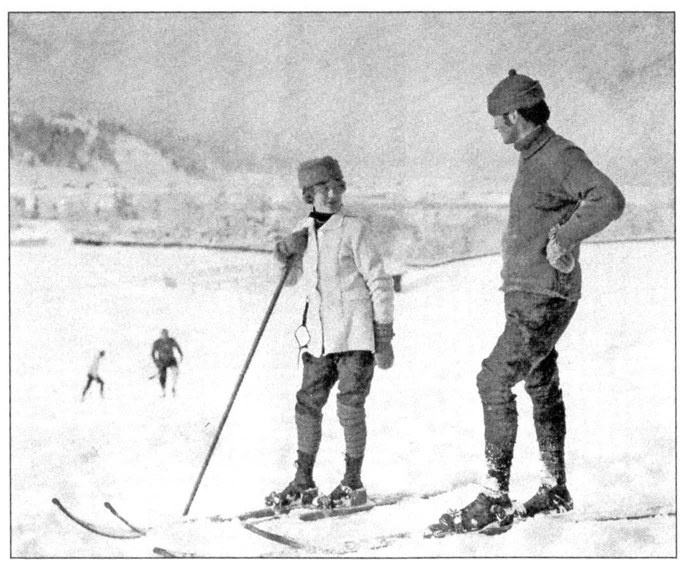

Martha und Heinrich Vogeler beim Skifahren in Partenkirchen, Januar 1908

schreibt er Martha nicht ohne Wehmut in die Berge.[805] In der Hansestadt radiert er als Erstes das Motiv eines jungen Mädchens. Eine Arbeit, ganz für Martha gedacht. So kommt er erst einmal nicht zum Briefeschreiben. »Aber Martha, warum quälst Du Dich denn so mit schwarzen Gedanken – weil ich nicht schreibe? […] Aber ich dachte Du würdest auch in offiziellen Briefen zwischen den Zeilen lesen […]. Du fürchtest mich zu verlieren?! […] Wie gerne würde ich Dich mal wieder in meinen Armen halten und Deinen Mund küßen.«[806] Und er wünscht sie zu sich in sein Atelier. »Mein großer Stuhl streckt seine beiden großen Arme, sehnsuchtsvoll, erwartungsvoll nach vorne – und niemand kommt die schlanken Glieder bei ihm auszuruhen, die weichen Kissen dehnen sich erwartungsvoll, und niemand kommt den Kopf mit Goldhaar anzulehnen.«[807] Und es scheinen Erinnerungen an ein Rendezvous auf: »Die Decke, die die Alabasterglieder hüllte, liegt zusammengelegt still in einer Ecke, träumt von schönen Stunden und wartet. In allen Winkeln flüstert's und raunt es, und die Japanische Kiste auf dem Schranke, die uns vor allzuscharfem Blick des hellen Lichtes bewahrte – schaut ruhig, still in's Zimmer jetzt hinab – still in süßer Erinnerung des Geschauten und – wartet – so sehnt sich alles nach der lieblichen Herrin.«[808]

Anfang Dezember kommt Martha kurz einmal nach Hause, will auch Edmund besuchen. Doch sie trifft ihn nicht an. So verfehlte er ihren »lieben Besuch«.[809] Auch ein Treffen in einem Restaurant am Abend schlägt fehl, und so kann er sich auch nicht mehr von ihr an der Bahn verabschieden, »Dir nochmal die Hand zu reichen, nochmals in Deine Augen zu schauen«.[810]

Künstlerische Frucht der Wochen in Partenkirchen ist ein »Dreiviertelporträt«[811] Heinrichs von Martha, das sie auf einer Balkonbalustrade sitzend zeigt, im Hintergrund eine schneebedeckte Landschaft mit der sonnenbeschienenen Soiernspitze und einem Teil des Karwendelgebirges.[812] Sie trägt einen dunkelgrünen, hochgeschlossenen Wintermantel. Ein gewebtes Schmuckband mit folkloristischen Motiven ist um ihre Schultern gelegt, das die Senkrechte der Komposition betont. Ihr blondes, zum Knoten gebundenes Haar wird von einer Pelzkappe bedeckt. Wärmende Handschuhe vervollständigen dieses Winterporträt, das Martha streng, fast herb erscheinen lässt. Ganz im Gegensatz zu den Fotos dieser Wochen.

Wieder in die Berge zurückgekehrt, genießt Martha nun den Winter mit all seinen Herrlichkeiten, mit »Schneeballbau und Schlittenfahren«.[813] Was auch für einen guten Schlaf sorgt. »Du! Ich seh ordentlich Deine roten Backen und Dich lachenden Gesichtes da rumschneeballen […] Wie freu ich mich, daß Du vergnügt bist, gesund – und Dich Deines Lebens freust.«[814] So schreibt Edmund Schaefer ihr Anfang Dezember.

Ja, Martha liebt die winterliche Jahreszeit, die zu Hause im Moor noch mit weitläufigen Eisbahnen und langen Lauftouren auf blanken Kufen verbunden ist. Auch die Freundin Paula hatte das Eislaufen und Schlittenfahren am Weyerberg geliebt. Doch drei Wochen nach Mathildes Geburt hatte eine Lungenembolie sie jäh aus dem Leben gerissen. Ein Schock, nicht nur für Otto, sondern auch für die Freunde. In der Korrespondenz zwischen Martha und Edmund taucht dieses tragische Ereignis allerdings nicht auf. Was verwundert, denn Edmund Schaefer war sogar ein Verwandter von Paula gewesen, ein Cousin.[815]

In einem Brief noch vor Weihnachten bietet Martha, inzwischen ein geübtes Modell, Edmund an, ihm Modell zu stehen. »Es ist mein Bestes, was ich Dir geben kann«[816], zitiert er sie und antwortet: »Wenn das Dein bestes wäre, liebe Martha, hätte ich Dich gewiß nicht lieb, oder solltest Du recht haben? Sei es, wie es sei, es ändert nichts an meinen Gefühlen Dir gegenüber.«[817]

Ob es je zu einer gemeinsamen Arbeit gekommen ist, muss offen bleiben. Zum Weihnachtfest und Jahreswechsel bleiben die Vogelers in den Alpen, und auch Martha und Edmund sehen sich nicht. Der Weg ist einfach zu weit. Und eine Bahnfahrt kostet Geld. »Ein Weihnachtsbesuch, meinerseits, gehört für mich in das Reich Unmöglichkeit. […] Später wird ein Besuch natürlich noch unmöglicher, da ich dann hier Pflichten habe, denen ich nicht ohne weiteres valet sagen kann.«[818] Edmund Schaefer

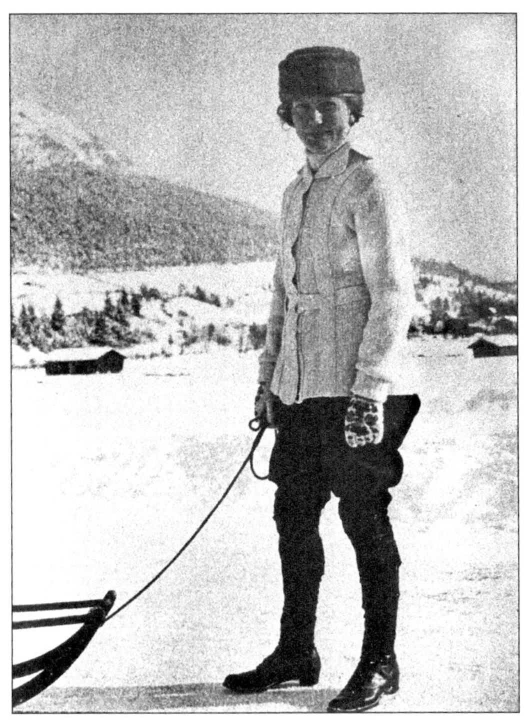

Martha Vogeler in Partenkirchen, Januar 1908

ist in seinen Briefen oft sehr direkt, was wohl seinem energischen Wesen zugestanden werden muss. Ein gezeichnetes Selbstporträt aus dem Jahre 1911 offenbart Selbstbewusstsein, Entschlossenheit und Skepsis. Erst im Januar des neuen Jahres meldet er sich wieder und erwähnt Marthas Weihnachtspaket: ein Paar Handschuhe, die er ausgepackt habe, »mit Wehmut und Sehnsucht!«[819] In Gedanken ruft er ihr Bild zu sich, »wie ich Dich zuletzt sah in Deinem grünen Seidenkleid ausgestreckt auf dem Stuhle, mit einer Handarbeit«.[820] Das war wohl bei einem »offiziellen« Besuch auf dem Barkenhoff gewesen. Nun aber möchte er sie doch leibhaftig bei sich haben, möchte, dass sie zu ihm ins Atelier kommt. »Wärst Du doch hier, ungestört für ein paar Stunden, ein weiches Lager würde ich Dir bereiten, ein weiches Licht erhellt den weiten Raum.«[821] Hier, im Atelier, liegt auf dem Worpsweder Stuhl auch ihr Kissen, das sie für ihn gestickt hat und das ihn immer an sie erinnert.

Mit Edmund Schaefer tauscht Martha sich auch in puncto Literatur aus. Bereits im Oktober hatte er ihr »die Küße des Johannes Secundus«[822], ein Gedichtbändchen des niederländischen Dichters aus dem 16. Jahrhundert, über Frau Hartmann zukommen lassen. »Verzeih – es geschah nur [um] Deiner Sicherheit willen.«[823] Gelegentlich hatte Magda Hartmann, Ehefrau des Malers Richard Hartmann[824], derlei Botengänge übernommen. Ein Freundschaftsdienst, den sie wohl gerne ausübte, denn Schaefer selbst hätte sich als Sendbote leicht kompromittieren können. Neben dem Bändchen des niederländischen Renaissancedichters schickte er Martha auch den Norweger Bjørnstjerne Bjørnson, den Schweizer Conrad Ferdinand Meyer, den Russen Iwan Turgenjew und den Franzosen Stendhal. Ebenso die antiken Dichter Longos und Heliodor. »Also lies, was Du nicht kennst, und wenn Dir die Auswahl einigermaßen recht, sende ich [...] ein neues Paketchen.«[825] Selbst Ellen Keys Abhandlung »Über Liebe und Ehe«, auf die Martha ihn aufmerksam macht, ist Gegenstand ihrer Erörterungen.

Im Sommer dieses Jahres 1907 war ein Foto von Martha entstanden[826], welches sie in einem hellen Kleid im Grünen sitzend und ihr Kinn in die linke Hand stützend zeigt. Auch Edmund Schaefer durfte sich über einen Abzug freuen. »Ich finde nämlich Dein Bild einfach fein, so die Weichheit des Kopfes, man möchte so ganz leise über Dein Haar streichen, Dir etwas Liebes sagen [...] stützt Dein Kinn in Deine Linke und lächelst leis.«[827] Heinrich wird dieses Motiv ein Jahr später grafisch umsetzen und für einen Briefkopf und eine Visitenkarte Marthas verwenden.[828]

Das Konvolut der Schaefer-Briefe an Martha, das sich im Haus im Schluh befindet, enthält zudem noch zwei »offizielle« Briefe aus dem Sommer 1908, in denen Edmund Martha verständlicherweise siezt. Er spricht darin von allgemeinen Dingen. So geht es auch um die derzeitige Baumaßnahme auf dem Barkenhoff, die in diesem Jahr die ganze Familie in Atem hält. Schwerpunkt ist der neue, achteckige Atelierturm zur Bergseite hin, aber auch Räume im alten Teil des Hauses sind betroffen und werden umgebaut. »Hoffentlich ruhen Sie sich nun aus nach allen Unruhen der letzten Tage, ich freu' mich auch für Mining, daß der sein Haus nun le[e]r hat.«[829] Zwei Tage später fühlt er mit ihr, denn »die Bauerei ist wohl schlimm, wenn es nun auch noch an die wenigen übrig gebliebenen Räume geht«.[830] Beide Briefe unterzeichnet er mit »Stets Ihr Schaefer«.

Edmund Schaefer

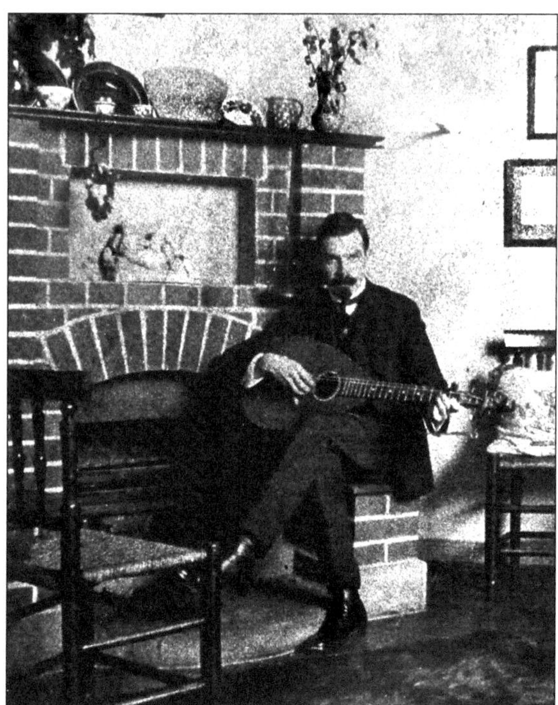

Im August entflieht Martha dem Baugetümmel. »Frau Vogeler ist z. Zt. in Oberneuland bei Rickmers – es war ihr im Hause wegen des Bauens zu viel Unruhe u. Staub«[831], meldet Grete Schroeter an ihre Freundin Hermine Overbeck nach Rönnebeck, wo die Overbecks nun seit drei Jahren leben.

Marthas Beziehung zu Edmund Schaefer wird bis weit in das Jahr 1910 hinein bestehen, denn nach Worpswede kehrt er immer wieder zurück. Hier wohnt er dann unter dem Dach eines kleinen Hauses, das schon anderen Künstlern als Atelier gedient hat. Eine enge Stiege führt hoch ins Atelier. Neben dem Motiv der kargen Moorlandschaft sind es auch die Menschen, die er bildlich fixiert. Heinrich weiß um die Beziehung Marthas zu ihm. Wird ihm doch auch manches aus dem Dorf zugetragen. Im Rückblick auf sein Leben erwähnt er im Zusammenhang mit der in dieser Zeit sich längst offenbarenden Ehekrise einen dunklen Jüngling mit »negerhafte[m] weißen Gebiss wie ein Nussknacker«,[832] das zu lachen verstanden habe. Zu diesem Jüngling, der von einer romantischen Seereise gekommen sei und der zur Gitarre hawaiische Liebeslieder gesungen habe, habe sich eine tiefere Beziehung entsponnen. Die blumigen Wiesen der Hamme-Ebene, der Fluss, der Sommerhimmel und die tiefen, farbigen Abende seien Zeugen dieser Bindung gewesen.[833] Heinrich, der sich mit dem »Nussknackergebiss« über seinen brünetten Nebenbuhler noch nach 30 Jahren lustig macht, duldete dennoch dessen Beziehung zu seiner Frau. In der Tat hatte sich Schaefer mit einem Bremer Freund auf eine Schiffsreise nach Ostasien begeben. Allerdings erst im Mai 1911. Viele neue Eindrücke hatte er mitgebracht. Aus Port Said hatte er der Worpswederin Frieda Netzel einen Kartengruß gesandt.[834] Die ägyptische Hafenstadt war nur eine von mehreren Stationen auf seiner Seereise in den Fernen Osten gewesen. Auf diese Reise, die ihn zurück durch Sibirien führte, wird er auch seine Laute, gelegentlich als Gitarre bezeichnet, mitgenommen haben, denn er war auf diesem Instrument ein begabter Spieler, »ein großer Vortragsmeister«.[835]

Nach seiner Rückkehr lebte Edmund Schaefer wieder in Bremen und ein gutes Jahr später wechselte er als Lehrer an die Kunstgewerbeschule in Charlottenburg, wo er 1921 zum Professor ernannt wurde. Martha und Schaefer aber bleiben einander noch eine Zeit lang freundschaftlich verbunden. Irgendwann hatte er seinem Nachnamen den Zusatz »Osterhold« hinzugefügt, der unverkennbar das Städtchen Osterholz auf der Geest mit Blick zum Weyerberg meint. Vielleicht eine kleine Reminiszenz an seine Zeit in Worpswede.

Krisis

Ab wann die Ehe der Vogelers in eine Krise gerät, ist zeitlich nicht genau zu bestimmen. Augenfällig aber wird sie, als Martha sich emotional bei Edmund Schaefer aufgehoben fühlt. Bei Heinrich hat sie immer Nähe, vor allem emotionale Nähe, vermisst. So erkennt Helene Chrambach schon im Jahre 1906 den Zwiespalt der Ehe: »Dass Mining sich jetzt zu Dir setzt & Deine kleine Person genießen will – so, wie Du es haben wolltest. Früher liebte er Dich zwar genauso stark, aber er fühlte nicht das Bedürfnis eines gemeinschaftlichen gemüthlichen Zusammenseins.«[836]

Anscheinend aber bleiben die gemütlichen Stunden des Ehepaars eine Ausnahme. Ein Jahr später heißt es in einem Brief Heinrichs an die Schriftstellerin Helene Voigt-Diederichs: »Im übrigen bin ich wie alle Menschen in dieser Zeit ein grässliches Arbeitstier geworden.«[837] Auch in seinem Lebensrückblick macht er seinen Schaffensprozess für die Ehesituation mit verantwortlich. Der Hof mit Garten und kleiner Landwirtschaft, das Urbarmachen des neu hinzuerworbenen Geländes mit den Lehmbrüchen, all das erfüllte ihn mit »heißer Lebensfreude, in der eine tiefe Tragik verborgen lag – eine Entfernung, eine Kluft, die sich zwischen ihm und seiner Lebensgefährtin auftat, der einzigen, an die sich seine ganze Schöpfung richtete«.[838]

Vielleicht vermag Heinrich seine Gefühle Martha gegenüber – wie es hier schon anklingt – einzig und allein über das Schöpferische, über seine Kunst auszudrücken. Eine Kunst, die sich seit Jahren im Privaten verankert hat und Martha immer wieder glorifiziert. Die zahlreichen Bildnisse erzählen davon. Er liebt seine Frau, zweifelsohne, kann diese Liebe aber offenbar nur über seine ganz persönliche Bildsprache zu erkennen geben. »Ich wollte die Schönheit Deines lieben Körpers unsterblich machen«[839], wird er ihr ein paar Jahre später in

Martha und Heinrich, um 1906

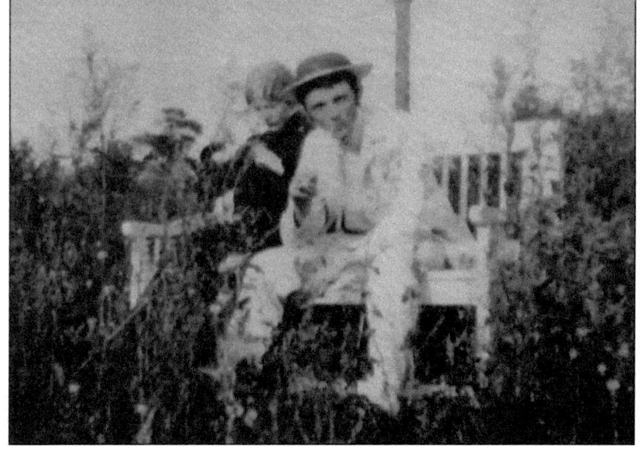

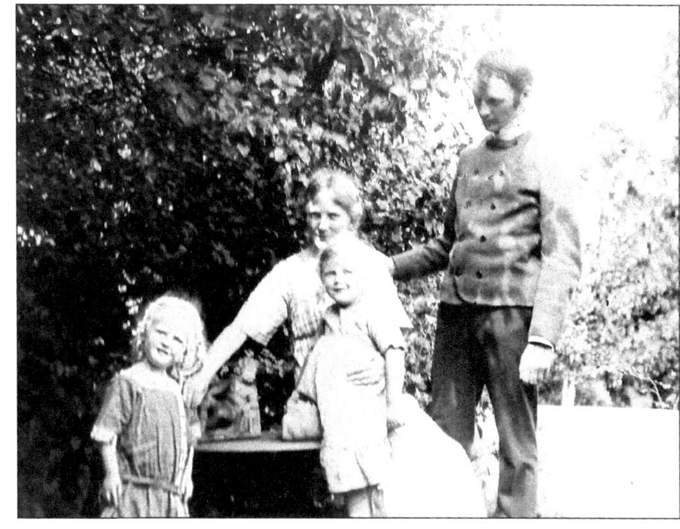

Familie Vogeler, Juni 1908

einem Brief bekennen, wird ihr sagen, dass er nach ihr gesucht, dass er um sie gerungen habe, um ihre »letzte, tiefste Schönheit zu begreifen und sie unsterblich wieder erstehen zu lassen«.[840] Auch das biedermeierliche Heim, welches er ihr geschaffen hat, ist Ausdruck seines Empfindens. Ein kleines Märchenschloss, in dem sie sich jedoch zunehmend einsam fühlt, trotz der Kinder und der Hauswirtschaft, die in ihrer Obhut liegen.

Vielleicht ist es beiden aber auch nicht gegeben, sich mit den schwelenden Konflikten auseinanderzusetzen. Denn »das Leben ging weiter; sah so normal, so glücklich aus. Und doch lagen überall unausgesprochene Dinge, wie wucherndes Gestrüpp, dem die geheime Tendenz innewohnte, sich ineinander zu verschlingen und den Lebensweg zu bedrohen«.[841] Bereits im Jahre 1902 war der Freundin Paula aufgefallen, »dass [Heinrich] von seinen letzten Dingen nicht zu ihr sprechen kann«[842] und beide darunter leiden würden. Etwa zehn Jahre später, nach den ersten ehelichen Missklängen, versichert er Martha, »dass ich mehr und mehr Dich verstehen lernen will; dass ich nicht alles in mich vergraben will«.[843]

Mit Abstand von Jahrzehnten beschreibt Heinrich die sich mehr und mehr zuspitzende Krise mittels einer großen Metapher: »Aber dieser Turm, in dem ich [Martha] traumhaft zu sehen glaubte, umgeben von vielen Dingen, die ich schuf. Dieser Turm! [...] Und da kamen die Zugvögel, umflatterten den Turm, setzten sich auf seine Kanten und sangen ihre Lieder.«[844] Unter all diesen Zugvögeln – den neuen Freunden – befindet sich auch Edmund Schaefer. »Und die Vögel kamen wieder und Martha war unter ihnen, ein weißer. Und alle flogen zusammen über die Heide, über den blanken Fluß und über die Wiesen. – Und einmal wurde das Spiel ernst. Es kam einer, der einen Hafen suchte oder vielleicht Untergang.«[845] Dieser eine wird der Student Ludwig Bäumer sein.

Martha wird um ihn werben – und er wird ihr folgen. So wie Heinrich um die Beziehung mit Edmund Schaefer wusste, so wird er auch hier bald spüren, dass sich zwischen beiden etwas entspinnt, das die Ehe zu zerbrechen droht. Und so spricht er einmal aus der Ferne die Hoffnung aus, dass, »wenn ich jetzt heimkomme, so komme ich auch in eine reine Luft, denn das hoffe ich bestimmt, dass die Jünglinge jetzt etwas mehr Respekt vor dem Leben und den inneren Kämpfen eines Menschen haben, dessen einziger Halt, mit dem er steigt oder fällt, die unaussprechliche Liebe zu seiner Frau ist«.[846]

Es ist das Jahr 1911, als Heinrich dieses schreibt und Ludwig Bäumer bereits regelmäßiger Gast auf dem Barkenhoff ist. Doch von diesem Zeitpunkt an wird sich die eheliche Situation nicht mehr grundlegend ändern. Es wird ein Auf und Ab der Gefühle bleiben, insbesondere bei Heinrich. Das, was er nicht aussprechen kann, thematisiert er zunehmend, bisweilen hoch emotional, in Briefen. Martha hat diese Umstände einmal rückblickend zu erklären versucht. Es sei Heinrichs innere Unruhe gewesen, »die ihn immer fremd ließ. Mir gegenüber. Er war so ein fabelhaft schamvoller Mensch. Er mochte nie von Liebe sprechen. Nur schreiben. Und dann habe ich mir oft gewünscht: Verreise! Verreise bitte mal! Damit ich mal was von ihm hörte.«[847] Diese auf brieflichem Austausch basierende eheliche Situation wird bis in die Kriegsjahre hinein bestehen bleiben. Aber zu einer Katharsis wird auch sie nicht beitragen können.

Links: Aktporträt Marthas, Öl auf Leinwand, Heinrich Vogeler, 1910

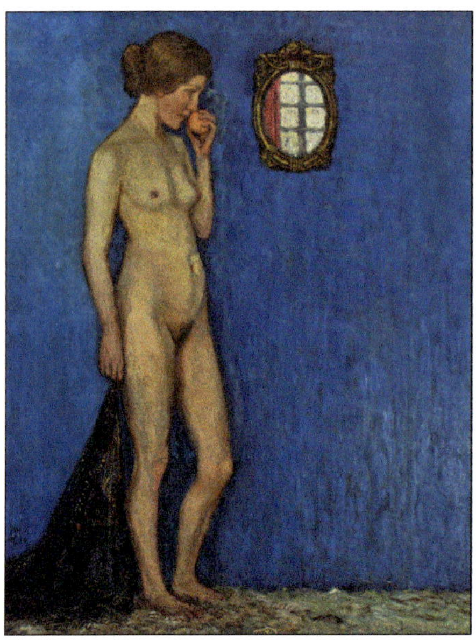

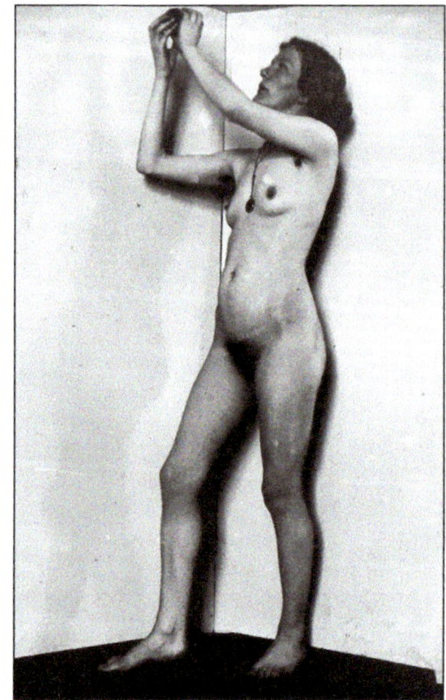

Rechts: Aktfotografie von Martha Vogeler

Musterschutz

Da die Bauarbeiten auf dem Barkenhoff im Sommer 1908 unvermindert anhalten, fährt Martha, wie bereits berichtet, Mitte August zur befreundeten Familie Rickmers nach Oberneuland, um sich zu erholen. Wahrscheinlich hatte sich zu dem Zeitpunkt schon die Krankheit, von der noch zu reden sein wird, angedeutet, und Martha wich deshalb nach Bremen aus. Ihr ging es also vermutlich nicht gut. Vor ihrer Reise in die Stadt aber hatte sie noch die Unterlagen für ihren Musterschutz beim Königlichen Amtsgericht in Lilienthal eingereicht. Das war am 5. August gewesen. Doch der Antrag ging wieder an sie zurück, da ihre Unterschrift nicht korrekt beglaubigt war und die Angabe, ob es sich um ein flächiges oder plastisches Erzeugnis handele, fehlte. So holt sie diese Versäumnisse nach, und mit Datum vom 14. August 1908 wird ein neuer Antrag vom Patentanwalt Hans Wolff in Bremen für »sieben neue kunstgewerbliche Flächenmuster für farbige Korbmöbel und hauswirtschaftliche Gegenstände aus farbigem Rohrgeflecht«[848] auf eine Schutzfrist von einem Jahr unter den laufenden Musternummern 804 bis 810 aufgesetzt. Hierbei handelt es sich um farbige Muster für ein Korbsofa, einen Korbsessel, einen Rohrgeflechttisch, ein geflochtenes Schränkchen, einen Wäsche- oder Papierkorb, einen geflochtenen Zeitungs- oder Notenständer und eine geflochtene Zeitungsmappe. Die ganze Angelegenheit verzögert sich also durch ihr Kranksein, weil »die Beglaubigung in Bremen vor einem Notar notwendig wurde, da Frau Vogeler in Bremen [krank] lag.«[849] Diese erfolgt dann am 17. August durch den befreundeten Rechtsanwalt und Notar Hermann Julius Kulenkampff-Post.

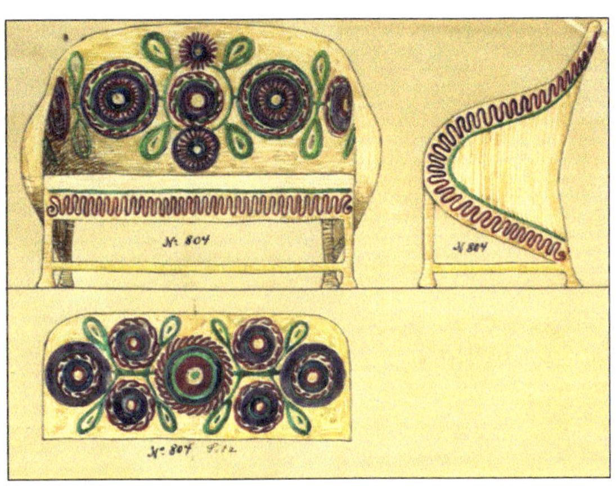

Muster für ein Korbsofa

Somit ist der Weg für die Eintragung ins Musterschutzregister in Lilienthal geebnet. Etwa zwei Wochen später, am »2. September vormittags 10 Uhr«[850], wird sie dort vorgenommen. Eingereicht wird der Antrag vom Kunst- und Kunstgewerbehaus Worpswe-

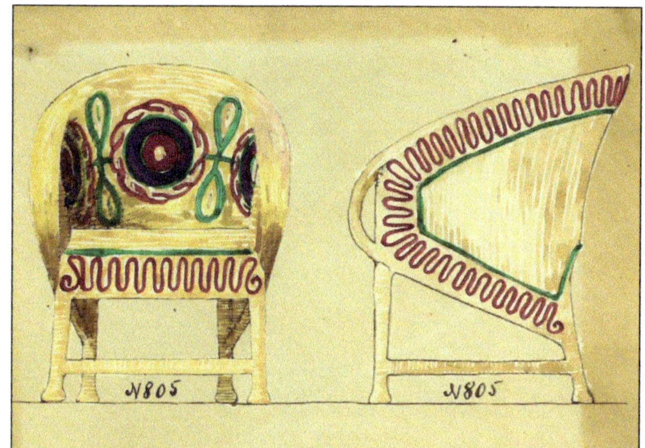
N805
N805

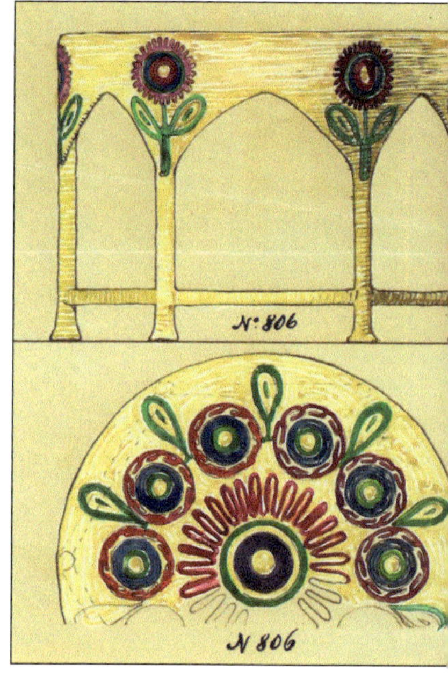
N° 806
N 806

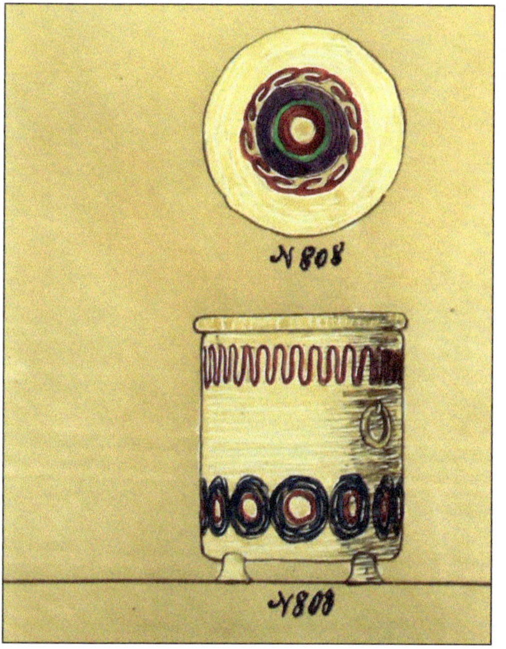
N 808
N 808

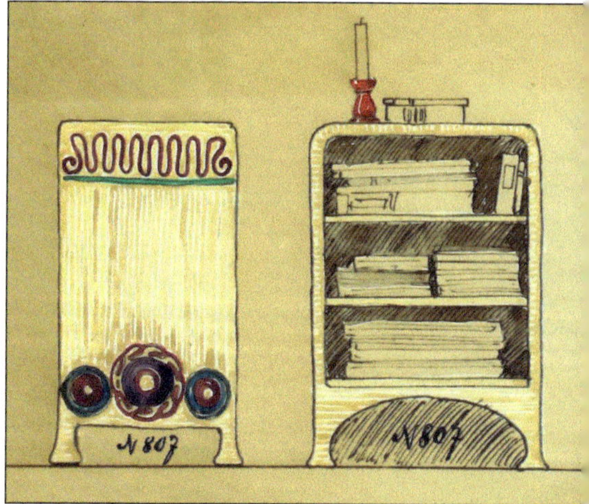
N 807
N 807

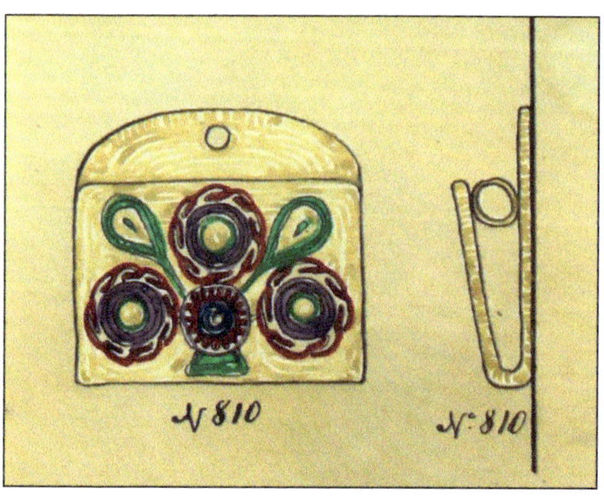
N 810
N° 810

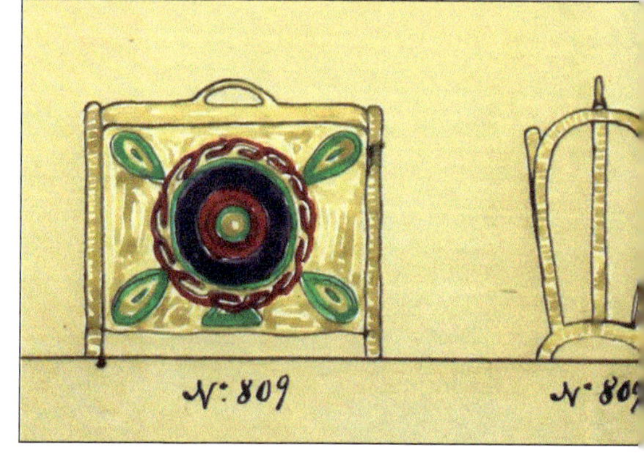
N° 809
N° 80

de, dessen Anschreiben Franz Vogeler unterzeichnet hat. Die für den Antrag notwendigen bildlichen Darstellungen liegen ebenfalls dabei. Sie sind in der Methode der Dreitafelprojektion, also in verschiedenen Ansichten, dargestellt und damit sehr professionell. Zudem sind sie koloriert. Diese Zeichnungen[851] stammen mit großer Wahrscheinlichkeit nicht von Marthas Hand, sondern von Heinrichs. Denn als Entwerfer für Möbel hat er inzwischen einen exzellenten Ruf. Und so wird er seine Frau in dieser amtlichen Angelegenheit unterstützt haben. Martha aber ist und bleibt die Urheberin dieser kunstgewerblichen Gegenstände.

Wenig später erfolgt dann die Bekanntmachung im Deutschen Reichsanzeiger und im Königlich Preußischen Staatsanzeiger. Es handelt sich, wie üblich, um eine einmalige Veröffentlichung, »betreffend Muster Martha Vogeler«.[852]

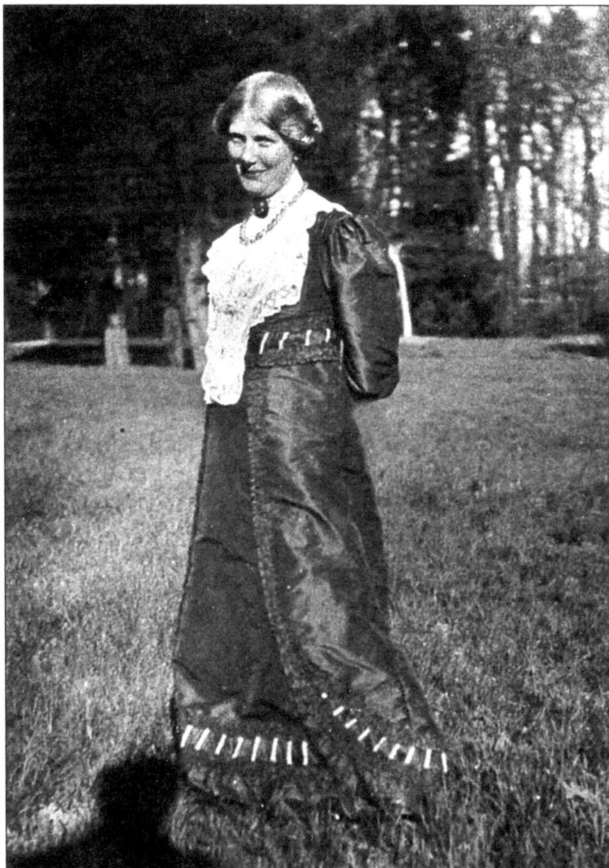

Martha Vogeler, 1908

Linke Seite: Muster für diverse Möbel von Martha Vogeler; v. l. ein Korbsessel, ein Rohrgeflechttisch, ein Wäsche- oder Papierkorb, ein geflochtenes Schränkchen, eine geflochtene Zeitungsmappe und ein geflochtener Zeitungs- oder Notenständer

Ein Hausbrand und ein Frühlingsbild

Marthas Erkrankung im Sommer dieses Jahres 1908 stellt sich als eine Entzündung der Gebärmutter heraus, die sie die nächsten Jahre mehr oder weniger begleiten wird. Die Baumaßnahme auf dem Barkenhoff aber hält weiterhin an. »Mein Bau wird ja allerding wohl nie fertig«[853], schreibt Heinrich Mitte Oktober an den Freund Otto Modersohn, der nun, nach dem plötzlichen Tod seiner zweiten Frau Paula, im nahe gelegenen Fischerhude lebt. Anfang Oktober ging es Martha einige Tage lang sehr schlecht. Den entsetzlichen Schmerzen vermochte sie nur mit Morphium beizukommen. Aber »endlich scheint es sich heute zum Guten wenden zu wollen«, heißt es weiter in dem Brief. Heinrich ist froh, »und so sehe ich die Welt wieder etwas rosiger an«.[854]

Auch ihre neue Freundin Lau[855], die in Planegg bei München lebt und die sie ein Jahr zuvor in Partenkirchen kennengelernt hatte, fühlt mit ihr. »Liebste, Du Arme schon wieder krank. Wenn Du wüsstest, wie gern ich zu Dir käme Dich zu pflegen! Warum müssen wir so weit von einander weg sein! Ich kann Dir gar nicht sagen, wie mich das betrübt. [...] Und das neue Haus? Von dem hast Du nun garnichts, Du Arme wenn Du im Bett liegen musst.«[856] Die »schöne Lau«, wie Heinrich sie gelegentlich nennt, war im Juni bei den Vogelers zu Besuch gewesen. Sie ist drei Jahre jünger als Martha und für diese inzwischen eine Vertraute geworden.

Vermutlich die »schöne Lau«, Juni 1908

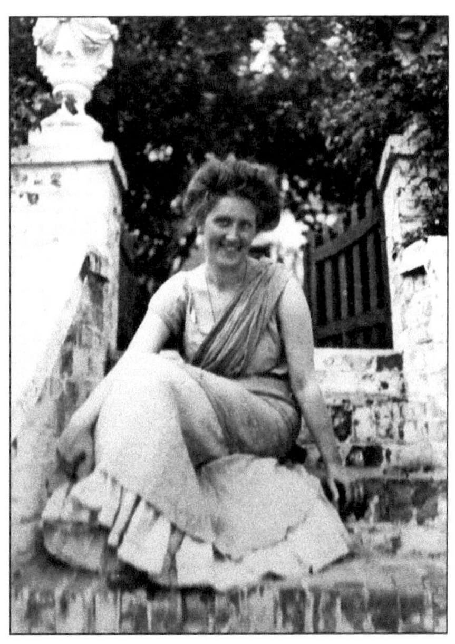

Dann, vier Wochen später, brennt das Haus von Walter Schulze, Heinrichs Architekten, das in der Nähe oberhalb der Lehmgruben am Hang liegt, in einer Nacht bis auf die Grundmauern nieder. Ein vom Handwerker vergessener Lötkolben hatte den Torf in einer Zwischenwand entzündet. »Diese Nacht wurden wir durch angstvollen Feuerlärm geweckt. Schulzes schwangere Frau stand unter unserem Fenster und als ich in wenigen Sekunden auf der Brandstelle war, sah man schon, dass nichts zu retten war. Wir haben die ganze Nacht gearbeitet, um die Tannen zu retten und [so] wurde das Feuer auf seinen Herd beschränkt. Nun haben wir diese unglücklichen Leute im Hause, gerettet ist so gut wie nichts […] Gottlob scheint Frau Schulze diese Nacht einigermassen in ihrem unbeholfenen Zustand verbracht zu haben und scheint es ihr gut zugehen. Meine Frau hat sich sehr aufgeregt. Dieser taghelle Feuerschein, dann der Klang der Äxte liessen sie immer wieder befürchten dass das Feuer auf die Tannen übergesprungen wäre.«[857]

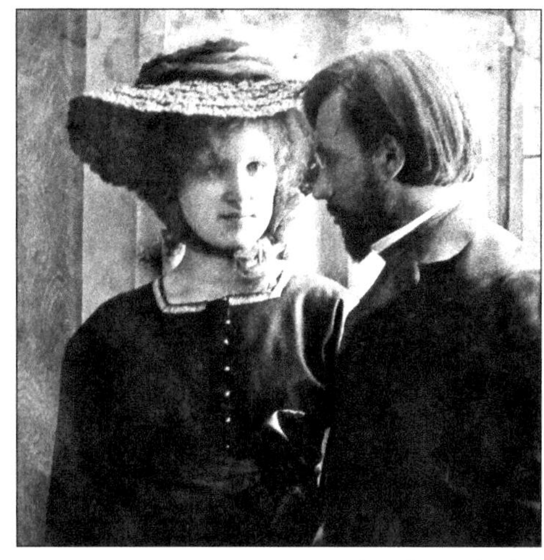
Hanne und Walter Schulze

Dieser Tage ist für Martha ein Arzt bestellt worden, der sie untersuchen soll. Doch der hat kurzfristig abtelegrafiert und wird nun ein paar Tage später kommen. Das trifft sich gut, denn bis dahin werden sich die Aufregungen der Brandnacht bei ihr wieder gelegt haben. Fürs Erste sind die Schulzes bei den Vogelers im Barkenhoff untergekommen. Aber auf Dauer ist das keine Lösung, zumal Hanne Schulze in ihrem Zustand Ruhe braucht. So quartieren Martha und Heinrich die beiden schließlich unten im Haus von Mutter Vogeler ein, die in dieser Jahreszeit das Haus ohnehin nicht nutzt. Dort kommt dann ihr Baby am 13. Januar 1909 zur Welt. Es ist ein Junge, der den Namen Kurd-Jürgen erhält, aber nur auf den Rufnamen Peter hören wird. Peter Schulze wird den drei Vogeler-Töchtern und deren weißem Pudel des Öfteren ein Spielkamerad sein.

Auch das Jahr 1909 wird im Hause Vogeler, wie das vorangegangene, von Krankheit bestimmt. Im Frühjahr werden alle drei Mädchen von Keuchhusten[858] heimgesucht, Heinrich von einer starken Influenza. Deshalb kann die geplante Parisreise der Eheleute nicht stattfinden. »Wir gehen nicht nach Paris habe durch das schlechte Wetter und meine infame Krankheit die Zeit zum Frühlingsbilde verloren.«[859]

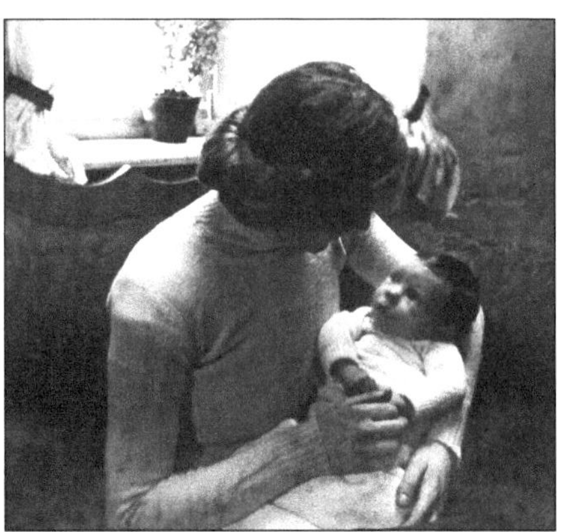
Hanne Schulze mit Sohn Peter, Januar 1909

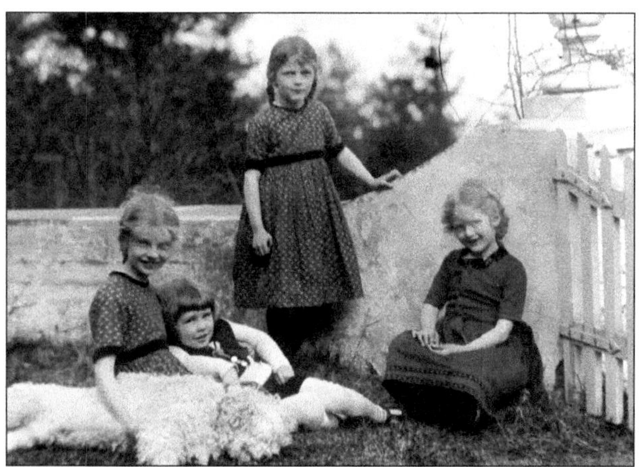

Die Vogeler-Töchter mit Peter Schulze, um 1911

Und so vollendet Heinrich in den kommenden Wochen ein Bild, das Martha als liegenden Akt in einer weiten Landschaft auf einer Anhöhe zeigt, den linken Arm in die Luft gestreckt und auf der Hand eine Amsel haltend. Ihr Blick ist auf den Vogel gerichtet. Das Bild wird »Frühling« heißen, wie auch jenes großformatige aus dem Jahre 1897, wo er Martha im blaugrünen Liberty-Kleid als personifizierten Frühling dargestellt hat. Dieser zweite »Frühling« ist für Heinrich ein sehr persönliches Bild, knüpft er damit doch besondere Erinnerungen an dessen Entstehungszeit. Einer »Zeit, wo wir trotz Deiner Krankheit innig zusammen neu vorwärts wollten und an einem Februarnachmittag, ich glaube vor drei Jahren, fühlte ich nochmals wie leidenschaftlich Du mir zugetan warst«.[860] Heinrich empfindet dieses Jahr 1909 also, trotz Krankheit, als ein gutes Ehejahr, als eines »wo Du von E[dmund] Sch[aefer] freigeworden warst«.[861] Aber dem ist nicht so, wie er hier rückblickend in einem Brief aus dem Jahre 1911 an seine Frau meint. Die Beziehung Marthas zu Edmund Schaefer bestand nach wie vor.

Kaum sind Heinrich und die Kinder im Mai wieder genesen, erkrankt Martha im Frühsommer an einer Rippenfellentzündung. Paula Richter aus Łódź nimmt Anteil: »Die Nachricht vom Leiden Ihrer lieben kleinen Frau traf uns wie ein Schlag. Wissen doch Trudl und ich, was Rippenfellentzündung bedeutet.«[862] Und Paula Richter bedauert erneut, dass die Entfernung so groß sei!

Den Sommer über kuriert Martha sich aus, und Heinrich erwägt, mit ihr im Herbst eine Erholungsreise in die Schweiz zur Kräftigung für den »furchtbar kalten nordischen Winter«[863] zu unternehmen. Daraus aber wird nichts. Allerdings nimmt er im Juli an einer Studienfahrt der Deutschen Gartenstadtgesellschaft nach England teil, deren Mitglied er ist. Auf dieser sozial orientierten Reise lernt er den jüdischen Arzt Dr. Emil Löhnberg, einen Spezialisten für Hals-Nasen-Ohren-Erkrankungen, kennen. Aus dieser Bekanntschaft, die für Heinrich auch stärker die Politik ins Blickfeld rücken wird, erwächst eine tiefe Freundschaft, die ebenso die Familien einschließt.

In den Kiefern am Hang ersteht bald schon das abgebrannte Haus der Schulzes wieder in selbiger Gestalt.[864] Der junge Architekt arbeitet nun schon zwei Jahre lang eng mit Heinrich zusammen, indem er ihn bei Entwürfen verschiedenster Art unterstützt. So ist Heinrich davon erfüllt, den Auswüchsen des Historismus, die sich auch im ländlichen Raum breitmachen, Einhalt zu gebieten. Er arbeitet Baupläne, die ihm von den Bauherren der Umgebung vorgelegt werden, unentgeltlich um. Walter Schulze hilft ihm dabei. Aber auch bei der neu einzurichtenden Bahnlinie Osterholz–Bremervörde, für die Heinrich den Auftrag erhalten hat, die »Entwürfe für alle Bahnhöfe und [die] Gestaltung der Personenwaggons«[865] zu fertigen, ist er als sein Mitarbeiter beteiligt. Und schließlich auch an einer den Winter 1909/10 über andauernden größeren Arbeit. Denn angeregt durch die Englandreise im Sommer gestaltet Heinrich mit Walters Hilfe »auf dem Papier ein Dorf für die Arbeiter der Tarmstedter Möbelfabrik mit allen modernen sozialen Einrichtungen, die ich studiert hatte«.[866]

Heinrichs Bruder Franz hatte bereits Anfang des Jahres 1908 in Tarmstedt eine eigene Möbelwerkstatt gegründet, um die Produkte aus eigener Fertigung im Kunst- und Kunstgewerbehaus in Worpswede anbieten zu können. Auch Heinrich reizt dieser Geschäftsansatz, bietet er doch die Möglichkeit, eigene, erstklassige Möbel zu produzieren und zu vertreiben und sich zudem von Zulieferern unabhängig zu machen. So steckt er sein Geld und seine Arbeitskraft auch noch in dieses Unternehmen, welches sich Worpsweder Werkstätte nennt. Bei all diesen kunsthandwerklich ausgerichteten Tätigkeiten tritt sein bildkünstlerisches Schaffen mehr und mehr in den Hintergrund.

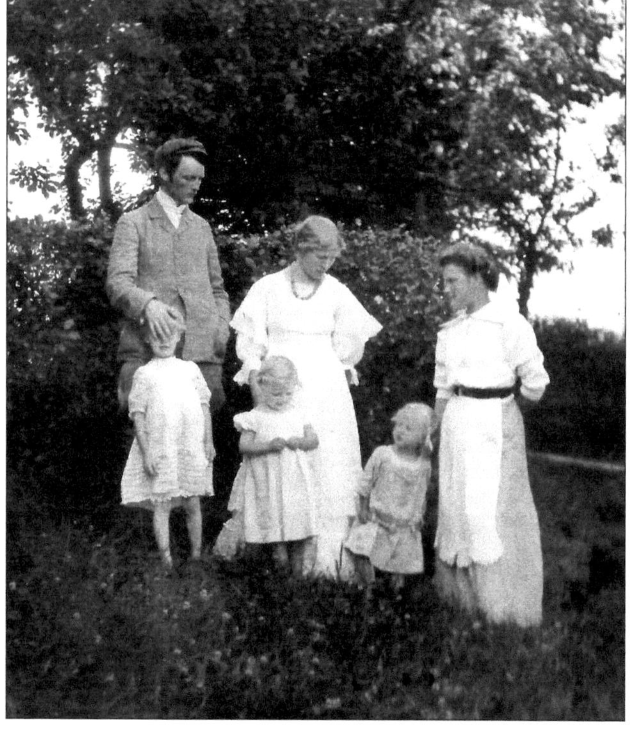

Familie Vogeler mit Kindermädchen, Juni 1908

Weltausstellung in Brüssel

»Die deutsche Beteiligung an der Weltausstellung in Brüssel 1910 nimmt gegenüber den Abteilungen anderer Länder eine Sonderstellung ein: Deutschland hat seine Abteilung in eigenen Gebäuden untergebracht, die von deutschen Architekten entworfen, von deutschen Unternehmern mit deutschen Arbeitern ausgeführt worden sind.«[867]

Insgesamt bietet die deutsche Abteilung ihren Ausstellern neun Hallen inklusive gastronomischer Einrichtungen. Auch Martha und Heinrich sind mit Exponaten vertreten, die in der »Raumkunst- und Kunstgewerbehalle« ausgestellt werden. Am 23. April wird die Schau eröffnet und läuft ein gutes halbes Jahr. Schon im Vorfeld ist das Ehepaar aus Worpswede angereist, um seine Ausstellungsstücke mit aufzubauen. »Es gab viel intensive Arbeit, aber auch, wie in der Zeit vor allen Ausstellungseröffnungen, eine hochgespannte Freudigkeit. Man tanzte bis in die Nacht mit den vielen Künstlern, die am Aufbau beschäftigt waren.«[868]

Martha hilft Heinrich bei der Aufstellung seines »Damenzimmers«, mit dem er vertreten ist. Der amtliche Katalog weist dieses in Raum 4 als »Boudoir« aus. Heinrich wird als Entwerfer und künstlerischer Leiter genannt, als Ausführender die Worpsweder Werkstätte in Tarmstedt bei Bremen mit ihrem Inhaber Franz Vogeler. Interessant ist zudem, dass Martha Vogeler als eine von drei weiteren an dieser Raumausstattung Beteiligten erwähnt wird. Nämlich mit von ihr gefertigten Stickereien, Vorhängen und Gardinen.[869] Zudem werden diese textilen Arbeiten – wie alle Exponate der Ausstellung – im Katalog noch unter verschiedenen Klassifikationen geführt. So in Klasse 71 unter »Abnehmbare Dekorationen und Tapeziererarbeiten«[870] und in Klasse 84 unter

Briefkopf der Gebrüder Stolle, um 1910

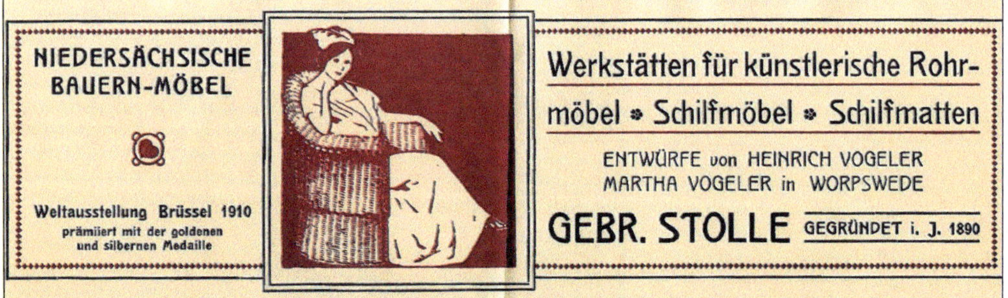

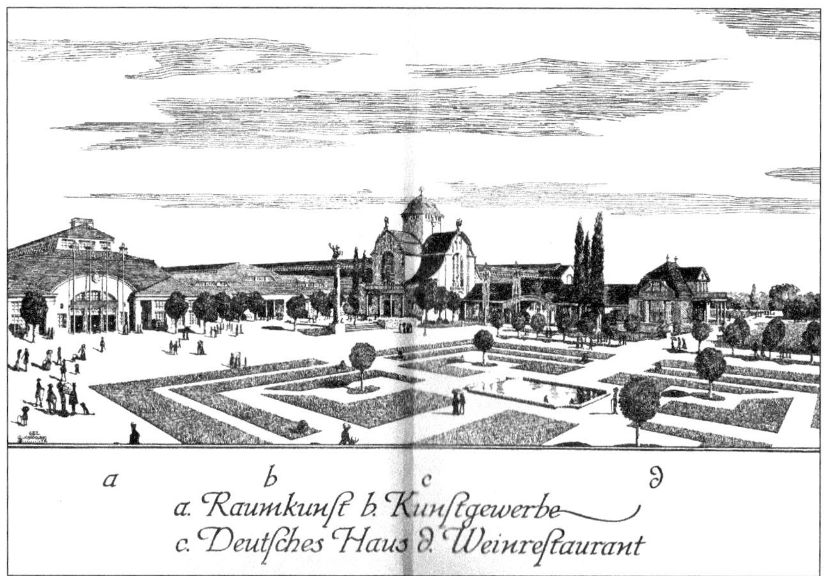

Ausstellungsgelände der Deutschen Abteilung (Abb. 1) im Amtlichen Katalog

»Spitzen, Stickereien und Passementerien«[871]. In beiden Klassen wird Martha eine »Ehrenvolle Erwähnung«[872] zugesprochen.

In Raum 8, dem »Hof«, sind für dessen Vorhalle »Peddigrohr- und Schilfmöbel« von Heinrich und Martha Vogeler aus Worpswede aufgeführt. Als Hersteller gilt die Firma Gebrüder Stolle aus Bremen.[873] Die drei Peddigrohrsessel tragen Heinrichs, die Schilf- beziehungsweise Binsenmöbel Marthas künstlerische Handschrift. Bei Letzteren, einer Sitzbank und zwei Armlehnstühlen, sind die Rückenlehnen mit farbigen Dekoren ausgestattet. Ebenso die Innenseiten der Armlehnen an der Bank und an einem der Stühle. Auch an dem dazugehörigen Tischchen findet sich ein farbiges Muster. Die Sitzbank ist, so zeigt ein Vergleich vom Ausstellungsfoto mit dem kolorierten Bankentwurf, für den sie zwei Jahre zuvor einen Musterschutz erworben hatte, fast identisch. Auch diese Möbelgruppe wird im Katalog noch in einer weiteren Klassifikation geführt: in Klasse 69 unter »Wohlfeile und Luxusmöbel«.[874] Die Bremer Firma Gebrüder Stolle, eingerichtet 1890, wird für die Ausführung der Möbel mit einer silbernen und goldenen Medaille geehrt, was sie einige Jahre lang in ihrem Briefkopf dokumentiert.

Die heimische Wümme-Zeitung, im Geburtsjahr von Martha gegründet, hatte schon im März gemeldet, dass Worpswede im deutschen Kunstgewerbe auf der Brüsseler Ausstellung durch Heinrich und Martha Vogeler in einer mit Korb- und Binsenmöbeln ausgestatteten Halle und durch ein von der Worpsweder

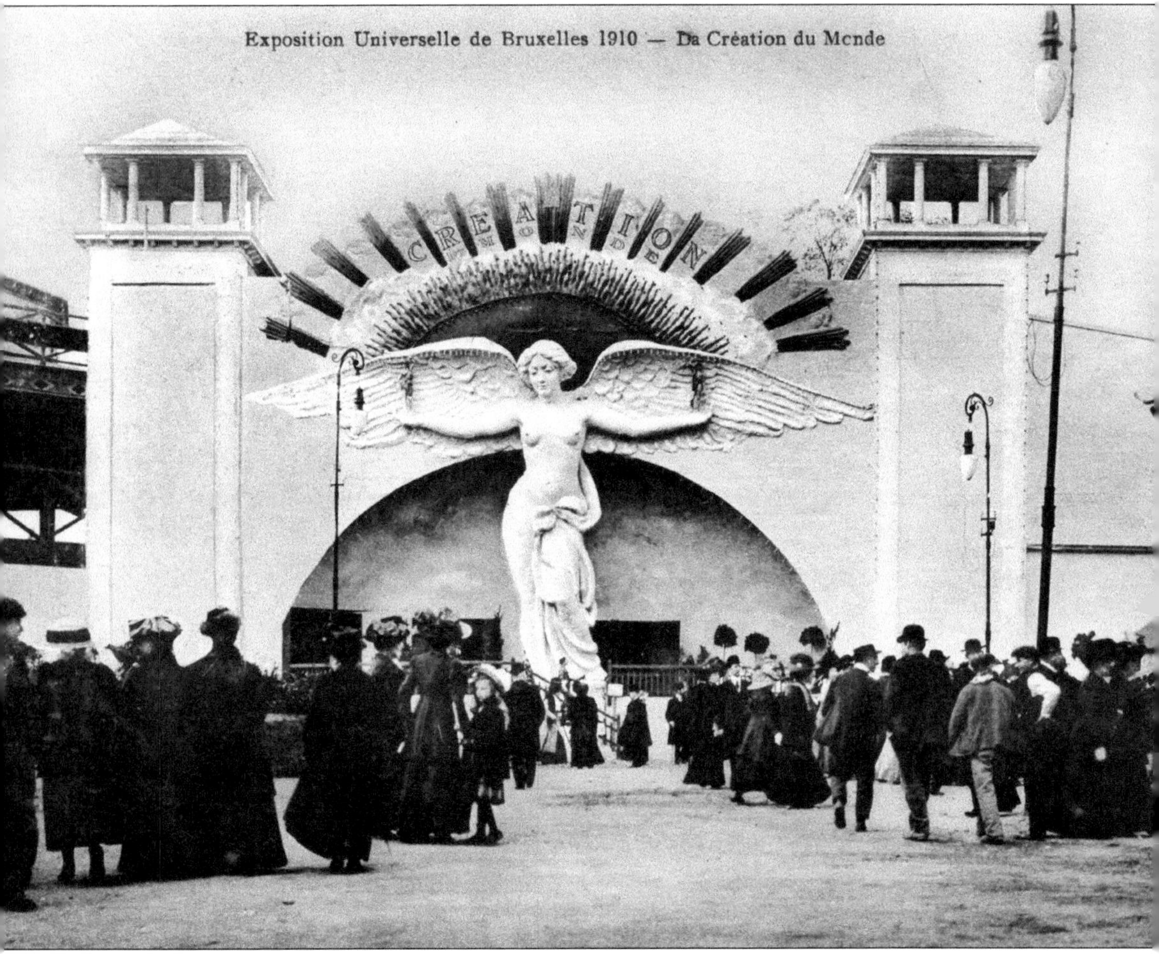

Exposition Universelle de Bruxelles 1910 — La Création du Monde

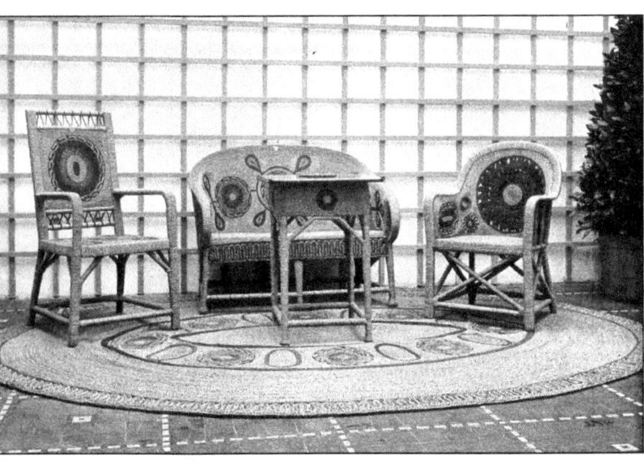

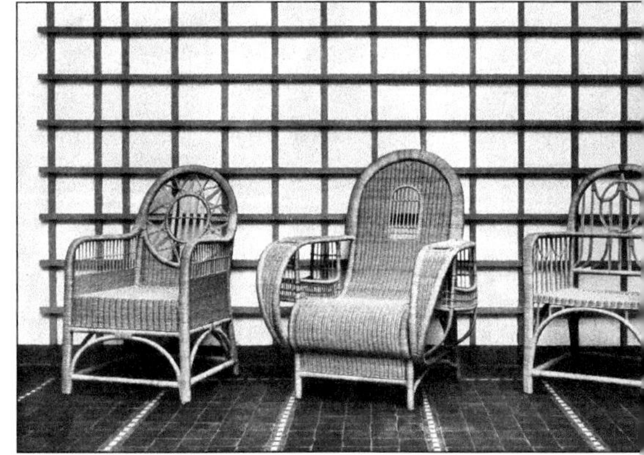

Oben: Weltaustellung Brüssel 1910

Rechts: Peddigrohrsessel von Heinrich Vogeler

Links: Schilf- bzw. Binsenmöbel und Binsenmatte von Martha Vogeler

Werkstätte in Tarmstedt hergestelltes Boudoir vertreten werde.[875] Außerdem berichtete sie, dass unter den Bildern, die in Brüssel auch gezeigt würden, Heinrich Vogelers »Kommender Frühling« zu sehen sein werde, welches ein Jahr früher, also im Jahre 1909 entstanden ist. Hierzu hatte dem Maler im Sommer die 19-jährige Asta Lange Modell gestanden, die Schwester von Hanne Schulze, bei der sie mit im Haus oberhalb der Lehmgruben am Hang wohnt. Dort hatte Walter Schulze einen Brunnen mit Pumpenaufsatz gegraben, wo Heinrich das Mädchen bei der morgendlichen Arbeit der Wassergewinnung beobachten konnte. Sie trug an diesem abgelegenen Ort keine Kleider. »Ich rief sie an. Mit ein paar mächtigen Sätzen kam sie den Berghang hinauf zu mir, ungehemmt in dem Bewußtsein jugendlicher Kraft und Schönheit. ›Asta, kommen sie doch zu mir, ich werde sie malen als Frühling, als über Blumen schreitende Jugend, als Werden.‹«[876] Heinrich, der sich noch nach Jahrzehnten sehr lebhaft an diese Begegnung erinnert, malt Asta als »Ganzaktporträt«.[877] Damit ist zum ersten Mal nicht Martha sein Modell.

Das Bild »Kommender Frühling« hängt auf der Brüsseler Schau in den mit »Räume eines Kunstfreundes«[878] ausgewiesenen Sälen, wo auch das Bildnis der Freundin Clara Rilke-Westhoff von Oskar Zwintscher aus dem Jahre 1902 zu sehen ist. Asta Lange wird wenig später den Weg als Schauspielerin einschlagen, wird in Hamburg, New York und Wien auf den Bühnenbrettern stehen und mit den Vogelers einige Jahre im freundschaftlichen Kontakt bleiben. Nicht zuletzt durch die Aufführung von Carl Emil Uphoffs Tragödie »Potiphar« im September 1911 auf der Naturbühne des Barkenhoffs, in der sie die Titelrolle übernehmen wird.

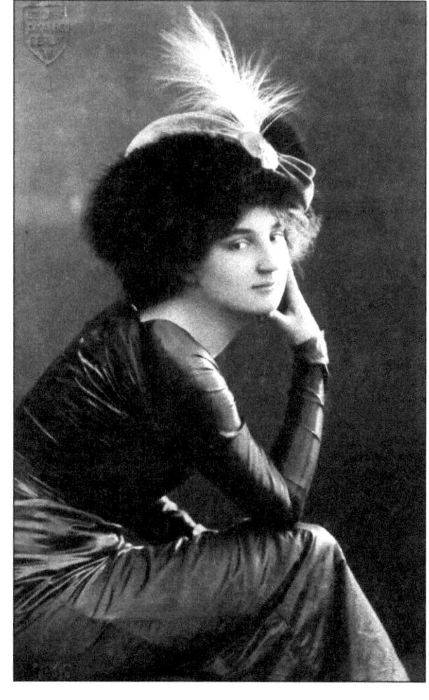

Asta Lange einige Jahre später als Schauspielerin

Hatte Heinrich noch im Frühjahr 1907 an Helene Voigt-Diederichs geschrieben, dass seine Frau ihm bei seinen kunstgewerblichen Arbeiten helfe, gesteht er Martha nun eine eigene schöpferische Tätigkeit zu. Denn im Mai des Jahres 1910 heißt es in einem Brief an dieselbe Adressatin: »Meine Frau ist jetzt auch kunstgewerblich thätig und hat schöne Sachen auf der Ausstellung in Brüssel.«[879] Ein halbes

Jahr später, Martha hält sich in Obersalzberg zur Kur auf, schreibt Heinrich ihr, dass er ihr Schaffen verehre, dass ihm ihre Künstlerschaft viel wichtiger sei als die eigene, dass er sich in Brüssel ganz ihrem »feinen künstlerischen Wollen« untergeordnet habe und darauf bedacht gewesen sei, dass sie so zu Worte komme.[880] Hier räumt er Martha den Vorrang ein. Es ist solch eine Situation, in der das Paar wieder einmal im brieflichen Austausch seine Ehe reflektiert. Dieses geht meist von Heinrich aus, der niederschreibend seine Gedanken und Gefühle auszudrücken und damit zu ordnen versucht.

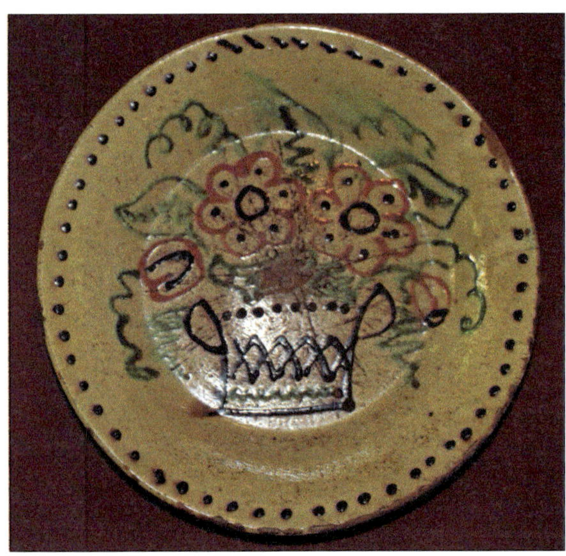

Keramikteller von Martha Vogeler

Noch vor der Brüsseler Ausstellung, Mitte März, hatte Martha sich mit Edmund Schaefer in Paderborn getroffen; sozusagen inkognito. Er war unterwegs nach Paris, sie nach Wertheim. Aus Köln, wo er eine Nacht verbrachte, um am nächsten Tag weiter in die Seine-Metropole zu reisen, blickte er zurück: »Meine Liebe, was waren das doch für 2 entzückende Tage trotz allen Regen[s], wie waren wir uns mehr – endlich und uns ganz uns anzugehören – als Ehepaar – als das Du Dich ja allerdings gar nicht gefühlt hast – ich aber umso mehr. […] Erhol Dich recht, pflege Dich, schlafe lang, esse viel […] ich küße Dir lange, lange Deine lieben Hände, Deinen Mund.«[881]

Dieser Brief erreichte Martha in Wertheim, in Süddeutschland, wo sie sich für etwa drei Wochen beim Ehepaar Hartmann[882] aufhielt, das jetzt dort lebt.[883] Der Hintergrund der Reise war das Töpfern und Bemalen von Tongeschirr, in dem sie sich ausprobieren wollte. »Ich bin ja gespannt was Du für Töpfe mitbringst, was Du wohl da unten fabrizierst. Es ist schade, daß Du in Worpswede nicht solche Leute an der Hand hast, mit denen Du so etwas arbeiten kannst.«[884] In der Tat gibt es in Worpswede zu dieser Zeit niemanden, der das Töpferhandwerk, einschließlich Dekormalerei, betreibt.[885] Für Martha wird es eine Episode bleiben.

Bezüglich Edmund Schaefer hat sich Martha ihrer Freundin Lau anvertraut. Beide tauschen sich von Frau zu Frau aus, gerade auch in solch heiklen Angelegenheiten. In einem Brief vom Mai, Martha und Heinrich sind längst aus Brüssel zurück, antwortet Lau auf einen Brief der Worpsweder Freundin: »Bitte sei mir nicht böse, dass ich neulich wegen E[dmund] Sch[aefer] schalt – es ist ja wahr, dass ich in gleicher Lage mir in erster Linie selbst das alles sagen müsste, aber Du weisst ja, dass es doch noch sehr verschieden ist und es schalt ja nur meine Liebe zu Dir u. weil ich fürchte, dass Du doch ein wenig verblendet bist in Bezug auf E[dmund] Sch[aefer].«[886] Doch wird es noch einmal ein Treffen Marthas mit Schaefer geben – am Ende dieses Jahres in Wien.

»Nur für Deine Hände zu leben«

Marthas Gebärmutterentzündung, die sich im Sommer 1908 erstmals bemerkbar gemacht hatte, belastet Heinrich. »Ich war in den letzten Jahren höllisch herunter durch die Krankheit meiner Frau und vielen anderen Sorgen«[887], schrieb er dem Freund Heymel im Frühsommer 1909. Auch wenn Heinrich hier zeitlich etwas übertrieben hat, denn der Ausbruch der Krankheit lag nur ein knappes Jahr zurück, ist Marthas Zustand für ihn eine zusätzliche Last.

Die Lebensfreude, die er sich so sehr von ihr erhofft – trotz der gelegentlich an die Oberfläche spülenden ehelichen Spannungen –, leidet darunter. So flieht er mehr und mehr in die Arbeit seitens öffentlicher wie privater Auftraggeber. Die Entwurfstätigkeit für die Worpsweder Werkstätte steht ohnehin auf seinem Programm. Immerhin aber ist der langwierige Umbau des Hauses inzwischen abgeschlossen. Es ist »recht comfortabel zusammengebaut, was Heizung, Wasserversorgung und Arbeitsräume anbetrifft. Leider zu theuer gebaut – Klotz am Bein«.[888] Der Bau ist also beendet, die Sorgen aber bleiben. Jetzt auch die finanziellen.

Im Dezember des Jahres 1910 – wir befinden uns immer noch im »Brüsseler Jahr« – klagt er Heymel gegenüber weiterhin: »Meine Frau war die letzten Jahre krank, auch nicht erhebend.«[889] Als er dieses schreibt, ist Martha gerade von einer sechswöchigen Kur aus Obersalzberg bei Berchtesgaden zurück. Eine »Abhärtungskur«[890], wie er sie geringschätzig bezeichnet, da sie wenig gebracht hat. Und er hatte doch auf diese Reise die »größten Hoffnungen«[891] gesetzt. Denn nur ihre körperliche Gesundung sei die einzige Rettung und das Glück.[892]

In diesen Herbstwochen schreibt Heinrich etwa alle zwei Tage einen Brief nach Obersalzberg, um Martha nahe zu sein. Darin berichtet er ihr über die häusliche Situation, über seine Arbeit und seine aktuelle Ausstellung in der Kunsthalle in Bremen. Und natürlich über die Kinder. Diese waren anfänglich bei Großmutter Vogeler gewesen, doch bald schon nimmt er sie wieder mit nach Hause. Sie »sind jetzt so liebebedürftig, vor allem eigentümlicherweise Bettina. […] Martha malt meist bei mir«.[893]

Helene Chrambach aus Dresden hatte sogar angeboten, nach Worpswede zu kommen und ihm den Haushalt zu führen. Aber »ich fühle mich so ungebundener«[894], teilt er seiner Frau mit. Diese Zeit der Trennung heißt für ihn wieder das aufs Papier zu bringen, »was mir immer so schwer wird auszusprechen«.[895] So »zermartere [ich] mir das Hirn auf welche Weise ich Deine Seele wohl für mich so ganz wieder gewinnen kann, ohne dass Dir meine Gegenwart auf die Nerven geht und Du Dich nur bei Deinen Freunden geborgen fühlst«.[896]

Es ist die schon bekannte Situation: Aus der Ferne »reden« die Eheleute miteinander, auf einer Gefühlsskala von hochgestimmt bis niedergeschlagen. Dieses meist auf Seiten Heinrichs. »Mein Lieb, Dein Brief von heute hat mir soviel Freude gemacht, er bringt direkt Glanz in meine Hütte. In Aussicht auf unser Arbeiten habe ich schon ein kleines Bild untermalt, ein Frühlingsbild. Mit einemmale sind alle Sorgen verflogen und viele starke Hoffnungen leben auf.«[897] Wenige Tage später heißt es dann: »Meine liebe Frau, Dein Brief hat mich erschüttert, aus allem schreit mir dies entsetzliche ›zu spät‹ entgegen. Was habe ich auf mich geladen, wie soll ich das tragen? Zu spät, zu spät. Wie ist es nur möglich, dass zwei Menschen nebeneinander ein derartiges Leben geführt haben und was soll nun werden aus diesen Trümmern, diesem Flickwerk?«[898]

Doch ist Heinrich nicht der Einzige, mit dem Martha korrespondiert. Auch mit ihrem Geliebten Edmund Schaefer tauscht sie intensiv Gefühltes aus. Leider sind ihre Briefe nicht erhalten, weder die an Heinrich noch die an Edmund Schaefer. Doch die Briefe beider Männer spiegeln auch ihre Gefühlslage, auch ihre innere Situation wider. So heißt es bei Schaefer: »Aus dieser ruhigen, starken Liebe ist eine Unrast geworden, etwas Krankes quält Dich und Zersetzendes. Du bist nicht krank am Körper, sondern krank am Gemüt, an der Seele, und ich, der ich der Anlaß bin, weiß nicht mehr, wie gesund machen. [...] Du denkst immer, Du denkst an mich in eitel Liebe, in der ganzen großen, starken von der Du sprichst, und dabei wird sie manchmal fast vor Eifersucht aus dem Herzen gedrängt. Liebe macht stark und groß. Du glaubst Deine Gefühle zu kennen, zu beherrschen und wirst von ihnen beherrscht, hin und [her] geschüttelt, aus all Deinen Bahnen gebracht. Deine Liebe ist nicht mehr gesund, weil Deine Seele krank ist. Wahrheiten sind bitter, liebe Martha, und ich möchte Dir doch nicht weh thun, und muß es Dir doch sagen, wie schmerzlich es mich berührt […] Und muß ich Dir erst sagen, was Du mir all diese Jahre warst, wieviel ich von Dir empfangen habe, wieviel Liebe Du mir gegeben und vor wieviel mich Deine Liebe bewahrt hat, denkst Du all die schönen Tage, Stunden gemeinsamen Genießens lägen nicht dankbar aufbewahrt in meiner Seele?«[899]

Die Worte Schaefers offenbaren, wie weit Martha sich emotional von Heinrich entfernt hat, welche Kluft die Eheleute trennt, dass auch Martha leidet. Und dass Heinrich eigentlich keine Chance mehr hat – und sie doch so sehr liebt. »Geliebte Frau, meine Tage sind so tatenlos, ich sitze mal in diesem Sessel oder da und denke und denke und finde keine Ruhe, alle Deine Briefe lese ich immer wieder und küsse Deinen Namen. Und grabe in den Briefen nach Worten der Liebe […]. Und eine Kälte kriecht mir ans Herz als sei der Tod in mir. […] Und meine Seele ist so voller Brand so voller Sehnen, jede Linie Deines wunderbaren Körpers, jede Neigung Deiner Glieder, der Duft Deines Haares wie der märchenhafte Wald, und Deine Hände, nur für Deine Hände zu leben, sie können so lieb sein, so voller Mitgefühl und voller resignierter Traurigkeit.«[900]

Angesichts der Gesamtsituation und der Seelenlage dieser drei Menschen sind die äußeren Umstände kaum noch von Belang. Denn auf eine körperliche Gesundung Marthas ist derzeit nicht zu hoffen, obwohl Heinrich nach wie vor alles Heil darin sieht. Auch der Ratschlag von Mutter Chrambach, »dass bei derartigen Geschichten der einzige Weg der Aufenthalt in einer Klinik unter Aufsicht von einem guten Arzt«[901] sei, ist wertlos geworden. Martha verbringt die Wochen in der klaren Luft der Hochalpen mit ihrer Freundin Lau, der Baronin von Hirsch, bei der sie sich auf dem Bergbauernhof Freidinglehen eingemietet hat. Beide führen gemeinsam einen Haushalt, besuchen kleine Volksfeste und wandern gelegentlich. So hat sie in dieser Zeit wenigstens einen vertrauten Menschen an ihrer Seite. Beide Frauen erwägen, gemeinsam nach Worpswede zurückzukehren und auf dem Barkenhoff zu leben und zu arbeiten, denn die Ehe der Lau, im Jahre 1902 geschlossen, steht kurz vor der Scheidung.[902] »Ich denke Ihr beide, die Lau und Du, könnt Euch hier ein schönes, arbeitsreiches Leben einrichten […] Ihr werdet bald Euren Kreis von jungen Leuten um Euch sammeln und allen helfen, die mühselig und beladen sind. Ich werde mit neuen Hoffnungen, ohne Sentimentalität hinausziehen zum Kampf um Dich; ich kann es ja nicht glauben, dass alles zu Ende ist.«[903]

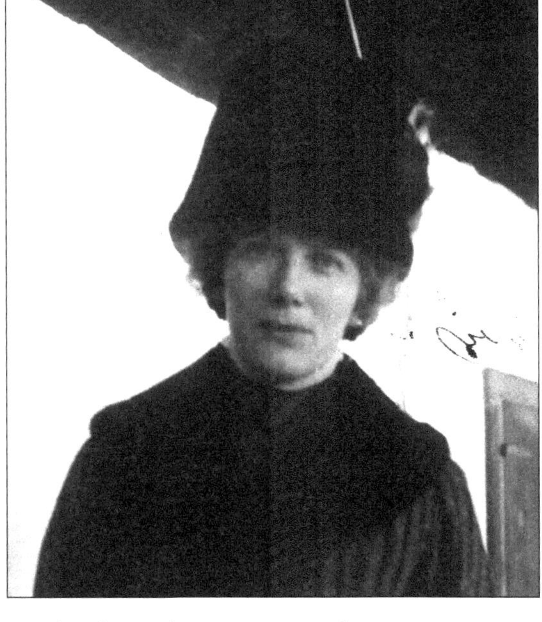

Martha Vogeler, Dezember 1910

Und doch gewinnen der Alltag und dessen Schilderung in den Briefen Heinrichs immer wieder so viel an Gewicht, dass das Gefühl der Entfremdung der Ehepartner in den Hintergrund tritt. So berichtet Heinrich davon, dass er Marthas Ausstellung »für den Gewerbe- und Industrieverein[904] fertigmachen«[905] wolle. Allerdings ohne die »Wertheimer Krüge«[906], die wohl nicht gefragt seien. »Ich will nun sehen, dass ich wenigstens die Mütze noch unterbringe.«[907] Und dass er für sie gedruckt habe. Martha hatte begonnen, sich mit Holzschnitten zu beschäftigen, hatte Blumenmotive mit dem Stichel in Holzstöcke eingegraben, die Heinrich nun druckt. »Heute habe ich gedruckt für Dich, wenn die Drucke trocken sind, male ich sie an und schicke Dir dieselben gleich zur Unterschrift.«[908] Sie sind für den Verkauf bestimmt.

Auch war in den Tagen davor ein englischer Unternehmer, der bedruckte Stoffe produziert, auf dem Barkenhoff gewesen. Der »interessierte sich sehr für Deine farbigen Radirungen, von denen er eine kaufte. Willst Du Dir in dieser Art nicht einmal einen kleinmusterigen Stoff zum Druck überlegen?«[909] Martha hatte sich also – neben dem Holzschnitt – bereits mit der Radierung beschäftigt. In ihrer Ausstellung im Industrie- und Gewerbeverein wurden schließlich »100 Holzschnittbücher[910] verkauft, vielleicht noch mehr, aber billiger wie der angesetzte Preis; natürlich für Dich kommt wie verabredet bei jedem Buch M[ark] 1 heraus«.[911] Einen Tag später aber schon bricht bei Heinrich wieder die seelische Qual auf. »Meine liebe kleine Frau. Vielen herzlichen Dank für Deinen lieben ruhigen Brief. Auf mich wirkt das so als wenn Du mir Deine lieben Hände auf meinen Kopf legtest. Unser Kampf zwischen uns beiden ist doch nur das Ringen um das letzte Verständnis für die Seele des Andern. Ich habe mich immer mit meinen tiefsten besten Gefühlen von Dir zurückziehen müssen,

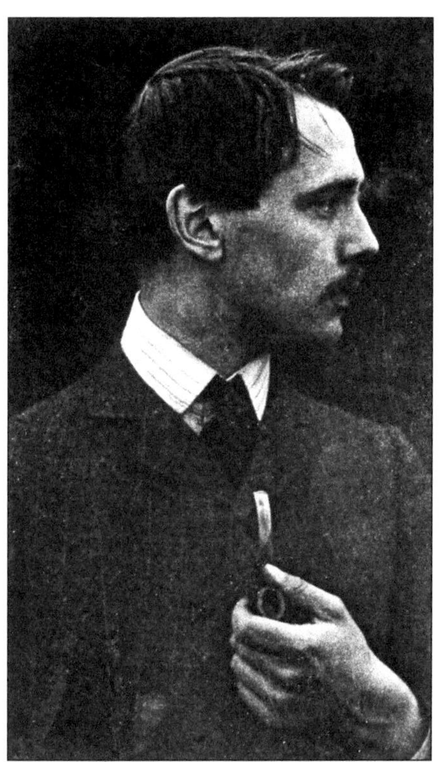
Carl Weidemeyer

da Du wohl mein Bestes nicht für wertvoll hieltest. […] Wie häufig habe ich bebend bei Dir gesessen um alles sagen zu wollen, ja es waren Zeiten wo Du an zu pfeifen fingst, wenn mir die Offenbarung auf der Zunge lag. Da wird man stumm.«[912]

In diesen Tagen – es ist Mitte November – kommt auch die alte Freundin Clara Rilke mit ihrer Tochter und Mutter auf den Barkenhoff zu Besuch. Da Martha nicht da ist, »lässt [sie] Dich herzlich grüßen und spricht mit viel Wärme von Deiner Arbeit«.[913] Und noch jemand bedauert, Martha nicht sehen zu können: Egon Petri, der Bremen mit seiner Frau einen Kurzbesuch abstattet und Heinrich dort in einem Restaurant trifft.

Martha indessen bereitet sich auf eine Stippvisite nach Wien vor, um mit Edmund Schaefer zusammen sein zu können. Wenn auch nur kurz. Es war sein Vorschlag, einen kleinen Abstecher nach Wien zu machen. »Wäre doch köstlich. Ich weiß allerdings nicht, ob Du Wien kennst.«[914] Wahrscheinlich war zunächst ein Treffen in Salzburg geplant gewesen, wo er auch Zwischenstation macht. Aber nun wird es Wien werden. Von dort berichtet Martha dann nach Worpswede. Heinrich aber vermisst einiges an Sachverhalten. So schriebe sie ihm nicht, wie die Reise gewesen sei und wo sie derzeit wohne. Und »die Lau scheint nach Deinem Brief garnicht mit zu sein?«[915]

Zwar ist es nur ein kurzes Treffen, für Schaefer aber war es rückblickend »eine wirklich volle schöne Zeit. Kurz, aber so ganz intensiv, […] Kunst so mit jemandem zu genießen, der sich so mit einem freut.»[916] Beide hatten die Gustav Klimt-Ausstellung gesehen. In einem Brief an Heinrich schwärmt auch Martha davon. Was ihn wiederum veranlasst, sie in Bezug auf ihre Arbeit zu ermahnen. Denn »was Du in Dir trägst, diese sichere bäurische Tradition, [ist] viel selbstständiger und wertvoller […] wie der ganze etwas decadente und mit dem Orient [und] Egypten durchsetzte Klimt«.[917]

Etwa zwei Wochen später nimmt Schaefer noch einmal Bezug auf Wien. »Es stehen mir die Tage so richtig köstlich in Erinnerung und der Regen, die Geldwürgerei, die Dich ja am meißten getroffen, und sonstige kleine Unannehmlichkeiten verschwinden.«[918] Inzwischen ist Martha wieder in Obersalzberg eingetroffen, und er ermuntert sie: »Laß Dir's nun gut gehen, laß Dich recht verziehn, sage der sehr verehrten Frau Baronin, daß Du von Natur eine Perle wärst, und sie Dich danach behandeln möge.«[919]

Ende November rückt die Heimreise näher. Martha macht nun doch noch alleine einen Abstecher nach Salzburg, um die Mozart-Stadt zu erleben, und trifft dann am 10. Dezember, über München kommend, wieder zu Hause ein. Allerdings ohne die Lau, die später nachkommen wird. Den fünften Geburtstag der Tochter Martha drei Tage zuvor konnte die Mutter also noch nicht mitfeiern. Gleich für den nächsten Tag aber, den 11. Dezember, steht ein Termin für beide Eheleute an: der Empfang zur Einweihung der neuen Bahnlinie. Heinrich hatte Martha eine Woche zuvor in einem Brief darauf vorbereitet. »Am Sonntag dem 11. December holt uns ein Extrazug der neuen Bahn hier ab und bringt uns nach Bremervörde, wo wir auf 5 Uhr zum Mittagessen bei Wiedenfeld[920] geladen sind. Wir müssen diese Fete, die für mich von Wichtigkeit ist, leider mitmachen, so schwer es uns werden wird. […] Du kannst ja Dein schwarzes Spitzenkleid anziehen? […] Dein schöner Pelzhut wird schön zur Wirkung kommen und Dein Pelzmantel. Aber das ist ja alles fürs Volk. Das Schönste ist, dass ich Dich nun bald ganz wieder habe und anders wie sonst mit so einem richtigen Verstehen und gegenseitigen Vertrauen und Fördern wollen.«[921]

Hier allerdings macht Heinrich sich etwas vor, denn die Kluft der Ehe ist nicht mehr zu überbrücken. Ein halbes Jahr später wird er es erneut schmerzhaft zu spüren bekommen. Aber erst einmal hofft er, dass sie beide einige Zeit ungestört bleiben können. Und nicht »mit Deinem Heimkommen Schäfer und Weidemeyer auch sofort wieder erscheinen? Die mich jetzt […] ziemlich ungeschoren«[922] gelassen haben. Auf Carl Weidemeyer wird bald zurückzukommen sein.

Ludwig Bäumer – »Meine«

Im Herbst des Jahres 1910 – Martha hält sich noch in Obersalzberg auf – kommt ein junger Mann von 22 Jahren nach Worpswede: Ludwig Bäumer, geboren in Melle, einem Städtchen nördlich des Teutoburger Waldes. Er mietet sich eine kleine Wohnung bei Oma Kück im Dorf.[923] Hinter ihm liegt ein abgebrochenes Jurastudium, das ihn nach Marburg und Göttingen geführt hatte. Vor ihm liegt eine große Ungewissheit. Das einzige, was er mitbringt, sind literarische Ambitionen.

Dass er Worpswede als Zufluchtsort wählt – denn eine Flucht ist es wohl gewesen –, hat zweifelsohne mit dessen ungebrochenem Ruf als Künstlerdorf zu tun. Nicht zuletzt sind es Heinrich Vogeler und seine Kunst sowie das Gesamtkunstwerk Barkenhoff mit Martha als Mittelpunkt, das junge Kunsteleven nach wie vor magisch anzieht. Es ist eine Welt des schönen Scheins, denn die Spannungen zwischen den Eheleuten bleiben den jungen Menschen – von einigen wird noch zu reden sein – erst einmal verborgen. »Sie verehrten das Werden, meine schöpferische Tätigkeit, sahen und konnten die Klüfte nicht sehen, in die ich nach dem Fieber der Tätigkeit versank.«[924]

In dieses kunstvolle, aber inzwischen fragil gewordene Leben am östlichen Hang des Weyerberges tritt nun dieser junge, etwas untersetzte Mann mit von Schmissen gezeichnetem Gesicht, »der sich ausgestoßen fühlte aus der Gemeinschaft mit seinen Altersgenossen. Ein ausgeschlagenes Duell, eine verlorene Ehrensache, hatte er in Alkohol zu ersäufen gesucht«.[925] Das Jurastudium hatte Bäumer den Eltern zuliebe aufgenommen, war dann einer Studentenverbindung beigetreten und hatte begonnen, dem Alkohol zuzusprechen. Schließlich gab er das Studium auf, was zum Bruch mit den Eltern und der Familie führte. So kam er nach Worpswede, müde und hoffnungslos. Hier »begann eine andere Zeit für mich, ich lebte überhaupt ein ganz anderes Leben. Dann lernte ich Sie und Ihre Frau kennen. Sie beide vervollständigten und schlossen meinen Lebenskreis«.[926] Dieses schreibt Ludwig Bäumer etwa im August des Jahres 1911 an Heinrich in einem Brief, in dem er versucht, dem Älteren seine Lebenssituation zu erklären. Zu dem Zeitpunkt geht er schon auf dem Barkenhoff ein und aus. Wann er dort erstmals aufgetaucht ist, kann nur ver-

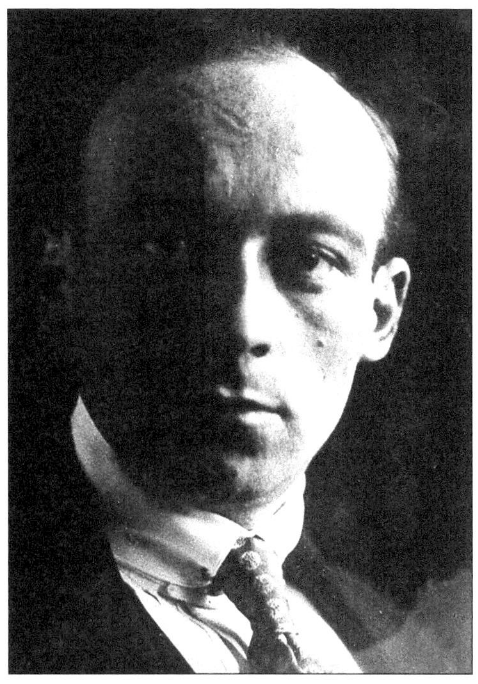

Ludwig Bäumer

mutet werden. Wahrscheinlich war er Martha in den ersten Wintertagen des Jahres 1911 im Dorf begegnet, und im Zuge dieser Bekanntschaft nahm sie ihn mit nach Ostendorf, um ihn auch Heinrich vorzustellen.

Im Frühjahr dieses Jahres 1911 aber steht für das Ehepaar Vogeler noch eine Parisreise an. »Und wenn der Frühling kommt mit Dir zusammen einen Monat Paris. Wir müssen das endlich haben jetzt, weisst Du noch wie mich diese Stadt direkt erheitert[e] und Du liebst sie doch auch so!«[927] Dieses schrieb Heinrich schon im Herbst nach Obersalzberg. Der Korrespondenz des Jahres 1911 zufolge befindet er sich dann Mitte April – also zu Ostern – in der Seine-Stadt. Und zwar alleine. Martha wird später nachkommen. Vermutlich knüpft sie schon in diesen Wochen, wo Heinrich nicht zu Hause ist, intensiveren Kontakt zu Ludwig Bäumer, was schließlich in eine neue Liebesbeziehung münden wird. Denn die Liaison mit Edmund Schaefer ist beendet, da er sie ja nicht wolle, wie sie ihm in dem einzig erhaltenen Brief an ihn schreibt.[928]

Die Tage ohne Martha verbringt Heinrich viel mit Curt Stoermer, einem jungen angehenden Künstler. Er hat ihn durch Carl Emil Uphoff kennengelernt, mit dem er zusammen nach Paris gekommen ist. Nun durchstreift er mit Stoermer die Kunststadt. Manchmal trifft er auch Rilke, der sich freut, Martha bald »hier zu sehen«.[929] Auch Heinrich wartet sehnsüchtig auf seine Frau. »Ich denke, wie es ist, wenn Du hier wärest. […] Wann wirst Du kommen? Ich glaube, das Klima hier wird gut sein für Dich.«[930] Aber er muss sich noch gedulden. Da er weiß, dass sie sich immer auch für Garderobe und Hüte interessiert, beschreibt und skizziert er ihr die aktuellen Modelle, die die Köpfe der Pariserinnen zieren. Und um sich die Wartezeit zu verkürzen, teilt er sich ihr wieder ausführlicher in Briefen mit. So denkt er viel an zu Hause, »an meine liebe Frau, die ein so schweres Leben durch mich hat«.[931] Beim Bummeln durch die Stadt aber findet er gelegentlich etwas

Schönes für sie, wie die »kleine perlmuttne Bro[s]che«[932], die nun beim Schreiben immer neben ihm liegt.

Gleich Anfang Mai berichtet Rilke seiner Mutter, dass sein alter Freund Heinrich Vogeler mit seiner Frau in der Stadt sei.[933] Martha war schließlich in der letzten Aprilwoche angereist, gemeinsam mit dem Ehepaar Löhnberg[934], das inzwischen zu den Freunden der Vogelers zählt. »Ich miethe dann auf eine Woche«[935], hatte Heinrich Martha im Vorfeld unterrichtet. Von dieser gemeinsamen Woche in Paris gibt es jedoch keine Aufzeichnungen. Nur die Notiz vom »Grandiose[n], was uns die Sachen im Louvre g[a]ben«.[936]

Bald wieder zu Hause, fährt Martha dann Mitte Juni kurz entschlossen nach Dresden, nächtigt bei Mutter Chrambach und sucht vermutlich wegen des Gebärmutterleidens einen Arzt auf, den diese ihr vermittelt hat. Denn gleich im Anschluss an Dresden begibt sie sich in Bremen sofort in ärztliche Obhut. Sie wohnt bei Mathilde Becker, Paulas Mutter, in der Schwachhauser Chaussee und hält sich tagsüber zur Behandlung in einem Krankenhaus auf. Heinrich aber, der zwischenzeitlich mit Mieke und der kleinen Martha beim Freund Dr. Löhnberg in Hamm gewesen ist, da beide Kinder operiert werden mussten, schreibt ihr nun wieder aus Worpswede. »Meine geliebte Frau, Deinen lieben Brief aus Dresden habe ich hier vorgefunden. Ich bin innerlich so erregt, mir schlagen die Pulse bis in die Fingerspitzen wenn ich an Dich denke und an die schwere Zeit, die Du nun in Bremen verleben musst.«[937]

Martha Vogeler, um 1909

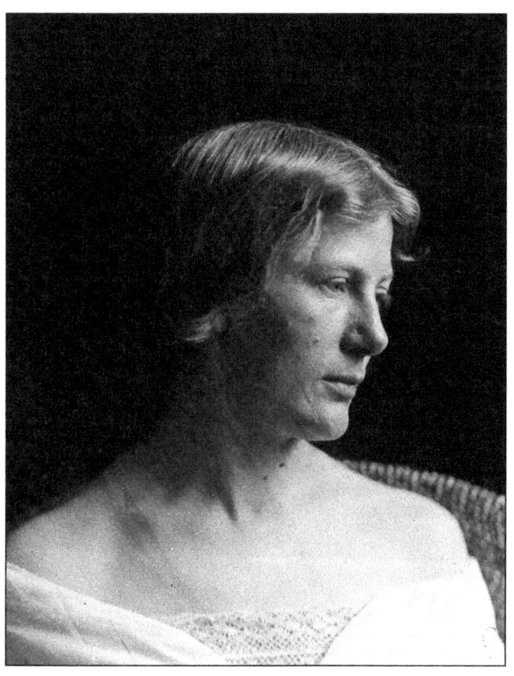

Martha bleibt etwa vier Wochen in der Stadt. Die Kinder werden von Frau Keitel, einer guten Bekannten, versorgt. Diese berichtet ihr Ende Juni vom Schützenfest, das immer um diese Zeit stattfindet. Keiner der Maler sei dort gewesen, schreibt sie, da Martha gefehlt habe. Nur Herr Bäumer sei da gewesen, »welcher sehr fidel war u. zum Schluß sehr aufgeregt da die Zigaretten alle waren«.[938]

Auch Ludwig Bäumer schreibt Martha um diese Zeit in die Schwachhauser Chaussee: »Meine! Nun bist

Du wieder von mir gegangen, und meine Sehnsucht nach Dir ist größer als je zuvor. O Meine, wie soll das noch werden? Ich kann ja überhaupt nicht ohne Dich mehr sein, das ist ebenso unglaublich wie schön. [...] O Meine, Du vergleichst immer Deine Liebe mit meiner! Wenn Du wüsstest, nein, wenn Du ahnen könntest, was Du mir bist [...], Du würdest still sein vor Staunen. [...] Und das Gefühl, dass Du zu mir gehörst, dass Du an mich gekettet bist, wie mit tausend Fäden, das macht [mich] immer von neuem stark, froh und glücklich. Und ich presse meinen glühenden Mund auf Deine blonden Flechten, Deine blauen Augen und Deinen süssen Mund. Deiner.«[939]

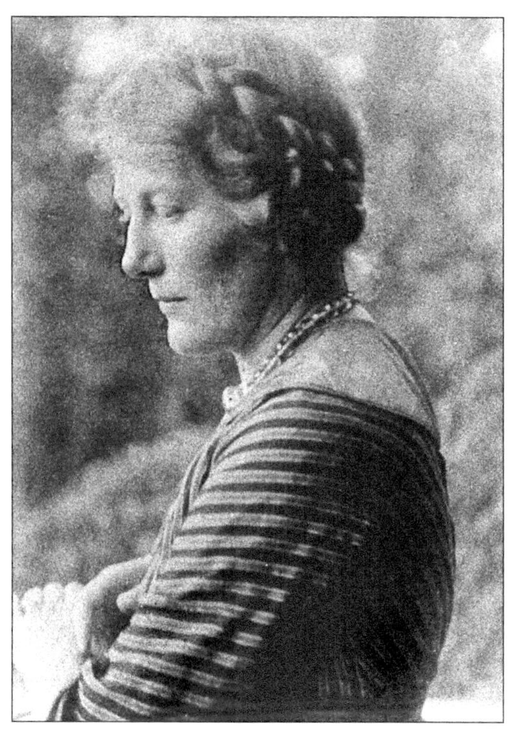

Martha Vogeler, 1911

Ob Heinrich schon zu diesem Zeitpunkt – es ist Frühsommer 1911 – spürt, dass er im Begriff ist, seine Frau ein zweites Mal zu verlieren? Er quält sich, wie so oft, und merkt nicht – oder doch? –, dass sie ihm mehr und mehr entgleitet. Er hat ihr Briefe von sich zukommen lassen, die er einst an sie geschrieben, doch nie abgeschickt hatte. Er hatte sie geschrieben, »um nicht zu zerbrechen«.[940] Darin spricht er von der »Liebe für Dich, die aus allem klingt, aus aller Not und aller Pein schreit sie zu Dir, aber sag nie dass das ein ›Betteln‹ ist; das ist ein furchtbares Wort, das Du einmal gebraucht hast«.[941] Und trotz all dieser Qual steigt bei ihm unbeirrt die Hoffnung auf, »dass unser Leben schön werden wird, dass unsere Kinder, die drei Elfen, an unserem Zusammenleben ein Bild inniger Freude haben werden.«[942] Dieser Satz erscheint angesichts der Tatsachen wie eine Farce. Und das Ganze letztlich wie ein Trauerspiel. Hier zu richten wäre aber nicht angemessen. Eher verdienen beide Protagonisten Mitgefühl. Ist es doch nur noch eine Frage der Zeit, bis sich die Situation wendet. Aber klären wird sie sich nicht.

Etwa im August schreibt Ludwig Bäumer einen Brief an Heinrich, aus dem schon weiter oben zitiert worden ist. Darin geht er auch auf Martha ein. »Das Zusammenleben mit Ihnen beiden war

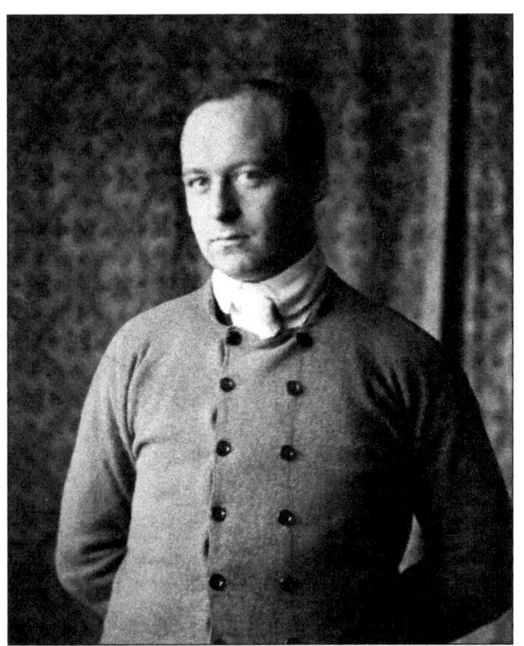

Ludwig Bäumer, fotografiert von Martha Vogeler

bis jetzt die glücklichste Zeit meines Lebens. Daß ich weiter ging, und ihre Frau zu lieben begann, lieben mußte mit dem reinsten ethischen Gefühl können gerade Sie mir am besten nachfühlen […]. Ihrer Frau danke ich, daß ich die Achtung vor dem Weibe wiedergewann. Sie erschien mir wie aus einer anderen Welt, ihre Natürlichkeit, ihre stolze Weiblichkeit, gegründet auf dem gewissen Gefühl reinsten Empfindens, war für mich etwas Unerklärliches noch nie Erlebtes. Sie kennt meine Liebe nicht anders als aus meinen Gedichten. Ich weiß, daß sie ein reges Interesse an mir nimmt, und ich bin ihr dankbar, unendlich dankbar. Zu ihr hatte ich Vertrauen, ihr konnte ich das, was mich quälte, die Gedanken mit denen ich mich trug, aussprechen. Sie hörte mich geduldig an, und half mir, dafür liebte [ich] sie […], sie war und ist mir heilig. Aber nie ist der Gedanke gekommen, Ihnen, Herr Vogeler, Ihre Frau zu nehmen.«[943] Tatsächlich hat Bäumer in dieser ersten Zeit Gedichte auf Martha geschrieben. Außer dem kleinen Holzschnittbuch, welches sie ihm schenkte und das einige der Gedichte enthält, befindet sich auch eines auf einem beidseitig beschriebenen Briefbogen, der an Martha gerichtet ist. Es trägt den Titel »Heimkehr« und ist »ein eher unglücklicher Versuch zu Minings gleichnamigen Bilde. Ich wollte es Dir nicht vorenthalten. […] Du meine blasse Meine, die ich so lieb, so wahnsinnig lieb habe«.[944] Angesichts dieser Verse, in denen er von einem »blonden Weib« spricht, und den sich anschließenden erklärenden Zeilen muss man Bäumers Beteuerung Heinrich gegenüber, dass seine Liebe zu Martha rein platonischer Natur sei, mit einem Fragezeichen versehen. Zumal auch der bereits weiter oben angeführte Liebesbrief eine eindeutige Sprache spricht.

So ist zu vermuten, dass der endgültige Riss durch die Ehe und Marthas Liebesbekenntnis zu Bäumer sich in den Spätsommertagen dieses Jahres 1911 vollzieht. Ein Zitat aus einem schwarzen Notizbuch Bäumers mag diese Annahme stützen. »Geliebte. Du hast gesagt, ich hätte Dir Dein Leben erst erträglich gemacht. […] Ich liebe Dich. Ich habe das nie so gewußt, wie in diesen Tagen, wo die letzte Möglichkeit meines Lebens so auf dem Spiele stand, daß ich ohne Deine Liebe verhungere. Nie habe ich das Drohen dieses Verhungerns so gespürt.«[945] Möglicherweise waren diese Worte als Briefentwurf gedacht. Oder Bäumer hat sie nur für sich persönlich niedergeschrieben. Ob sie Martha je erreicht haben, ist also fraglich. In jedem Falle aber geben sie Bäumers innere Verfassung wieder, die oft schlecht zu sein scheint, denn zu seinen Begleitern gehört nach wie vor der Alkohol und zunehmend auch Morphium. Ein Brief Marthas ist erhalten geblieben, der dieses Thema anspricht. »Meiner […] Ich habe schwer geschlafen und schrecklich geträumt. Ich schlief ein mit dem traurigen Gedanken daß Du immer wieder Morphium nimmst. […] Und ich bin unsagbar traurig daß Du es thust. […] Es betäubt Dich und ist noch scheußlicher wie Alkohol. […] Ich weiß, wenn Du es nicht sofort aufgiebst so kann ich Dir mit meinem Willen auch nicht mehr helfen […]. Ludwig, Du darfst doch nicht alles und mich so aufgeben wenn Du sagst ich bin Dir nötig zu Deinem Leben. Denke doch wie groß meine Liebe zu Dir ist. […] Ludwig, wieviel träume ich von unserer Zukunft, darum hilf mir und Dir doch und lege kein Grauen in den Weg […].«[946] Bäumer scheint ein Mann kurz vor dem Zusammenbruch zu sein, und Martha nimmt ihn sich »scharf vor«[947]. Und nicht nur einmal.

Dann aber kommt jene Nacht, an die Heinrich sich später so schmerzhaft erinnern wird. Denn Martha, sichtlich aufgelöst, tritt zu ihm ins Zimmer und sagt: »In dieser Nacht wird Ludwig sich das Leben nehmen.«[948] Und er antwortet, fast klingt es wie ein Befehl: »Geh zu ihm. Hilf! Du mußt!«[949] In dieser Nacht verliert Heinrich seine Frau, seine Geliebte für immer. In Bäumers Notizen findet sich dazu eine kleine Szene, die mit »Ende des dritten Aktes« überschrieben ist: »Roloff ist bereits in seinem Schlafzimmer. Im Atelier brennt eine Kerze. Leise öffnet sich die Thür. Die langen blonden Haare gelöst tritt Grete ein. Die Schlafzimmerthür ist offen. Leise geht sie hin. Sie tritt in sein Schlafzimmer: Man hört ein[en] halblauten Schrei: Meine. Der Vorhang fällt.«[950]

Doch noch lange wird der Vorhang nicht fallen, denn nun beginnt die Zeit einer Ménage-à-trois, die die Situation noch komplizierter, noch dramatischer gestaltet, als sie ohnehin schon ist. Heinrich liebt die Kinder, hängt sehr an ihnen und will deshalb keine Trennung. Vielleicht ist er aber auch ein Mensch, der Konsequenzen scheut. »Er war kein Mensch der Tat. Seine Schamhaftigkeit hielt ihn zurück, irgendwie energisch zu sein.«[951]

So geht das Leben auf dem Barkenhoff seinen gewohnten Gang. Ludwig Bäumer ist nun der Freund des Hauses, »der Freund meiner Frau«[952], wie Heinrich ohne Sentimentalität befindet. Die inneren Zerklüftungen aber bleiben wohlweislich unter der Oberfläche. Das Bild, das der Barkenhoff Außenstehenden bietet, ist nach wie vor ein ungetrübtes. Und das Bild in der Öffentlichkeit? Der Schriftsteller Edwin Koenemann notiert am 4. November 1911 in seinem Tagebuch, dass er Martha Vogeler begegnet sei, »die natürlich mit Herrn – Bäumer von Bremen kommt«.[953]

Eine Ausstellung und zwei Porträts

An dieser Stelle muss noch kurz eine Ausstellung Marthas erwähnt werden, die im Juni dieses Jahres 1911 im Düsseldorfer Kaufhaus Tietz stattfindet. Heinrich, der sich wegen zweier operativer Eingriffe bei Mieke und der kleinen Martha bei Dr. Löhnberg in Hamm aufhält, will diese Zeit auch nutzen, um in Köln die Ferdinand Hodler-Ausstellung und in Düsseldorf die Martha Vogeler-Ausstellung zu sehen.[954] Von Hodler ist er beeindruckt. »Wie habe ich bedauert, dass ich die nicht mit Dir zusammen sehen konnte.«[955] Und »in Düsseldorf bei Tietz waren Deine Sachen noch nicht aufgestellt und war alles in Arbeit zum Aufstellen. Tietz möchte Deinen Holzstock – diese Astern (violett und braun) gern für eine Einladung haben. Willst Du den Original-Holzstock wohl gleich hinsenden lassen an Tietz.«[956]

Martha logiert zu dieser Zeit schon bei Mutter Becker in Bremen und wird das Versenden des Holzstocks von dort aus veranlasst haben. Welche Exponate sie in Düsseldorf ausstellte, ist nicht mehr zu rekonstruieren. Das Warenhaus Tietz, von Joseph Maria Olbrich entworfen, wurde Anfang April des Jahres 1909 eröffnet. Nach dem Vorbild des Berliner Warenhauses Wertheim wurde auch »in dem Düsseldorfer Hause eine Kunstausstellung eingerichtet«.[957] Die Eröffnungsausstellung wurde von namhaften Künstlern wie Max Liebermann und Wilhelm Trübner beschickt. Auch die beiden Malerbrüder Sohn-Rethel aus Düsseldorf waren darunter. Somit also hatte der Studienfreund Heinrichs, Otto Sohn-Rethel, den auch Martha kennt, hier ebenfalls schon ausgestellt. Sie befindet sich also in bester Gesellschaft!

Als Martha Mitte Juni dieses Jahres kurz in Dresden weilt, entsteht ein Foto von ihr im Atelier des wohl bedeutendsten Porträtisten der Zeit: Hugo Erfurth.[958] Heinrich hatte sich

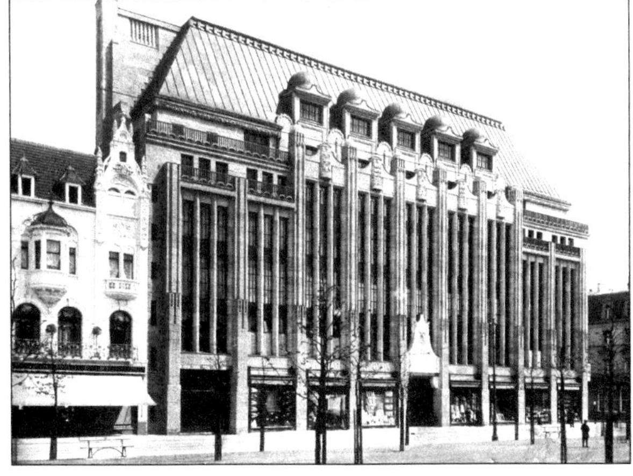

Warenhaus Leonhard Tietz AG, Ansicht der Seitenfront von Westen aus, 1913

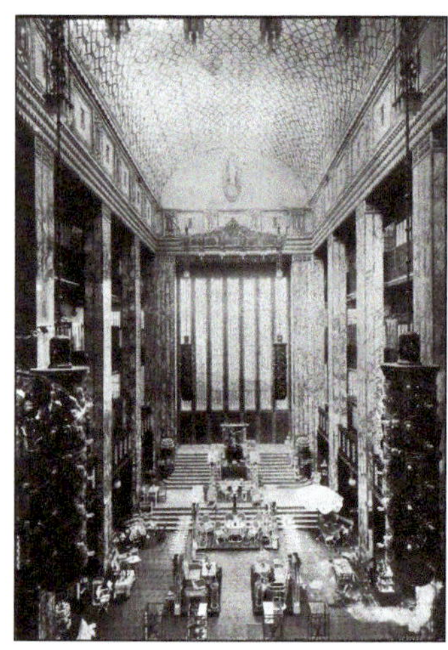

bereits zweimal von ihm ablichten lassen. Nun also auch Martha. Der Fotograf gilt in seinen Arbeiten als ein psychologischer wie künstlerischer Taktgeber.[959] Zumal er versucht »der Photographie das Kühle, unpersönlich Sachliche zu nehmen [und] besonders seinen Frauenbildnissen etwas Weiches, Zarteres, man möchte sagen Gefühlvolleres zu geben«.[960] Diese Einschätzung eines zeitgenössischen Kunstkritikers trifft auch auf das Bildnis Marthas zu. Seitlich stehend und aus dem Bild herausschauend drückt sich das Weiblich-Gefühlvolle vor allem in ihrer Haltung aus, die selbstbewusst und entspannt zugleich erscheint, denn Martha ist es gewohnt, für Bildnisse Modell zu stehen. Sie trägt ein dunkles Oberteil mit Pelzbesatz, der die Eleganz unterstreicht und sie gleichsam umschmeichelt. Ihr Kopf mit dem Knoten aus blondem Haar korrespondiert mit ihren schönen hellen Händen. Diese Hände, die, immer wieder »besungen«, äußerst geschickt künstlerische Textildinge zu gestalten vermögen. Der Fotograf hat Martha vor einem dunkel gerahmten Gemälde platziert, das zwei Reiter hoch zu Ross zeigt.[961] Auf diese Art von Bildkomposition greift Erfurth in der Zeit um 1910 mehrfach zurück. So wie er auch oft die Hände als Charakteristikum einer Persönlichkeit miteinbezieht.

Ansicht des überdachten Lichthofes des Warenhauses Tietz, 1913

Porträt Martha Vogeler, Ölbild von Heinrich Vogeler, 1910

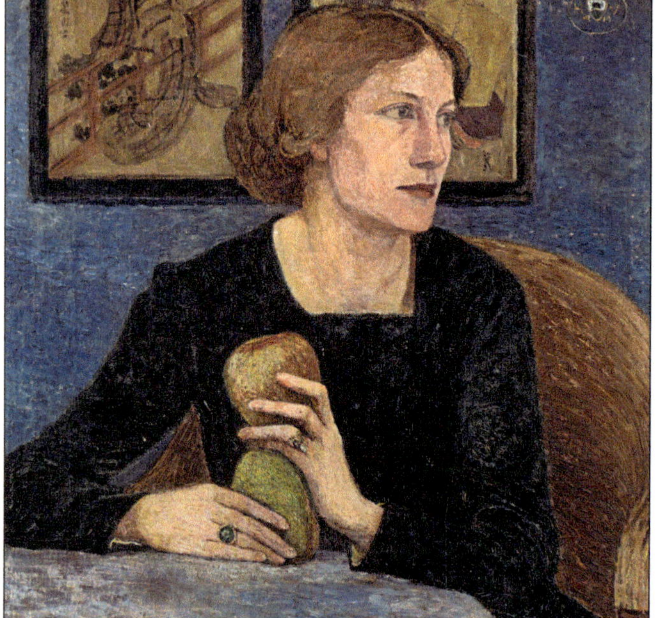

Neben dieser Fotografie aus dem Jahre 1911 war ein Jahr zuvor das Porträt Marthas von Heinrich entstanden, in welchem er sie als herangereifte Frau in einem schlichten, schwarzen Kleid darstellt. An einem Tisch sitzend, umfasst sie mit ihren schönen, schlanken Händen zwei übereinandergelegte Birnen, während ihr Blick

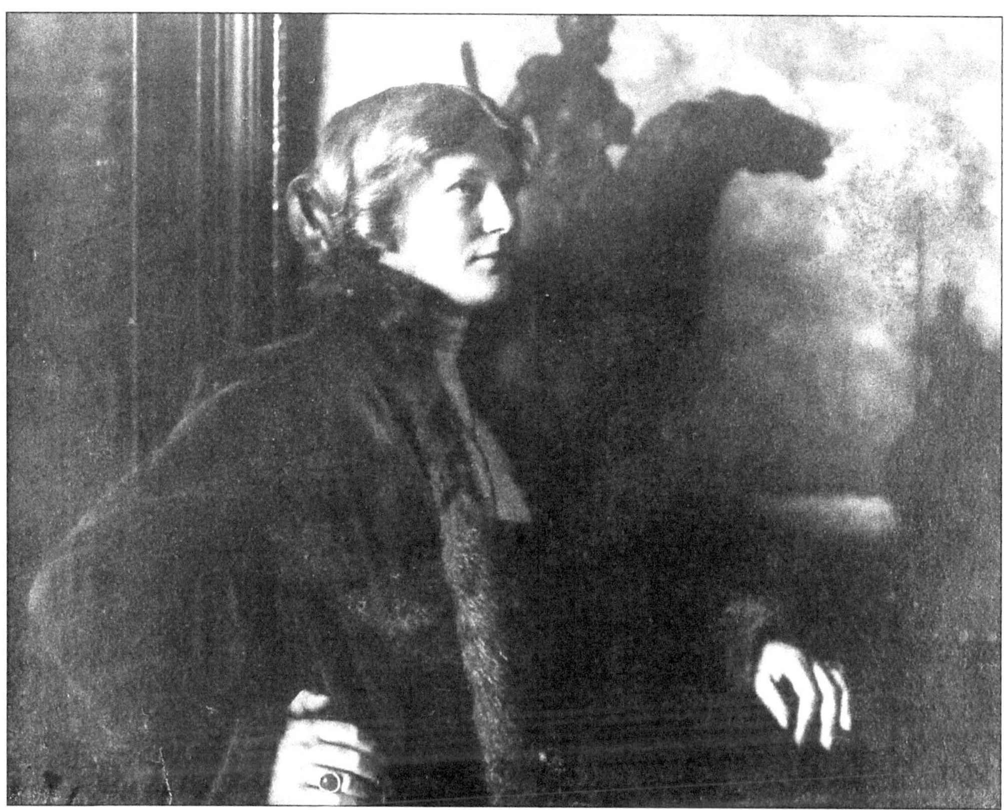

Martha Vogeler 1911, aufgenommen von Hugo Erfurth

aus dem Bild heraus fast ein wenig resigniert erscheint. Es ist die Zeit vor ihrer Kur in Obersalzberg, die Krankheit dürfte recht präsent gewesen sein, die Ehe nach wie vor in einer Krise und die Beziehung zu Edmund Schaefer immer noch lebendig.

Heinrich bedeutet dieses Bild, ebenso wie der »Frühling« aus dem Jahre 1909, viel. »Es ist aus einer Zeit, wo ich noch soviel Zukunft und Hoffnung in Dir fühlte und einen Weg zur Freiheit.«[962] Es sind Worte, ähnlich denen, die er bezüglich des Frühlingsbildes von 1909 schon einmal formuliert hatte. Worte, die die Wirklichkeit aber längst nicht mehr abbilden. Kurz bevor Heinrich in den Krieg ziehen wird, wird Martha ihm sagen: »Träume nicht, werd mit den Wirklichkeiten fertig. Deine Liebe zu mir ist unwirklich.«[963]

Neue Freunde

Wie bereits an anderer Stelle erwähnt, kommen ab dem Jahre 1907 wieder nach und nach junge Künstler auf den Barkenhoff. Um 1910 sind Haus und Garten dann ein reger Treffpunkt für etliche kreative Menschen. Edmund Schaefer gehört dazu, aber auch Carl Emil Uphoff und Carl Weidemeyer (genannt Callymeier). Weidemeyer stammt, wie Schaefer, aus Bremen und hat architektonische wie bildkünstlerische Ambitionen. Er hält sich schon seit dem Jahre 1905 regelmäßig in Worpswede auf und ist seit dieser Zeit mit den Vogelers bekannt.[964] Jetzt freundet er sich mit Asta Lange an, die ihm mehrere Male Modell stehen wird.

Auch Hanne und Walter Schulze leben seit dem Jahre 1907 im Künstlerdorf. Gemeinsam mit ihnen ist die Malerin Ilse Hahn nach Worpswede gekommen. Beide junge Frauen sind befreundet, kennen sich aus Düsseldorfer Studienzeiten. Während das Ehepaar in seinem Haus in den Kiefern nahe der Lindenallee lebt, bewohnt Ilse Hahn das kleine Atelier bei Bauer Brünjes.[965] Im Jahre 1910 findet sich auch der sechs Jahre jüngere Bruder von Walter Schulze, Alfred Schulze, ebenfalls ein Architekt, am Weyerberg ein. Ilse Hahn und er freunden sich an und leben bald darauf in »freier Ehe«[966] zusammen. Eines Tages kommt Alfred Schulze mit einem Hausmodell für Ilse Hahn an. So entschließt sie sich, ebenfalls ein Haus zu bauen, denn »alle Freunde beschlossen zu bauen. […] Nun hatte ich ein schönes großes Haus im Kiefernwald von Worpswede.«[967] Das Haus befindet sich in direkter Nachbarschaft zum Haus von Walter Schulze. Schließlich entsteht auch Carl Weidemeyers Haus am Hang in Ostendorf, nicht weit vom Barkenhoff entfernt.

Carl Emil Uphoff

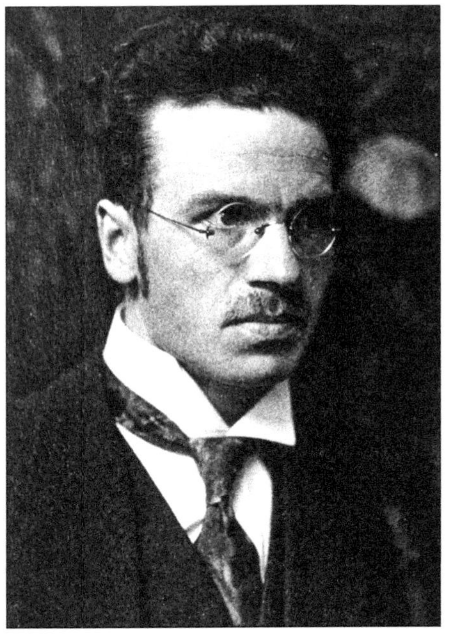

Und es kommen wieder Musiker an den Weyerberg, unter anderem der amerikanische Pianist und Komponist Louis Gruenberg (genannt Monteverde), der, wie Egon Petri, Schüler Ferruccio Busonis ist. Er wohnt unten im Haus der Vogeler-Mutter, wo ihm ein großer Flügel zur Verfügung

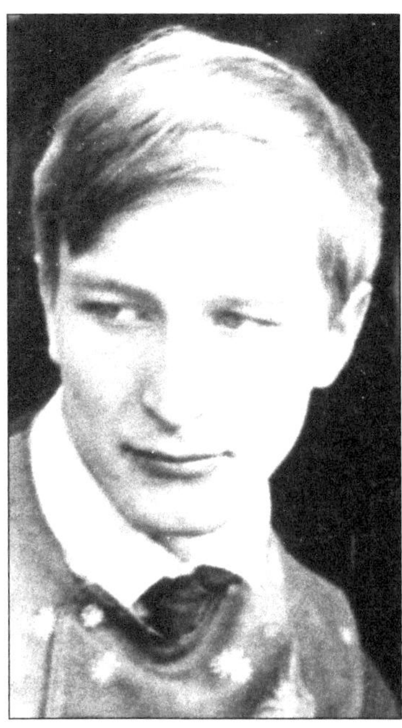

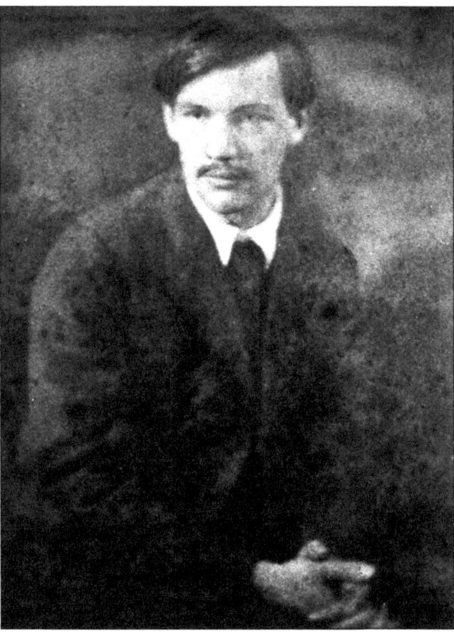

Links: Curt Stoermer

Rechts: Alfred Schulze

steht. »Abends spielte er uns seine Kompositionen. Wir saßen in weißen Kleidern bei Kerzenlicht an der Wand herum.«[968] Auch der holländische Sänger Heinz Tobi kommt nach Worpswede, um »den Dichtermaler Carl Emil Uphoff« zu besuchen.[969] Er wird, wie Louis Gruenberg, in den nächsten Jahren hierher zurückkehren und Konzerte im Dorf wie auch bei den Künstlerfreunden geben.

Und noch jemand stößt in dieser Zeit zum Freundeskreis dazu: Curt Stoermer. Er kommt direkt von der Seine, wird »aus Paris importiert«.[970] Es tummeln sich also um 1910 vielerlei Menschen bei den Vogelers, auf ihrem Anwesen mit Tennisplatz und großem Teich, darin eine Insel schwimmt, in ihrem geselligen Haus, das so manchen von ihnen »vorübergehend beherbergte und gastfrei am inneren Leben der Familie teilnehmen ließ«.[971] Und es wird gefeiert, nicht nur bei den Vogelers, auch in dem neuen, geräumigen Haus von Ilse Hahn. Dort hatte Mining einmal »die ganze große Diele zwischen den schwarzen Balken und Kopfbändern bunt bemalt«.[972]

Edmund Schaefer

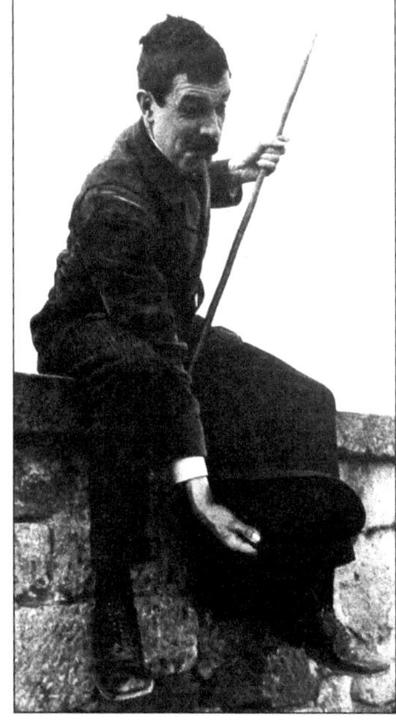

Zudem gestaltet Edmund Schaefer im März 1911 eine Einladungskarte für ein Kostümfest »in den von Fräulein Hahn freundlichst zur Verfügung

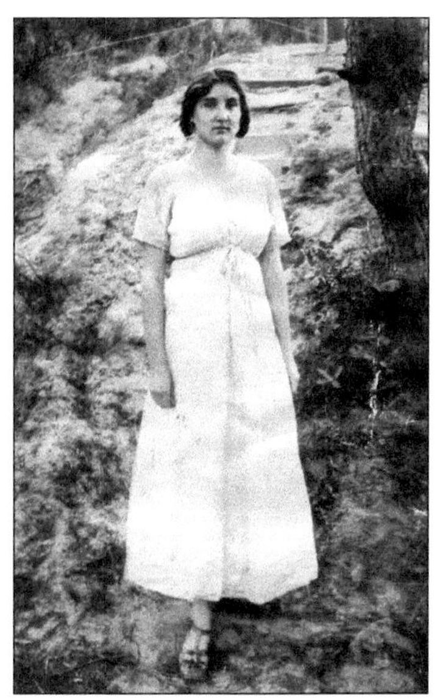

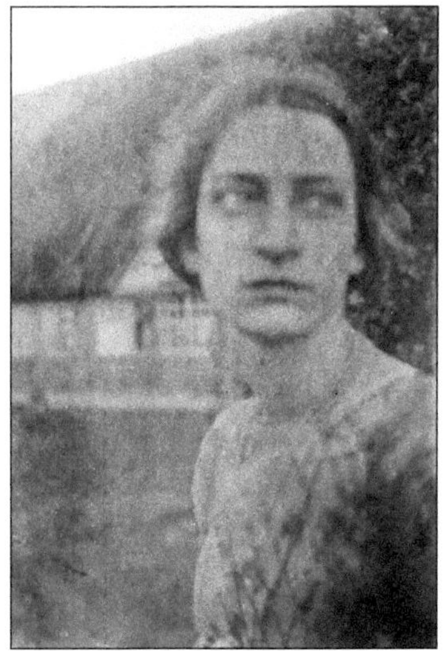

Oben:
Asta Lange

Unten:
Ilse Hahn

gestellten Räumen«.[973] Auf diesem Fest gibt Heinrich sich in dunkelrotem, fußlangem Gewand als Prinz aus dem Morgenland, und Martha tritt als graziöse Balletttänzerin auf.[974] Von Edmund Schaefers schauspielerischer Gabe mit einer Attitüde hin zur Komik sind die Künstlerfreunde immer wieder aufs Neue verzaubert. So auch auf diesem Fest. Doch seine Zeit am Weyerberg ist nahezu vorbei, bald wird er dem bunten Völkchen den Rücken kehren.

Ludwig Bäumer hingegen ist gerade angekommen, um zu bleiben. Ebenso Carl Emil Uphoff, der sich im Frühherbst 1910 mit Heinrich anfreundet und, als Martha in Obersalzberg kurt, für eine Weile auf dem Barkenhoff einquartiert, wo er mit großem Interesse deren kunstfertige Arbeiten wahrnimmt. Häufig werden die einzelnen Künstlerfreunde von der Familie mittags oder des Abends zu den Mahlzeiten mit an den großen, mit weißem Linnen eingedeckten Dielentisch gebeten, der oft geschmückt ist mit Blumen aus dem Garten und brennenden Kerzen in hohen, silbernen Leuchtern, die ihr »schönes, mildes Licht geheimnisvoll in die dämmrige Tiefe«[975] des Raumes senden. Doch kommt irgendwann bei Mining die Sehnsucht nach etwas Ruhe auf, nach »eine[m] Tag ohne Menschen mit [Martha] auf dem Barkenhoff«.[976] Auch Martha wünscht sich gelegentlich, »einmal allein auf dem Barkenhoff zu sitzen, [...], ohne Betrieb, so mit den Kindern!«[977]

Mit der Anwesenheit Bäumers, der durch die enge Beziehung zu ihr zunehmend selbstbewusster auf dem Vogeler'schen Hof auftritt, treten im Sommer des Jahres 1911 Dissonanzen im Freundeskreis zutage, die durch ihn und sein geringes Gespür für Situationen heraufbeschworen werden. Schließlich nimmt er Martha gegen ihre Freunde ein. »Seit dem Sie in unserem Hause verkehren hat sich das Verhältnis meiner Frau zu allen wertvollen Menschen, die bisher zu unserem Kreise gehörten, merklich verändert, verschlechtert«[978], schreibt Heinrich ihm. Und da er bald in die Schweiz reisen wird, fordert er Bäumer auf, »für die Zeit meiner Abwesenheit« das Haus zu meiden »und wie ein Mann [...] wie ein Mensch zum Menschen alles ins richtige Gleis zu bringen«.[979] Trotz der Unstimmigkeiten aber versucht Heinrich ein gutes Verhältnis zu Bäumer zu wahren, denn »ich habe Sie gern und schreibe Ihnen dieses da ich Sie nicht verlieren möchte«.[980] Sicherlich ist hier Diplomatie im Spiel, denn er will nicht auch noch die drei Kinder verlieren, die inniglich an der Mutter hängen. Und so setzt Heinrich den jungen Bäumer ins Benehmen und lässt ihn wissen, dass alle Menschen, die auf dem Barkenhoff verkehren, es allezeit »mit einem freien Gefühl tun können«.[981]

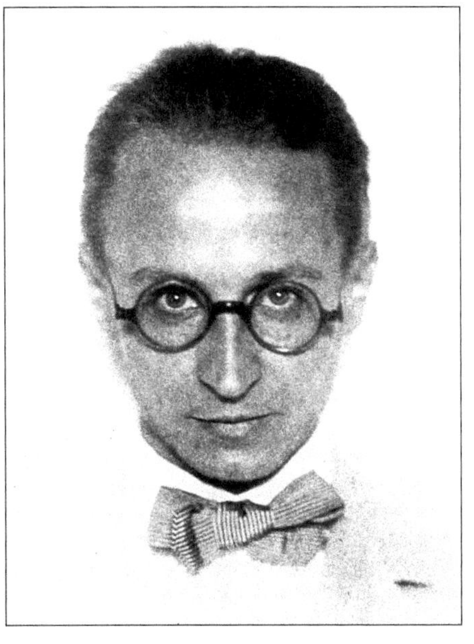
Heinz Tobi

In die ersten Septembertage des Jahres 1911 fällt die Premiere von Carl Emil Uphoffs Schauspiel »Potiphar« mit Asta Lange in der Titelrolle, zu der auch Max Reinhardt und »viele [andere] Leute aus Berlin«[982] anreisen. Max Reinhardt ist Regisseur am Deutschen Theater und Lichtgestalt der hauptstädtischen Theaterszene. Aufführungsort ist der Garten des Barkenhoffs mit seiner Naturbühne. Ilse Hahn verkörpert die Anemaris, Carl Weidemeyer einen der Waffenknechte. Martha erlebt die Premiere nicht, denn sie hält sich seit Mitte August wieder in der Stadt auf, logiert bei ihrer Schwiegermutter. Der Grund dafür ist nicht bekannt. Aber Louis Gruenberg ist dieser Tage wieder am Weyerberg und wohnt dem Theaterspektakel im Barkenhoff-Garten bei. Und natürlich auch der Hausherr, der aus der Schweiz zurückgekehrt ist. »Monteverde war sehr traurig [...] wie sich hier alles verändert habe, sprach über die Menschen mit einer ungeheuren Schärfe.«[983] Dieses

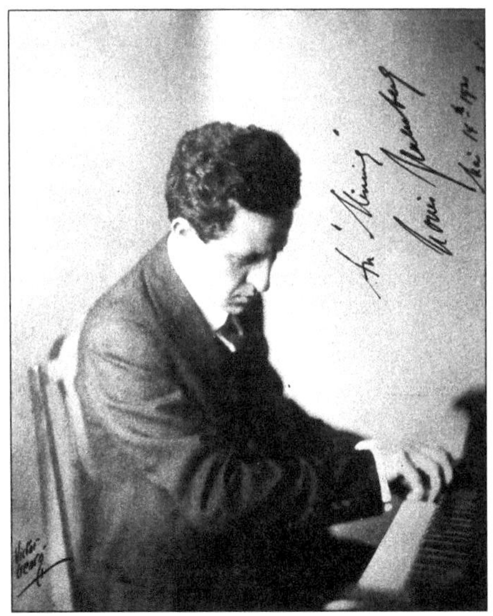
Louis Gruenberg

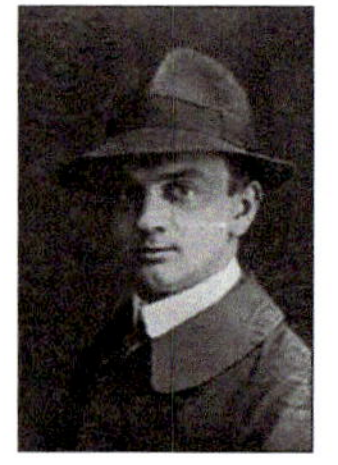

Frido Witte, 1912

ist das Resultat der Verstimmungen, die durch Bäumer im Freundeskreis ausgelöst worden waren. Heinrich schätzt Louis Gruenberg, dessen Intellekt, Urteilskraft und hohe Künstlerschaft. Und so berichtet er Martha auch vom Premieren-Abend. »Im Anschluss an Uphoffs Poti[ph]ar kam [Monteverde] auf sinnlichen Ausdruck der Kunst zu sprechen und sprach in so tiefer ernster Schönheit und mit einem so wahnsinnigen Anspruch an die schwersten und tiefsten Empfindungen, wie nur ein grandioser Künstler sprechen kann, damit fiel der ganze Uphoff in Staub und Schmutz.«[984]

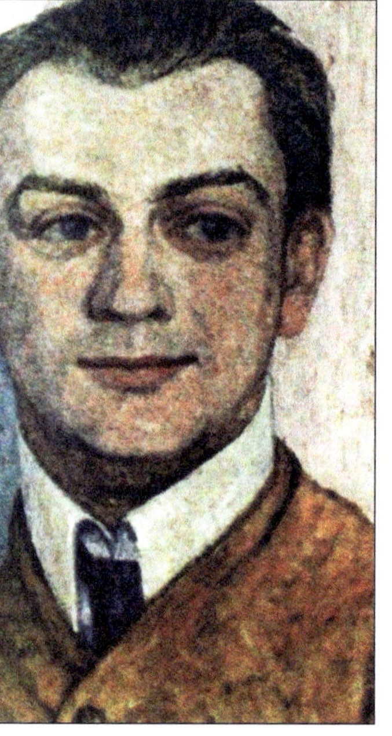

Frido Witte, porträtiert in Öl von Heinrich Vogeler, um 1912

Dieser Sommer 1911 ist durch Marthas Krankheit, den endgültigen Riss in der Ehe und die Dissonanzen im Freundeskreis kein besonders erfreulicher. Und so dankt Martha zum Ende des Jahres dem Maler und Radierer Frido Witte, »daß Sie einen großen Teil dazu beigetragen haben was an meinem Sommer schön war. […] Daß Sie mir Sonnenschein gegeben haben«.[985] Unter anderem war in dieser Zeit eine Zeichnung Marthas von Wittes Hand entstanden, »wo ich in der Hängematte lag und ihre lebendigen Augen zu mir hersahen um ihrem Bleistift Aufträge zu geben«.[986] Frido Witte, der aus Schneverdingen in der Lüneburger Heide stammt, gehört seit einem guten Jahr ebenfalls zum Freundeskreis. Oft kommt er mit der neu eingerichteten Personenbahn herüber, um an den Künstlerfesten und anderen Ereignissen teilzunehmen oder einfach nur um die Familie mit den drei Töchtern zu besuchen. »Ich erinnere mich der Abende, wo wir am Hange des Weyerbergs in der Heide lagen. Langsam verglomm das Abendrot. […] Wir lagen bis in die Nacht hinein und sprachen über alles, was uns das Herz bewegte. Bisweilen gab es Konzerte. Bei schönem Wetter sperrten wir die Fenster weit auf und lagerten uns draußen davor auf Decken und Kissen, die Damen in phantastischen Hängematten, die an den Birkenstämmen schaukelten. So, angesichts des bestirnten Himmels und des feinen Netzwerkes der Bäume, klangen uns die Töne mächtig und eindringlich ins Herz. Nahe am Hause hatte Vogeler eine bescheidene Naturbühne aus Taxushecken geformt. Bei dem Schein einiger Azetylenlaternen, die versteckt vom Hause aus die

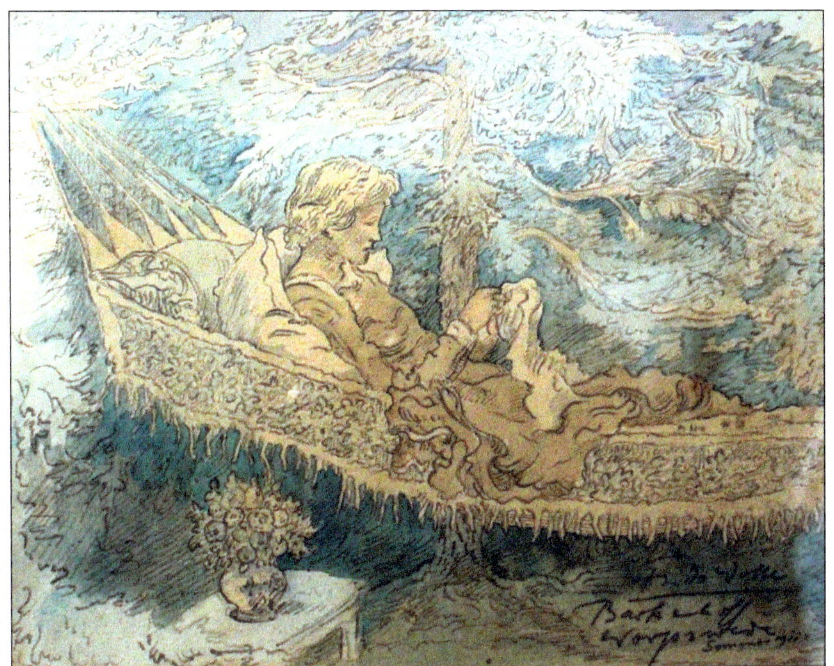

»Martha in der Hängematte«, aquarellierte Zeichnung von Frido Witte, 1911

Szene beleuchteten, ging hier manches Geheimnisvolle vonstatten. [Einmal] erschienen, in leichte Schleier gehüllt, die Vogelerkinder und tanzten nach der leisen Mundharmonika-Weise des Vaters wie die Elfen auf den Wiesen.«[987] Frido Witte, um zwei Jahre jünger als Martha, ist ein begeisterter Anhänger von Heinrichs Jugendstilkunst, deren Zenit inzwischen überschritten ist. Er wird in den nächsten Jahren für ihn ein Vertrauter werden und für Martha jemand, mit dem man »so gut Freund sein«[988] kann. Auch die Vogeler-Mädchen lieben ihren Onkel Fidiwitt, wie sie ihn nennen. Selbst Martha und Heinrich greifen später in ihrer brieflichen Anrede auf diesen Kosenamen zurück.

Zu einer Attraktion in der Lüneburger Heide entwickelt sich zwischen den Jahren 1909 und 1913 der sogenannte Aeroplan, das Flugzeug. Im kaiserlichen Deutschland befindet es sich immer noch in der Entwicklung. So siedelt ein Hamburger Unternehmer, der sich ebenfalls der Konstruktion der Flugmaschinen annimmt, sein Versuchsfeld unweit von Schneverdingen an und baut

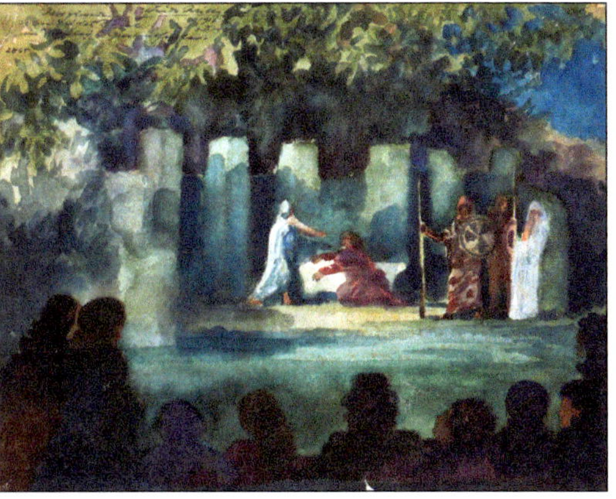

Aufführung »Potiphar« 1911 auf dem Barkenhoff, Aquarell von Frido Witte

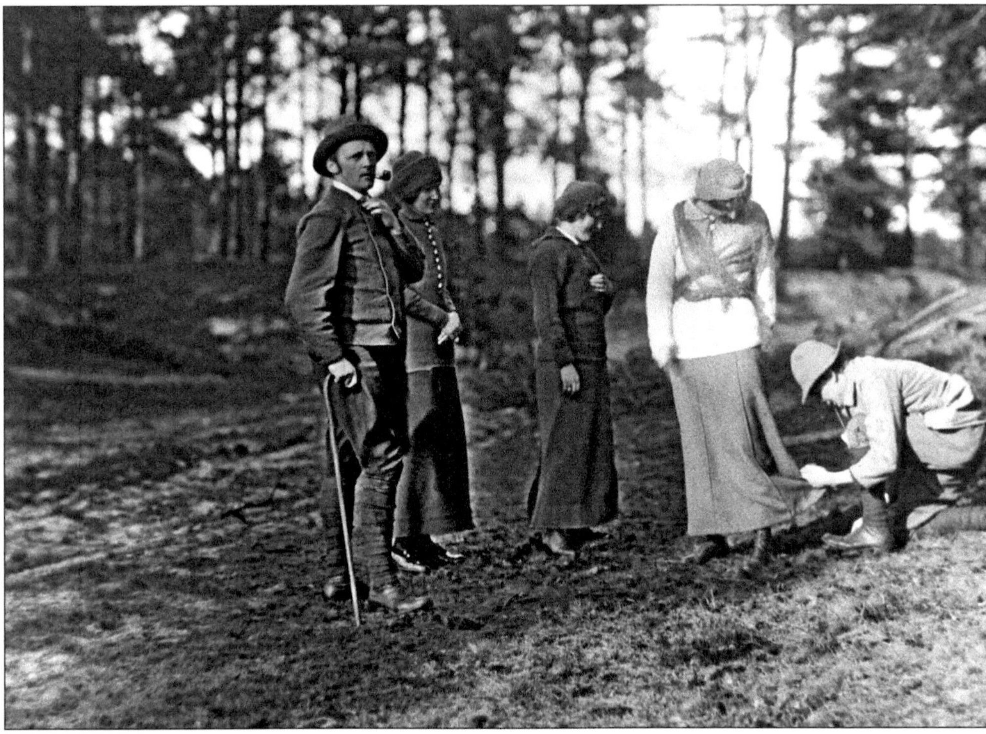

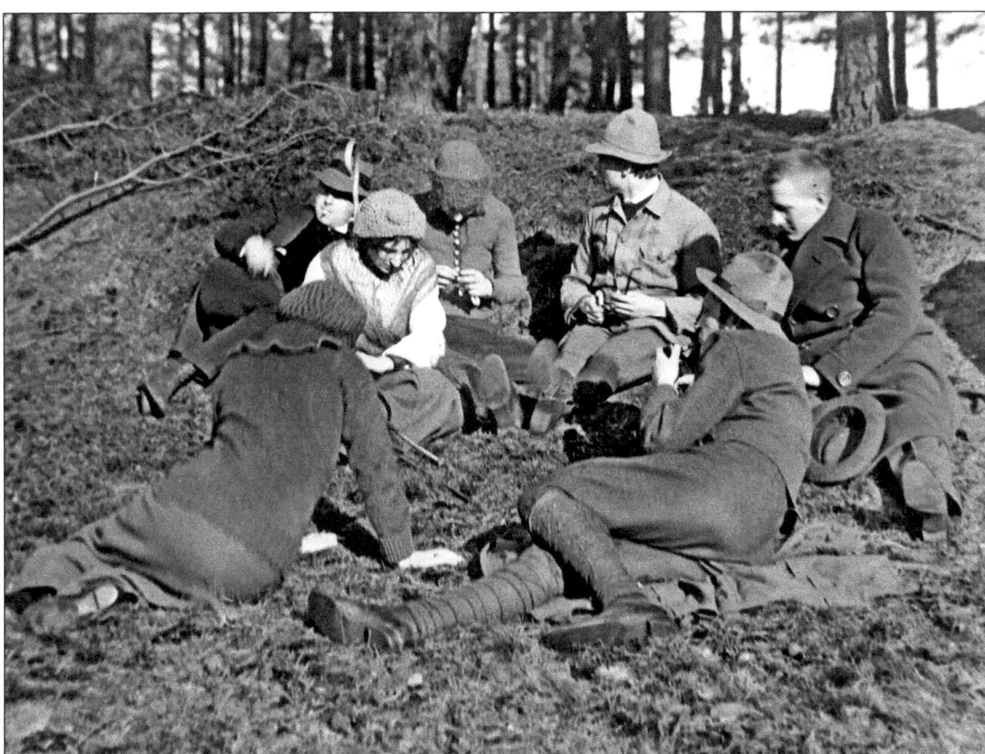

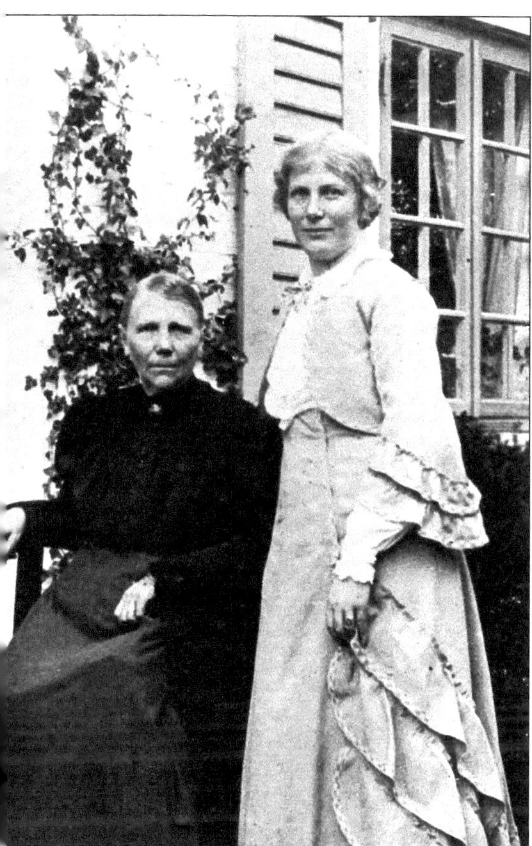

Linke Seite oben: v. l. Heinrich Vogeler, Hanne Schulze (später verheiratete Fritsch), Martha Vogeler, Asta Lange, Frido Witte, um 1910

Linke Seite unten: v. l. Carl Weidemeyer, Martha Vogeler, Asta Lange, Hanne Schulze, Frido Witte, Heinrich Vogeler, Bernhard Fritsch

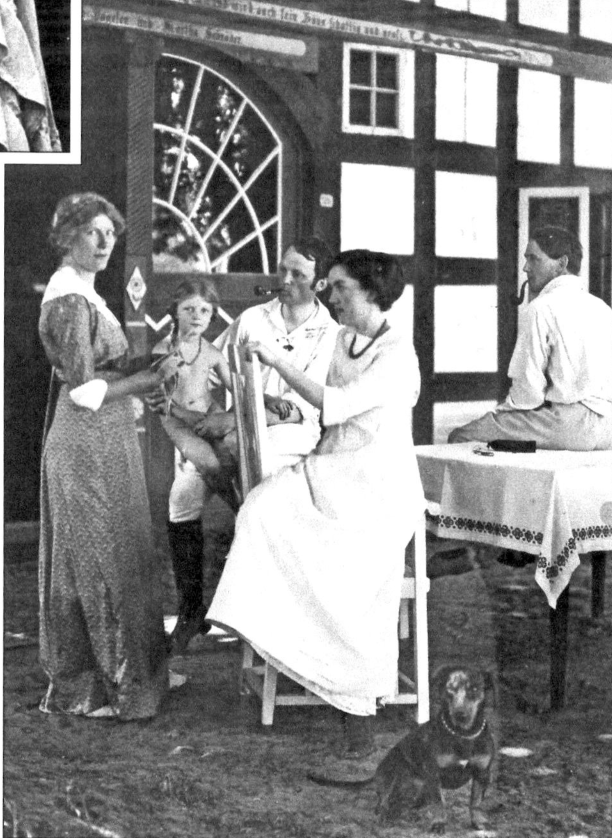

Oben links: Martha Vogeler und Mutter Schröder vor dem Barkenhoff, um 1909

Unten rechts: Freunde auf dem Barkenhoff, rechts Carl Weidemeyer

eine Holzbaracke, »die bald mehrere der neuen Vögel«[989] beherbergt. Etwa ein Dutzend Arbeiter, Konstrukteure und Ingenieure zählen zum Personal. Doch sind die Maschinen in der ersten Zeit noch nicht flugfähig, machen nur kurze Sprünge und setzen beim Landen hart auf den Holzkufen auf, gehen somit zu Bruch. Langwierige Reparaturen müssen folgen.

Auch Martha und Heinrich sind von dieser neuen, die Lüfte erobernden Technik fasziniert und wollen sie gerne einmal sehen. Aber es wird nie dazu kommen, da immer andere Dinge für sie anstehen. Im Spätherbst dieses Jahres 1911 schreibt Martha an Frido Witte: »Wie entzückend mit dem Aeroplan! Wie gerne hätte ich es mit angesehen. [...] Aber ich glaube sehr, daß ich einmal dabei sein werde und daß unsere Augen gemeinsam dem Wundervogel folgen werden.«[990] Diese Worte beziehen sich auf den allerersten Start einer Flugmaschine in Schneverdingen, der am 4. September 1911[991] stattfand. Martha war zu dem Zeitpunkt noch in Bremen.

Heinrich indes muss in den Jahren um 1910 sehr viel arbeiten, immer wieder künstlerisch produktiv sein, um Geld zu verdienen. Neben Großaufträgen für Architektur und Inneneinrichtungen sind es immer wieder auch die kleinen für Exlibris oder Firmenzeichen, wie das für ein Dresdener Modehaus (vergleiche dazu Kapitel »Zurück im Elbflorenz«, Seite 85). All das, um die Familie und das großzügige Anwesen zu unterhalten. Und auch der Gastfreundschaft des Barkenhoffs willen. Denn diese zeichnete das Haus schon zu Rainer Maria Rilkes Zeiten aus. Freunde und Gäste waren und sind stets willkommen und trugen und tragen zum abwechslungsreichen und künstlerischen Leben bei. Diese Gastfreiheit ist vor allem Marthas Verdienst. Denn sie versteht es »meisterhaft, durch gewin-

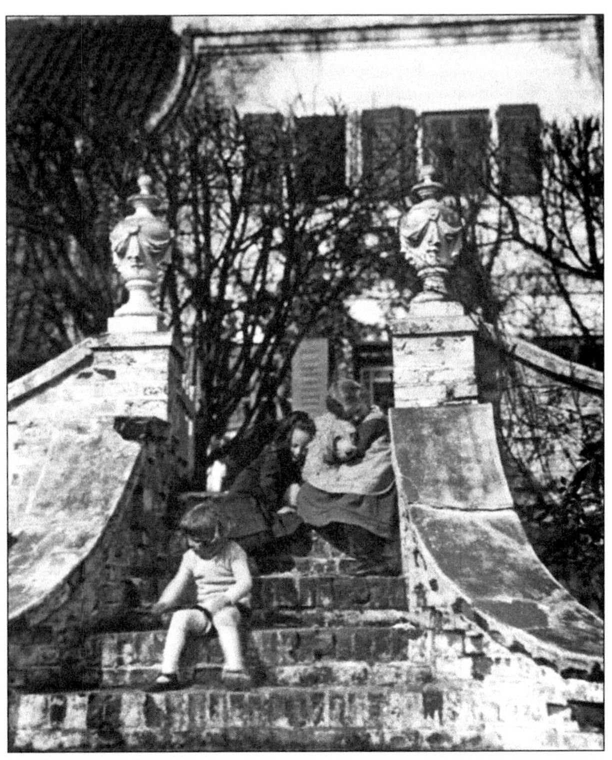

nende Freundlichkeit und Eingehen auf die Eigentümlichkeiten des Gastes diesen zu fesseln«.[992] Obgleich Heinrich ihre Großzügigkeit zunehmend kritisch sieht. An Frido Witte, der Marthas Gastfreundschaft besonders wertschätzt, schreibt er einmal: »Ich würde es gerne sehen, daß meine Frau gerade durch Sie einen höheren Maßstab für Menschen bekommt und nicht immer nur giebt und giebt mit vollen Händen.«[993] Erst im Krieg wird sich dieses ändern, wenn der Barkenhoff wirtschaftlich kaum noch zu halten sein wird und Martha dann Gäste gegen ein Entgelt wird beherbergen müssen.

Aber auch Marthas Krankheit, die in diesem Frühsommer die vierwöchige medizinische Betreuung in Bremen notwendig machte, kostet Geld. Heinrich hofft immer noch auf ihr Gesundwerden und auf eine Zusammenarbeit, auf ihre Hilfe. Mit der Zusammenarbeit sind in diesem Fall Einrichtungen für ganze Häuser, wie gerade jenes in der Schweiz für einen zahlungskräftigen Auftraggeber, oder für Zimmer, ähnlich dem in Brüssel, gemeint – und damit ihre Möbel aus Naturmaterialien mit Mustern sowie ihre textilen Einrichtungsideen. Die finanzielle Situation der Familie aber ist und bleibt prekär. Aus der Schweiz schreibt Heinrich ihr, kurz vor seinem Nach-Hause-Kommen: »Im Uebrigen mach Dich auf alles gefasst, auch auf den Verkauf des Barkenhoff.«[994] Dennoch übernimmt er trotz dieses Debakels die Tilgung von Bäumers Schulden. Im selben Brief heißt es: »Sag mir sofort wieviel, an wen und wann Bäumer zahlen muss. Ich lasse dann das Geld von der Bank sofort an die Betreffenden auszahlen.«[995] Diese Situation wird anhalten. Im Jahre 1914, der Krieg wird gerade begonnen haben, wird Heinrich an Frido, den Freund, berichten: »Ich habe schwer gearbeitet, daß die Kinder für ein Jahr jedenfalls ohne Sorgen sind und auch Bäumer mit durchgehalten werden kann.«[996]

Linke Seite: Barkenhofftreppe mit Kindern: rechts ein Vogeler-Mädchen mit Familienhund, vorne Peter Schulze und Mädchen links unbekannt, um 1910

Die Löhnbergs, die Kerlens und das Batiken

Zum Freundeskreis, aber nicht zu den Worpswedern, gehören in den Jahren um 1910 auch der bereits mehrfach erwähnte jüdische Hals-Nasen-Ohren-Arzt Dr. Emil Löhnberg mit seiner Frau Selma aus Hamm sowie Lina und Karoline (genannt Karla) Kerlen aus Arnsberg. Beide Ortschaften liegen im Westfälischen und nicht weit voneinander entfernt. Es ist anzunehmen, dass die Vogelers die beiden Kerlen-Frauen über das Ehepaar Löhnberg kennengelernt haben. Auf jeden Fall besteht zwischen Worpswede und Hamm sowie zwischen Worpswede und Arnsberg ein reger Austausch.

Ähnlich wie bei den Bremer Freunden, die ausnahmslos den gutbürgerlichen Kreisen der Hansestadt angehören, entwickelt sich auch hier über Heinrichs kreative Arbeit ein freundschaftliches Verhältnis. Zwischen dem Arzt und dem Künstler sind auf Anhieb gegenseitige Sympathie und Wertschätzung zu spüren. Denn Emil Löhnberg wendet sich als Mediziner allen gesellschaftlichen Schichten gleichermaßen zu, was Heinrich tief beeindruckt. Als Spezialist geht sein Ruf weit über die Landesgrenzen hinaus, und so reisen auch aus dem Ausland gutbetuchte Bürger an, um sich von ihm operieren zu lassen. Von diesen sprudelnden Einnahmen kann der Arzt die Minderbemittelten seiner Heimatstadt und deren Umgebung unentgeltlich medizinisch versorgen.

Dr. Emil Löhnberg

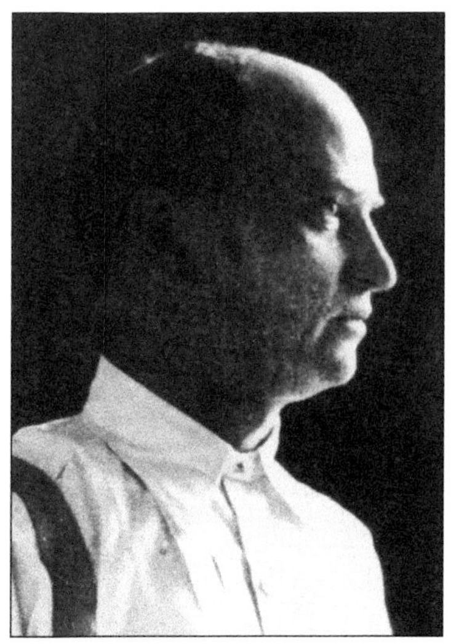

Unmittelbar am Ende der gemeinsamen Englandstudienreise im Sommer des Jahres 1909 hatte Emil Löhnberg den Künstler aus Worpswede gebeten, sein Wohnhaus in der »grauen Fabrik- und Bergwerksstadt Hamm«[997] lichter und schöner zu gestalten. Da dieses Haus, an der Friedrichstraße gelegen, gleichzeitig seine Praxisräume beherbergt, richtete Heinrich neben den Privaträumen auch diese neu ein, was ihm große Freude bereitete. Auch Martha begutachtete nach deren Fertigstellung das Resultat, denn beide reisten im Laufe des Jahres 1910 in die westfälische

Stadt. »Ich war Dir so dankbar, dass Du […] Freude an Löhnbergs […] Haus hattest«[998], schrieb Heinrich ihr am Ende des Jahres. Im Herbst 1910 war das Arztehepaar auf dem Barkenhoff zu Besuch gewesen. Martha hielt sich in dieser Zeit bekanntermaßen in den Hochalpen auf. Heinrich nahm sich daher alleine Zeit für die neuen Freunde, die sich auch seine Ausstellung in der Bremer Kunsthalle anschauten.

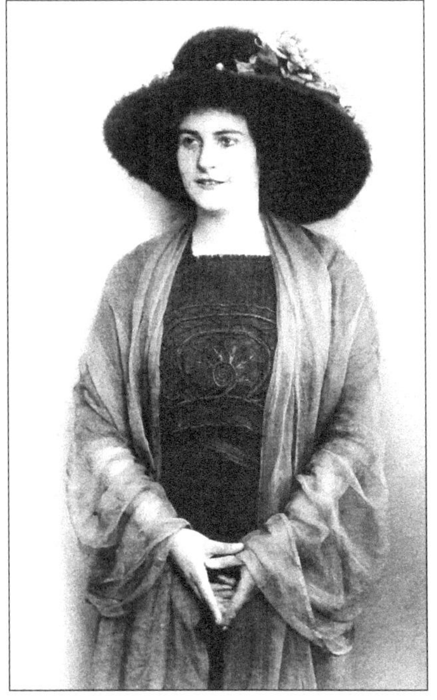

Selma Löhnberg

Bald schon bittet der Arzt den neu gewonnenen Künstlerfreund um eine weitere Arbeit: den Entwurf eines Sommerhauses. In diesem Jahr – wir befinden uns inzwischen im Jahre 1912 – wird es fertiggestellt und ist als Haus im Stryck-Tal bekannt geworden. Es liegt in der Nähe der Ortschaft Willingen inmitten des reizvollen Sauerlandes und wird für den vielbeschäftigten Mediziner und seine kleine, zarte Frau – eine ausgebildete Pianistin – ein Refugium werden. »Ich liebe das Haus, als eine meiner besten Arbeiten und als einen wichtigen Faktor im Leben meines liebsten Freundes«[999], wird Heinrich später sagen.

Etwa 30 Kilometer südöstlich von Hamm liegt das Städtchen Arnsberg. Hier wohnen die Majorswitwe Lina Kerlen und ihre Tochter Karla in einer großen Villa am Eichholz. Viele Jahre lang stehen die Türen des Hauses erlesenen Gästen offen, zu denen auch die Künstler zählen. So findet sich auch der Name Heinrich Vogelers im Gästebuch. Eine besondere Beziehung verbindet Lina und Karla Kerlen mit Heinrich[1000], denn Mutter Kerlen erwirbt einige Werke von ihm. »Die heiligen 3 Könige habe ich an Frau Kerlen verkauft«[1001], vermeldet Heinrich Anfang des Jahres 1912. Ihre Tochter Karla, 1875 geboren, ist der bildenden Kunst ebenso zugetan wie die Mutter. Sie studierte in Düsseldorf Malerei[1002] und tauscht sich in Kunstfragen des Öfteren mit den Worpsweder Freunden aus. Beide Kerlen-Frauen werden die Vogelers auch auf ihrem Barkenhoff besuchen. So ist Karla im Frühherbst dieses Jahres in Ostendorf zu Gast.[1003] Martha aber ist besonders der Mutter Lina zugetan, zählt diese doch bald schon zu den »wenigen Menschen denen ich dankbar bin in meinem Leben«.[1004]

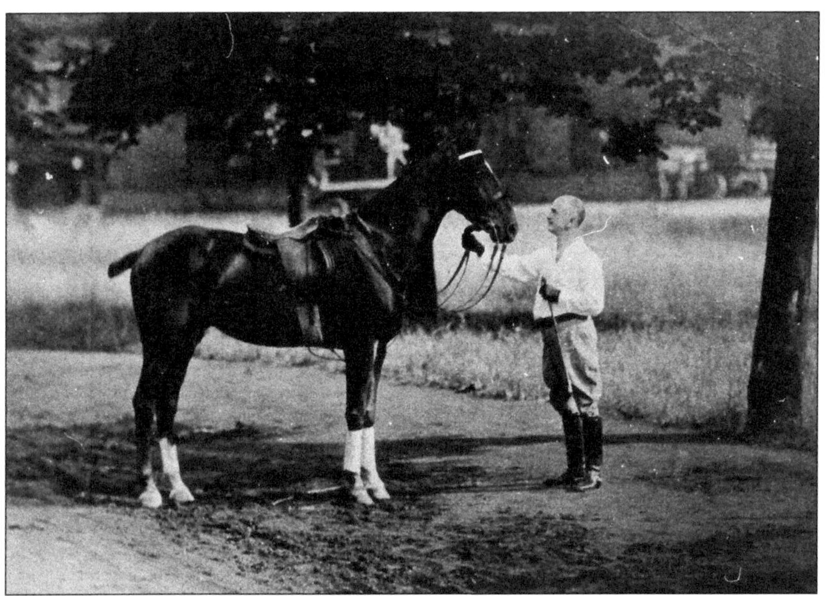

Im Rahmen ihrer kunsthandwerklichen Tätigkeit wendet Martha sich in diesem Jahr 1912 verstärkt der Batiktechnik zu, einem Färbeverfahren, das aus Südostasien kommt. Um 1900 hatte der Jugendstil es zu einer europäischen Modeerscheinung gemacht. Ähnlich wie gestickte wurden gebatikte Stoffe für Bucheinbände verwendet, darüber hinaus auch zum Beziehen von Möbeln. Martha arbeitet intensiv mit diesem auf Wachs basierenden Verfahren, bisweilen vor Anstrengung mit »hochrotem Kopf«[1005], weil sich auch schon mal »mitten im Muster ein großer Wachsfleck«[1006] einfinden kann, der da nicht hingehört. »Aber daran ist nur der Trauring schuld, der sitzt ja auch nicht fest.«[1007] Dieses schreibt Ludwig Bäumer Anfang März in einem langen Brief an beide Eheleute aus Hannover, wo er sich für einige Zeit zu Studien in puncto Jurisprudenz aufhält. Warum jedoch der Ehering beim Batiken im Wege sein kann, erklärt Bäumer nicht. Ob ihm bewusst ist, was er da niederschreibt? Denn der locker sitzende Ehering bekommt in der Gesamtkonstellation eine etwas delikate Note. Aber ihm ist es wohl nicht bewusst, denn er idealisiert in diesem Brief die Beziehung zu beiden Vogelers, »den liebsten Menschen die ich kenne« und denen gegenüber er »ein unbegrenztes Gefühl von Dankbarkeit«[1008] empfinde. Dagegen hört sich das, was Edwin Koenemann am 17. Februar, also drei Wochen vorher, in sein Tagebuch einträgt, anders an: »Frau Martha Vogeler kommt durch K[ü]cks Garten vorbei, geht vor Bäumers Fenstern langsam. (Heute vormittag brachte sie ihren verreisenden Mann zur Bahn!) 1 Minute später kommt Bäumer heraus, geht ihr nach und - - pfeift auf Stelljes Fußweg hinter ihr her, damit sie warte!!«[1009] Auch wenn man in Betracht ziehen muss, dass Koenemann ohnehin auf die Worpsweder nicht gut zu sprechen ist und seine spöttische Art auch nicht unbedingt zu einem guten Verhältnis beiträgt, scheint seine Beobachtung halbwegs objektiv zu sein. Sein Kommentar bezüglich der Szene ist typisch Koenemann: »Donner ja, die sind ja gut intim!! Dann wird sie ihn auch sicher […] oben in der leeren Wohnung knutschen!!«[1010]

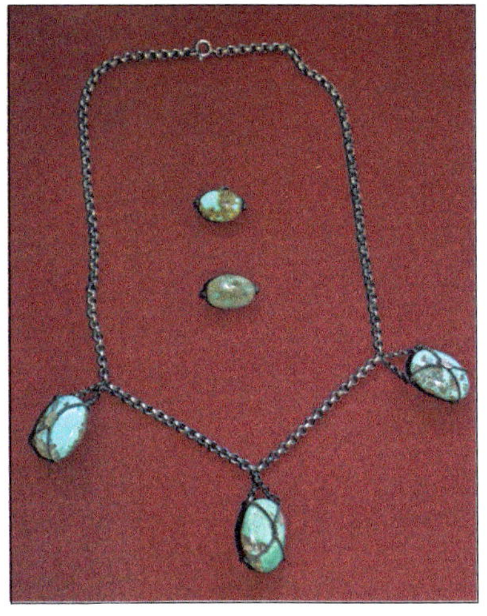

Kette und Ohrschmuck, nach einem Entwurf von Martha Vogeler

Aber zurück zum Batiken. Nicht nur Martha praktiziert diese Technik, auch Ilse Hahn probiert sie erfolgreich aus und verkauft sogar ihre Werke. Einen ihrer Stoffe, den »gelben Battik«[1011], erwirbt Selma Löhnberg. Und auch Karla Kerlen versucht sich in dieser Technik. Anfang Mai dieses Jahres 1912 sind Heinrich und Martha dann in Brüssel. Vermutlich besuchen sie den deutsch-jüdischen Seidenhändler Paul Bachrach und dessen Ehefrau Elvire, denen Heinrich ein Jahr zuvor beim Entwurf und bei Einrichtungsvorschlägen für ihr neues Haus behilflich gewesen ist. Beide Vogelers senden einen Kartengruß an Bäumer, dem Martha berichtet: »Meine Battiks werden auch aufgehängt.«[1012] Man könnte diese Aussage so deuten, dass Marthas Batikstoffe für die Innenraumgestaltung des Hauses Verwendung fanden. Denn sie setzt für diese Technik unter anderem auch dünnen Crêpe de Chine ein, den man sich gut als fließenden Vorhangstoff denken kann. Die Beziehung zu den Bachrachs ist durch Selma Löhnberg entstanden, denn Elvire und Selma sind Schwestern. Und so wird sich seitens der Vogelers auch zu der Brüsseler Familie ein intensiver Kontakt entspinnen. Vorzugsweise zwischen den Frauen, die im Briefwechsel stehen werden.

Mit dem Batiken ist Martha in den beiden Jahren vor Kriegsbeginn intensiv beschäftigt. Im April 1912 ist

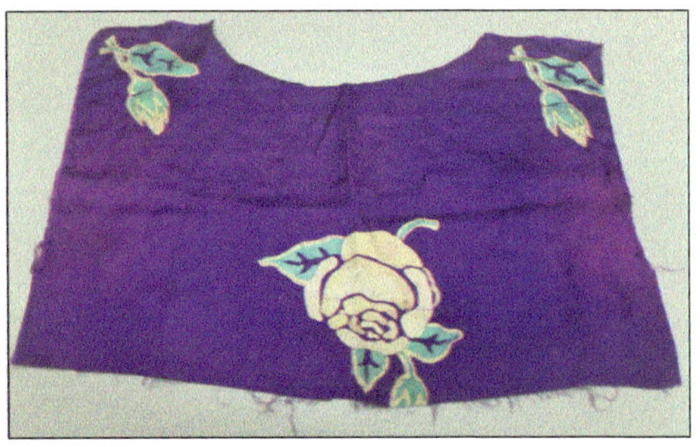

Batik von Martha Vogeler

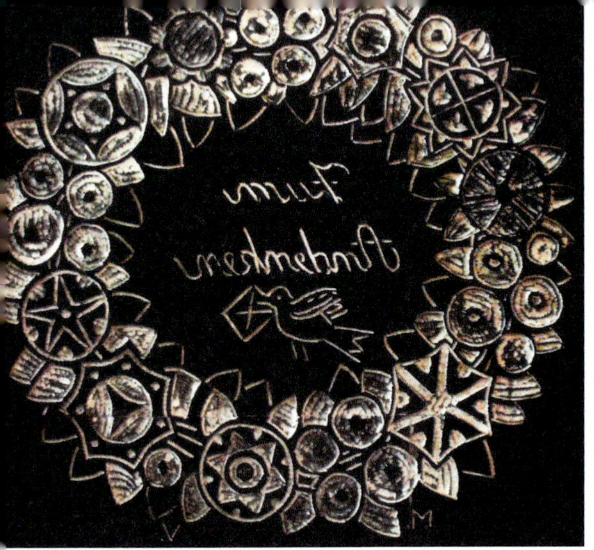

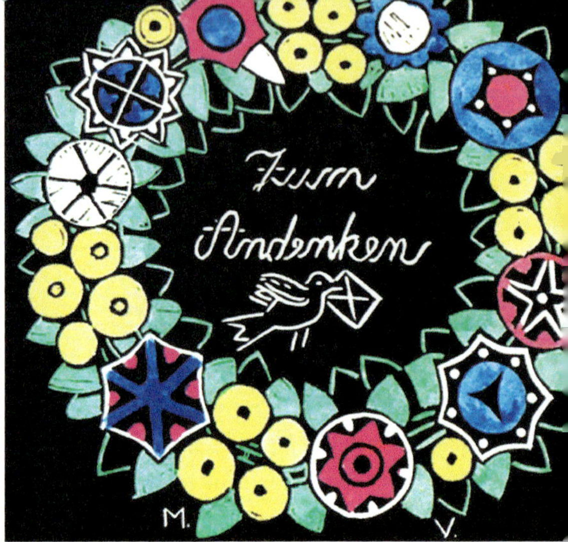

Links: Druckstock von Martha Vogeler

Rechts: Der fertige Holzschnitt, koloriert, um 1910

sie mit ihren Stoffen, neben denen von Ilse Hahn, auf der Ausstellung zur Verbesserung der Frauenkleidung in Hannover vertreten. Ludwig Bäumer, der sich wie erwähnt zu dieser Zeit in der Welfen-Stadt aufhält, besucht die Schau und berichtet nach Worpswede. Als er die Räume betrat, leuchteten ihm Marthas »so vertraute Farben und Ilses Batiks grüßend entgegen. Es war ein ganz eigenes Gefühl für mich, Ihre und Ilses Sachen, die ich doch mit entstehen sah so vor mir als Teile einer Ausstellung zu sehen. Ich weiß ja wieviel Arbeit und Ärger diese Sachen gekostet haben. Ich erinnere an den ersten großen Schal«.[1013] Auch andere kunstgewerbliche Objekte stellt Martha aus. »Für Sie, liebe Martha Vogeler, habe ich übrigens auch eine kleine Überraschung. [...] Ihre kleine Messingdose, 2 [Holzschnitt]Bücher und 1 Holzschnitt sind verkauft. Den Batiks steht das hiesige Publikum vorläufig noch ablehnend gegenüber. Man scheint allgemein anzunehmen, daß die Stoffe bedruckt sind, trotzdem doch ein einfacher Blick genügen sollte, um was es sich handelt.«[1014]

Da die finanzielle Situation der Vogelers nach wie vor angespannt ist, entschließen sie sich ein Jahr später – also im Jahre 1913 –, die Stute Rosinante zu verkaufen. Heinrich hatte sie sehr geliebt und häufig unterm Sattel gehabt. So hatte sie ihn weite Strecken, sogar bis in die Heide zu seinem Freund Frido Witte, getragen. Außerdem wird alles, was an das Pferd erinnert, auf einer Auktion auf dem Barkenhoff versteigert. Nur der alte Reisewagen, der gelbe Sandschneider, bleibt übrig.[1015] Und auch Gottlieb, der treue Helfer und Mitgestalter von Garten, Teichanlage und Feld, muss gehen. Wegen der Geldsorgen erwägt das Ehepaar auch Umbaumaßnahmen, wohl, um vermieten zu können. »Stall und Remisen werden wir als Wohnung zu machen versuchen und ich werbe auf Schülerinnen für Battik[,] ich habe einige ziemlich gute Sachen gemacht«[1016], teilt Martha Frido Witte in Schneverdingen mit. Sie bietet also Unterricht im Batiken an. Auch diese Maßnahme soll zur Aufbesserung der finanziellen Situation und damit zum Erhalt des Barkenhoffs beitragen. Dass jedoch Remise und Stallungen tatsächlich umgebaut wurden, ist nicht anzunehmen. Auch Marthas Batik-Kurse werden wohl nicht im gewünschten Umfang von Interessentinnen angenommen worden sein. Zumindest eine aber konnte sie für diese Technik gewinnen, nämlich die Künstlerin Maria Dieckmann, die in dieser Zeit ebenso zum Vogeler-Kreis gehört. Aber deren Kindermädchen ist sie nicht, wie ursprünglich angenommen. Dieses ist namentlich nicht bekannt.[1017] Selbst in Arnsberg versucht Lina Kerlen einige von Marthas Batikarbeiten zu verkaufen.[1018] Letztlich aber werden Batikstoffe nicht gefragt sein, sodass Martha sich bald schon einer anderen textilen Technik zuwenden wird – dem Weben.

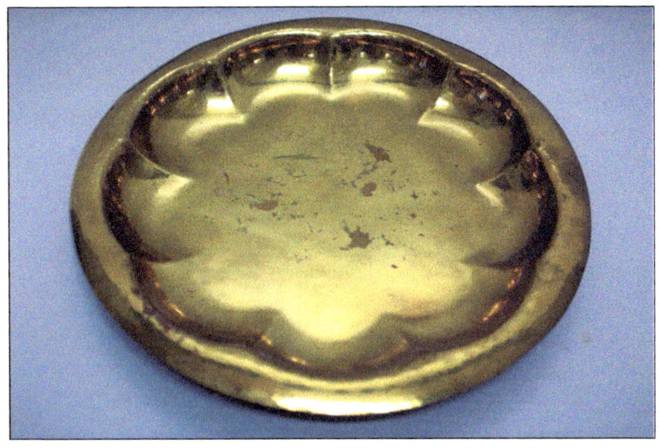
Messingtablett, Entwurf von Martha Vogeler

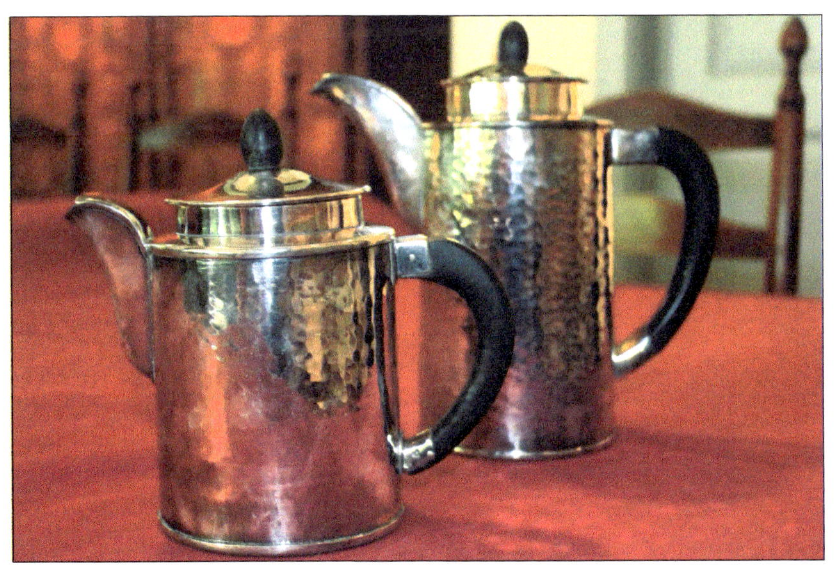
Silberkannen, nach einem Entwurf von Martha Vogeler

»Hier ist es voll von Freunden«

Kehren wir noch einmal in das Jahr 1912 zurück, das Heinrich mit einem klagevollen Lebensresümee beginnt. So heißt es gegenüber der Schriftstellerin Helene Voigt-Diederichs: »Nun ist es ein Zusammenstürzen und ich arbeite nach Licht wie unter Schutt und Staub. Meine Frau steht sehr an meiner Seite und alles muss noch wieder werden.«[1019] Der Ehekonflikt ist dieses Mal nicht gemeint, sondern die künstlerische wie wirtschaftliche Situation. Denn Martha nennt er hier ausdrücklich als ihm zur Seite Stehende, als Helfende. Womit auch ihre Aufgabe als seine Buchhalterin angedeutet sein dürfte, denn neben ihren eigenen kunsthandwerklichen Tätigkeiten – wie zurzeit dem Batiken – widmet sie sich nun noch seiner Rechnungsführung und der Geschäftspost. Diese bezieht auch ihre eigene mit ein, denn die Zusammenarbeit mit der Bremer Firma Gebrüder Stolle, die nach ihren Entwürfen Schilfmöbel und Binsenmatten herstellt, besteht nach wie vor. Die Produktion ist vor einiger Zeit nach Lichtenfels in Bayern verlegt worden. Aber auch dort begegnet man den Möbeln eher ablehnend.[1020] Doch unabhängig von all dem fühlt Martha sich als Heinrichs rechte Hand »äußerst wichtig und unentbehrlich«.[1021] Sie werde nun ihrer Anlage zum Trotz wohl sparsam. »Wenn es nicht zum Geiz ausartet kann es uns ja jetzt nicht schaden.«[1022] Der leicht ironische Unterton dieser Zeilen, die sie an Frido Witte richtet, ist nicht zu überlesen.

Martha ist großzügig, lebt ihre Gastfreundschaft, hat gerne Menschen um sich und macht immer auch die eine oder andere Freude. Auch wenn Heinrich ihr einmal vorgehalten hat, jedermann gegenüber freigiebig zu sein, bleibt Gastlichkeit ein Wesenszug von ihr.

Seit dem Sommer 1910 wohnt der junge Alois Wiehagen bei den Vogelers, der über die Löhnbergs zu Heinrich als dessen Schüler gekommen ist. Emil Löhnberg finanziert diesen Studienaufenthalt des im Jahre 1891 in Rhynern bei Hamm Geborenen, dessen künstlerisches Talent er damit fördern möchte. Der junge Westfale lebt also in der Vogeler-Familie, lernt mit der Zeit deren großen Freundeskreis kennen und nimmt an den Festen und kulturellen Höhepunkten teil. Ihm entgehen natürlich nicht die besonderen Verhältnisse auf dem Musenhof: die Spannungen zwischen den Eheleuten und die besondere Stellung Ludwig Bäumers. Auch gibt es nicht weiter definierte Verstimmungen zwischen ihm und Martha, das »Unharmonische zwischen Frau Vogeler und mir«[1023], was letztlich zu seinem Auszug aus dem weißen Giebelhaus führt. Im Februar dieses Jahres 1912 verlässt Alois Wiehagen das Künstlerdorf.

Im März fahren beide Vogelers dann »nach Wertheim am Main«.[1024] Dort halten sie sich etwa vier Wochen bei Magda und Richard Hartmann auf.[1025] Das Osterfest, welches in diesem Jahr auf Anfang April fällt, wollten sie eigentlich bei Frido, dem Freund in der Heide, verbringen. Doch »wir können nicht kommen weil wir Hausbesuch haben. Walther und Hanne Schulze mit ihrem Peterle«[1026], schreibt Martha nach Schneverdingen. Die Schulzes leben zu diesem Zeitpunkt bereits getrennt. Der Grund dafür ist wohl die angespannte finanzielle Lage des Paares, denn Walters Verdienst reicht für den Unterhalt einer Familie nicht aus.[1027] Diese Situation hält schon seit dem Sommer des vergangenen Jahres an. Ihr Haus in den Kiefern aber ist inzwischen vermietet.

Ende Mai meldet sich dann die »schöne Lau« bei Martha, die wieder einmal gerne nach Worpswede kommen würde, was im Moment aber nicht möglich sei. »Du weißt doch Marto – wenn ich kann komme ich mit grossen Freuden.«[1028] Sie fragt auch an, ob Franz und Philine wieder in Worpswede seien. »Steht ihr ganz schlecht od. geht es wieder wie früher?«[1029] Die Lau hatte bei ihrem letzten Besuch auch die Familie von Franz kennengelernt und deren Kunst- und Kunstgewerbehaus neben der weißen Villa besucht. Aber zwischen den Brüdern Vogeler gibt es seit längerer Zeit Differenzen, die weniger persönlicher als vielmehr geschäftlicher Natur sind. Dadurch wird auch das Verhältnis beider Familien belastet. Heinrich hatte vor gut vier Jahren einen großen Teil seines Vermögens in die Worpsweder Werkstätte gesteckt, um das Unternehmen liquide zu machen. Martha, die nun als seine Buchhalterin fungiert, bekommt einen Einblick in die Gesamtsituation. So öffnet sie sich dem Freund Frido gegenüber: »Ihre überlegene Sprache möchte ich so vielen wünschen und manchmal wenn der arme Mining aus dem Wirrwarr mit Franz nicht herausfindet weil er sich nicht so ausdrücken kann wie er will[,] dann denke ich könnten Sie ihm hier einen Tag Ihre Sprache leihen dann hätte er gewiß endlich Ruhe. Franzens Grausamkeit ihm gegenüber ist oft erschreckend und [man] kann es wirklich nur mit Kranksein entschuldigen.«[1030] Tatsächlich ging es Franz in dieser Zeit schon gesundheitlich nicht gut. Ende des Jahres wird er »einen körperlichen und mentalen Zusammenbruch [erleiden], von dem er sich in einem Sanatorium nur langsam [erholen wird]«.[1031] In der Beurteilung der Situation ist Martha wohl die realistischere von beiden, sieht die Dinge klarer als Heinrich, der, wie sie schreibt, auch diesen Konflikt nicht verbal zu lösen vermag. Und so muss sie sich »oft riesig bezwingen [...] nicht einmal ganz energisch grob

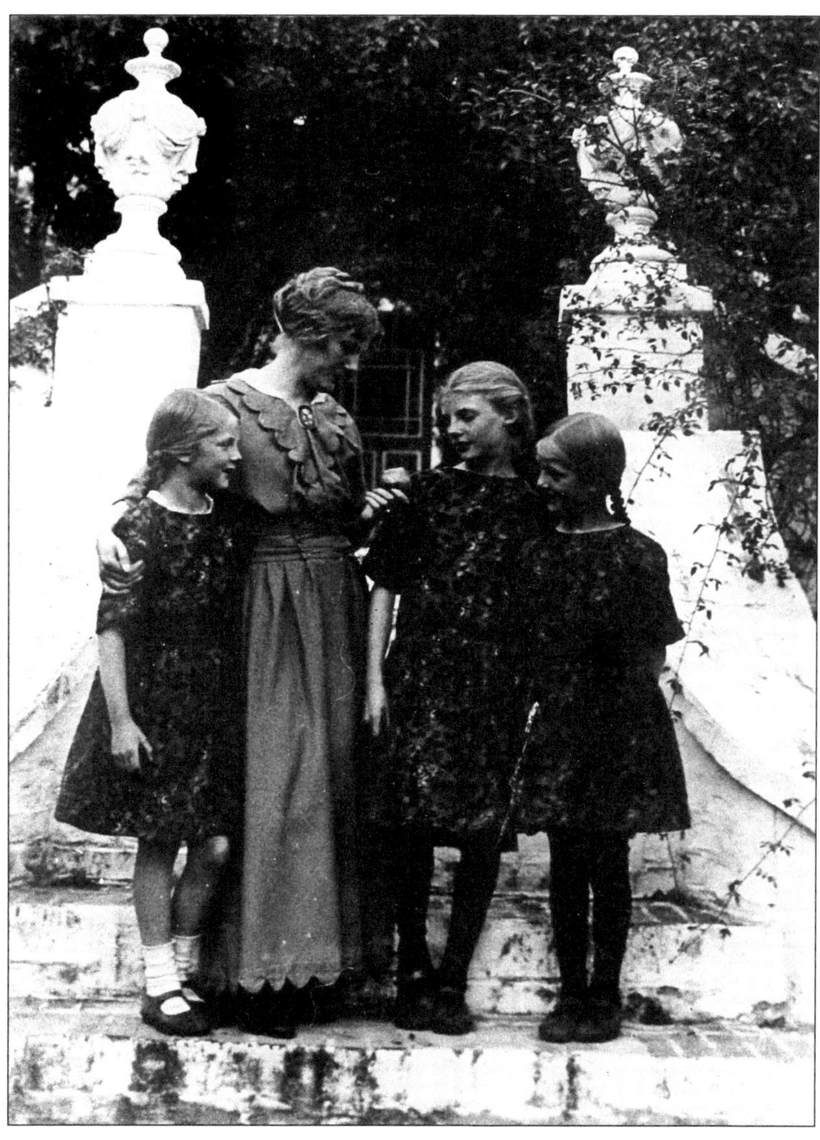

Martha mit den Kindern auf dem Barkenhoff, 1913

zu werden«.[1032] Im Gegensatz zu Heinrichs sensibler Künstlernatur besitzt Martha für die Bewältigung der lebenspraktischen Dinge die nötige Kraft und ein gewisses Durchsetzungsvermögen. So »denke ich auch daß es schön ist wenn das Leben einem etwas zu tragen giebt, ein sicheres Zeichen [dafür] daß man die Kraft dazu hat«.[1033]

Frido Witte, mit dem sie diese Sachverhalte austauscht, ist für sie ein unentbehrlicher Freund, ihm kann sie Dinge anvertrauen. Aber auch Heinrich kann das und zieht den Malerfreund aus der Heide ebenso ins Vertrauen, vor allem im Ehekonflikt. Witte aber scheint allem unparteiisch und mit Gelassenheit begegnet zu sein. In den Frühsommertagen des Jahres 1912 besucht das Ehepaar den gemeinsamen Freund in Schneverdingen.

Dass Ludwig Bäumer im Frühjahr in Hannover zu Studienzwecken weilte und dort eine Ausstellung mit Exponaten Marthas sah, ist schon einmal angesprochen worden. Inwieweit er das Studium mit einem Examen abschloss, ist nicht in Erfahrung zu bringen.

Für Heinrich ist die Dreiecksbeziehung eine bittere Realität. Ein ausgleichendes Miteinander ist nicht möglich, ein freundschaftliches Verhältnis aller drei Seiten ebenso wenig. Auch wenn er meint, dass Bäumer ihnen beiden »der einzige wahre Freund werden müsse«.[1034] Und wie es seine Art ist, versucht er auf brieflichem Wege Dinge mit Bäumer zu klären, die eigentlich nicht mehr zu klären sind. So kommt er auch auf Schaefer zu sprechen. »Sie werden die Geschichte mit Schäfer und meiner Frau kennen. [...] Aber immer liegt es in der Initiative des Mannes, [...] mit Kraft und Energie alle Beziehungen abzubrechen. Bei Schäfer ist das nicht gelungen. Er hatte zwar den Mannesmut zu gehen, aber nicht die Kraft aufzubauen. Sie sind aus anderem Holz.«[1035] Und Heinrich erklärt ihm, dass er nicht an die Seite gesetzt werden wolle wie ein Mensch, der nur dazu dient, Geld zu machen. Da Bäumer aber die Kraft in sich fühle, in diesem ganzen Debakel zu helfen, appelliert er an ihn: »Lauschen Sie auf den verklungenen Ton auf dem Barkenhoff[,] helfen Sie ihn heben zu einer Harmonie; gehen Sie nicht ihren Weg mit dieser Frau allein.«[1036] Bei allem gutgemeinten Bemühen: Es ist ein Kampf gegen Windmühlenflügel. Und Heinrich will es nicht wahrhaben.

Im Sommer ist er wieder auf Reisen, fährt nach Salzburg und Wien. Martha bleibt mit den Kindern auf dem Barkenhoff zurück. Freunde besuchen sie, die sie als Gastgeberin fordern und zugleich ablenken. »Hier ist es voll von Freunden«[1037], schreibt sie an Frido, den Vertrauten. Obwohl sich einiges im Freundeskreis verändert hat. Die Schulzes kommen nur noch zu Besuch, Asta Lange zieht es nach Hamburg, wo sie eine Zeit lang gemeinsam mit Carl Weidemeyer leben wird. Und Ilse Hahn und Alfred Schulze haben sich getrennt. Ilse wird Ende des Jahres den »leichten, empfindlichen, unsteten«[1038] Curt Stoermer heiraten.

Martha indessen pflegt ihre Liebesbeziehung zu Ludwig, beide treffen sich zu romantischen Stunden. Diese kleidet Ludwig rückblickend in Verse:

»Und deine Stutenaugen leuchten gross
Und dunkel in das Licht des müden Tags
In stiller Schöpferhoffnung bebt dein Schoss
Im gleichen Rhythmus deines Herzschlags

Auch ich bin still, die Lust verklang am Leide
wie eine Nachtigall an ihrem eigenen Liede
Goldflimmer glänzt auf deinem grünen Kleide
Komm, gib mir deine Hände, sie sind müde.«[1039]

Für Martha rückt diesen Sommer zudem eine Reise nach Marburg ins Blickfeld, über die sie sich mit der Freundin Magda Hartmann verständigt. Vorab aber nimmt diese erst einmal Anteil am Bericht aus Worpswede. »Krapp gab mir Deinen Brief zu lesen u. bin ich sehr traurig meine liebe Deern, daß Du gar keine Ruhe hast u. Dich Deiner Liebe nicht so freuen kannst, wie ich es so für Dich erhoffe.«[1040] Mit »Deiner Liebe« ist sicherlich Ludwig Bäumer gemeint. Bei Magda stehen Veränderungen an, denn sie verlegt in diesen Wochen ihren Wohnort von Wertheim nach Mannheim, da sie inzwischen von ihrem Mann geschieden ist. Doch einen Besuch bei ihr in der ehemaligen kurpfälzischen Residenzstadt fasst Martha nicht ins Auge, denn sie will lieber »in Marburg Keramik machen«.[1041] Dennoch wäre auch ein Wochenende in Mannheim mög-

Holzschnitt von Martha Vogeler

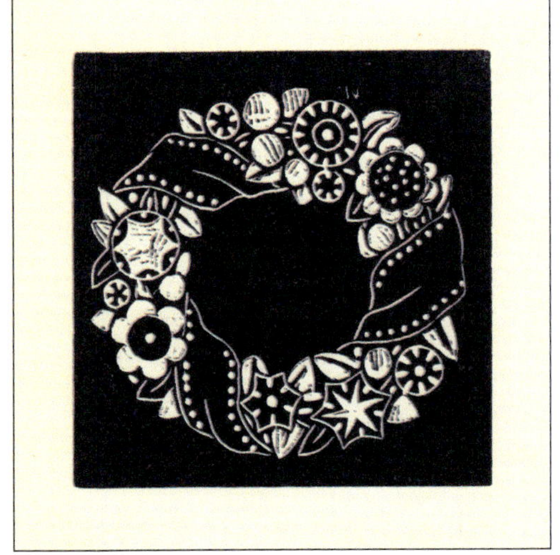

lich, sogar mit Bäumer, wie die Freundin ihr nahelegt. Ob die Reise zustande kam, ist nicht überliefert. Denn über keramische Arbeiten aus dieser Zeit geben die Quellen keine Auskunft.

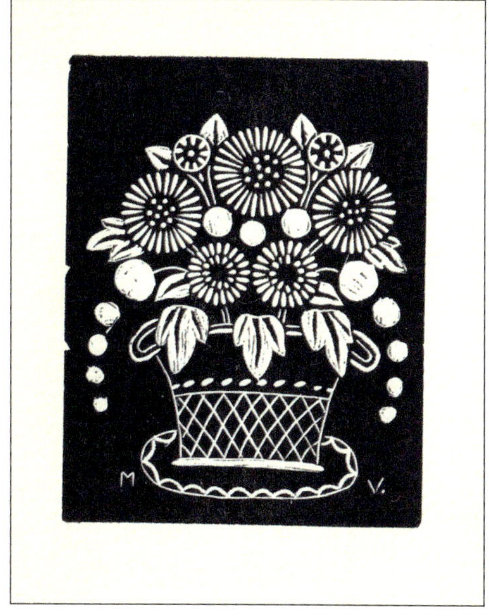

Holzschnitt von Martha Vogeler

Ende Oktober dieses Jahres 1912 bricht Heinrich nach Berlin-Charlottenburg auf, wo er für drei Monate alleine arbeiten will »und mein Leben von weitem ansehe[n]«.[1042] In den letzten Wochen des Jahres trifft er dort einige alte Freunde wieder und besucht Konzerte. So begegnet er auch Louis Gruenberg und dessen Frau Irene Sanden, eine Tänzerin. »Ich sagte Grünberg, dass Du die Beiden gern zu Weihnachten dort haben möchtest, da war er sehr froh«[1043], vermeldet er nach Worpswede. Auch ein Konzert von Egon Petri besucht er und ist begeistert, denn der Freund hat »eine fabelhaft ausgeglichene Technik bekommen und ist ruhig und übersieht seine Kraft«.[1044] Louis Gruenberg hält ihn ohnehin für »den Allergrößten unter den jungen Werdenden«.[1045]

Im Anschluss an das Petri-Konzert wird Heinrich noch in die Runde von dessen Anhängern eingeladen und sitzt neben einer »wunderbare[n] Halbnegerin, wirklich schön in ihrer Art. [...] Das wäre eine für Dich mit Battik anzuziehen«.[1046] Martha beschäftigt sich zu dieser Zeit noch intensiv mit der Batik-Technik. In diesen Herbsttagen beschickt sie, wie schon im Frühjahr, eine Ausstellung in Hannover mit ihren kunsthandwerklichen Arbeiten. Es ist die dortige Kunstgewerbeausstellung, wo sie vermutlich auch Batik-Stoffe zeigt. Davon berichtet sie Lina Kerlen nach Arnsberg.[1047]

Anfang November fahren Martha, Ludwig Bäumer und Carl Emil Uphoff zu einem Kostümfest nach Bremen, welches Paulas Mutter, »Frau Bau=Rat Becker [...] dort einer ganzen Reihe von Worpswedern gibt«.[1048] Sie ist »ganz voll von Deinem Tanzen, schwärmt wie ein Backfisch für Dich und Dein Kostüm«[1049], lässt Heinrich seine Frau ein paar Tage später wissen. Derzeit porträtiert er einige der Freunde in seinem Charlottenburger Atelier. So unter anderem Hanne Schulze, Louis Gruenberg und Frido Witte, der ebenfalls in die Hauptstadt gekommen ist. In Bezug auf diesen stellt Heinrich fest: »Frido ist immer sittlich entrüstet. Teils über die jungen Künstlerfrauen hier in Berlin, mit denen er zusammenkommt [...] Dann die Juden, die Juden, er riecht sie überall.«[1050] In dieser letzten Äußerung liegt ein gewisses Erstaunen von Seiten Heinrichs, der solche Ressentiments von seinem Freund wohl nicht erwartet hat. Überraschenderweise scheint auch Martha den antisemitischen Ton Wittes aufgenommen zu haben, als sie und Mining noch kurz vor Weihnachten einer Einladung von Carl Hauptmann nach Schreiberhau folgen. Martha reist dafür kurz entschlossen über Berlin. Aus dem Riesengebirge schreibt sie dann an Frido: »Die Berliner Juden reichen bis hierher und tragen ihr Fett in weißen und farbigen Sweatern spazieren.«[1051] Überraschend erscheint es deshalb, weil einige ihrer Freunde jüdischen Glaubens sind. Allen voran die von ihr so geliebte Helene Chrambach. Der Aufenthalt in Schreiberhau – Heinrich malt ein Porträt des Dichters – ist nicht sehr erbaulich. Seit dem Jahre 1908 ist Maria Rohne die neue Ehefrau Hauptmanns, und von ihr berichtet Martha gar nichts. Obwohl die Freundin sie schon im Herbst eingeladen hatte. »Wenn Sie dies Jahr so dicht dran sind kommen Sie zum Ende [doch] zum Rodeln u. Schneeschuhlaufen hierher.«[1052] Aber es liegt kein Schnee, »nur in den Schattenecken, die Sonne scheint strahlend«.[1053] Und so ist Martha viel alleine und denkt an zu Hause, an die viele Arbeit dort, die nun ruhen muss. Zum Weihnachtsfest aber fährt das Ehepaar dann »mit dem direktesten Zuge nach dem Barkenhoff«.[1054]

Dass der Aufenthalt für sie nicht erfreulich ist, hat wohl mit der Gesamtsituation zu tun, die auch an ihr nicht mehr spurlos vorübergeht. Denn Heinrichs Sicht auf die Schreiberhauer Reise wird etwas konkreter. Auch er erwähnt sie gegenüber Frido Witte. So bedauert er, dass die Reise »wie alle Reisen der letzten Jahre von meiner Frau mit einem plötzlichen Debakel der Stimmung, einer schweren physischen Erkrankung, dieser bösen Halsgeschichte«[1055] endete. Beide reisten dann schnellstmöglich ab, und schon während der nächtlichen Rückfahrt im Abteil gesundete Martha zusehends. Und dann verlief »mit einer schönen Stimmung in Worpswede die Ankunft«.[1056]

»Eine faszinierende Frauenerscheinung« und die Werkbundausstellung in Köln 1914

»Unser Haus ist wieder einsam aber voll Arbeit; man kann sich nicht genug thun nach all den Feiertagen und so thut einem die Einsamkeit nicht weh oder man ist dann doch der Stärkere.«[1057] Martha ist nach der Reise ins Riesengebirge und den Weihnachtstagen wieder von den geschäftlichen Dingen, vor allem aber vom Batiken in Anspruch genommen, welches sie in der ersten Hälfte dieses Jahres 1913 noch intensiv betreiben wird. Auch Kurse anzubieten, ist bereits angesprochen worden. Die Nachfrage dafür bleibt aber aus.

Heinrich fährt wieder nach Berlin ins Charlottenburger Atelier, wo er bis Ende Februar bleibt. So besucht Martha Anfang des Monats mit Bäumer den Faschingsball in Welzels Saal. »Sie hatte ein unglaublich kurzes Ballettröckchen an«[1058], befanden einige klatschsüchtige Worpsweder. Mitte des Monats reist Martha dann zu ihrem Mann nach Berlin, wo sie auch das Ehepaar Benemann kennenlernt, das ebenfalls in Charlottenburg wohnt. Maria Benemann, aus der Nähe Oldenburgs stammend, ist Schriftstellerin, und der Kontakt zu Heinrich ist vor gut einem Jahr entstanden. Als Martha in deren Wohnung vor ihr steht, empfindet diese sie als »die faszinierendste Frauenerscheinung«[1059], die ihr bis dahin begegnet ist; vor allem die »fast aristokratischen Finger« und die Fülle des blonden Haares.

Auch wenn in den Briefen Vogelers an sie nicht nur von eitel Sonnenschein auf dem Barkenhoff zu lesen war, erscheint ihr Martha, die Muse all seiner Bilder, immer noch als die Frau, die »es verstanden hatte, aus der Gemeinschaft mit ihrem Lebensgefährten ein Märchen schönster, gelebter Wirklichkeit werden zu lassen«.[1060] Doch welch eine Fehleinschätzung! Nur wenige Wochen später, während ihres ersten Besuches in Worpswede, wird ihr dies bewusst. Denn am Ende eines der musikalischen Leseabende auf dem Barkenhoff – unter anderem konzertiert der

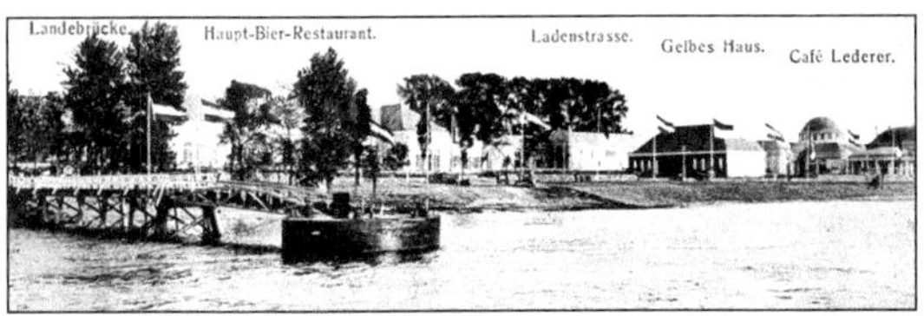

Werkbund-ausstellung, Köln 1914

Sänger Heinz Tobi – urteilt Ludwig Bäumer in einer Art, der man anmerkt, »dass er es gewohnt war, sich hier respektiert zu finden«.[1061] Mit Ausnahme von Heinz Tobi, der ihm scharf widerspricht. »Wem aber zu meiner Bestürzung sein Urteil als unfehlbar erschien, war Martha. Zu meinem Schrecken begriff ich, daß dies der Mann war, zu dem sie sich inzwischen auch als Frau bekannte.«[1062] Damit hatte sich auch der Schriftstellerin die Situation auf dem Barkenhoff offenbart. Zumal sie den Hausherrn bisher immer als »stille[n] Gast auf seinem eigenen Hof«[1063] empfunden hatte.

Das Osterfest, das in diesem Jahr bereits im März liegt, feiert Maria Benemann noch in Worpswede. Sie bewohnt mit ihren Kindern das Haus der frisch verheirateten Ilse Stoermer, welches sie mieten konnte. Die Vogelers erwarten zu den Festtagen »viel Völker, Frido Witte, Schulzes etc«.[1064] Heinrich, der dieses an den alten Freund Otto Modersohn nach Fischerhude schreibt, fände es »sehr nett wenn auch Ihr da wäret«.[1065]

Obgleich die Modersohns nicht dabei sind, wimmelt es auf dem Vogeler'schen Hof von Gästen, zu denen Asta Lange und Carl Weidemeyer, Gerhard Benemann, der Ehemann der Schriftstellerin, Clara Rilke-Westhoff, Maria Dieckmann und viele andere gehören. Selbstredend auch Ludwig Bäumer. Am Abend des zweiten Festtages geht man zum Tanzvergnügen zu Schwieberts.[1066] Seit drei Jahren führt Marthas älteste Schwester Gesine mit ihrem Mann Friedrich Schwiebert den Gasthof Zum Hemberg, dessen architektonischer Entwurf von Heinrich stammt. Für Maria Benemann aber endet der Aufenthalt am Weyerberg mit einem Schock, denn einige Tage nach Ostern brennt das Haus Ilse Stoermers während ihrer Abwesenheit vollständig nieder. Heinrich ist als Erster zur Stelle und bringt die Benemann-Kinder auf dem Barkenhoff unter, wo dann auch die Mutter Zuflucht findet. Wenig später bedankt sich Gerhard Benemann bei Martha, »daß Sie sich ihrer nach dem Brande so gut angenommen haben«.[1067]

In diesen Frühlingstagen erhält Martha wieder vermehrt Post von der Firma Gebrüder Stolle. Beide Vogelers sind seit einigen Jahren deren alleinige künstlerische Gestalter – zumal Martha mit der Firma bereits im Zuge des Musterschutzes 1908 einen Vertrag über ihre kunstgewerblichen Erzeugnisse abgeschlossen hatte, der die Nutzungsrechte und Abrechnungsmodalitäten regelt.[1068] Doch erfahren, wie bereits erwähnt, ihre Möbel in Bayern nicht die erhoffte Nachfrage, und auch andere »Plätze von uns[eren] Schilfmöbel[n]«[1069] wie Bremen, Berlin oder Dresden zeigen kein Interesse. Der Inhaber der Firma, Friedrich Stolle, tritt mit einer neuen Ausstellungsidee an Martha heran, obwohl er aus Kostengründen von derlei Präsentationen Abstand nehmen wollte. Denn Brüssel hatte ihm finanziell nichts eingebracht; immerhin aber eine goldene und eine silberne Medaille. Die kommende Ausstellung erscheint ihm jedoch lukrativ und so schreibt er an Martha: »Ich beabsichtige auf der Ausstellung des Deutschen Werkbundes Ihre Sachen (u. Rohrmöbel nach Entwürfen des Herrn Vogeler) auszustellen. […] Ich möchte schon recht wirkungsvoll ausstellen, a la Brüssel, evtl. etwas größer.«[1070] Der Deutsche Werkbund, im Jahre 1907 von Industriellen, Künstlern, Architekten und Gewerbetreibenden gegründet, erstrebt eine Synthese aus Kunst, Handwerk und Industrie, um eine hohe Qualität der Produkte zu garantieren. Heinrich und Martha sind bereits seit längerer Zeit Mitglied dieser Vereinigung; Martha seit 1910, denn in den Mitgliederlisten wird sie ab diesem Zeitpunkt als »Kunstgewerbetreibende« geführt.[1071] Im kommenden Jahr, also 1914, will sich der Deutsche Werkbund erstmals auf einer Leistungsschau in Köln präsentieren.

Im Zusammenhang mit der bevorstehenden Ausstellung will Stolle den Vertrag mit Martha verlängern. Bezüglich der Schilfmatten aber, die er bisher nach ihren Entwürfen produziert hat, gibt es ein Problem, denn es gibt Nachahmer ihrer Muster. »Sie lehnten es im Vorjahre ab, dagegen einzuschreiten, weil der eine Nachahmer Herr Fr[anz] Vogeler resp[ektive] die Tarmstedter Werkstätten waren. Sie bedauerten dies selbst sehr, da nichts gegen machen zu können, weil Sie die Entwürfe nicht haben schützen lassen.«[1072] Auch in Bremen bedient man sich ganz unbefangen der Mattenmuster, so beispielsweise die Strafanstalt in Oslebshausen. Aus diesem Grund möchte Stolle die Produktion ganz aufgeben. »Ich bedauere sehr, daß Sie den Schutz haben fallen laßen.«[1073] Stolle bietet Martha eine Abfindungssumme an, die er in Raten zahlen wolle.

Auch über Pfingsten ist das Haus der Vogelers voll. »Es kamen so viel Menschen! Modersohns allein mit 12 Mann u so fort. Es war doch nichts mit dem allein sein aber es war auch schön.«[1074] In diesen Wochen hält sich auch der halbwüchsige Sohn Paula Richters aus Łódź als Gast auf dem Barkenhoff auf. »Er genießt es ohne Lehrer

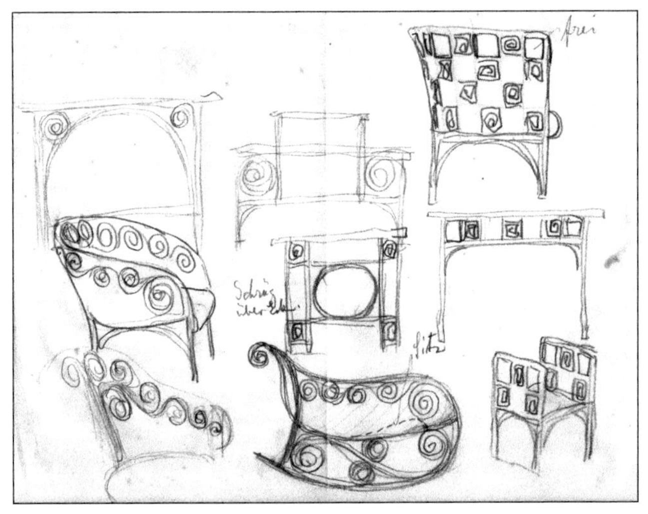

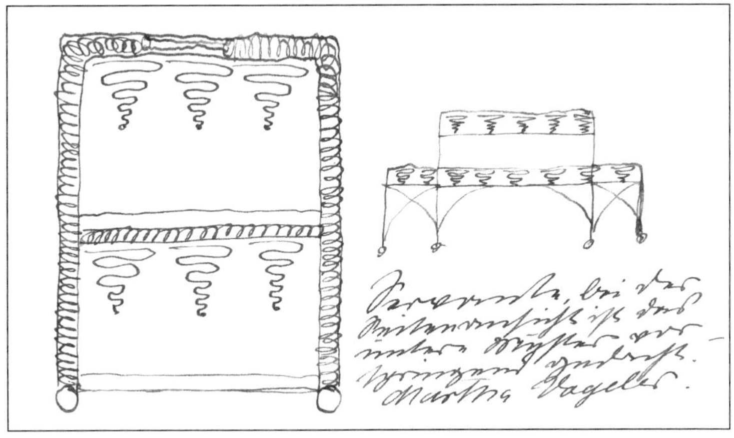

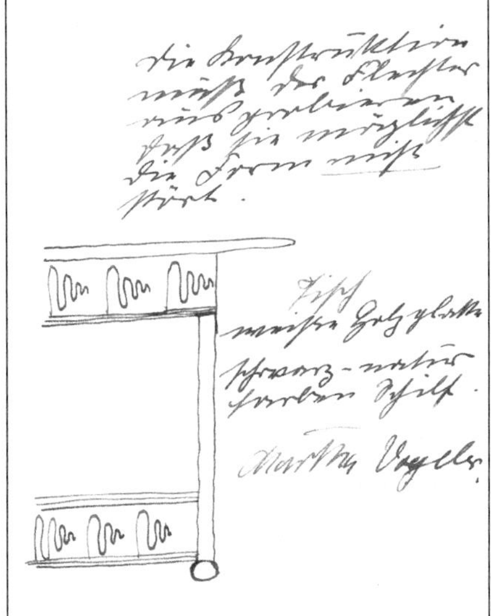

Oben: Einige Möbelentwürfe, vermutlich für Köln 1914, u. a. die Möbel in »Wiener Art«

Mitte und unten: Servante und Tisch, zwei Entwürfe von Martha Vogeler, vermutlich für die Werkbundausstellung in Köln 1914

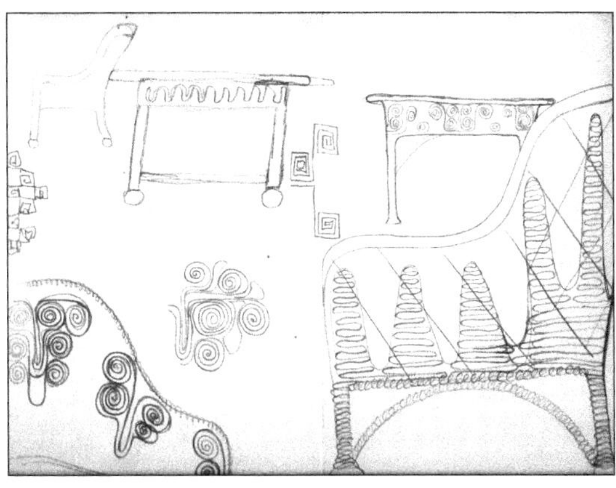

Ein weiterer Möbelentwurf, vermutlich für Köln 1914

zu sein.«[1075] Paula Richter ist inzwischen, ebenso wie die Lau, von ihrem Mann geschieden. »Jetzt bin ich los vom Manne«[1076], schreibt sie Martha im Sommer. Ihr Sohn sei der Einzige, »der mir noch unter allen blieb«,[1077] und sie ist in Sorge, dass sie ihn »verlieren soll an's Leben[,] an diesen Ludwig Bäumer dessen Name klingt wie Pappelrauschen und Sang der Pirole«.[1078] Hier meint Paula Richter wohl ausdrücklich den *Dichter* Ludwig Bäumer, der in der expressionistischen Zeitschrift »Die Aktion« Gedichte veröffentlicht und über Kunst inzwischen sachkundig zu reflektieren vermag. Sie schätzt ihn selbst sehr. Als der junge Rudolf Richter, der Marthas Weg viel später nochmals kreuzen wird, wieder in Łódź ist, schreibt er einen langen Brief an Bäumer. Dieser wiederum berichtet Martha im Juni darüber, die sich für ein paar Tage in Levershausen auf dem Gut Hardenberg aufhält. Von dort antwortet sie Ludwig und äußert den Wunsch, dass beide, Richter und Bäumer, Freunde würden. Auch ist die Sehnsucht nach Ludwigs Armen und seinem Mund groß, und »dass Du immer bei mir bist wo ich auch bin«.[1079]

Im August erbittet die Firma Stolle bei Martha den vereinbarten »Entwurf einer Garnitur Schilfmöbel in Wiener Art, schwarz und weiß […] zur Belebung des Schilfmöbelgeschäftes«.[1080] Vier Wochen später mahnt Friedrich Stolle »die Scizze über die Schilfmöbel in Wiener Art« persönlich bei Martha an. Es handelt sich um zwei Sessel, eine Bank, einen Tisch und eine Servante, also ein Aufbewahrungsmöbel. Dies alles ist für den Ausstellungsraum in Köln und für den Katalog, denn »wir müßen damit schon ankommen, sonst schläft uns alles ein in diesen schlechten Geschäftszeiten«.[1081] Martha reagiert umgehend, bekommt aber wenig später die Skizzen wieder zurück, da man mit ihnen nicht zufrieden sei. Sie müssten detaillierter sein und deckten sich zum Teil mit anderen Entwürfen. Auch hatte Martha eine Zeichnung für das Titelblatt des Kataloges angefertigt, welche aber ebenso wenig zufriedenstellt, da sie sich zu sehr an das bisherige Titelblatt anlehne. Ende des Jahres hat Martha »die Scizzen über die neu zu machenden Schilfmöbel«[1082] immer noch nicht fertiggestellt. So mahnt

Stolle zum wiederholten Male an, »denn in 4 Monaten muß alles fix und fertig sein«.[1083] Warum Martha diese Angelegenheit nicht zügig ausführte, ist den Quellen nicht zu entnehmen.

Mitte Mai des Jahres 1914 wird schließlich in Köln von Henry van de Velde, dem Künstler unter den drei Protagonisten des Werkbundgedankens, die Leistungsschau eröffnet. Deren Ziel ist es, der breiten Masse der Bevölkerung und der Welt vor Augen zu führen, dass der Werkbund »die Veredelung der deutschen gewerblichen und industriellen Arbeit durch die Mitarbeit des Künstlers«[1084] umzusetzen vermag. Das Ehepaar Vogeler stellt im Bremen-Oldenburger Haus aus. Martha stattet einen als Vorraum[1085] bezeichneten und in der Rubrik »I. Raumkunst« geführten Raum mit ihren »runden Möbeln in Schilf«[1086], also dem Rundsofa mit entsprechenden Sesseln sowie mit ihren »karierten Möbeln«[1087], den Wiener Möbeln, aus. Zudem hat sie dafür farblich passende Matten entworfen. Bei der Einrichtung des Zimmers in Köln ist sie selbst dabei, denn beide Eheleute sind in die altehrwürdige Domstadt am Rhein gereist. Bereits im Vorfeld war Friedrich Stolle der Meinung, dass in Marthas Raum »keine Vitrinen oder Schränke hinein kommen« sollen.[1088] Dafür aber solle der Raum mit einem Teegeschirr von Heinrich und mit Marthas Kissen und anderen ihrer kunsthandwerklichen Gegenstände geschmückt werden. Ein Vierteljahr später allerdings meint er, dass er nur »schlicht gehalten sein soll«.[1089] Wie der Raum tatsächlich aussah, ist nicht mehr zu rekonstruieren. Im »Offiziellen Katalog« aber sind ihm noch drei Ölgemälde von Heinrich Vogeler zugeordnet: das »Melusinenmärchen«, der »Abendschein« und der »Frühling«.[1090] Bei Letzterem handelt es sich wohl um die Fassung von 1909, also jenes Bild, welches Heinrich mit so viel Hoffnungsvollem bezüglich der bereits brüchigen Ehesituation verband. In der Rubrik »V. Kunst in Handwerk und Industrie« wird Martha zudem ausdrücklich mit Metallarbeiten wie auch Textilarbeiten erwähnt. Genaueres ist über die Metallarbeiten nicht mehr herauszufinden. Ihre Textilarbeiten hingegen – vermutlich waren es Stickereien – wurden von der Bremerin Ida Nieberding ausgeführt, die sich inzwischen auf dem Gebiet einen Namen gemacht hat. Denn Martha lieferte ausschließlich die Entwürfe.

Auch wenn es einige Missgeschicke seitens der Firma Stolle bei der Herstellung einiger Exponate gab, die Martha erst bei der Einrichtung des Zimmers vor Ort bemerkte, hatte sie sich doch über die »schöne saubere und verständnisvolle Arbeit […] riesig

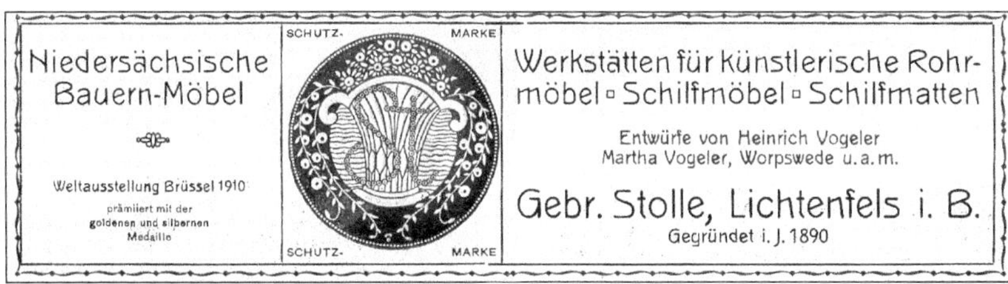

Briefkopf der Firma Gebrüder Stolle, um 1911

gefreut. Wenn wir nun noch einmal wieder zusammen arbeiten für eine Ausstellung so müssen wir beide uns mündlich besprechen damit das Ergebnis vollkommen wird«.[1091] Allerdings hatte Martha ganz zu Anfang vorgehabt, »in Cöln eine große Sache zu machen im ›Haus der Frau‹«[1092], wofür sie mit verschiedenen Bremer Firmen zusammenarbeiten wollte. Aber diese Idee hatte sich zerschlagen, denn sie erwähnt in den Briefen nichts mehr davon. Gleichwohl aber wäre es lukrativ gewesen, denn mit dem Haus der Frau wurde ausdrücklich den auf kunsthandwerklichem Gebiet tätigen Frauen einiges an Ausstellungsfläche zur Verfügung gestellt. »Es soll[te] zum erstenmal in geschlossener Form gezeigt werden, wie weit sich die heutige Kunstgewerblerin das weite Gebiet der Techniken zu eigen gemacht hat und wie weit sie befähigt ist, ihrer Phantasie und ihren künstlerischen Ideen Ausdruck zu geben.«[1093] Leider gibt der »Offizielle Katalog« keine Auskunft über die teilnehmenden Kunsthandwerkerinnen und deren Exponate.

Heinrichs Beitrag für die Werkbund-Ausstellung ist ein Pavillon, der im Garten des Bremen-Oldenburger Hauses seinen Standort hat. Der Entwurf und die Inneneinrichtung stammen von ihm[1094], die Matten von Martha. Auch ein Schrank gehört zur Pavillon-Einrichtung.[1095] Um welchen es sich hier handelt, ist nicht bekannt. Und auch Heinrich wird noch einmal in der Rubrik »V. Kunst in Handwerk und Industrie« mit Textil-, Silber- und keramischen Arbeiten sowie mit Schmuck geführt.[1096]

Die Ausstellung, die sich mit über 50 exemplarischen Gebäuden mit ihren Architekturen, Ausstattungen und Nutzungskonzepten modern und zeitgemäß präsentiert, muss vorzeitig ihre Tore schließen. Eigentlich sollte sie bis Oktober geöffnet sein, endet nun aber bereits am 6. August. Denn es ist Krieg. Am 28. Juli hatte Österreich-Ungarn Serbien den Krieg erklärt. Dieser Kriegserklärung war am 28. Juni das Attentat auf den österreichischen Thronfolger in Sarajevo vorausgegangen. Am 1. August trat das kaiserliche Deutschland ins Kriegsgeschehen ein.

Flucht in den Krieg

Dass sich am Horizont ein Krieg abzeichnen könnte, befürchtet Heinrich schon Ende des Jahres 1912.[1097] Dennoch scheint er dieses Ereignis, als es dann eintritt, als einen Befreiungsschlag zu empfinden. »Mensch was freu ich mich aus dieser Luft der Compromisse herauszukommen und meine ganze Person für eine große Sache einsetzen zu können«[1098], schreibt er Ende August 1914 an den Freund Frido Witte, als er sich bereits beim Oldenburger Dragonerregiment befindet. Ein Entschluss, den er wenige Wochen vorher für sich gefasst hatte.

Im Februar war er noch auf Reisen gewesen. Über Berlin, wo er ein umjubeltes Konzert des Freundes Egon Petri erlebte[1099] und auf einem Faschingsball den unterkühlten Edmund Schaefer wieder traf, »der sich über verschiedene Masken lustig machte und selber kümmerlich genug aussah«[1100], fuhr er weiter nach Łódź zu Paula Richter. Dort hatte er wohl einen Porträtauftrag auszuführen. Die Gastgeberin und ihr Gast fuhren dann auch hinaus aufs Landgut nach Glinnik, welches sehr schön geworden sei mit der Aufteilung der Zimmer und dem vielen rot-weiß gewebten Leinen, das dem Ganzen Charakter gebe[1101], wie Heinrich seiner Frau berichtete. Denn von hier aus schrieb er ihr wieder lange, emotional aufgeladene Briefe. Aus dem einen oder anderen gewinnt man den Eindruck, als sei er inzwischen etwas geläutert. So heißt es beispielweise: »Keine Erniedrigung ist mir erspart geblieben. Nichts im Leben kann mir etwas anhaben. Bäumer habe ich hoch schätzen gelernt, ich liebe ihn. Kommt Ihr Beide heute Hand in Hand zu mir so werde ich auch damit fertig. Ich würde den Barkenhoff und meine Kunst, die aus dem Traum mit Dir erwuchs, bei Euch hinter mir lassen. Ich habe nach dem nichts mehr nötig.«[1102] Aber es ist keine Läuterung bei Heinrich eingetreten, der Schmerz sitzt nach wie vor tief. »Du hast mir einmal gesagt, dass Du Dein eigenstes Leben erst seit Bäumer lebst. So ist alles was wir erträumten, doch nur eine Unwahrheit. So hast Du Dich schon damals von allem gelöst. Alles was ich geschaffen habe [...] soll also ein Nichts sein.«[1103]

Martha, die die sonnigen Wintertage mit den Eisfreuden am Weyerberg ausgiebig genossen hatte[1104], fuhr, während Heinrich in Polen war, noch für zwei Wochen in die Alpen nach Parten-

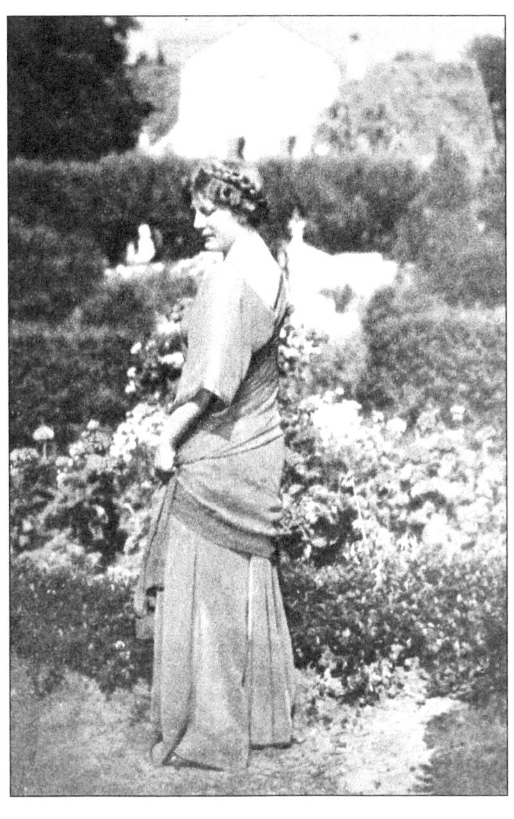

Martha Vogeler, um 1912

kirchen, um ihren »Gewohnheitshusten«[1105] auszukurieren. Dort also erreichte sie Heinrichs Post, und sie antwortete ihm: »Daß Du nie fühlen willst wie ich Dich schätze wie ich Dir vertraue in Deinem Leben und in Deiner Kunst.«[1106] Und sie erwähnte die frühere Zeit, »als ich meine Sehnsucht nach Dir zu Tode gehetzt sah und sie begraben mußte.«[1107] Auch mit Ludwig Bäumer korrespondierte Heinrich aus dem Land der goldbraunen Ebene, der tiefen, dunklen Kiefernwälder und der weißen Sandsteppen.[1108] So schrieb er: »Meine Frau ist durch diesen letzten Kampf ganz frei geworden. Für die Worte, die Sie mir schrieben danke ich Ihnen von Herzen; Sie besitzen das volle Verstehen und Vertrauen dieser Frau, helfen Sie mir die Freundschaft dieser Frau zu gewinnen.«[1109]

Im Mai fuhren die Vogelers wie erwähnt nach Köln, um ihre Präsentationen auf der Werkbund-Ausstellung vorzubereiten. Im Anschluss daran hielt sich Heinrich auf der Insel Spiekeroog auf, ihn quälte ein Bronchialleiden. Im Juni, so war es geplant gewesen, wollten Martha, Ludwig und die Kinder gemeinsam nach Łódź zu Paula Richter reisen. Ob diese Tour stattgefunden hat, ist unklar, den Quellen ist darüber nichts zu entnehmen. Noch im Juli waren die beiden Kerlen-Frauen aus Arnsberg mit einer Freundin für ein paar Tage auf dem Barkenhoff gewesen. »Es zieht uns ja so nach Worpswede in die Künstler Werkstatt Ihres Gatten u. zu seinen Bildern, die er schafft.«[1110] Es waren unbeschwerte Tage mit Baden im Teich, mit duftender Rosenfülle im Garten und lauen Abendstunden auf dem Vorplatz des Hauses. »Das Herz u. die Gedanken voll schöner Eindrücke, Wohlbehagen und Dankbarkeit«[1111] kehrten sie ins Sauerland zurück. Von drohender Gefahr am dunkel aufziehenden Horizont ist in diesen Briefen nichts zu lesen. Keine Beunruhigung, keine Sorge vor dem, was kommen könnte.

Im August meldet Heinrich sich gemeinsam mit Curt Stoermer freiwillig bei den Oldenburger Dragonern, einer Eliteeinheit. In den Wochen davor hatte er seine »Angelegenheiten in Ruhe«[1112] geordnet. Was auch auf seine Kunst zutrifft und hinsichtlich der finanziellen Versorgung der Kinder nicht unwichtig ist. Denn die Zukunft ist unbestimmt. Dies teilt er Bäumer in einem Brief mit, den er mit einem persönlichen Resümee beschließt. »Seit gestern Abend weis[s] ich, daß meine Frau ohne Liebe in unsere Gemeinschaft gegangen ist. Sie haben in ihr das geweckt, was für sie Liebe bedeutet. Lebt es! [...] Was sie mit mir lebte, war ein Irrtum.«[1113] Diese Zeilen kommen einer Bankrotterklärung gleich. Aber dennoch: »Ich bin froh und voller Kraft und seit gestern Abend fühle ich [mich] von aller Schuldenlast befreit.«[1114]

Und Martha? Es mag derselbe Abend gewesen sein, von dem Heinrich Ludwig oben berichtete und an dem er Martha sagen hörte: »Träume nicht, werd mit den Wirklichkeiten fertig. Deine Liebe zu mir ist unwirklich. Du bringst nicht einmal die Kraft auf, Ludwig zu erschießen.«[1115] Die ersten beiden Sätze sind bereits an anderer Stelle zitiert worden, der letzte zeigt die ganze dramatische Dimension dieser Dreiecksbeziehung. Ein Drama, das keine entscheidende Wende nimmt und sich im Alltag der Eheleute immer nur in Fluchten äußert. Jeder geht seine eigenen Wege. So hat Martha mit ihren vielfältigen kunsthandwerklichen Arbeiten das fortgesetzt, was ihr von jeher Bedürfnis und gleichermaßen Begabung ist und wofür renommierte Ausstellungen ihr ein Podium boten. Als Fluchten jedoch sind die Freunde anzusehen, die Maler und Musiker, die sich auf dem Barkenhoff immer wieder einfinden, ihre Gastfreundschaft genießen und ihr somit Gelegenheit geben, die »Leere auszufüllen«[1116], die sich mehr und mehr in ihr ausbreitet. Hinzu kommen die Krankheiten, die ihr ebenso willkommene Fluchtpunkte sind. Heinrich hingegen geht mehr und mehr auf Reisen, flieht den Barken-

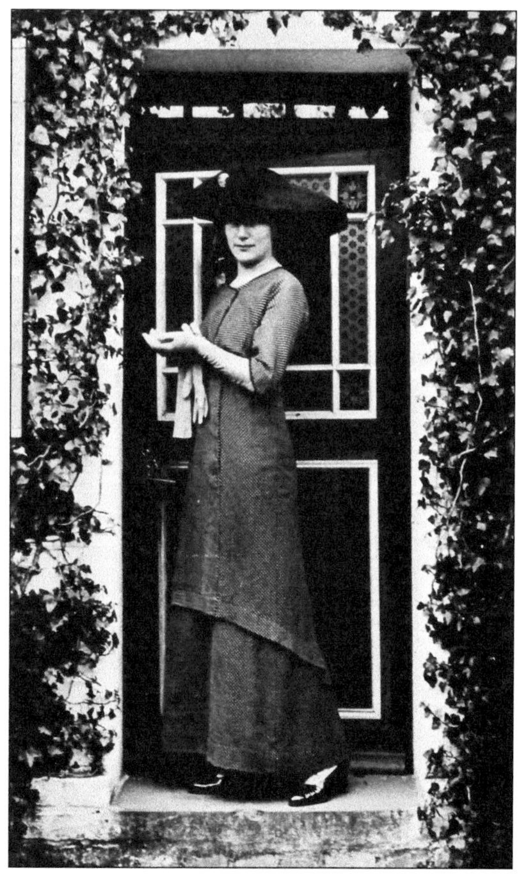
Martha Vogeler, auf dem Barkenhoff, um 1913

hoff. Doch der Krieg ist etwas anderes. Er ist für ihn Anlass, dem Barkenhoff auf unbestimmte Zeit den Rücken zu kehren. »Nun werde ich langsam frei von dem Gift, das mich umgab und ich kann meine ganze Person mit allen Fasern für eine große herrliche Idee einsetzen, nachdem mein Leben und meine Kunst diesen letzten Banquerott erlitt. Es lebe der Krieg!«[1117] Wenn Heinrich auch nicht deutsch-national gesinnt ist, im besten Falle patriotisch, schließt er sich der allgemeinen Kriegseuphorie an. Aber der Krieg ist für ihn vor allem die Flucht aus einer ausweglosen Situation. Er scheint die Lösung zu sein, die Lösung des Dramas.

Seinen Barkenhoff, den Rilke einst poetisch umschreibend als ein »ganz weiße[s], in Gärten verlorene[s] Giebelhaus«[1118] empfand, lässt er nun abermals hinter sich. Mit diesem Schritt entlässt er auch Martha aus der ihr zugedachten Rolle als Glanzpunkt und Muse an seiner Seite – und damit auch »jene gemalte Heilige […], die seinem Kunstkonzept zufolge die wirkliche und eigentliche Martha […] sein soll[te]«[1119], wie es der Literaturwissenschaftler Bernd Stenzig einmal interpretierte. Der Traum von einer Verschmelzung von Leben und Kunst ist ausgeträumt. Künftig wird zur neuen Wirklichkeit die Trennung der Eheleute gehören, die Martha nach Ende des Krieges mit ihrem Entschluss, den Barkenhoff zu verlassen und für sich und die drei Töchter eine neue Heimstatt, das »Haus im Schluh«, zu gründen, befördert. Dort, am nordöstlichen Fuße des Weyerberges, wird sie den Geist des Barkenhoffs, dessen künstlerische Kreativität und Gastlichkeit weiterleben und das »Haus im Schluh« zu einem Mittelpunkt des Kunsthandwerks und der Pflege von Kunst und Volkskunst formen. Aber das ist eine weitere lange Geschichte. Auch sie wird zu erzählen sein – in einem folgenden Band.

Anmerkungen

1 Vgl. Geburtsurkunde Martha Schröder, Original Archiv Worpsweder Verlag. In diesem Dokument wird ihr Vorname »Marta« geschrieben.

2 Vgl. Buch der Getauften, Kirchenarchiv Worpswede.

3 Vgl. Auszug aus dem Geburts- und Taufbuche der evang.-luth. Kirchengemeinde Worpswede, Jahrgang 1843, S. 277; beglaubigt am 22.02.1936; Kopie, Privatbesitz.

4 Vgl. ebd.

5 Vgl. Auszug aus dem Taufregister der evang.-luth. Kirchengemeinde zu Lesum, Jahrgang 1843, S. 311, Nr. 139; beglaubigt am 18.02.1936; Kopie, Privatbesitz. In diesem Dokument wird der Geburtsort von Becka Margarethe Kohlmann mit »Beilesumstotel« angegeben, was wohl ein Übertragungsfehler ist. Es wird sich um den Ort Lesumstotel handeln, in dessen Nähe Becka Margarethe Kohlmann geboren wurde.

6 Vgl. ebd.

7 Diedrich Kohlmann starb im Alter von 71 Jahren und wurde am 12.01.1883 in Osterholz beigesetzt. Vgl. Kirchenarchiv St. Marien Osterholz, Verzeichnis der Begrabenen. Über seine Ehefrau ist weiter nichts bekannt.

8 Vgl. Auszug aus dem Verzeichnis der Getrauten der evang.-luth. Kirchengemeinde Worpswede, Jahrgang 1864, S. 83; beglaubigt am 22.02.1936; Kopie, Privatbesitz.

9 Vgl. Vogeler, Heinrich: Werden. Erinnerungen. Mit Lebenszeugnissen aus den Jahren 1923–1942, Berlin (Ost), 1989, S. 28. Vermutlich erinnert Heinrich Vogeler den Namen des Großonkels falsch, denn dieser taucht in den Dokumenten nicht auf. Vogelers Erinnerungen sind manchmal nicht zuverlässig.

10 Vgl. zu den Geschwistern die Familienblätter »Schröder«, Archiv HiS; vgl. dazu auch Stelljes, Franz: Familienbuch Worpswede, 2000, Ortsarchiv Worpswede und Buch der Getauften, Kirchenarchiv Worpswede.

11 Vgl. Rep. 74 Nr. 1508, Nds. LA Standort Stade.

12 Ebd.

13 Vgl. Vogeler, Martha, Lebenserinnerungen, Typoskripte nach Tonbandaufnahmen von Radio Bremen, 1950er Jahre, Archiv HiS, ohne Seitenzählung.

14 Dieses Schulgebäude war im Februar 1870 vermessen worden. Vgl. Urkarte von 1876, Archiv Katasteramt Osterholz-Scharmbeck.

15 Das Lehrerseminar in Stade wurde um 1800 zunächst als private Einrichtung gegründet. Bereits in der ersten Hälfte des 19. Jahrhundert war es üblich, die Lehrer dort ausbilden zu lassen.

16 Unter einem Dienstanschlag ist der Haushaltsplan für eine jeweilige Schulstelle mit Einnahmen und Ausgaben zu verstehen, der nicht regelmäßig erstellt wurde, sondern nur, wenn es besondere Anlässe oder strukturelle Veränderungen gab. Darin waren das Gehalt des Lehrers, die Dienstwohnung, Grundstücke, Beiträge für die Witwenkasse etc. festgelegt.

17 Rep. 74 Nr. 1508, Nds. LA Standort Stade.

18 Ebd.

19 Da das Stelleinkommen abhängig von der Schülerzahl war, differierte es von Ortschaft zu Ortschaft.

20 Rep. 174 Nr. 1666, Nds. LA Standort Stade.

21 Ebd.

22 Ebd.

23 Das Haus Nr. 38 kaufte nach dem Tod von Becka Schröder 1917 der Postsekretär Friedrich Behrens aus Speckenbüttel bei Lehe. In den 1960er Jahren ging es in den Besitz des Bistums Hildesheim über, welches das Haus abreißen ließ und die Kapelle »Maria Frieden« an selbiger Stelle errichtete.

24 Gemarkungsakte von 1876, Archiv Katasteramt Osterholz-Scharmbeck.

25 Mutterrolle, Archiv Katasteramt Osterholz-Scharmbeck.

26 Vgl. Vogeler, Martha, Lebenserinnerungen a. a. O., Archiv HiS.

27 Vgl. Förderverein Deutsches Auswanderer Museum Bremerhaven (Hg.): Leb' wohl Deutschland. Tagebuch der Auswanderung des Louis Frederick Faust 1877 nach Amerika, Lilienthal 1992, ohne Seitenangabe.

28 Vgl. Becka Schröder an Minna Klindworth, Brief vom 04.05.1903, Archiv HiS.

29 Vgl. Vogeler, Martha, Lebenserinnerungen a. a. O., Archiv HiS.

30 Dass Friedrich Schwiebert, aus Westerwalsede bei Rothenburg/Wümme stammend in Savannah/Georgia, wohin er als junger Mann ausgewandert war, Gesine Schröder, die älteste Schwester Marthas, kennengelernt und mit ihr und den gemeinsamen Kindern 1896/97 nach Worpswede gekommen sein soll, ist bislang nicht durch Dokumente aus dem Archiv Haus im Schluh zu belegen. Vgl. Teumer, Jürgen: Spaziergänge in Worpswede, Bremen 2019 (Neuauflage), S. 78 f.

31 Rep. 83 Nr. 2856, Nds. LA Standort Stade.

32 Ebd.

33 Ebd.

34 Ebd.

35 Ebd.

36 1867 ersetzte die preußische Bezeichnung Amtshauptmann den Königlich Hannoverschen Amtmann als Behördenleiter der Ämter in der Provinz Hannover. Heute vergleichbar mit dem Landrat. https://de.wikipedia.org/wiki/Amtshauptmann [gesehen 17.02.2019]

37 Vgl. Rep. 83 Nr. 2856, Nds. LA Standort Stade.

38 Rep. 83 Nr. 2856, Nds. LA Standort Stade.

39 Ebd.

40 Vgl. ebd.

41 Ebd.

42 Vgl. Rep. 74 Lilienthal Nr. 638, Nds. LA Standort Stade.

43 Vgl. Vogeler, Martha, Lebenserinnerungen a. a. O., Archiv HiS.

44 Vgl. Hubert, Hans: Worpswede. Das Bauerndorf wird Künstlerdorf, Lilienthal 1989, S. 18 f.

45 Vgl. Rep. 74 Nr. 1179, Nds. LA Standort Stade.

46 Vgl. Akte Beschreibung der Gebäude zu Ostendorf, Ortsarchiv Worpswede.

47 Vogeler, Heinrich a. a. O., S. 34.

48 Vgl. Hubert, Hans a. a. O., S. 19.

49 Vgl. Akte Beschreibung der Gebäude zu Ostendorf, Ortsarchiv Worpswede.

50 Beide hatten sich auf der Düsseldorfer Akademie in der Ornamentklasse 1891/92 kennengelernt.

51 Vogeler, Heinrich a. a. O., S. 34.

52 Vogeler, Martha, Lebenserinnerungen a. a. O., Archiv HiS.

53 Vgl. Hubert, Hans a. a. O., S. 19.

54 Vgl. Rep. 74 Nr. 1179, Nds. LA Standort Stade.

55 Vogeler, Heinrich a. a. O., S. 34.

56 Vgl. Rilke, Rainer Maria: Tagebücher aus der Frühzeit, Frankfurt a. Main, 1973, S. 224 f.

57 Diedrich Schröder starb am 28.04.1885. Vgl. Buch der Verstorbenen, Kirchenarchiv Worpswede.

58 Schülerverzeichnis der Schule zu Worpswede, Ortsarchiv Worpswede.

59 Vgl. Vogeler, Martha, Lebenserinnerungen a. a. O., Archiv HiS.

60 Angelika Krause, Anfang der 1950er Jahre in dem Haus geboren und aufgewachsen, berichtete in einem Interview am 27.03.2017, dass man auf dem Boden des Anbaus auf einem alten Holzbrett den originalen Namenszug von Hans am Ende gefunden habe. Ihr Großvater hatte das Haus 1917 erworben.

61 Vgl. Vogeler, Martha, Lebenserinnerungen a. a. O., Archiv HiS.

62 Vgl. ebd.

63 Vgl. Broschüre: Fest-Rede Findorff-Feier in Worpswede, 1892, Archiv Buchhandlung Netzel, Worpswede.

64 Ebd. S. 5.

65 Broschüre: Der sterbende Krieger, 1896, Archiv Buchhandlung Netzel, Worpswede.

66 Vgl. Schülerverzeichnis der Schule zu Worpswede, Ortsarchiv Worpswede.

67 Vgl. Buch der Konfirmierten, Kirchenarchiv Worpswede.

68 Vgl. Vogeler, Martha, Lebenserinnerungen a. a. O., Archiv HiS.

69 Vogeler, Heinrich a. a. O., S. 32.

70 Vogeler, Heinrich a. a. O., S. 30.

71 Vogeler, Martha, Lebenserinnerungen a. a. O., Archiv HiS.

72 Hembarg ist die niederdeutsche Form von Hemberg.

73 Vogeler, Heinrich a. a. O., S. 33.

74 Vogeler, Martha, Lebenserinnerungen a. a. O., Archiv HiS.

75 Birke heißt im Niederdeutschen Barke.

76 Vogeler, Martha, Lebenserinnerungen a. a. O., Archiv HiS.

77 Ebd.

78 Rilke, Rainer Maria a. a. O., S. 233.

79 Ebd.

80 Vgl. Sponsel, Jean Louis: Heinrich Vogeler – Worpswede, Deutsche Kunst und Dekoration, Bd. 4 April–September, Darmstadt 1899, S. 304. https://didi.uni-heidelberg.de/digit/dkd

81 Ida Auerbach an einen Freund, Brief vom 19.04.1899. Zitiert nach Carstensen, Heike: Leben und Werk der Malerin und Graphikerin Julie Wolfthorn (1864–1944). Rekonstruktion eines Künstlerinnenlebens. Marburg, 2011, S. 204.

82 Vogeler, Heinrich a. a. O., S. 57.

83 Martha Schröder an Heinrich Vogeler, Brief vom [13.02.1898], Archiv HiS.

84 Martha Schröder an Heinrich Vogeler, Brief vom 23.[01.]1898, Archiv HiS.

85 Martha Schröder an Heinrich Vogeler, Brief von Januar [18]98, Archiv HiS.

86 Martha Schröder an Heinrich Vogeler, Brief vom 17.01.1898, Archiv HiS.

87 Vogeler war Mitglied der Malerverbindung »Tartarus«, in der er den Spitznamen »Mining« bekam. Ein weiterer Mitstudent, Hanseat wie Vogeler, erhielt den Spitznamen »Lining«. Beide Namen stammen aus dem Werk Fritz Reuters und beschreiben ein Zwillingspaar.

88 Martha Schröder an Heinrich Vogeler, Brief von [März 1898], Archiv HiS.

89 Ebd.

90 Vogeler, Martha, Lebenserinnerungen a. a. O., Archiv HiS.

91 Vogeler, Martha, Lebenserinnerungen a. a. O., Archiv HiS.

92 Vogeler, Heinrich a. a. O., S. 29.

93 Ebd. S. 30.

94 Martha Schröder an Heinrich Vogeler, Brief vom 23.02.[1898], Archiv HiS.

95 Vgl. Marie Schröder an Martha Schröder, Brief vom 07.12.1899, Archiv HiS.

96 Vogeler, Martha, Lebenserinnerungen a. a. O., Archiv HiS.

97 Martha Schröder an Heinrich Vogeler, Brief vom [17.12.1898], Archiv HiS.

98 Sponsel, Jean Louis: Heinrich Vogeler – Worpswede, Deutsche Kunst und Dekoration, Bd. 4 April–September, Darmstadt 1899, S. 298. https://digi.uni-heidelberg.de/diglit/dkd

99 Martha Schröder an Heinrich Vogeler, Brief vom 25.11.[18]97, Archiv HiS.

100 Vgl. Martha Schröder an Heinrich Vogeler, Brief von [Januar 1898], Archiv HiS.

101 Ebd.

102 Vogeler, Heinrich a. a. O., S. 55.

103 Digitale Sammlungen / Bremer Adressbuch [765]. http://brema.suub.uni-bremen.de/periodical/pageview/516050

104 Vgl. Nachricht an die Eltern (wohl 07.09.1898). In: Busch, Günter, von Reinken, Liselotte (Hg.): Paula Modersohn-Becker In Briefen und Tagebüchern, Frankfurt a. Main, 1979, S. 136.

105 Tagebucheintrag Paula Beckers vom 18.10.1898, ebd., S. 139.

106 Vogeler, Martha, Typoskript: Als Paula Becker-Modersohn zum ersten Mal mich besuchte, 1950er Jahre, Archiv BSt.

107 Hermine Overbeck an Fritz Overbeck, Brief vom 10.10.1898. Zitiert nach Heidemann, Christine, Fiebig, Harald (Hg.): Hermine Overbeck-Rothe und Fritz Overbeck. Ein Briefwechsel (1896–1909), Bremen 2002, S. 165.

108 Tagebucheintrag Paula Beckers vom 18.10.1898:
In Busch, Günter, v. Reinken Liselotte (Hg.) a. a. O., S. 139.

109 Martha Schröder an Heinrich Vogeler, Brief vom [etwa 10.10.1898], Archiv HiS.

110 Adele von Finck wurde 1879 in Buenos Aires geboren und studierte Malerei, u. a. in München und Paris. Im Sommer 1897 kam sie mit dem Schriftsteller Rudolf Klein, dem späteren Ehemann von Julie Wolfthorn, nach Worpswede. Vgl. Künstler-Anmeldebuch, Ortsarchiv Worpswede.

111 Paula Becker an die Eltern, undatiert.
In: Busch, Günter, v. Reinken, Liselotte (Hg.) a. a. O., S. 105.

112 Martha Schröder an Heinrich Vogeler, Brief vom [etwa 19.10.1898], Archiv HiS.

113 Martha Schröder an Heinrich Vogeler, Brief vom [etwa 30.10.1898], Archiv HiS.

114 Ebd.

115 Ebd.

116 Auskunft von Dr. Dietmar Schenk, Leiter Universitätsarchiv der UdK Berlin, E-Mail vom 16.01.2018.

117 Ebd.

118 Martha Schröder an Heinrich Vogeler, Brief von [November 1898], Archiv HiS.

119 Martha Schröder an Heinrich Vogeler, Brief vom [etwa 30.10.1898], Archiv HiS.

120 Charlottenburg war um diese Zeit eine Großstadt mit über 100 000 Einwohnern. Erst ab 1920 gehörte sie zu Groß-Berlin.

121 Ebd.

122 Martha Schröder an Heinrich Vogeler, Brief von [November 1898], Archiv HiS.

123 Ebd.

124 Martha Schröder an Heinrich Vogeler, Brief von [Ende Oktober 1898], Archiv HiS.

125 Das Mausoleum wurde nach dem Tod der preußischen Königin Luise 1810 errichtet und später als Grabstätte für weitere Mitglieder des preußischen Königshauses genutzt. So auch für ihren Mann König Friedrich Wilhelm III (gest. 1840) sowie für das erste deutsche Kaiserpaar Wilhelm I (gest. 1888) und dessen Frau Augusta (gest. 1890). Die Begräbnisstätte war bis ins 20. Jahrhundert hinein eine touristische Attraktion in Charlottenburg.

126 Martha Schröder an Heinrich Vogeler, Brief von [Ende Oktober 1898], Archiv HiS.

127 Kerr, Alfred: Der [sic] Fuhrmann Henschel. Erstdruck 1. Dezember 1898. Zitiert nach Behrens, Jürgen (Hg.): Alfred Kerr, Theaterkritiken, Stuttgart 1971, S. 30.

128 Erich André Eeg an Carl Eeg, Brief vom 18.12.1898, Privatbesitz.

129 Martha Schröder an Heinrich Vogeler, Brief von [Anfang Dezember 1898], Archiv HiS.

130 Martha Schröder an Heinrich Vogeler, Brief von [Mitte November 1898], Archiv HiS.

131 Ebd.

132 Martha Schröder an Heinrich Vogeler, Brief vom [etwa 22.11.1898], Archiv HiS.

133 Martha Schröder an Heinrich Vogeler, Brief vom [etwa 28.11.1898], Archiv HiS.

134 Martha Schröder an Heinrich Vogeler, Brief von [Anfang Dezember 1898], Archiv HiS.

135 Martha Schröder an Heinrich Vogeler, Brief vom [17.12.1898], Archiv HiS.

136 Martha Schröder an Heinrich Vogeler, Brief vom [etwa 15.12.1898], Archiv HiS.

137 Vgl. Noltenius, Rena, Bruhn, Manfred (Hg): Heinrich Vogeler. Ein Leben in Bildern mit einem aktuellen Werkkatalog der Gemälde, Fischerhude, 2013, S. 28.

138 Vogeler, Heinrich a. a. O., S. 52.

139 Die Prinzessin, deren ältere Schwester Auguste Viktoria mit Wilhelm II. verheiratet war, besuchte im Sommer 1899 Worpswede. Vgl. Tagebucheintrag Carl Hauptmanns v. 24.06.1899. In: Berger, Elfriede (Hg) a. a. O., S. 309.

140 Vgl. Martha Schröder an Heinrich Vogeler, Brief vom [etwa 10.03.1900], Archiv HiS.

141 Vogeler, Heinrich a. a. O., S. 52. Im 18. Jahrhundert wurde das Bildnis noch als Geliebte Tizians interpretiert, später als seine Tochter Lavinia, die in der rechten Hand einen Fähnchenfächer hält. Heute geht die Wissenschaft davon aus, dass es sich um ein idealisiertes Frauenbildnis handelt. Seit seiner Restaurierung im Jahre 2009 trägt es den Titel »Bildnis einer Dame in Weiß«. (Telefonische Auskunft von Dr. Andreas Henning, Staatliche Kunstsammlungen Dresden, Galerie Alte Meister vom 05.02.2018)

142 Rainer Maria Rilke an seine Mutter Phia. Zitiert nach Pettit, Richard: Rainer Maria Rilke. In und nach Worpswede, Lilienthal 1983, S. 11.

143 »Licht sei sein Los. / Ist der Herr nur das Herz und die Hand / des Bau's, / mit den Linden im Land / wird auch sein Haus schattig und groß.«

144 Martha Schröder an Heinrich Vogeler, Brief vom [etwa 15.12.1898], Archiv HiS.

145 Martha Schröder an Heinrich Vogeler, Brief vom [etwa 02.01.1899], Archiv HiS.

146 Martha Schröder an Heinrich Vogeler, Brief vom [etwa 10.01.1899], Archiv HiS.

147 Ebd.

148 Ebd.

149 Ebd.

150 Martha Schröder an Heinrich Vogeler, Brief von [etwa Februar 1899], Archiv HiS.

151 Vogeler, Heinrich a. a. O., S. 54 f.

152 Vgl. Geburtsurkunde Clara Chrambach, Standesamt Dresden, Reg.-Nr. 2108/1876, Stadtarchiv Dresden.

153 Ebd.

154 Vgl. Geburtseintrag der israelischen Religionsgemeinde; Sterbeurkunde von Curt Chrambach, Stadtarchiv Dresden.

155 Vgl. Akten, die Anzeigen über Konsul-Ernennungen für Dresden betreffen, 1886–1898, Stadtarchiv Dresden.

156 Ebd.

157 Kreishauptmannschaft Dresden war ein übergeordneter Verwaltungsbezirk im heutigen Sinne eines Regierungsbezirkes im Königreich Sachsen und Freistaat Sachsen. https://de.wikipedia.org/wiki/Kreishauptmannschaft [gesehen: 30.11.2018]

158 Vgl. Akten, die Anzeigen über Konsul-Ernennungen für Dresden betreffen, 1886–1898, Stadtarchiv Dresden.

159 Ebd.

160 Akten, die Anzeigen über Konsul-Ernennungen für Dresden betreffen, 1898, Stadtarchiv Dresden.

161 Ebd.

162 Max Chrambach starb am 25.01.1899 in Breslau. Vermutlich besuchte er seinen Cousin Carl Chrambach, der dort Bankdirektor war. Er wurde auf dem Neuen Jüdischen Friedhof in Dresden auf dem Grab seines Halbbruders Carl Mankiewicz beigesetzt. https://www.stadtwikidd.de/wiki/Max_Chrambach [gesehen 09.07.2019]; Vgl auch Heiratsurkunde von Oberleutnant Walther Sachse und Clara Chrambach, Standesamt I Dresden, Reg.-Nr.1500/1900, Stadtarchiv Dresden.

163 Akten, die Anzeigen über Konsul-Ernennungen für Dresden betreffen, 1898, Stadtarchiv Dresden.

164 Vgl. handschriftlicher Nachtrag vom 11.02.1901 in Heiratsurkunde von Friedrich Chrambach und Elsbeth Rosa Charlotte Pabst, Standesamt I Dresden, Reg.-Nr. 231/1879, Stadtarchiv Dresden.

165 Vogeler, Heinrich a. a. O., S. 55.

166 Vgl. Kapitel »Ein eigenes Zimmer und die Schneiderschule«.

167 Vogeler, Martha, Lebenserinnerungen a. a. O., Archiv HiS.

168 Rilke, Rainer Maria a. a. O., S. 204.

169 Vgl. ebd., S. 233.

170 Paula Becker an Marie Hill, Brief vom 20.04.1899. In: Busch, Günter, v. Reinken, Liselotte (Hg.) a. a. O., S. 160.

171 Martha Schröder an Heinrich Vogeler, Brief vom [etwa 15.04.1899], Archiv HiS.

172 Vgl. Historische Adressbücher Dresden, Jahr 1893, https://digital.slub-dresden.de/id32253131Z/1261.

173 Vgl. Historische Adressbücher Dresden, Jahr 1894, https://digital.slub-dresden.de/id32253132Z/1294.

174 Martha Schröder an Heinrich Vogeler, Brief vom [etwa 15.04.1899], Archiv HiS.

175 Ebd.

176 Küster, Bernd: Das Barkenhoff-Buch, Lilienthal, 1989, S. 27.

177 Martha Schröder an Heinrich Vogeler, Brief vom [etwa 30.05.1899], Archiv HiS.

178 Martha Schröder an Heinrich Vogeler, Brief von [Anfang Februar 1900], Archiv HiS.

179 Martha Schröder an Heinrich Vogeler, Brief vom [etwa 15.04.1899], Archiv HiS.

180 Martha Schröder an Heinrich Vogeler, Brief vom [etwa 19.04.1899], Archiv HiS.

181 Vgl. Martha Schröder an Heinrich Vogeler, Brief vom [etwa 26 04.1899], Archiv HiS.

182 Martha Schröder an Heinrich Vogeler, Brief vom [etwa 19.04.1899, Archiv HiS.

183 Martha Schröder an Heinrich Vogeler, Brief vom [etwa 26.04.1899], Archiv HiS.

184 Vgl. Historische Adressbücher Dresden, Jahr 1896, https://digital.slub-dresden.de/id32253134Z/1542.

185 Vgl. Deutsche Kunst-Ausstellung Dresden 1899, Katalog, https://digital.slub-dresden.de/id383737613/117.

186 Arnold, Ernst: Der Rundgang. In: Erinnerungsblätter, Deutsche Kunst-Ausstellung, Dresden, 1899, Sonderausgabe der Wochenschrift »Dresdener Kunst und Leben«, S. 2, https://digital.slub-dresden.de/id382467620/19.

187 Vgl. Deutsche Kunst-Ausstellung Dresden 1899, Katalog, https://digital.slub-dresden.de/id383737623/95.

188 Vgl. Künstler-Anmeldebuch, Ortsarchiv Worpswede. E. Proch wurde 1872 im

westpreußischen Tuchel geboren und kam im Oktober 1898 nach Worpswede. Wie lange er blieb, ist nicht bekannt.

189 Vgl. Deutsche Kunst-Ausstellung Dresden 1899, Katalog, https://digital.slub-dresden.de/id383737613/115.

190 Martha Schröder an Heinrich Vogeler, Brief vom [etwa 19.04.1899], Archiv HiS.

191 Martha Schröder an Heinrich Vogeler, Brief vom [etwa 13.05.1899], Archiv HiS.

192 Vgl. ebd.

193 Vgl. Deutsche Kunst-Ausstellung Dresden 1899, Katalog, http://digital.slub-dresden.de/id383737613/35.

194 Martha Schröder an Heinrich Vogeler, Brief vom [etwa 13.05.1899], Archiv HiS.

195 Martha Schröder an Heinrich Vogeler, Brief vom [etwa 23.05.1899], Archiv HiS.

196 Vgl. Deutsche Kunst-Ausstellung Dresden 1899, Katalog, https://digital.slub-dresden.de/id3837376113/61.

197 Die Gouache »Mein Fenster« befindet sich heute im Besitz der Kunsthalle Bremen.

198 Martha Schröder an Heinrich Vogeler, Brief vom [etwa 06.06.1899], Archiv HiS.

199 Martha Schröder an Heinrich Vogeler, Brief vom [etwa 25.05.1899], Archiv HiS.

200 Vgl. Deutsche Kunst-Ausstellung Dresden 1899, Katalog, https://digital.slub-dresden.de/id383737613/115.

201 Vgl. Martha Schröder an Heinrich Vogeler, Brief vom [etwa 24.04.1899], Archiv HiS.

202 Vinnen hatte die Große Goldene Medaille verliehen bekommen. Vgl. Paula Becker an Kurt Becker, Brief vom 26.04.1899. In: Busch, Günter, v. Reinken, Liselotte (Hg.) a. a. O., S. 161.

203 Martha Schröder an Heinrich Vogeler, Brief vom [etwa 26.04.1899], Archiv HiS.

204 Martha spricht in den Briefen mehrfach von »dem großen Bilde« oder »Ihrem großen Bilde«. Vermutlich ist die »Sehnsucht« (um 1900) gemeint, die gelegentlich auch mit »Träume« betitelt wird.

205 Vgl. Martha Schröder an Heinrich Vogeler, Brief vom [etwa 07.08.1899], Archiv HiS.

206 Vgl. Otto Modersohn an Carl Hauptmann, Brief vom 30.09.1899. In: Berger, Elfriede (Hg) a. a. O., S. 21.

207 Martha Schröder an Heinrich Vogeler, Brief vom [etwa 26.04.1899], Archiv HiS.

208 Martha Schröder an Heinrich Vogeler, Brief vom [etwa 13.05.1899], Archiv HiS.

209 Martha Schröder an Heinrich Vogeler, Brief vom [etwa 24.04.1899], Archiv HiS.

210 Martha Schröder an Heinrich Vogeler, Brief vom [etwa 19.04.899], Archiv HiS.

211 Martha Schröder an Heinrich Vogeler, Brief vom [etwa 25.05.1899], Archiv HiS.

212 Martha Schröder an Heinrich Vogeler, Brief vom [etwa 13.05.1899], Archiv HiS.

213 Vgl. Martha Schröder an Heinrich Vogeler, Brief vom [etwa 25.05.1899], Archiv HiS. Eine Bertha Filly ist in den einschlägigen Quellen Worpswedes nicht nachweisbar.

214 Carl Eeg an Martha Schröder, Brief vom 03.05.1899, Archiv BSt.

215 »Elbflorenz« als Beiname Dresdens bürgerte sich ab dem 19. Jahrhundert ein. Dieses wird Johann Gottfried Herder zugeschrieben, der es zunächst als »Deutsches Florenz« bezeichnete. https://de.wikipedia.org/wiki/Elbflorenz [gesehen 09.08.2018].

216 Martha Schröder an Heinrich Vogeler, Brief vom [etwa 24.04.1899], Archiv HiS.

217 Martha Schröder an Heinrich Vogeler, Brief vom [etwa 23.05.1899], Archiv HiS.

218 Martha Schröder an Heinrich Vogeler, Brief vom [etwa 13.05.1899], Archiv HiS.

219 Bischoff, Ulrich, Dalbajewa, Birgit, Dehmer, Andreas: Paula Modersohn-Becker und die Worpsweder, Broschüre, Staatliche Kunstsammlungen Dresden, Galerie Neue Meister, S. 20, Dresden 2012. Das Bild befindet sich heute in der Galerie Neue Meister.

220 Martha Schröder an Heinrich Vogeler, Brief vom [etwa 23.05.1899], Archiv HiS.

221 Martha Schröder an Heinrich Vogeler, Brief vom [etwa 25.05.1899], Archiv HiS.

222 https://de.wikipedia.org/wiki/Weißer_Hirsch [gesehen: 14.08.2018].

223 Martha Schröder an Heinrich Vogeler, Brief vom [etwa 25.05.1899], Archiv HiS.

224 Martha Schröder an Heinrich Vogeler, Brief vom [etwa 23.05.1899], Archiv HiS.

225 Martha Schröder an Heinrich Vogeler, Brief vom [etwa 27.05.1899], Archiv HiS.

226 Ebd.

227 Martha Schröder an Heinrich Vogeler, Brief vom [etwa 30.05.1899], Archiv HiS.

228 Ebd.

229 Martha Schröder an Heinrich Vogeler, Brief vom [etwa 27.05.1899], Archiv HiS.

230 Martha Schröder an Heinrich Vogeler, Brief vom [etwa 30.05.1899], Archiv HiS.

231 Martha Schröder an Heinrich Vogeler, Brief vom [etwa 06.06.1899], Archiv HiS.

232 Ebd.

233 Hier ist das Blatt »Die Lerche« gemeint.

234 Martha Schröder an Heinrich Vogeler, Brief vom [etwa 06.06.1899], Archiv HiS.

235 Martha Schröder an Heinrich Vogeler, Brief vom [etwa 03.06.1899], Archiv HiS.

236 Martha Schröder an Heinrich Vogeler, Brief vom [etwa 23.05.1899], Archiv HiS.

237 Martha Schröder an Heinrich Vogeler, Brief vom [etwa 03.06.1899], Archiv HiS.

238 Martha Schröder an Heinrich Vogeler, Brief vom [31.07.1899], Archiv HiS.

239 Marthas Arbeiten aus Vogelers Herbstausstellung lagerten noch dort.

240 Martha Schröder an Heinrich Vogeler, Brief vom [etwa 10.06.1899], Archiv HiS.

241 Helene Chrambach an Martha Schröder, Brief vom 17.06.[1899], Archiv BSt.

242 Martha Schröder an Heinrich Vogeler, Brief vom [etwa 19.06.1899], Archiv HiS.

243 Martha Schröder an Heinrich Vogeler, Brief vom [etwa 25.06.1899] Archiv HiS.

244 Martha Schröder an Heinrich Vogeler, Brief vom [etwa 12.08.1899], Archiv HiS.

245 Helene Chrambach an Martha Schröder, Brief vom [etwa 22.06.1899], Archiv HiS.

246 Vgl. Martha Schröder an Heinrich Vogeler, Brief vom [etwa 25.06.1899], Archiv HiS.

247 Vgl. Helene Chrambach an Martha Schröder, Brief vom [etwa 26.06.1899], Archiv BSt.

248 Helene Chrambach an Martha Schröder, Brief vom [etwa 29.06.1899], Archiv BSt.

249 Heinrich Vogeler an eine Unbekannte, Brief vom 12.11.1899, Archiv BSt.

250 Vgl. Helene Chrambach an Martha Schröder, Brief vom [etwa 14.08.1899], Archiv BSt.

251 Vgl. Martha Schröder an Heinrich Vogeler, Brief vom [etwa 12.08.1899], Archiv HiS.

252 Vgl. Martha Schröder an Heinrich Vogeler, Brief vom [etwa 25.06.1899], Archiv HiS.

253 Sponsel, Jean Louis a. a. O., S. 309.

254 »Der Finck« ist eine liebevoll-ironische Abwandlung des Nachnamens »von Finck« und tritt häufiger in Eegs Briefen auf.

255 Carl Eeg an Martha Schröder, Karte vom 03.07.1899, Archiv BSt.

256 Helene Chrambach an Martha Schröder, Brief von [Anfang Juli 1899], Archiv BSt.

257 Martha Schröder an Heinrich Vogeler, Brief vom [etwa 23.07.1899], Archiv HiS.

258 Ebd.

259 Vogeler, Heinrich a. a. O., S. 59.

260 Martha Schröder an Heinrich Vogeler, Brief vom [etwa 25.07.1899], Archiv HiS.

261 Marie Bock war die Frau eines Schiffsingenieurs, der meist zur See fuhr. Sie hatte nach kurzem Studienaufenthalt in München 1894/95 die Kunstschule für Damen in Karlsruhe besucht.1896 kam sie mit ihrer Freundin Hermine Rothe nach Worpswede und blieb bis etwa 1902. Fritz Mackensen gab ihr Korrektur.

262 Martha Schröder an Heinrich Vogeler, Brief vom [etwa 02.08.1899], Archiv HiS.

263 »Ausgehen« ist hier im Sinne von »fortgehen« gemeint.

264 Helene Chrambach an Martha Schröder, Brief vom [etwa 14.08.1899], Archiv BSt.

265 Die Villa existiert noch heute und trägt immer noch die Nummer 7. Sie wird als »Villa Rübsamen« bezeichnet, da dort von 1959 bis 1987 eine Frauenklinik unter der Leitung der bekannten Dresdener Frauenärztin Dr. Ursula Rübsamen beheimatet war. Ein Schild an der Hausfassade erinnert daran. Heute wird die Villa als Mietshaus genutzt.

266 Vgl. Akten, die Anzeigen über Konsul-Ernennungen für Dresden betreffen, 1898, Stadtarchiv Dresden.

267 Im Gästebuch der Familie Fritz Chrambach taucht ihr Name nicht auf. Vgl. https://digital.slub-dresden.de/werkansicht/dlf/23839/1/cacghe.off

268 Martha Schröder an Heinrich Vogeler, Brief vom [31.07.1899] und vgl. Brief vom [etwa 07.08.1899], beide Archiv HiS.

269 Martha Schröder an Heinrich Vogeler, Brief vom [etwa 18.05.1899], Archiv HiS.

270 Martha Schröder an Heinrich Vogeler, Brief vom [etwa 18.07.1899], Archiv HiS.

271 Martha Schröder an Heinrich Vogeler, Brief vom [etwa 25.07.1899], Archiv HiS.

272 Martha Schröder an Heinrich Vogeler, Brief vom [etwa 06.08.1899], Archiv HiS.

273 Vgl. ebd.

274 Carl Eeg an Martha Schröder, Brief vom 22.09.[18]99, Archiv BSt.

275 Martha Schröder an Heinrich Vogeler, Brief vom [etwa 23.07.1899], Archiv HiS.

276 Küster, Bernd a. a. O., S. 21.

277 Helene Chrambach an Martha Schröder, Brief von [Anfang August 1899], Archiv BSt.

278 Martha Schröder an Heinrich Vogeler, Brief vom [etwa 30.08.1899], Archiv HiS.

279 Vgl. Vogeler, Heinrich a. a. O., S. 73.

280 Ebd.

281 Auskunft zum Torhaus von Martina Fischer, Leiterin Stadtmuseum Meißen, Juni 2018.

282 Vogeler, Heinrich a. a. O., S. 73.

283 Ebd.

284 Carl Eeg an Martha Schröder, Brief vom 20.10.1900, Archiv BSt.

285 Carl Eeg an Martha Schröder, Brief vom 22.09.1899, Archiv BSt.

286 Martha Schröder an Heinrich Vogeler, Brief vom [etwa 20.07.1900], Archiv HiS.

287 Vgl. Martha Schröder an Heinrich Vogeler, Brief vom [etwa 24.07.1900], Archiv HiS.

288 Martha Schröder an Heinrich Vogeler, Brief vom [etwa 20.09.1899], Archiv HiS.

289 Martha Schröder an Heinrich Vogeler, Brief vom 24.09.[1899], Archiv HiS.

290 Ebd.

291 Martha Schröder an Heinrich Vogeler, Brief vom 28.09.[1899], Archiv HiS.

292 Ebd.

293 Vgl. Martha Schröder an Heinrich Vogeler, Brief vom 24.09.[1899], Archiv HiS.

294 Heute Bürgermeister-Smidt-Straße.

295 Vgl. Carl Eeg an Martha Schröder, Brief vom 03.02.1900, Archiv BSt.

296 Martha Schröder an Heinrich Vogeler, Brief vom 22.10.[1899], Archiv HiS.

297 Martha Schröder an Heinrich Vogeler, Brief vom [etwa 27.10.1899] Archiv HiS.

298 Martha Schröder an Heinrich Vogeler, Brief vom 22.10.[1899], Archiv HiS.

299 Martha Schröder an Heinrich Vogeler, Brief vom [etwa 02.12.1899], Archiv HiS.

300 Vgl. Martha Schröder an Heinrich Vogeler, Brief vom [etwa 08.12.1899], Archiv HiS.

301 Vgl. Heinrich Vogeler an eine Unbekannte, Brief vom 12.11.1899, Archiv BSt.

302 Martha Schröder an Heinrich Vogeler, Brief vom [etwa 20.09.1899], Archiv HiS.

303 Historische Adressbücher Dresden, Jahr 1899, http://digital.slub-dresden.de/id32253180Z/1123

304 Martha Schröder an Heinrich Vogeler, Brief vom [etwa 07.02.1900], Archiv HiS.

305 Martha Schröder an Heinrich Vogeler, Brief vom [15.10.1899], Archiv HiS.

306 Martha Schröder an Heinrich Vogeler, Brief vom [etwa 17.10.1899], Archiv HiS.

307 »Krabbe« ist ein Kosename für Martha, den auch Lilly Riedel gerne benutzte.

308 Martha Schröder an Heinrich Vogeler, Brief vom [etwa 03.11.1899], Archiv HiS.

309 Martha Schröder an Heinrich Vogeler, Brief vom [etwa 27.10.1899], Archiv HiS.

310 Martha Schröder an Heinrich Vogeler, Brief vom [etwa 19.10.1899], Archiv HiS.

311 Martha Schröder an Heinrich Vogeler, Brief vom 22.10.[18]99, Archiv HiS.

312 Martha Schröder an Heinrich Vogeler, Brief vom [22.11.1899], Archiv HiS.

313 Carl Eeg an Martha Schröder, Brief vom 20.11.[18]99, Archiv BSt.

314 Otto Modersohn an Carl Hauptmann, Brief vom 03.11.1899. In: Berger, Elfriede (Hg.): Carl Hauptmann und seine Künstlerfreunde. Briefe und Tagebuchblätter, Berlin 2003, S. 23.

315 Carl Eeg an Martha Schröder, Brief vom 20.11.[18]99, Archiv BSt.

316 Martha Schröder an Heinrich Vogeler, Brief vom [22.11.1899], Archiv HiS. Der Gedichtband erschien im Verlag der Insel bei Schuster & Loeffler in Berlin.

317 Martha Schröder an Heinrich Vogeler, Brief vom [etwa 03.11.1899], Archiv HiS.

318 Heinrich Vogeler an Flodoard Freiherr von Biedermann, Brief von Oktober 1901. Zitiert nach Elze, Peter: Heinrich Vogeler. Buchgrafik. Das Werkverzeichnis 1895–1935, Lilienthal 1997, S. 20.

319 Flodoard Freiherr von Biedermann: Neuere deutsche Buchkünstler. VIII. Heinrich Vogeler. In: Deutsche Buch- und Steindrucker, Mai 1902. Zitiert nach Elze, Peter a. a. O., S. 20 ff.

320 Carl Eeg an Martha Schröder, Brief vom 20.11.[18]99, Archiv BSt.

321 Martha Schröder an Heinrich Vogeler, Brief vom [etwa 11.11.1899], Archiv HiS.

322 Martha Schröder an Heinrich Vogeler, Brief vom 25.11.1899, Archiv HiS.

323 Martha Schröder an Heinrich Vogeler, Brief vom [etwa 02.12.1899], Archiv HiS.

324 Vgl. Otto Modersohn an Carl Hauptmann, Brief vom 20.12.[18]99. In: Berger, Elfriede (Hg.) a. a. O., S. 28.

325 Carl Eeg an Martha Schröder, Brief vom 20.11.[18]99, Archiv BSt.

326 Martha Schröder an Heinrich Vogeler, Brief vom [etwa 08.12.1899], Archiv HiS.

327 Martha Schröder an Heinrich Vogeler, Brief von [Januar 1900], Archiv HiS.

328 Martha Schröder an Heinrich Vogeler, Brief vom [etwa 08.12.1899], Archiv HiS.

329 In ihren Lebenserinnerungen spricht Martha Vogeler vom Französischunterricht bei zwei alten Schweizer Damen. Es wird aber nur eine gewesen sein, denn zwei erwähnt sie in den Briefen nicht.

330 Martha Schröder an Heinrich Vogeler, Brief von [Januar 1900], Archiv HiS.

331 Martha erwähnt den See, der nach der letzten sächsischen Königin Carola (1833–1907) benannt wurde, nicht. Aber man kann davon ausgehen, dass sie dort Schlittschuh lief, denn er wurde Anfang der 1880er Jahre als künstlicher See angelegt und im Winter meist zum Eislaufen freigegeben. https://de.wikipedia.org/wiki/Carolasee [gesehen: 03.10.2018].

332 Martha Schröder an Heinrich Vogeler, Brief vom [etwa 28.12.1899], Archiv HiS.

333 Vogeler, Heinrich a. a. O., S. 43.

334 Heinrich Vogeler an Carl Hauptmann, Brief vom 20.12.[18]99. In: Berger, Elfriede (Hg.) a. a. O., S. 228.

335 Martha Schröder an Heinrich Vogeler, Brief von [Januar 1900], Archiv HiS.

336 Die Mappe erschien, wie auch der Gedichtband »Dir«, im Verlag der Insel bei Schuster & Loeffler in Berlin.

337 Marie Boyde an einen Unbekannten, Brief vom 06.04.[18]75, Privatbesitz.

338 Otto Modersohn an Carl Hauptmann, Karte vom 31.12.[18]99. In: Berger, Elfriede (Hg.) a. a. O., S. 28.

339 Martha Schröder an Heinrich Vogeler, Brief vom [etwa 28.12.1899], Archiv HiS.

340 Vgl. ebd.

341 Carl Eeg an Martha Schröder, Brief vom 03.01.1900, Archiv BSt.

342 Ebd.

343 Paula Becker, Tagebuch [undatiert]. In: Busch Günter, v. Reinken, Liselotte (Hg.) a. a. O., S. 184.

344 Martha Schröder an Heinrich Vogeler, Brief vom [etwa 07.02.1900], Archiv HiS.

345 Martha Schröder an Heinrich Vogeler, Brief von [Ende Januar 1900], Archiv HiS.

346 Ebd.

347 Ebd.

348 Vogeler gestaltete das gesamte zweite Quartal der Zeitschrift (Januar bis März 1900).

349 Martha Schröder an Heinrich Vogeler, Brief vom [etwa 07 02.1900], Archiv HiS.

350 Martha Schröder an Heinrich Vogeler, Brief von [Mitte Januar 1900], Archiv HiS.

351 Heinrich Vogeler a. a. O., S. 98.

352 Martha Schröder an Heinrich Vogeler, Brief von [Mitte Januar 1900], Archiv HiS.

353 Martha Schröder an Heinrich Vogeler, Brief von [Ende Januar 1900], Archiv HiS.

354 Martha Schröder an Heinrich Vogeler, Brief vom [02.03.1900], Archiv HiS.

355 Martha Schröder an Heinrich Vogeler, Brief vom [etwa 28.12.1899], Archiv HiS.

356 Martha Schröder an Heinrich Vogeler, Brief vom [etwa 07.02.1900], Archiv HiS.

357 Martha Schröder an Heinrich Vogeler, Brief vom [etwa 27.02.1900], Archiv HiS.

358 Ebd.

359 Dr. Heinrich Teuscher war Nervenarzt und betrieb gemeinsam mit seinem Bruder Dr. Paul Teuscher ein Sanatorium im Stadtteil Oberloschwitz / Weißer Hirsch. In der Einrichtung wurden Nerven-, Darm- und Herzkrankheiten behandelt; sie war wegen ihrer naturheilkundlichen Methoden sehr gefragt.

360 Martha Schröder an Heinrich Vogeler, Brief vom [etwa 05.03.1900], Archiv HiS.

361 Martha Schröder an Heinrich Vogeler, Brief von [Ende Januar 1900], Archiv HiS.

362 Saharet war eine Cancan-Tänzerin, die bis Anfang der 1920er Jahre in Europa und Amerika auftrat. https://de.wikipedia.org/wiki/Saharet [gesehen 12.10.2018].

363 Vogeler, Heinrich a. a. O., S. 51.

364 Martha Schröder an Heinrich Vogeler, Brief von [Ende Januar 1900], Archiv HiS.

365 Martha Schröder an Heinrich Vogeler, Brief vom [02.03.1900], Archiv HiS.

366 Martha Schröder an Heinrich Vogeler, Brief vom [etwa 27.02.1900], Archiv HiS.

367 Martha Schröder an Heinrich Vogeler, Brief vom [etwa 27.10.1899], Archiv HiS.

368 Anton Rubinstein vertonte das gleichnamige Gedicht von Heinrich Heine, dessen Thema die unerfüllte Liebe eines Sklaven zu einer Sultanstochter ist. https://de.wikipedia.org/wiki/Asra [gesehen 18.10.2018].

369 Martha Schröder an Heinrich Vogeler, Brief vom [etwa 05.03.1900], Archiv HiS.

370 Vgl. Martha Schröder an Heinrich Vogeler, Brief von [Ende Januar 1900], Archiv HiS.

371 Martha Schröder an Heinrich Vogeler, Brief vom [02.03.1900], Archiv HiS.

372 Martha Schröder an Heinrich Vogeler, Brief vom [etwa 27.02.1900], Archiv HiS.

373 Martha Schröder an Heinrich Vogeler, Brief vom [etwa 13.03.1900], Archiv HiS.

374 Martha Schröder an Heinrich Vogeler, Brief vom [etwa 27.02.1900], Archiv HiS.

375 Vgl. Paula Becker an Marie Bock, Brief vom 08.04.1900. In: Busch, Günter, v. Reinken, Liselotte (Hg.) a. a. O., S. 210.

376 Martha Schröder an Heinrich Vogeler, Brief vom [etwa 27.02.1900], Archiv HiS.

377 Martha Schröder an Heinrich Vogeler, Brieffragment vom [etwa 10.03.1900], Archiv HiS.

378 Martha Schröder an Heinrich Vogeler, Brief vom [etwa 19.10.1899], Archiv HiS.

379 Martha Schröder an Heinrich Vogeler, Brief vom [etwa 07.02.1900], Archiv HiS.

380 Martha Schröder an Heinrich Vogeler, Brief vom [etwa 30.08.1899], Archiv HiS.

381 Erinnert sei an die Mädchen- bzw. Frauenbildnisse von James McNeill Whistler (1834–1903) und Gustav Klimt (1862–1918). Heinrich Vogeler malte 1907 das Bild »Dame in Weiß«, für das Martha Modell stand.

382 Martha Schröder an Heinrich Vogeler, Brief vom [etwa 30.03.1900], Archiv HiS.

383 Martha Schröder an Heinrich Vogeler, Brief vom [etwa 05.03.1900], Archiv HiS.

384 Martha Schröder an Heinrich Vogeler, Brief vom [etwa 15.03.1900], Archiv HiS.

385 Vgl. Heinrich Vogeler an Carl Hauptmann, Brief vom 19.03.1900. In: Berger, Elfriede (Hg.) a. a. O., S. 230.

386 Buch der Trauungen, Kirchenarchiv Grasberg.

387 Ein Brief von H. Vogeler an C. Hauptmann vom 26.04.1900 zeigt hinsichtlich der Termine einen Widerspruch, der nicht aufzulösen ist. Vgl. Berger, Elfriede (Hg.) a. a. O., S. 230 ff.

388 Martha Schröder an Heinrich Vogeler, Brief vom [etwa 05.03.1900], Archiv HiS.

389 Vgl. Martha Schröder an Heinrich Vogeler, Brief vom [etwa 20.05.1900], Archiv HiS.

390 Helene Chrambach an Martha Schröder, Brief vom [etwa 14.04.1900], Archiv BSt.

391 Ebd.

392 Ebd.

393 Martha Schröder an Heinrich Vogeler, Brief vom [etwa 24.06.1900], Archiv HiS.

394 Martha Schröder an Heinrich Vogeler, Brief vom [etwa 18.05.1900], Archiv HiS.

395 Ebd.

396 Becka Schröder an Martha Schröder, Brief vom 30.05.1900, Archiv HiS.

397 Martha Schröder an Heinrich Vogeler, Brief vom 25.05.1900, Archiv HiS.

398 Hier ist die Arie »Reichtum allein macht nicht das Glück auf Erden« gemeint.

399 Martha Schröder an Heinrich Vogeler, Brief vom 24.05.1900, Archiv HiS.

400 Martha Schröder an Heinrich Vogeler, Brief vom [etwa 06.06.1900], Archiv HiS.

401 Vgl. Martha Schröder an Heinrich Vogeler, Brief vom [etwa 10.06.1900]; Becka Schröder an Martha Schröder, Brief vom 30.05.1900, beide Briefe Archiv HiS.

402 Martha Schröder an Heinrich Vogeler, Brief vom 29.05.1900, Archiv HiS.

403 Ebd.

404 Ebd.

405 Martha Vogeler an Heinrich Vogeler, Brief vom [etwa 03.06.1899], Archiv HiS.

406 Ebd.

407 Martha Schröder an Heinrich Vogeler, Brief vom [etwa 10.06.1900], Archiv HiS.

408 Martha Schröder an Heinrich Vogeler, Brief vom 29.05.1900, Archiv HiS.

409 Martha Schröder an Heinrich Vogeler, Brief vom [etwa 10.06.1900], Archiv HiS.

410 Overbeck, Fritz Theodor: Eine Kindheit in Worpswede, 1975, S. 94.

411 Helene Modersohn starb am 14. Juni 1900, Kirchenarchiv Worpswede.

412 Martha Schröder an Heinrich Vogeler, Brief vom [etwa 17.06.1900], Archiv HiS.

413 Heinrich Vogeler an Carl Hauptmann, Brief vom [etwa 20.06.1900]. In: Berger, Elfriede (Hg.) a. a. O., S. 235.

414 Heinrich Vogeler an Carl Hauptmann, Brief vom 13.06.1900. In: Berger, Elfriede (Hg.) a. a. O., S. 233 f.

415 Martha Schröder an Heinrich Vogeler, Brief vom [etwa 13.06.1900], Archiv HiS.

416 Ebd.

417 Ebd.

418 Martha Vogeler an Heinrich Vogeler, Brief vom [etwa 14.07.1900], Archiv HiS.

419 Martha Schröder an Heinrich Vogeler, Brief vom [etwa 24.06.1900], Archiv HiS.

420 Ebd.

421 Ebd.

422 Martha Schröder an Heinrich Vogeler, Brief vom 13.08.1900, Archiv HiS.

423 Martha Schröder an Heinrich Vogeler, Brief vom [etwa 24.07.1900], Archiv HiS.

424 Martha Vogeler an Heinrich Vogeler, Brief vom [etwa 20.07.1900], Archiv HiS.

425 Vgl. Marie Schröder an Martha Schröder, Brief vom 07.12.1899, Archiv HiS.

426 Martha Schröder an Heinrich Vogeler, Brief vom 29.07.[1900], Archiv HiS.

427 Helene Chrambach an Martha Schröder, Brief vom 15.07.[1900], Archiv HiS.

428 Heinrich Schröder an Martha Schröder, Brief vom 27.07.[19]00, Archiv HiS.

429 Der Boxeraufstand war eine chinesische Bewegung gegen den europäischen, US-amerikanischen und japanischen Imperialismus. https://de.wikipedia.org/wiki/Boxeraufstand [gesehen 03.11.2018].

430 Vgl. Martha Schröder an Heinrich Vogeler, Brief vom 29.07.[1900], Archiv HiS.

431 Karl Groß (1869–1934) war Bildhauer, Goldschmied und Kunstpädagoge. Er zählt zu den frühesten Künstlern des deutschen Jugendstils. 1898 wurde er Dozent für Goldschmiedekunst und Architekturplastik an der Dresdener Kunstgewerbeschule. https://de.wikipedia.org/wiki/Karl_Groß [gesehen 05.11.2018].

432 Anton Josef Pepino (1863–1921) war ein österreichischer Maler. Geboren als Josef Hirsch Gold konvertierte er später zum Katholizismus. Ab 1889 war er Lehrer an der Dresdener Kunstakademie und ab 1897 mit Adelheid von Mach, der Schwester von Hildegard von Mach, verheiratet. https://de.wikipedia.org/wiki/Anton_Josef_Pepino [gesehen 05.11.2018].

433 Hermann Vogel (1854–1921) hatte an der Dresdner Kunstakademie unter Leitung Ludwig Richters studiert und arbeitete zeitlebens als Illustrator, zumeist in spätromantischer Tradition. https://de.wikipedia.org/wiki/Hermann_Vogel [gesehen 05.11.2018].

434 Martha Schröder an Heinrich Vogeler, Brief vom [etwa 13.06.1900] Archiv HiS.

435 Ebd.

436 Wümme-Zeitung vom 16.08.1900, Heimatverein Lilienthal.

437 Martha Schröder an Heinrich Vogeler, Brief vom [etwa 17.08.1900]. Archiv HiS.

438 Martha Schröder an Heinrich Vogeler, Brief vom [etwa 17.06.1900], Archiv HiS.

439 Ebd.

440 Ebd.

441 Martha Schröder an Heinrich Vogeler, Brief vom [etwa 17.06.1900], Archiv HiS.

442 Martha Schröder an Heinrich Vogeler, Brief vom [etwa 13.09.1900], Archiv HiS.

443 Martha Schröder an Heinrich Vogeler, Brief vom [etwa 24.09.1900], Archiv HiS.

444 Vgl. Martha Schröder an Heinrich Vogeler, Brief vom [etwa 20.10.1900], Archiv HiS.

445 Martha Schröder an Heinrich Vogeler, Brief vom [etwa 26.10.1900], Archiv HiS.

446 Paula Becker an Otto Modersohn, Brief vom 21.01.1901.
In: Busch, Günter, von Reinken, Liselotte (Hg.) a. a. O., S. 273.

447 Martha Schröder an Heinrich Vogeler, Brief vom [etwa 24.09.1900], Archiv HiS.

448 Martha Schröder an Heinrich Vogeler, Brief vom [etwa 19.10.1900], Archiv HiS.

449 Heinrich Vogeler an Martha Schröder, Brief vom [27.08.1900], Archiv BSt.

450 Vgl. Helene Chrambach an Martha Schröder, Brief vom 15.07.[1900], Archiv HiS.

451 Martha Schröder an Heinrich Vogeler, Brief vom [etwa 26.10.1900], Archiv HiS.

452 Martha Schröder an Heinrich Vogeler, Brief vom [etwa 26.09.1900], Archiv HiS.

453 Martha Schröder an Heinrich Vogeler, Brief vom [etwa 24.09.1900], Archiv HiS.

454 Martha Schröder an Heinrich Vogeler, Brief vom 13.08.1900, Archiv HiS.

455 Martha Schröder an Heinrich Vogeler, Brief vom [etwa 13.09.1900], Archiv HiS.

456 Martha Schröder an Heinrich Vogeler, Brief vom [etwa 24.09.1900], Archiv HiS.

457 Vgl. Historische Adressbücher Dresden, Jahr 1900,
http://digital.slubdresden.de/fileadmin/data/31475280Z/3147528.

458 Martha Schröder an Heinrich Vogeler, Brief vom [etwa 26.09.1900], Archiv HiS

459 Joseph Joachim (1831–1907) war ein österreichisch-deutscher Violinist, Dirigent und Komponist. Sein Ausnahmetalent wurde früh durch Felix Mendelssohn Bartholdy gefördert. Er galt als einer der bedeutendsten Violinisten seiner Zeit. https://de.wikipedia.org/wiki/Joseph_Joachim [gesehen: 15.11.2018].

460 Vgl. Wildberg, Bodo (Hg.): Das Dresdner Hoftheater in der Gegenwart, Biographien und Charakteristiken, 1901, S. 224.

461 Vogeler, Heinrich a. a. O., S. 52.

462 Ferruccio Busoni (1866–1924) war ein italienischer Pianist, Komponist. Dirigent und Musikpädagoge. Er gab u. a. Klavierwerke von Johann Sebastian Bach und Franz Liszt heraus. https://de.wikipedia.org/wiki/Ferruccio_Busoni [gesehen: 15.11.2018].

463 Martha Schröder an Heinrich Vogeler, Brief vom [etwa 10.10.1900], Archiv HiS.

464 Martha Schröder an Heinrich Vogeler, Brief vom [1410.1900], Archiv HiS.

465 Martha Schröder an Heinrich Vogeler, Brief vom 17.10.[1900], Archiv HiS.

466 Ebd.

467 Ebd.

468 Martha Schröder an Heinrich Vogeler, Brief vom [etwa 01.10.1900], Archiv HiS.

469 Martha Schröder an Heinrich Vogeler, Brief vom [etwa 26.10.1900], Archiv HiS.

470 Martha Schröder an Heinrich Vogeler, Brief vom [14.10.1900], Archiv HiS.

471 Martha Schröder an Heinrich Vogeler, Brief vom 17.10.[1900], Archiv HiS.

472 Ebd.

473 Martha Schröder an Heinrich Vogeler, Brief vom [etwa 19.10.1900], Archiv HiS.

474 Eugène d'Albert (1864–1932) war ein deutscher Komponist und Pianist französisch-englischer Abstammung. https://de.wikipedia.org/wiki/Eugen_d'Albert [gesehen: 16.11.2018].

475 Martha Schröder an Heinrich Vogeler, Brief vom [etwa 26.10.1900], Archiv HiS.

476 Martha Schröder an Heinrich Vogeler, Brief vom [etwa 19.10.1900], Archiv HiS.

477 Martha Schröder an Heinrich Vogeler, Brief vom [etwa 06.11.1900], Archiv HiS.

478 Ebd.

479 Ebd.

480 Martha Schröder an Heinrich Vogeler, Brief vom [etwa 20.10.1900], Archiv HiS.

481 Martha Schröder an Heinrich Vogeler, Brief vom [etwa 06.11.1900], Archiv HiS.

482 Martha Schröder an Heinrich Vogeler, Brief vom [etwa 20.11.1900], Archiv HiS.

483 Martha Schröder an Heinrich Vogeler, Brief vom [etwa 06.11.1900], Archiv HiS.

484 Die poetische Umschreibung der oberen, ganz in Weiß gehaltenen Diele stammt von Rilke.

485 Rilke, Rainer Maria a. a. O., S. 198 f.

486 Ebd. S. 218.

487 Der Brinkköthner und Schuhmacher Johann Georg Kück bewohnte mit seiner Frau Meta und den vier Kindern das Haus Nr. 35. Ortsarchiv Worpswede.

488 Tagebucheintrag Paula Beckers vom 03.09.1900. In: Busch, Günter, v. Reinken, Liselotte (Hg.) a. a. O., S. 233.

489 Rilke, Rainer Maria a. a. O., S. 204 ff. In diese Seitenangabe sind auch die vorhergehenden, nicht bezifferten Quellenangaben eingeschlossen.

490 Overbecks hatten 1897 ihr neu erbautes Haus Nr. 113 in der Nähe vom Gasthof »Stadt Bremen« bezogen und lebten dort bis zu ihrem Weggang 1905. Später bewohnten die Maler Richard Hartmann und Karl Krummacher mit ihren Familien das Haus. Irgendwann wurde es abgerissen und auf demselben Platz ein Geschäftshaus errichtet (heute Hembergstraße 3).

491 Rilke, Rainer Maria a. a. O., S. 221.

492 Ebd.

493 Niemöller, Gisela: Der Tischläufer der Familie Overbeck, Oldenburg 2002, S. 27 ff.

494 Vgl. Rilke, Rainer Maria a. a. O., S. 222.

495 Overbeck, Fritz Theodor: Eine Kindheit in Worpswede, Bremen 1977, S. 206.

496 Vgl. Rilke, Rainer Maria a. a. O., S. 223.

497 Die Umschreibung »Lilienatelier« stammt ebenfalls von Rilke. In Paula Beckers Atelier bei Brünjes gab es einen Wandbehang mit stilisierten Lilien.

498 Vgl. Rilke, Rainer Maria a. a. O., S. 241.

499 Ebd., S. 246.

500 Ebd.

501 Ebd.

502 Vgl. Vogeler, Heinrich a. a. O., S. 86.

503 Vgl. Benje, Peter: Die Worpsweder Werkstätte Franz Vogelers in Tarmstedt. In: Landschaftsverband der ehem. Herzogtümer Bremen u. Verden (Hg.): Von der Volkskunst zur Moderne, Kunsthandwerk im Elbe-Weser-Raum 1900–1930, Stade 1992, S. 138.

504 Vgl. Vogeler, Heinrich a. a. O., S. 26; vgl. dazu auch Martha Schröder an Heinrich Vogeler, Brief von [Ende Februar 1898], Archiv HiS.

505 Vgl. Vogeler, Heinrich a. a. O., S. 26.

506 Vogeler, Carl Eduard, Lebenserinnerungen, undatiert, Privatbesitz, S. 2.

507 Vgl. Vogeler, Heinrich a. a. O., S. 58.

508 Vogeler, Carl Eduard a. a. O., ohne Seitenangabe.

509 Rilke, Rainer Maria a. a. O., S. 247.

510 Ebd., S. 248.

511 Vgl. Stadt Zeven (Hg.): Hans Müller-Brauel, Fotografien, Zeven 1990, S. 46.

512 Rilke, Rainer Maria a. a. O., S. 248.

513 Vogeler, Carl Eduard a. a. O., ohne Seitenangabe.

514 Vgl. Henny Förster an Elisabeth Pflümer, Brief (Kopie) vom 27.09.1896, Archiv HiS.

515 Vogeler, Heinrich a. a. O., S. 85 f.

516 Philippine Scholz an Martha Vogeler, Brief vom 22.07.1902, Archiv HiS.

517 Johann Monsees war gebürtiger Worpsweder und wanderte nach Amerika aus, wo er durch Baumwollhandel zu Wohlstand kam. Nach seiner Rückkehr baute er um 1880 die Villa in der heutigen Bergstraße. Er starb am 02.04.1905. (Vgl. Hubert, Hans: Worpswede, Das Bauerndorf wird Künstlerdorf, Lilienthal, 1989; Kirchenarchiv Worpswede)

518 Küster, Bernd: Vernissage-Rede auf der Erna Uhl-Ausstellung, Zeven 28.11.1987, Typoskript, Privatbesitz.

519 Küster, Bernd: Das frühe Ende einer schönen Kunst. In: Heimat und Kultur zwischen Elbe und Weser, Jg. 7, Nr. 1, 1988, S. 14.

520 Vgl. Machnicki, Monika: Malschülerinnen in Zeven. In: Landschaftsverband der ehem. Herzogtümer Bremen u. Verden (Hg.): Kulturlandschaft zwischen Elbe und Weser, 25 Jahre Landschaftsverband, Stade 1988, S. 158.

521 Vogeler, Carl Eduard a. a. O., S. 3.

522 Vogeler, Heinrich a. a. O., S. 59.

523 Carl Hauptmann an Otto Modersohn, Brief vom 14.01.1900. In: Berger, Elfriede (Hg.) a. a. O., S. 30.

524 Carl Hauptmann an Otto Modersohn, Brief vom 20.09.1900, ebd., S. 49.

525 Tagebucheintrag Otto Modersohns vom 27.09.1900. In: Modersohn, Antje, Werner, Wolfgang (Hg.): Paula Modersohn-Becker / Otto Modersohn. Der Briefwechsel. Berlin 2017, S. 73.

526 Rilke, Rainer Maria a. a. O., S. 259 und S. 267.

527 Ebd., S. 271.

528 Ebd., S. 289.

529 Ebd., S. 264.

530 Martha Schröder an Heinrich Vogeler, Brief vom [etwa 24.09.1900], Archiv HiS.

531 Otto Modersohn an Carl Hauptmann, Brief vom 03.10.1900. In: Berger, Elfriede (Hg.) a. a. O., S. 52.

532 Rilke, Rainer Maria a. a. O., S. 292.

533 Ebd., S. 294.

534 Vgl. Tagebucheintrag Otto Modersohns vom 27.09.1900. In: Modersohn, Antje, Werner, Wolfgang (Hg.) a. a. O., S. 72.

535 Heinrich Vogeler an Hans Bethge, Brief vom 20.12.1900. Zitiert nach Mück, Hans-Dieter (Hg.): Insel des Schönen. Künstlerkolonie Worpswede 1898–1908. Wissenschaftliche Beiträge, Stuttgart/ Frankfurt a. Main, 1989, S. 112 f.

536 Ebd.

537 Vgl. Tagebucheintrag Otto Modersohns vom 12.10.1900. In: Berger, Elfriede (Hg.) a. a. O., S. 322 f.

538 Heinrich Vogeler an Helene Voigt-Diederichs und Eugen Diederichs, Brief vom 27.12.1900, Archiv BSt.

539 Paula Becker an Marie Hill, Brief vom 30.12.1900. In: Busch, Günter, v. Reinken, Liselotte (Hg.) a. a. O., S. 257.

540 Carl Hauptmann an Otto Modersohn, Brief vom 20.10.1900. In: Berger, Elfriede (Hg.) a. a. O., S. 54.

541 Vgl. Heinrich Vogeler an Alfred Walter Heymel, Brief vom 07.01.1901. Zitiert nach Mück, Hans-Dieter (Hg.) a. a. O., S. 85.

542 Otto Modersohn an Carl Hauptmann, Brief undatiert. Ebd., S. 73.

543 Helene Chrambach an Martha Schröder, Brief von [Dezember 1900], Archiv HiS.

544 Ebd.

545 Heinrich Vogeler an Alfred Walter Heymel, Brief vom 07.01.1901. Zitiert nach Mück, Hans-Dieter (Hg.) a. a. O., S. 84.

546 Carl Hauptmann an Rainer Maria Rilke, Brief vom 01.01.1901. In: Berger, Elfriede (Hg.) a. a. O., S. 280.

547 Otto Modersohn an Carl Hauptmann, Brief vom 20.01.1901. Ebd., S. 76 f.

548 Heinrich Vogeler an Alfred Walter Heymel, Brief vom 07.01.1901. Zitiert nach Mück, Hans-Dieter (Hg.) a. a. O., S. 85.

549 Paula Becker an Rainer Maria Rilke, Brief vom 10.01.1901. In: Busch, Günter, v. Reinken, Liselotte (Hg.) a. a. O., S. 259.

550 Otto Modersohn an Paula Becker, Brief vom 15.01.1901. In: Modersohn, Antje, Werner, Wolfgang (Hg.) a. a. O., S. 98.

551 Otto Modersohn an Carl Hauptmann, Brief vom 20.01.1901.
In: Berger, Elfriede (Hg.) a. a. O., S. 77.

552 Die »Familie« an Paula Becker, Karte vom 20.01.1901.
In: Modersohn, Antje, Werner, Wolfgang (Hg) a. a. O., S. 106.

553 Ebd., S. 446.

554 Helene Chrambach an Martha Schröder, Brief vom [etwa 20.01.1901], Archiv HiS.

555 Otto Modersohn an Paula Becker, Brief vom 15.01.1901.
In: Modersohn, Antje, Werner, Wolfgang (Hg.) a. a. O., S. 100.

556 Otto Modersohn an Carl Hauptmann, Brief vom 25.02.1901.
In: Berger, Elfriede (Hg.) a. a. O., S. 84.

557 Helene Chrambach an Martha Schröder, Brief vom 22.07.[1900], Archiv BSt.

558 Hochzeitsaufgebot Heinrich Vogeler und Martha Schröder,
Archiv Worpsweder Verlag.

559 Zu dieser Zeit war der Vollhöfner Dietrich Reiners von Hof Nr. 4 aus der
Bauernreihe Gemeindevorsteher.

560 Heinrich Vogeler an Carl Hauptmann, Brief vom 28.02.1901.
In: Berger, Elfriede (Hg.) a. a. O., S. 237.

561 Helene Chrambach an Martha Schröder, Brief von [Ende Februar 1901], Archiv BSt.

562 Vgl. Otto Modersohn an Paula Becker, Brief vom 05.05.1901.
In: Modersohn, Antje, Werner Wolfgang (Hg.) a. a. O., S. 152.

563 Vogeler, Heinrich a. a. O., S. 81.

564 Ebd.

565 Heinrich Vogeler an Helene Voigt-Diederichs, Brief vom 29.03.1901,
Archiv Verlag Eugen Diederichs Köln / Kopie Archiv BSt.

566 Heinrich Vogeler an Otto Modersohn, Brief vom 24.03.1901, Archiv BSt.

567 Vogeler, Martha, Lebenserinnerungen a. a. O., Archiv HiS.

568 Vogeler, Heinrich a. a. O., S. 82.

569 Heinrich Vogeler an Helene Voigt-Diederichs, Brief vom 29.03.1901,
Archiv Verlag Eugen Diederichs Köln / Kopie Archiv BSt.

570 Ebd.

571 Heinrich Vogeler an Eugen Diederichs, Brief vom 05.04.1901, Archiv Verlag
Eugen Diederichs Köln / Kopie Archiv BSt.

572 Helene Chrambach an Martha Vogeler, Brief von [Anfang April 1901], Archiv HiS.

573 Heinrich Vogeler an Helene Voigt-Diederichs und Eugen Diederichs, Brief vom
27.12.1900, Archiv Verlag Eugen Diederichs Köln / Kopie Archiv BSt.

574 Vogeler, Heinrich a. a. O., S. 82.

575 Ebd.

576 Bethge, Hans: Worpswede. Reihe die Kunst, Hg. Richard Muther, 2. Auflage 1907, S. 46.

577 Carl Eeg an Martha Schröder, Brief vom 03.05.1899, Archiv BSt.

578 Martha Schröder an Heinrich Vogeler, Brief vom [etwa 01.10.1900], Archiv HiS.

579 Vgl. Vogeler, Martha, Lebenserinnerungen a. a. O., Archiv HiS.

580 Otto Modersohn an Carl Hauptmann, Brief vom 23.04.1901.
In: Berger, Elfriede (Hg.) a. a. O., S. 88 f.

581 Helene Chrambach an Martha Vogeler, Brief von [April 1901), Archiv HiS.

582 Helene Chrambach an Martha Vogeler, Brief von [Mai 1901], Archiv HiS.

583 Vgl. Internationale Kunstausstellung Dresden 1901, Katalog,
http://digital.slub-dresden.de/id118750569/72.

584 Vgl. ebd, http://digital.slub-dresden.de/id11675056569/68.

585 Helene Chrambach an Martha Vogeler, Brief von [Mai 1901], Archiv HiS.

586 Vgl. Historische Adressbücher Dresden, Jahr 1899,
http://digital.slub-dresden.de/id31475281Z/1286.

587 Helene Chrambach an Martha Vogeler, Brief von [Juli 1901], Archiv HiS.

588 Helene Chrambach an Martha Vogeler, Brief von [September 1901], Archiv HiS.

589 Lilly Riedel an Martha Vogeler, Brief vom 17.11.1901, Archiv HiS.

590 Otto Modersohn an Carl Hauptmann, Brief vom 10.09.1901.
In: Berger, Elfriede (Hg.) a. a. O., S. 99.

591 Otto Modersohn an Carl Hauptmann, Brief vom 06.08.1901. Ebd., S. 95.

592 Paula Becker an Clara Rilke-Westhoff, Brief vom 13.05.1901.
In: Busch, Günter, v. Reinken, Liselotte (Hg.) a. a. O., S. 299.

593 Vgl. Rainer Maria Rilke an Phia Rilke, Brief vom 10.10.1901. In: Sieber-Rilke, Hella (Hg.): Rilke, Rainer Maria Briefe an die Mutter. 1896–1926, 1. Band, Frankfurt a. Main, 2009, S. 285.

594 Vogeler, Martha: Erinnerungen an Rilke. In: Buchheit, Gert (Hg.): Rainer Maria Rilke. Stimmen der Freunde. Ein Gedächtnisbuch, Freiburg i. Br., 1931, S. 82.

595 Eduard u. Franz Vogeler, Henny Förster an Martha Vogeler, Karte vom 08.10.1901 (Postst.), Archiv BSt.

596 Vogeler, Martha, Erinnerungen an Rilke a. a. O., S. 83.

597 Vogeler, Martha, Lebenserinnerungen a. a. O., Archiv HiS.

598 Paula Modersohn-Becker an Martha Hauptmann, Brief vom 22.11.[19]01.
In: Berger, Elfriede (Hg.) a. a. O., S. 101 f.

599 Heinrich Vogeler an Eugen Diederichs, Brief vom 23.12.1901, Archiv BSt.

600 Ebd.

601 Heinrich Vogeler an Helene Voigt-Diederichs, Brief vom 04.01.1902, Archiv BSt.

602 Lilly Riedel an Martha Vogeler, Brief vom 17.11.1901, Archiv HiS.

603 Vgl. Vogeler, Martha, Lebenserinnerungen a. a. O., Archiv HiS.

604 Das Babyhäubchen der Bettina von Arnim war ein Geschenk der Dichterin Irene Forbes-Mosse, einer Enkelin der von Arnim, an Heinrich Vogeler. Vogeler hatte für Forbes-Mosse in dieser Zeit deren Gedichtband »Mezzacoce« gestaltet.

605 Paula Modersohn-Becker an das Ehepaar Hauptmann, Brief vom 02.01.1902. In: Berger, Elfriede (Hg.) a. a. O., S. 105.

606 Heinrich Vogeler an Alfred Walter Heymel, Brief vom 15.01.1902, Privatbesitz.

607 Heinrich Vogeler an Helene Voigt-Diederichs, Brief vom 04.01.1902, Archiv BSt.

608 Lilly Riedel an das Ehepaar Vogeler, Brief vom 04.01.1902, Archiv HiS.

609 Heinrich Vogeler an Alfred Walter Heymel, Brief vom 15.01.1902, Privatbesitz.

610 Vgl. Buch der Getauften, Kirchenarchiv Worpswede.

611 Lilly Riedel an Martha Vogeler, Brief vom 17.11.1901, Archiv HiS.

612 Vogeler, Martha, Lebenserinnerungen a. a. O., Archiv HiS.

613 Vgl. http://de.wikipedia.org/wiki/Egon_Petri [gesehen 14.04.2019].

614 Vgl. Künstler-Anmeldebuch, in dem Egon Petri erst ab dem 24.05.1902 registriert war. Ortsarchiv Worpswede.

615 Martha Vogeler an Karl Schröder, Brief vom 26.02.1902, Privatbesitz.

616 Paula Becker an Marie Hill, Brief vom 27.02.1902.
In: Busch, Günter, v. Reinken, Liselotte (Hg.) a. a. O., S. 313.

617 Otto Modersohn an Carl Hauptmann, Brief vom 28.02.1902.
In: Berger, Elfriede (Hg.) a. a. O., S. 112.

618 Nach Heinrich Vogelers »Werden« quartierte sich Egon Petri bei einem Schneider ein, was aber nicht zutraf. Petri wohnte bei Schuster Kück Nr. 35, nahe Mahnkens Gasthaus an der Straße nach Osterwede.

619 Vogeler, Heinrich a. a. O., S. 87. Hier meinte Vogeler die Peternell-Orgel, die im Jahre 1900 die erste Worpsweder Orgel ersetzte, welche 1762 von Dietrich Christoph Gloger, dem bedeutenden Orgelbauer aus Stade, konzipiert und eingebaut worden war.

620 Vgl. Overbeck, Fritz Theodor a. a. O., S. 206.

621 Helene Chrambach an Martha Vogeler, Brief von [April 1902], Archiv BSt.

622 Helene Chrambach an Martha Vogeler, Brief vom 24.03.[19]02, Archiv HiS.

623 Heinrich Vogeler malte um 1899 ein Halbporträt von Agnes Wulff, und auch im Bild »Sommerabend« von 1905 ist sie zu sehen.

624 Agnes Wulff an Martha Vogeler, Brief vom 27.08.[19]02, Archiv BSt.

625 Ebd.

626 Katharina Petri an Martha Vogeler, Brief vom 29.08.1902, Archiv BSt.

627 Ebd.

628 Vgl. Vogeler, Martha, Lebenserinnerungen a. a. O., Archiv HiS.

629 Ebd.

630 Vgl. Otto Modersohn an Carl Hauptmann, Brief vom 28.02.[19]02.
In: Berger, Elfriede (Hg.) a. a. O., S. 112.

631 Während die Porträts von Clara Rilke-Westhoff und Rainer Maria Rilke heute als verschollen gelten, befindet sich das von Heinrich Vogeler in der Sammlung Haus im Schluh in Worpswede.

632 Helene Chrambach an Martha Vogeler, Brief vom [Mai 1902], Archiv BSt.

633 Ebd.

634 Paula Modersohn-Becker an Martha Hauptmann, Brief vom 05.06.1902.
In: Berger, Elfriede (Hg.) a. a. O., S. 121.

635 Paula Modersohn-Becker an Otto Modersohn, Brief vom 07.11.1902.
In: Busch, Günter, v. Reinken Liselotte (Hg.) a. a. O., S. 330.

636 Vogeler, Martha, Lebenserinnerungen a. a. O., Archiv HiS.

637 Heinrich Vogeler an Carl Hauptmann, Brief vom 03.06.1903. In: Berger, Elfriede (Hg.) a. a. O., S. 241.

638 Helene Chrambach an Martha Vogeler, Brief von [Anfang November 1902], Archiv BSt.

639 Vgl. Desirée P[ohle] an Martha Vogeler, Brief vom 04.11.1902, Archiv HiS.

640 Ebd.

641 Heinrich Vogeler an Otto Modersohn, Brief vom 06.12.1902, Archiv BSt.

642 Helene Chrambach an Martha Vogeler, Brief von [Dezember 1902], Archiv BSt.

643 Franz Vogeler an Martha Vogeler, Brief vom 25.12.1902, Archiv BSt.

644 Heinrich Vogeler an Otto Modersohn, Brief vom 06.12.1902, Archiv BSt.

645 Vgl. Martha Vogeler an Heinrich Klindworth, Karte vom 10.12.1902, Archiv BSt.

646 Heinrich Vogeler an Martha Vogeler, Brief von [Februar 1903], Archiv BSt.

647 Heinrich Vogeler an Carl Hauptmann, Brief vom 03.06.1903. In: Berger, Elfriede (Hg.) a. a. O., S. 242.

648 Heinrich Vogeler an Carl Hauptmann, Brief vom 08.03.1903 (Postst.). Ebd., S. 241.

649 Heinrich Vogeler an Rudolf Alexander Schröder, Brief vom 12.05.1903, Privatbesitz.

650 Otto Modersohn an Paula Modersohn-Becker, Brief vom 24.02.[19]03. In: Modersohn, Antje, Werner, Wolfgang (Hg.) a. a. O., S. 213.

651 Dorothy S. Martine war vermutlich eine Verwandte der Förster-Schwestern oder der Vogeler'schen Familie.

652 Dorothy S. Martine an Martha Vogeler, Brief vom 10.02.1903, Archiv HiS.

653 Paula Modersohn-Becker an Martha Vogeler, Brief vom 06.03.1903 (Postst.). In: Busch, Günter, v. Reinken, Liselotte (Hg.) a. a. O., S. 351.

654 Martha Vogeler an Hermine Overbeck-Rothe, Brief vom 05.02.1903, Archiv Overbeck-Museum Vegesack.

655 Helene Chrambach an Martha Vogeler, Brief vom 06.06.[1903], Archiv BSt.

656 Heinrich Vogeler an Otto Modersohn, Brief vom 27.07.1902, Archiv BSt.

657 Ebd.

658 Helene Chrambach an Martha Vogeler, Brief vom 15.07.[1903], Archiv BSt.

659 Rainer Maria Rilke an Lou Andreas-Salomé, Brief vom 08.08.1903. In: Pfeiffer, Ernst (Hg.): Rainer Maria Rilke. Lou Andreas-Salomé. Briefwechsel, Frankfurt a. Main, 1989, S. 90 f.

660 Ebd.

661 Rainer Maria Rilke an Phia Rilke, Brief vom 11.08.1903. In: Sieber-Rilke, Hella (Hg.): Briefe an die Mutter. 1896 bis 1926. Erster Band 1896 bis 1909, Frankfurt a. Main, 2009, S. 385.

662 Flora Meyer an Martha Vogeler, Brief vom 05.09.[19]03, Archiv HiS.

663 Helene Chrambach an Martha Vogeler, Brief von [Mitte September 1903], Archiv BSt.

664 Ebd.

665 Vgl. Helene Chrambach an Martha Vogeler, Brief vom 26.09.[1903], Archiv BSt.

666 Buch der Getauften, Kirchenarchiv Worpswede.

667 Diese Schüssel mit Helenes eingraviertem Namen befindet sich noch heute in der Sammlung Haus im Schluh.

668 Helene Chrambach an Martha Vogeler, Brief vom 26.09.[1903], Archiv BSt.

669 Ebd.

670 Carl Hauptmann Tagebucheintrag von (Anfang Oktober 1903). In: Berger, Elfriede (Hg.) a. a. O., S. 314 f.

671 Vogeler, Martha, Lebenserinnerungen a. a. O., Archiv HiS.

672 Vgl. Künstler-Anmeldebuch, Ortsarchiv Worpswede.

673 Paula Modersohn-Becker an das Ehepaar Hauptmann, Brief vom 02.01.1902. In: Berger, Elfriede (Hg) a. a. O., S. 105.

674 Grete u. Paul Schroeter an Fritz u. Hermine Overbeck-Rothe, Brief vom Sept[ember] 1904, Archiv Overbeck-Museum, Vegesack.

675 Ebd.

676 Grete Schroeter an Hermine Overbeck-Rothe, Brief vom 04.10.1904, Archiv Overbeck-Museum, Vegesack.

677 Grete Schroeter an Hermine Overbeck-Rothe, Brief vom 01.11.[19]04, Archiv Overbeck-Museum, Vegesack.

678 Grete Schroeter an Hermine Overbeck-Rothe, Brief vom 26.11.[19]04, Archiv Overbeck-Museum, Vegesack.

679 Vgl. Sauer, Marina: Die Bildhauerin Clara Rilke-Westhoff. 1878–1954. Leben und Werk (Mit Œuvre-Katalog), Bremen 1986, S. 26.

680 Grete Schroeter an Hermine Overbeck-Rothe, Brief vom 01.11.[19]04, Archiv Overbeck-Museum Vegesack.

681 Modersohn, Otto: Tagebuch 1900/1902, Eintrag vom 22./25.11.1901, S. 151, Archiv Otto Modersohn-Museum, Fischerhude.

682 Ebd.

683 Martha Schröder an Heinrich Vogeler, Brief vom [etwa 19.06.1899], Archiv HiS.

684 Vgl. Deutsche-Kunstaustellung Dresden 1899, Katalog, http://digital.slub-dresden.de/id383737613110.

685 Vgl. Deutsche-Kunstausstellung Dresden 1899, Katalog, http://digital.slub-dresden.de/id383737613117.

686 Bieske, Dorothee (Hg.): Scherrebek. Wandbehänge des Jugendstils, Flensburg 2002, S. 10.

687 Ebd. S. 11.

688 Ebd.

689 Ebd. S. 136.

690 Carl Eeg an Martha Schröder, Brief vom 22.09.1899, Archiv BSt.

691 Carl Eeg an Martha Schröder, Brief vom 20.11.1899, Archiv BSt.

692 Bieske, Dorothee (Hg.) a. a. O,. S. 17.

693 Vgl. Kapitel »An der Schwelle zum neuen Jahrhundert«.

694 Vgl. Bieske, Dorothee (Hg.) a. a. O., S. 13.

695 Vogeler, Martha, Typoskript, [1930er Jahre], Archiv HiS.

696 Vgl. Groth, Peter: Martha Vogelers Haus im Schluh, Lilienthal 1995, S. 11. Nachforschungen bezüglich Adelheid Höbel bei der Stadt Flensburg und dem Museumsberg Flensburg jedoch blieben erfolglos. Für die Zeit nach 1900 gibt es dort keinen Nachweis über sie. Vgl. Brief v. 14.08.2019 und E-Mail v. 01.08.2019.

697 Clara Rilke-Westhoff an Adelheid Höbel, Brief vom 28.05.1908, DLA Marbach, Bestand A: Rilke, Rainer Maria.

698 Vogeler, Martha, Typoskript, [1930er Jahre], Archiv HiS.

699 Vgl. Martha Vogeler an Frido Witte, Brief von [August 1915], Museum Lüneburg, FWSt V 208 L.

700 Die beiden von Martha gewebten Exemplare befinden sich in der Sammlung Haus im Schluh und in der Sammlung Käseglocke, dem Museum für Kunsthandwerk in Worpswede. Einen dritten Teppich nach dieser Vorlage webte im Jahre 2003 Marthas Urenkelin Berit Müller, der in der Ausstellung »Zeichen von Freundschaft und Liebe« im selben Jahr im Haus im Schluh gezeigt wurde. Die Aquarellvorlage von Paula Modersohn-Becker befindet sich in Privatbesitz.

701 Vgl. Vogeler Martha, Lebenserinnerungen a. a. O., Archiv HiS.

702 Vgl. Paula Modersohn-Becker an Marie Hill, Brief vom 30.04.1904. In: Busch, Günter, v. Reinken, Liselotte (Hg.) a. a. O., S. 377.

703 Vgl. Otto Modersohn an Paula Modersohn-Becker, Brief vom 2./3.03.1906. In: Modersohn, Antje, Werner, Wolfgang (Hg.) a. a. O., S. 330.

704 Vogeler, Martha, Lebenserinnerungen a. a. O., Archiv HiS.

705 Otto Modersohn an Carl Hauptmann, Brief vom 30.11.1904. In: Berger, Elfriede (Hg.) a. a. O., S. 163.

706 Heinrich Vogeler an Carl Hauptmann, Brief vom 27.12.1904, ebd., S. 183.

707 Otto Modersohn an Carl Hauptmann, Brief vom 27.12.[19]04, ebd, S. 164.

708 Otto Modersohn an Carl Hauptmann, Brief vom 17.02.1905, ebd., S. 172.

709 Heinrich Vogeler an Martha Vogeler, Brief vom 17.02.1905, Archiv BSt.

710 Heinrich Vogeler an Martha Vogeler, Brief vom 27.02.1905, Archiv BSt.

711 Vgl. ebd.

712 Das »Überbrettl« war 1901 in Berlin von Ernst von Wolzogen als eines der ersten literarischen Kabaretts in Deutschland gegründet worden. https://de.wikipedia.org/wiki/Überbrettl [gesehen 18.06.2019].

713 Vgl. Otto Modersohn an Paula Modersohn-Becker, Karte vom 21.02.1905. In: Modersohn, Antje, Werner Wolfgang (Hg.) a. a. O., S. 265.

714 Otto Modersohn an Paula Modersohn-Becker, Brief vom 23.03.1905, ebd., S. 300.

715 Eintrag Reisetagebuch von Otto Modersohn. Zitiert nach Modersohn, Antje, Werner, Wolfgang (Hg.) a. a. O., S. 304.

716 Vogeler, Heinrich a. a. O., S. 120.

717 Paula Modersohn-Becker an Herma Becker, Brief vom 21.04.1905. In: Busch, Günter, v. Reinken, Liselotte (Hg.) a. a. O., S. 418.

718 Vgl. Heinrich Vogeler an Alfred Walter Heymel, Brief vom 07.01.1901. In: Mück, Hans-Dieter (Hg.) a. a. O., S. 85.

719 Küster, Bernd: 1905. Einhundert Jahre »Nordwestdeutsche Kunstausstellung«, Katalog, Oldenburg, 2005, S. 55.

720 Heinrich Vogeler an Eugen Diederich, Brief vom 23.03.1905. Zitiert nach Küster, Bernd: Das Barkenhoff-Buch, Bremen 2020, S. 39.

721 Helene Chrambach an Martha Vogeler, Brief vom [Mai 1905], Archiv BSt.

722 Helene Chrambach an Martha Vogeler, Brief vom [Juli 1905], Archiv BSt.

723 Vgl. Buch der Getauften, Kirchenarchiv Worpswede.

724 Vgl. Heinrich Vogeler an Helene Chrambach, Karte vom 31.12.1905, Archiv HiS.

725 Helene Chrambach an Martha Vogeler, Karte vom 25.12.1905, Archiv HiS.

726 Paula Richter an Martha Vogeler, Brief vom 13.02.[19]06, Archiv BSt.

727 Tegtmeier, Konrad: Aus Martha Vogelers Erinnerungen an Rainer Maria Rilkes Worpsweder Zeit, Niederdeutsche Heimatblätter. Die Tide. 4. Jg., 1917, Heft Juli, S. 281.

728 Maria Rohne an Martha Vogeler, Brief vom 30.01.1906. Zitiert nach Hans-Dieter Mück (Hg.) a. a. O., S. 61.

729 Vgl. Künstler-Anmeldebuch, Ortsarchiv Worpswede.

730 Vgl. Otto Modersohn an Paula Modersohn-Becker, Brief vom 25.06.1906. In: Modersohn, Antje, Werner Wolfgang (Hg.) a. a. O., S. 387; Vgl. dazu auch Noltenius, Rena a. a. O., S. 182, »Dame in Weiß«.

731 Otto Modersohn an Paula Modersohn-Becker, Brief vom 25.06.1906, ebd., S. 387.

732 Otto Modersohn an Paula Modersohn-Becker, Brief vom 02.03.1906, ebd., S. 333.

733 Helene Chrambach an Martha Vogeler, Brief von [etwa April 1906], Archiv HiS.

734 Paula Modersohn-Becker an Martha Vogeler, Brief vom 15.03.1906: In: Busch, Günter, v. Reinken Liselotte (Hg.): Paula Modersohn-Becker in Briefen und Tagebüchern, revidierte und erweiterte Ausgabe von Wolfgang Werner im Auftrag der PMB-Stiftung, Frankfurt a. Main, 2007, S. 525.

735 Ebd.

736 Paula Modersohn-Becker an Martha Vogeler, Brief vom 21.05.1906 ebd. S. 542 f.

737 Otto Modersohn an Paula Modersohn-Becker, Brief vom 22.06.1906. In: Modersohn, Antje, Werner, Wolfgang (Hg.) a. a. O., S. 384.

738 Vogeler, Heinrich a. a. O., S. 63.

739 Marie-Louise Kulenkampff-Post an Martha Vogeler, Brief von [etwa September 1902], Archiv HiS.

740 Marie-Louise Kulenkampff-Post an Martha Vogeler, Brief von [etwa 1907], Archiv HiS.

741 Vogeler, Heinrich a. a. O., S. 63.

742 Otto Modersohn an Paula Modersohn-Becker, Brief vom 22.06.1906. In: Modersohn, Antje, Werner, Wolfgang (Hg.) a. a. O., S. 385.

743 Marie Marcus an Martha Vogeler, Karte vom 25.06.1906 (Postst.), Archiv HiS.

744 Marie Marcus an Martha Vogeler, Karte vom 24.11.[1906], Archiv HiS.

745 Heinrich Vogeler an Otto Modersohn, Postkarte vom 22.10.1906, Archiv BSt.

746 Maria Rohne an Martha Vogeler, Brief vom 02.11.1906. In: Modersohn, Antje, Werner, Wolfgang (Hg.) a. a. O., S. 252.

747 Helene Chrambach an Martha Vogeler, Brief von [Mai 1906], Archiv HiS.

748 Das Zimmer befindet sich heute im Focke-Museum in Bremen. Es stammt vom Bremer Baumwollkaufmann Heinrich Müller-Pearse, der es kaufte und von Heinrich Vogeler noch um ein anderes Bett und einen Kleiderschrank erweitern ließ.

749 Vgl. Offizieller Katalog der Dritten Deutschen Kunstgewerbe-Ausstellung Dresden 1906, https://digi.ub.uni-heidelberg.de/diglit/dresden1906/0076/image.

750 Marie Marcus an Heinrich Vogeler, Karte vom 26.05.1906, Archiv HiS.

751 Helene Chrambach an Martha Vogeler, Brief von [Anfang Juni 1906], Archiv HiS.

752 Helene Chrambach an Martha Vogeler, Brief von [Mitte Juni 1906], Archiv HiS.

753 Helene Chrambach an Martha Vogeler, Brief von [Ende Juni 1906], Archiv HiS.

754 Helene Chrambach an Martha Vogeler, Brief von [Mai 1906], Archiv HiS.

755 Helene Chrambach an Martha Vogeler, Brief von [April 1906], Archiv HiS.

756 Anfang des 19. Jahrhunderts entwickelte sich Łódź zum wichtigsten Standort der Textilindustrie in Kongresspolen. Die Einwohnerzahl stieg im Laufe der Jahrzehnte rapide an. Ende des Jahrhunderts lebten 314.000 Menschen in der Stadt, 40 Prozent davon waren Deutsche. Anfang des 20. Jahrhunderts waren 70.000 Arbeiter in 546 Fabriken beschäftigt, vor allem in der Textilindustrie. Die Arbeiter lebten in elenden Verhältnissen. Um 1900 waren noch 80 Prozent der Łódźer Analphabeten. Vgl. https://de.wikipedia.org/wiki/Lodz [gesehen 15.12.2019].

757 Vgl. Vogeler, Heinrich a. a. O., S. 111.

758 Denkbar wäre, dass Rilke den Anstoß gab, denn er war in dieser Zeit mit der Schriftstellerin Franziska Gräfin zu Reventlow in Kontakt, die wiederum durch Paula Richter gefördert wurde. Den Hinweis zu dieser Vermutung gab Jürgen Langenbruch / Lilienthal, der am 12. Dezember 2019 im Haus im Schluh einen Vortrag zu diesem Thema hielt.

759 Paula Richter an Martha Vogeler, Brief vom 12.11.[19]04, Archiv BSt.

760 Paula Richter an Martha Vogeler, Brief vom 25. 06.[19]06, Archiv BSt.

761 Vogeler, Heinrich a. a. O., S. 112.

762 Vgl. ebd.

763 Vgl. Paula Richter an Ludwig Bäumer, Brief vom 03.08.1915 (Teil 2), Archiv BSt.

764 Ebd. (Teil 3)

765 Vogeler, Heinrich a. a. O., S. 142.

766 Sprengel, Peter (Hg.): Gerhart Hauptmann, Tagebücher 1906 bis 1913, Frankfurt a. Main / Berlin, 1994, S. 146.

767 Martha Hauptmann an Martha Vogeler, Brief vom 16.02.1907. In: Berger, Elfriede (Hg.) a. a. O., S. 267.

768 Vgl. Heinrich Vogeler an Bürgermeister Marcus und Frau, Karte vom 02.[01.]1907, Archiv BSt.

769 Martha Vogeler an Martha Hauptmann, Brief vom 13.01.1907. In: Berger, Elfriede (Hg.) a. a. O., S. 259.

770 Martha Vogeler an Martha Hauptmann, Brief vom 06.02.1907. In: Berger, Elfriede (Hg.) a. a. O., S. 265.

771 Carl Hauptmann hatte Anfang November 1905 fünf »Worpsweder Stühle« beim Buchbinder Friedrich Netzel erworben, der diese in seinem Laden verkaufte. (Vgl. Carl Hauptmann an Friedrich Netzel, Postkarte vom 02.11.1905, Archiv Buchhandlung Netzel, Worpswede). Die Stühle wurden im Ort oder im Umfeld Worpswedes hergestellt und hatten an der Rückenlehne als Schmuckelement eine einfache Kerbschnitzerei. Die Sitzfläche bestand aus Binsengeflecht. Der Begriff »Worpsweder Stuhl«, der nicht geschützt war, meinte die traditionell-bäuerlichen Stühle.

772 Martha Vogeler an Martha Hauptmann, Brief vom 06.02.1907. In: Berger, Elfriede (Hg.) a. a. O., S. 265.

773 Maria Rohne an Martha Vogeler, Brief vom 04.02.[19]07. In: Berger, Elfriede (Hg.) a. a. O., S. 262.

774 Martha Hauptmann an Martha Vogeler, Brief vom 11.01.1907. In: Berger, Elfriede (Hg.) a. a. O., S. 257.

775 Heinrich Vogeler an Carl Hauptmann, Brief vom 14.01.1907. In: Berger, Elfriede (Hg.) a. a. O., S. 260.

776 Vgl. Vogeler, Heinrich a. a. O., S. 124 und S. 157.

777 Heinrich Vogeler an Helene Voigt-Diederichs, Brief vom Frühjahr 1907, Archiv Eugen Diederichs Verlag Köln / Kopie Archiv BSt.

778 Die Bezeichnung »Schilfmöbel« wurde umgangssprachlich verwendet, denn Grundlage dieser Möbel war die Binsenschnur bzw. Binsenkordel, deren Handelsname u. a. auch »Seegras« war, was wiederum nicht streng botanisch zu verstehen ist. Die Fertigung dieser Möbel erfolgte vermutlich mittels Nähen/ Weben sowie einer Art Makramee kombiniert mit einer Wickeltechnik.

779 https://de.m.wikipedia.org/wiki/Verein_für_Niedersächsisches_Volkstum.

780 Auskunft von Lars Fischer, Staatsarchiv Bremen, E-Mail vom 21.05.2019.

781 Vgl. Heinrich Vogeler an Carl Hauptmann, Brief vom 14.12.1906. In: Berger, Elfriede (Hg.) a. a. O., S. 257.

782 Maria Rohne an Martha Vogeler, Brief vom 03.06.[19]07. In: Berger, Elfriede (Hg.) a. a. O., S. 270.

783 Vogeler, Heinrich a. a. O,. S. 127.

784 Ebd.

785 Albert, Heinrich: Edmund Schaefer in Niedersachsen, Zeitschrift Niedersachsen, 17. Jg. Nr. 17, 1912, Bd. 17, S. 442.

786 Edmund Schaefer an Martha Vogeler, Brief vom 03./04.10.1907, Archiv HiS.

787 Ebd.

788 Ebd.

789 Vgl. Martha Vogeler an Mieke Vogeler, Karte vom 14.10.1907, Archiv BSt.

790 Edmund Schaefer an Martha Vogeler, Brief vom 11.10.[19]07, Archiv HiS.

791 Ebd.

792 Ebd.

793 Edmund Schaefer an Martha Vogeler, Brief vom 20.10.[1907], Archiv HiS.

794 Edmund Schaefer an Martha Vogeler, Brief vom 22.10.[19]07, Archiv HiS.

795 Heinrich Vogeler an Otto Modersohn, Brief von [Oktober] 1907, Archiv BSt.

796 Ebd.

797 Heinrich Vogeler an Otto Modersohn, Brief von [November] 1907, Archiv BSt.

798 Ebd.

799 Ebd.

800 Ebd.

801 Ebd.

802 Vgl. Edmund Schaefer an Martha Vogeler, Brief vom 17.11.[19]07, Archiv HiS.

803 Edmund Schaefer an Martha Vogeler, Brief vom 26.10.[1907], Archiv HiS.

804 Laut Bremer Adressbuch wohnte Schaefer in den Jahren 1908 und 1909 am Wall 128. Wo sich sein Atelier befand, ist nicht mehr zu ermitteln. Vgl. http://brema.suub.uni-bremen.de/periodical/titleinfo/928434.

805 Vgl. Edmund Schaefer an Martha Vogeler, Brief vom 26.10.[1907], Archiv HiS.

806 Edmund Schaefer an Martha Vogeler, Brief vom 17.11.[19]07, Archiv HiS.

807 Edmund Schaefer an Martha Vogeler, Brief vom 05./06.12.[19]07, Archiv HiS.

808 Ebd.

809 Ebd.

810 Ebd.

811 Vgl. Noltenius, Rena a. a. O., S. 182.

812 Auskunft von Franz Wörndle, Marktarchiv Garmisch-Partenkirchen, E-Mail vom 17.03.2020.

813 Edmund Schaefer an Martha Vogeler, Brief vom 09.12.[19]07, Archiv HiS.

814 Ebd.

815 Auskunft von Wolfgang Werner, PMB-Stiftung Bremen, vom 12.09.2019.

816 Edmund Schaefer an Martha Vogeler, Brief vom 10.12.[19]07, Archiv HiS.

817 Ebd.

818 Edmund Schaefer an Martha Vogeler, Brief vom 09.12.[19]07, Archiv HiS.

819 Edmund Schaefer an Martha Vogeler, Brief vom 10.01.[19]08, Archiv HiS.

820 Ebd.

821 Ebd.

822 Edmund Schaefer an Martha Vogeler, Brief vom 26.10.[1907], Archiv HiS.

823 Edmund Schaefer an Martha Vogeler, Brief vom 26.10.[1907], Archiv HiS.

824 Der Maler Richard Hartmann kam 1905 nach Worpswede (Vgl. Künstler-Anmeldebuch, Ortsarchiv Worpswede). Nach dem Wegzug der Familie Overbeck im selben Jahr bewohnte er mit seiner Familie deren Haus Nr. 113. Vgl. dazu auch Endnote 490.

825 Edmund Schaefer an Martha Vogeler, Brief vom 26.10.[1907], Archiv HiS.

826 Der Fotograf ist nicht bekannt.

827 Edmund Schaefer an Martha Vogeler, Brief von [Ende] Oktober [19]07, Archiv HiS.

828 Vgl. Rief, Hans Herman: Heinrich Vogeler. Das grafische Werk. Lilienthal 1983, ohne Seitenangabe.

829 Edmund Schaefer an Martha Vogeler, Brief vom 30.07.[19]08, Archiv HiS.

830 Edmund Schaefer an Martha Vogeler, Brief vom 01 08 [19]08, Archiv HiS.

831 Grete Schroeter an Hermine Overbeck-Rothe, Brief vom 28.08.[19]08 (Postst.), Archiv Overbeck-Museum, Vegesack.

832 Vogeler, Heinrich a. a. O., S. 141.

833 Vgl. ebd.

834 Vgl. Edmund Schaefer an Frieda Netzel, Postkarte vom 29.05.1911, Archiv Buchhandlung Netzel, Worpswede.

835 Albert, Heinrich: Edmund Schaefer in Niedersachsen, Zeitschrift Niedersachsen, 17. Jg. Nr. 17, 1912, Bd. 17, S. 446.

836 Helene Chrambach an Martha Vogeler, Brief vom [Herbst 1906], Archiv HiS.

837 Heinrich Vogeler an Helene Voigt-Diederichs, Brief vom Frühjahr 1907, Archiv BSt.

838 Vogeler, Heinrich a. a. O., S. 152.

839 Heinrich Vogeler an Martha Vogeler, Brief vom 12.11.1910, Archiv BSt.

840 Ebd.

841 Vogeler, Heinrich a. a. O., S. 125.

842 Paula Modersohn-Becker an Otto Modersohn, Brief vom 07.11.1902. In: Busch, Günter, v. Reinken, Liselotte (Hg.) a. a. O., S. 330.

843 Heinrich Vogeler an Martha Vogeler, Brief vom 28.06.1911, Archiv BSt.

844 Vogeler, Heinrich a. a. O,. S. 158.

845 Ebd.

846 Heinrich Vogeler an Martha Vogeler, Brief vom 31.08.1911, Archiv BSt.

847 Vogeler, Martha, Lebenserinnerungen a. a. O., Archiv HiS.

848 Rep. 72/172 Lilienthal Nr. 1184, Nds. LA Standort Stade.
Es wird sich hier um die Binsenmöbel und häusliche Gebrauchsgegenstände aus Binsengeflecht gehandelt haben und nicht um die aus Rohrgeflecht.
Vgl. dazu auch Endnote 778.

849 Ebd.

850 Ebd.

851 Nds. LA Standort Stade, Kartensammlung, Mappe Nr. 502.

852 Rep. 72/172 Lilienthal Nr. 1184, Nds. LA Standort Stade.

853 Heinrich Vogeler an Otto Modersohn, Brief vom 16.10.1908, Archiv BSt.

854 Ebd.

855 Hinter diesem Kosenamen verbirgt sich Baronin Margarethe von Hirsch, geborene von Schwind. Sie wurde am 02.10.1882 in Prag geboren.
Vgl. Stadtarchiv München, PMB-H-302.

856 Lau an Martha Vogeler, Brief vom 20.10.1908, Archiv BSt.

857 Heinrich Vogeler an Otto Modersohn, Brief vom 22.11.1908, Archiv BSt.

858 Vgl. Heinrich Vogeler an Otto Modersohn, Brief vom 26.05.1909, Archiv BSt.

859 Heinrich Vogeler an Otto Modersohn, Brief vom 30.03.1909, Archiv BSt.

860 Heinrich Vogeler an Martha Vogeler, Brief datiert auf 1912, Archiv BSt.

861 Heinrich Vogeler an Martha Vogeler, Brief datiert auf 1911, Archiv BSt.

862 Paula Richter an Heinrich Vogeler, Brief vom 12.06.1909, Archiv BSt.

863 Heinrich Vogeler an Helene Voigt-Diederichs, Karte vom 01.09.[1909], Archiv BSt.

864 Dieses Haus existiert heute noch (Lindenallee 23) und steht unter Denkmalschutz. Es ist als Saebens-Haus bekannt, weil Hans Saebens es irgendwann bewohnte. Der Architekt aber war Walter Schulze.

865 Vogeler, Heinrich a. a. O., S. 135.

866 Ebd. S. 134.

867 Weltausstellung Brüssel 1910. Deutsches Reich. Amtlicher Katalog. Einführung, ohne Seitenzahl.

868 Vogeler, Heinrich a. a. O., S. 136.

869 Vgl. Amtlicher Katalog S. 33.

870 Ebd. S. 322.

871 Ebd. S. 326.

872 Zitiert nach Benje, Peter a. a. O., S. 67 (Fußnote 51).

873 Vgl. Amtlicher Katalog, S. 34.

874 Ebd., S. 320.

875 Vgl. Wümme-Zeitung vom 17.03.1910, Heimatverein Lilienthal e. V.

876 Vogeler, Heinrich a. a. O., S. 144.

877 Noltenius, Rena a. a. O., S. 183.

878 Vgl. Amtlicher Katalog, S. 49 ff.

879 Heinrich Vogeler an Helene Voigt-Diederichs, Brief vom 13.05.1910, Archiv BSt.

880 Vgl. Heinrich Vogeler an Martha Vogeler, Brief vom 16.11.1910, Archiv BSt.

881 Edmund Schaefer an Martha Vogeler, Brief vom 20.03.1910, Archiv BSt.

882 Vgl. Martha Vogeler an Frieda Netzel, Karte vom 31.03.1910 (Postst.), Archiv Buchhandlung Netzel, Worpswede.

883 Richard Hartmann unterhielt in Wertheim von 1910 bis 1914 eine Malschule.

884 Edmund Schaefer an Martha Vogeler, Brief vom 06.04.1910, Archiv HiS.

885 Nur Friedrich R. Blau (1883–1971), der von 1907 bis 1914 in Worpswede wirkte, beschäftigte sich u. a. mit Keramik, die er aber nicht in Worpswede produzierte, sondern in Dornburg bei Max Krehan, und in Worpswede nur verkaufte. Vgl. Groth, Peter: Die Käseglocke in Worpswede, Lilienthal 2013, S. 63.

886 Lau an Martha Vogeler, Brief vom 25.05.1910, Archiv BSt.

887 Heinrich Vogeler an Alfred Walter Heymel, Brief vom 07.06.1909. Zitiert nach Mück, Hans-Dieter a. a. O., S. 93.

888 Ebd.

889 Heinrich Vogeler an Alfred Walter Heymel, Brief vom 19.12.1910, ebd., S. 95.

890 Heinrich Vogeler an Alfred Walter Heymel, Brief vom 07.12.1910, ebd., S. 94.

891 Heinrich Vogeler an Martha Vogeler, Brief vom 25.10.1910, Archiv BSt.

892 Vgl. Heinrich Vogeler an Martha Vogeler, Brief vom 29.10.1910, Archiv BSt.

893 Heinrich Vogeler an Martha Vogeler, Brief vom 29.10.1910, Archiv BSt.

894 Ebd.

895 Heinrich Vogeler an Martha Vogeler, Brief vom 03.12.1910, Archiv BSt.

896 Heinrich Vogeler an Martha Vogeler, Brief vom 06.11.1910, Archiv BSt.

897 Heinrich Vogeler an Martha Vogeler, Brief vom 07.11.1910, Archiv BSt.

898 Heinrich Vogeler an Martha Vogeler, Brief vom 11.11.1910, Archiv BSt.

899 Edmund Schaefer an Martha Vogeler, Brief vom 02.11.1910, Archiv HiS.

900 Heinrich Vogeler an Martha Vogeler, Brief vom 12.11.1910, Archiv BSt.

901 Heinrich Vogeler an Martha Vogeler, Brief vom 09.11.1910, Archiv BSt.

902 Margarethe von Hirsch wurde am 05.12.1910 von ihrem Ehemann Karl Freiherr von Hirsch geschieden. Vgl. Stadtarchiv München, PMB-H-302.

903 Heinrich Vogeler an Martha Vogeler, Brief vom 12.11.1910, Archiv BSt.

904 Der Gewerbe- und Industrieverein wurde 1861 gegründet und setzte sich zum Ziel, das bremische Gewerbe und die bremische Industrie materiell wie ideell zu fördern. Auch wurde eine Ausstellung technischer Modelle eingerichtet sowie eine Zeitschrift herausgegeben. Ab 1878 wurde die technische Vorbildsammlung durch eine kunstgewerbliche Sammlung erweitert. 1884 wurde laut Senatsbeschluss die gesamte Sammlung in »Gewerbemuseum« umbenannt. Vgl. Korn, Oliver: Hanseatische Gewerbeausstellungen im 19. Jahrhundert, Wiesbaden 1999, S. 57 f.

905 Heinrich Vogeler an Martha Vogeler, Brief vom 06.11.1910, Archiv BSt.

906 Heinrich Vogeler an Martha Vogeler, Brief vom 11.11.1910, Archiv BSt.

907 Ebd.

908 Heinrich Vogeler an Martha Vogeler, Brief vom 14.11.1910, Archiv BSt.

909 Heinrich Vogeler an Martha Vogeler, Brief vom 08.11.1910, Archiv BSt.

910 Diese Bücher (15 x 12,5 cm) waren gebunden und die Seiten unliniert, sodass sie als Notiz- oder Skizzenbücher verwendet werden konnten. Den Buchdeckel zierte meist ein kolorierter Holzschnitt, ein Kranz aus stilisierten Blüten und Früchten, der die Worte »Zum Andenken« und eine darunter befindliche Brieftaube einschloss. Am unteren Rand des Kranzes befanden sich die Initialen M. (links) und V. (rechts).

911 Heinrich Vogeler an Martha Vogeler, Brief vom 15.11.1910, Archiv BSt.

912 Heinrich Vogeler an Martha Vogeler, Brief vom 16.11.1910, Archiv BSt.

913 Ebd.

914 Edmund Schaefer an Martha Vogeler, Brief vom 11.11.1910, Archiv HiS.

915 Heinrich Vogeler an Martha Vogeler, Brief vom 22.11.1910, Archiv BSt.

916 Edmund Schaefer an Martha Vogeler, Brief vom 24.11.1910, Archiv HiS.

917 Heinrich Vogeler an Martha Vogeler, Brief vom 24.11.1910, Archiv BSt.

918 Edmund Schaefer an Martha Vogeler, Brief vom 28.11.1910, Archiv HiS.

919 Edmund Schaefer an Martha Vogeler, Brief vom 24.11.1910, Archiv HiS.

920 Wiedenfeld war wohl ein Mitarbeiter des Landrats Dr. Kurt Becker, der am Bau der Bahnlinie mitwirkte.

921 Heinrich Vogeler an Martha Vogeler, Brief vom 29.11 1910, Archiv BSt.

922 Heinrich Vogeler an Martha Vogeler, Brief vom 06.12.1910, Archiv BSt.

923 Vgl. Karl Jakob Hirsch an Ludwig Bäumer, Brief vom 30.06.1914, Archiv HiS.

924 Vogeler, Heinrich a. a. O., S. 127.

925 Ebd., S. 158.

926 Ludwig Bäumer an Heinrich Vogeler, Briefkonzept (Bleistift), datiert auf August 1911, Archiv HiS.

927 Heinrich Vogeler an Martha Vogeler, Brief vom 18.11.1910, Archiv BSt.

928 Vgl. Martha Vogeler an Edmund Schaefer, Brief vom 19.05.1911, Archiv HiS.

929 Heinrich Vogeler an Martha Vogeler, Brief datiert auf Ostern 1911, Archiv BSt.

930 Heinrich Vogeler an Martha Vogeler, Brief von Ostermontag [1911], Archiv BSt.

931 Heinrich Vogeler an Martha Vogeler, Brief datiert auf Ostern 1911, Archiv BSt.

932 Heinrich Vogeler an Martha Vogeler, Brief (Nr. 6) von April 1911, Archiv BSt.

933 Vgl. Rainer Maria Rilke an Phia Rilke, Brief vom 02.05.1911. In: Sieber-Rilke, Hella (Hg.): RMR Briefe an die Mutter. 1896 bis 1926. Zweiter Band 1909 bis 1926. Frankfurt a. Main, 2009.

934 Vgl. Schwinzer, Ellen: Von Hamm nach Worpswede. In: Gustav Lübcke Museum (Hg.): Freundschaft-Geschäft-Politik. Heinrich Vogelers Beziehungen zu Persönlichkeiten in Hamm. Hamm 1989, S. 57.

935 Heinrich Vogeler an Martha Vogeler, Brief (Nr. 7) von April 1911, Archiv BSt.

936 Heinrich Vogeler an Martha Vogeler, Brief vom 09.07.1911, Archiv BSt.

937 Heinrich Vogeler an Martha Vogeler, Brief von [Mitte Juni 1911], Archiv BSt.

938 A. Keitel an Martha Vogeler, Brief vom 23.06.1911, Archiv HiS.

939 [Ludwig Bäumer] an Martha Vogeler, Brief vom 23.06.1911, (Postst.), Archiv BSt.

940 Heinrich Vogeler an Martha Vogeler, Brief vom 28.06.1911, (Postst.), Archiv BSt.

941 Ebd.

942 Ebd.

943 Ludwig Bäumer an Heinrich Vogeler, Briefkonzept (Bleistift), datiert auf August 1911, Archiv HiS.

944 Ebd.

945 Schwarzes Notizbuch 11,5 x 18 cm, kariert, Archiv HiS.

946 Martha Vogeler an Ludwig Bäumer, Brief undatiert, Archiv HiS.

947 Vogeler, Heinrich a. a. O., S. 273.

948 Ebd., S. 158.

949 Ebd., S. 159.

950 Holzschnittbuch, unliniert, Archiv HiS.

951 Vogeler, Martha, Lebenserinnerungen a. a. O., Archiv HiS.

952 Heinrich Vogeler an Ludwig Bäumer, Brief vom 10.08.1911, Archiv HiS.

953 Koenemann, Edwin: Tagebücher, Jahrgang 1911, Archiv Worpsweder Verlag.

954 Vgl. Heinrich Vogeler an Martha Vogeler, Brief vom 15.06.[19]11, (Postst) Archiv BSt.

955 Heinrich Vogeler an Martha Vogeler, Postkarte vom 16.06.[19]11, (Postst.), Archiv BSt.

956 Ebd.

957 Kunstchronik: Wochenschrift für Kunst und Kunstgewerbe, 20. Jg., Leipzig, 1909. https://doi.org/10.11588/diglit.5991#0208.

958 In der E-Mail vom 14.01.2020 bestätigte Susanne Erfurth, eine Nachfahrin Hugo Erfurths, das Jahr 1911.

959 Vgl. Steinert, Otto (Hg.): Hugo Erfurth. Bildnisse. Gütersloh, 1961, S. 12.

960 Fechter, Paul: Zu den Bildnis-Photographien von Hugo Erfurth. In: Deutsche Kunst und Dekoration, Darmstadt, September 1912, S. 381 f.

961 Um welches Gemälde es sich hier handelt, ist nicht zu ermitteln.

962 Heinrich Vogeler an Martha Vogeler, Brief vom 24.10.1917, Archiv BSt.

963 Vogeler, Heinrich a. a. O., S. 159.

964 Im Jahre 1905 entstand ein Gemeinschaftsbild der Ehepaare Vogeler und Modersohn sowie von Carl Weidemeyer und der kleinen Mieke Vogeler nach der damals populären literarischen Vorlage von Wilhelm Bölsche »Das Liebesleben in der Natur«. Die Worpsweder hatten Bölsche bei Carl Hauptmann in Schreiberhau persönlich kennengelernt.

965 Vgl. Stoermer, Ilse, Erinnerungen. In: Barkenhoff-Stiftung (Hg.): Heiteres Worpswede. Kunst aus freien Stücken. Zusammengestellt von B. Nachtwey und P. Elze, Lilienthal 1994, S. 64.

966 Koenemann, Edwin, Tagebücher, Jahrgang 1911, Eintrag vom 01.01.1911, Archiv Worpsweder Verlag.

967 Stoermer, Ilse a. a. O., S. 65.

968 Ebd., S. 69.

969 Vogeler, Heinrich a. a. O., S. 121.

970 Stoermer, Ilse a. a. O., S. 69.

971 Vogeler, Heinrich a. a. O., S. 141.

972 Stoermer, Ilse a. a. O., S. 66.

973 Barkenhoff-Stiftung (Hg.): Worpswede intern. Drucksachen aus hundert Jahren. Zusammengestellt von P. Elze, Lilienthal 1989, S. 41.

974 Vgl. Wiehagen, Alois: Worpsweder Tagebuch. In: Schwinzer, Ellen a. a. O., S. 56.

975 Witte, Frido: Mein Werdegang als Maler. Zitiert nach Barkhausen, Karl-Ludwig (Hg.): Freunde und Werk. Aufsätze über Frido Witte (1881–1965), Soltau 1998, S. 44.

976 Heinrich Vogeler an Martha Vogeler, Brief vom 31.08.1911, Archiv BSt.

977 Heinrich Vogeler an Martha Vogeler, Brief vom 30.06.1911, Archiv BSt.

978 Heinrich Vogeler an Ludwig Bäumer, Brief vom 10.08.1911, Archiv HiS.

979 Ebd.

980 Ebd.

981 Heinrich Vogeler an Ludwig Bäumer, Brief vom 29.08.1911, Archiv HiS.

982 Stoermer, Ilse a. a. O., S. 68.

983 Heinrich Vogeler an Martha Vogeler, Brief von [Anfang September 1911], Archiv BSt.

984 Ebd.

985 Martha Vogeler an Frido Witte, Brief undatiert, [etwa November 1911], Museum Lüneburg, FWSt V 208 L.

986 Martha Vogeler an Frido Witte, Brief vom 28.01.1912. Zitiert nach Barkhausen, Karl-Ludwig: Frido Witte und Martha Vogeler, Aufsatz, unveröffentlicht, Privatbesitz, S. 12.

987 Zitiert aus dem Tagebuch Frido Wittes über seine Worpsweder Zeit, ebd., S. 1 f.

988 Martha Vogeler an Frido Witte, Brief von [etwa November 1911], Museum Lüneburg, FWSt V 208 L.

989 Witte, Frido: Plauderei aus einem Heidedorf, Soltau 1981, S. 99.

990 Martha Vogeler an Frido Witte, Brief undatiert, Museum Lüneburg FWSt V 208 L.

991 Vgl. Borschel, Richard: Flugplatz Schneverdingen. 1909–1913. Schneverdingen, 1976, S. 26.

992 Witte, Frido: Mein Werdegang als Maler. Zitiert nach Barkhausen, Karl-Ludwig (Hg.) a. a. O., S. 41.

993 Heinrich Vogeler an Frido Witte, Brief undatiert. Zitiert nach ebd., S. 54.

994 Heinrich Vogeler an Martha Vogeler, Brief vom 30.08.1911 (Postst.), Archiv BSt.

995 Ebd.

996 Heinrich Vogeler an Frido Witte, Brief vom 22.08.1914. Zitiert nach Karl-Ludwig Barkhausen (Hg.) a. a. O., S. 52.

997 Vogeler, Heinrich a. a. O., S. 134.

998 Heinrich Vogeler an Martha Vogeler, Brief vom 03.12.1910, Archiv BSt.

999 Vogeler, Heinrich a. a. O., S. 225.

1000 Vgl. Bernstein, Hildegard und Horst: Major Kerlen (1835–1904). Erbauer der Villa am Eichholz. In: Arnsberger Heimatblätter Nr. 27/2006, S. 20.

1001 Heinrich Vogeler an Martha Vogeler, Brief (Nr. 8), datiert auf [Anfang] 1912, Archiv BSt.

1002 Vgl. Bernstein, Hildegard und Horst a. a. O., S. 20.

1003 Vgl. Martha Vogeler an Frido Witte, Karte vom 26.09.1912 (Postst.), Museum Lüneburg, FWSt V 208 L.

1004 Martha Vogeler an Heinrich Vogeler, Brief vom 09.01.1915, Archiv BSt.

1005 Ludwig Bäumer an M. und H. Vogeler, Brief vom 05.03 1912. Archiv HiS.

1006 Ebd.

1007 Ebd.

1008 Ebd.

1009 Koenemann, Edwin, Tagebücher, Jahrgang 1912, Eintrag vom 17.02.1912, Archiv Worpsweder Verlag.

1010 Ebd.

1011 Heinrich Vogeler an Martha Vogeler, Brief vom 20.06.1911, Archiv BSt.

1012 Martha und Heinrich Vogeler an Ludwig Bäumer, Karte vom 06.05.1912 (Postst.), Archiv HiS.

1013 Ludwig Bäumer an Martha und Heinrich Vogeler, Brief vom 20.04.1912, Archiv HiS.

1014 Ebd.

1015 Vgl. Heinrich Vogeler an Otto Modersohn, Brief vom 05.06.1913, Archiv BSt.

1016 Martha Vogeler an Frido Witte, Brief von Pfingstsonntag [1913], Museum Lüneburg FWSt V 208 L.

1017 Eine »Nurse« (Kinderpflegerin) erwähnt auch Ilse Stoermer. Vgl. Stoermer, Ilse a. a. O., S. 65.

1018 Vgl. Lina Kerlen an Martha Vogeler, Brief vom 20.02.[19]13, Archiv HiS.

1019 Heinrich Vogeler an Helene Voigt-Diederichs, Brief vom 16.01.1912, Archiv BSt.

1020 Vgl. Carl Lochmann (Geschäftsführer) an Martha Vogeler, Brief vom 09.08.1911, Archiv HiS.

1021 Martha Vogeler an Frido Witte, Brief um Ostern 1912, Museum Lüneburg, FWSt V 208 L.

1022 Ebd.

1023 Wiehagen, Alois, Tagebucheintrag vom 12.11.1911. Zitiert nach Schwinzer, Ellen: Von Hamm nach Worpswede. Der Maler Alois Wiehagen als Schüler Heinrich Vogelers. In: Gustav Lübcke-Museum (Hg.) a. a. O., S. 55.

1024 Koenemann, Edwin, Tagebücher, Jahrgang 1912, Eintrag vom 09.03.1912, Archiv Worpsweder Verlag.

1025 Vgl. Martha und Heinrich Vogeler an Ludwig Bäumer, Karte vom 29.02.1912, Archiv BSt.

1026 Martha Vogeler an Frido Witte, Brief um Ostern 1912, Museum Lüneburg, FWSt V 208 L.

1027 Vgl. Koenemann, Edwin, Tagebücher, Jahrgang 1911, Eintrag vom 30.08.1911, Archiv Worpsweder Verlag.

1028 Vgl. Lau an Martha Vogeler, Brief vom 30.05.1912, Archiv HiS.

1029 Ebd.

1030 Martha Vogeler an Frido Witte, Brief vom 28.01.1912. Zitiert nach Barkhausen, Karl-Ludwig: Frido Witte und Martha Vogeler; Aufsatz, unveröffentlicht, Privatbesitz, S. 12.

1031 Benje, Peter a. a. O., S. 124.

1032 Ebd.

1033 Ebd.

1034 Heinrich Vogeler an Ludwig Bäumer, Brief vom 06.07.1912, Archiv BSt.

1035 Heinrich Vogeler an Ludwig Bäumer, Brief vom 09.06.1912, Archiv HiS.

1036 Heinrich Vogeler an Ludwig Bäumer, Brief vom 13.07.1912, Archiv BSt.

1037 Martha Vogeler an Frido Witte, Karte vom 30.07.1912 (Postst.), Museum Lüneburg, FWSt V 208 L.

1038 Lina Kerlen an Martha Vogeler, Brief vom 20.02.[19]13, Archiv HiS.

1039 Bäumer, Ludwig: In [Erinnerung] an den 12. August 1912, Manuskript, Archiv HiS.

1040 Magda Hartmann an Martha Vogeler, Brief vom 27.07.[1912], Archiv HiS.

1041 Magda Hartmann an Martha Vogeler, Brief vom 12.[08.1912], Archiv HiS.

1042 Heinrich Vogeler an Frido Witte, Brief vom [Sommer 1912]. Zitiert nach Barkhausen, Karl-Ludwig (Hg.) a. a. O., S. 49.

1043 Heinrich Vogeler an Martha Vogeler, Brief vom 20.10.1912, Archiv BSt.

1044 Heinrich Vogeler an Martha Vogeler, Brief vom 22.10.1912, Archiv BSt.

1045 Ebd.

1046 Ebd.

1047 Vgl. Martha Vogeler an Lina Kerlen, Brief vom 13.11.1912, Sammlung Helfrich/ Berlin. Wiedergegeben nach: Jenss, Harro, Noltenius, Rena a. a. O., S. 18.

1048 Koenemann, Edwin, Tagebücher, Jahrgang 1912, Eintrag vom 03.11.1912, Archiv Worpsweder Verlag.

1049 Heinrich Vogeler an Martha Vogeler, Brief vom 09.11.1912, Archiv BSt.

1050 Heinrich Vogeler an Martha Vogeler, Brief datiert auf Dezember 1912, Archiv BSt.

1051 Martha Vogeler an Frido Witte, Brief undatiert, [22.12.1912], Museum Lüneburg, FWSt V 208 L.

1052 Maria Hauptmann an Martha Vogeler, Brief vom 03.10.[19]12. In: Berger, Elfriede (Hg.) a. a. O., S. 274 f.

1053 Martha Vogeler an Frido Witte, Brief undatiert, [22.12.1912], Museum Lüneburg, FWSt V 208 L.

1054 Ebd.

1055 Heinrich Vogeler an Frido Witte, Brief vom 28.02.1913. Zitiert nach Barkhausen, Karl-Ludwig (Hg.) a. a. O., S. 50.

1056 Ebd.

1057 Martha Vogeler an Frido Witte, Karte vom 09.01.[19]13, Museum Lüneburg, FWSt V 208 L.

1058 Vgl. Koenemann, Edwin, Tagebücher, Jahrgang 1913, Eintrag vom 06.02.1913, Archiv Worpsweder Verlag.

1059 Benemann, Maria: Leih mir noch einmal die leichte Sandale. Erinnerungen und Begegnungen. Hamburg 1978, S. 81.

1060 Ebd.

1061 Ebd., S. 84.

1062 Ebd.

1063 Ebd., S. 86.

1064 Heinrich Vogeler an Otto Modersohn, Brief datiert auf März 1913, Archiv BSt.

1065 Ebd.

1066 Vgl. Koenemann, Edwin, Tagebücher, Jahrgang 1913, Eintrag vom 24.03.1913, Archiv Worpsweder Verlag.

1067 Gerhard Benemann an Martha Vogeler, Brief vom 22.04.1913, Archiv HiS.

1068 Im Archiv Haus im Schluh befindet sich ein nicht unterzeichnetes Original des Vertrages.

1069 Friedrich Stolle an Martha Vogeler, Brief vom 09.12.1912, Archiv HiS.

1070 Friedrich Stolle an Martha Vogeler, Brief vom 29.03.1913, Archiv HiS.

1071 Vgl. Akte Deutscher Werkbund (Rekonstruktion der Mitgliederlisten), Signatur V.V.P. 104 Acc.2014/118 Nr. 39, Nds. LA, Abteilung Hannover. Marthas Mitgliedschaft dauerte von 1910 bis 1914.

1072 Friedrich Stolle an Martha Vogeler, Brief vom 12.07.1913, Archiv HiS.

1073 Ebd.

1074 Martha Vogeler an Frido Witte, Brief von Pfingstsonntag [1913], Museum Lüneburg, FWSt V 208 L.

1075 Ebd.

1076 Paula Richter an Martha Vogeler, Brief vom 25.07.1913, Archiv HiS.

1077 Ebd.

1078 Ebd.

1079 Martha Vogeler an Ludwig Bäumer, Brief von [Juni 1913], Archiv HiS.

1080 Carl Lochmann an Martha Vogeler, Brief vom 13.08.1913, Archiv HiS.

1081 Friedrich Stolle an Martha Vogeler, Brief vom 08.09.1913, Archiv HiS.

1082 Friedrich Stolle an Heinrich Vogeler, Brief vom 29.12.1913, Archiv HiS.

1083 Ebd.

1084 Rehorst, Carl: Vorwort. In: Offizieller Katalog der Deutschen Werkbund-Ausstellung Cöln 1914, Mai bis Oktober, Cöln-Berlin 1914, S. V.

1085 Vgl. ebd., S. 180.

1086 Vgl. Friedrich Stolle an Martha Vogeler, Karte vom 24.04.1914, Archiv HiS.

1087 Ebd.

1088 Friedrich Stolle an Heinrich Vogeler, Brief vom 18.12.1913, Archiv HiS.

1089 Friedrich Stolle an Heinrich Vogeler, Brief vom 09.03.1914, Archiv HiS.

1090 Vgl. Offizieller Katalog, S. 180.

1091 Martha Vogeler an Carl Lochmann, Brief vom 20.05.1914, Archiv HiS.

1092 Martha Vogeler an Friedrich Stolle, Brief vom 05.04.1913, Archiv HiS.

1093 Offizieller Katalog, S. 199.

1094 Vgl. ebd. S. 176.

1095 Vgl. Friedrich Stolle an Heinrich Vogeler, Brief vom 20.05.1914, Archiv HiS.

1096 Vgl. Offizieller Katalog, S. 195.

1097 Vgl. Heinrich Vogeler an Martha Vogeler, Brief vom 01.12.1912, Archiv BSt.

1098 Heinrich Vogeler an Frido Witte, Brief von [Ende August] 1914. Zitiert nach: Barkhausen, Karl-Ludwig a. a. O., S. 57.

1099 Vgl. Heinrich Vogeler an Martha Vogeler, Brief vom 02.02.1914, Archiv BSt.

1100 Heinrich Vogeler an Martha Vogeler, Brief vom 12.02.1914, Archiv BSt.

1101 Ebd.

1102 Ebd.

1103 Heinrich Vogeler an Martha Vogeler, Brief vom 14.02.1914, Archiv BSt.

1104 Vgl. Karla Kerlen an Martha Vogeler, Brief von [Januar 1914], Archiv HiS.

1105 Martha Vogeler an Heinrich Vogeler, Brief vom 17.02.1914, Blatt 8a, Archiv BSt.

1106 Ebd.

1107 Ebd., Blatt 8b.

1108 Vgl. Heinrich Vogeler an Martha Vogeler, Brief vom 16.02.1914.

1109 Heinrich Vogeler an Ludwig Bäumer, Brief undatiert [Februar 1914], Archiv BSt.

1110 Lina Kerlen an Martha Vogeler, Brief vom 22.06.[19]14, Archiv HiS.

1111 Lina Kerlen an Martha Vogeler, Brief von [Mitte Juli 1914], Archiv HiS.

1112 Heinrich Vogeler an Ludwig Bäumer, Brief vom 17.08.1914, Archiv BSt.

1113 Ebd.

1114 Ebd.

1115 Vogeler, Heinrich a. a. O., S. 159.

1116 Ebd., S. 141.

1117 Heinrich Vogeler an Frido Witte, Brief undatiert [Mitte September 1914]. Zitiert nach: Barkhausen, Karl-Ludwig a. a. O., S. 58.

1118 Rilke, Rainer Maria a. a. O., S. 218.

1119 Stenzig, Bernd: Worpswede Moskau. Das Werk von Heinrich Vogeler. Lilienthal 1989, S. 65.

Personenregister

Literaturliste (Auswahl)

Benemann, Maria: Leih mir noch einmal die leichte Sandale. Erinnerungen und Begegnungen. Hamburg, 1978.

Benje, Peter: Heinrich und Franz Vogeler und die Worpsweder Werkstätte. Ergänzte Neuauflage. Worpswede, 2011.

Berger, Elfriede (Hg.): Carl Hauptmann und seine Worpsweder Künstlerfreunde. Briefe und Tagebuchblätter. Textband. Berlin, 2003.

Bieske, Dorothee (Hg.): Scherrebek. Wandbehänge des Jugendstils, Flensburg, 2002.

Bruhn, Manfred (Hg.): Heinrich Vogeler. 1872–1942. Ein Leben in Bildern mit einem aktuellen Werkkatalog der Gemälde von Rena Noltenius. Fischerhude, 2013.

Buchheit, Gert (Hg.): Rainer Maria Rilke. Stimmen der Freunde. Ein Gedächtnisbuch. Freiburg i. Br., 1931.

Busch, Günter, von Reinken, Liselotte (Hg.): Paula Modersohn-Becker in Briefen und Tagebüchern. Frankfurt a. Main, 1979.

Deutsches Auswanderermuseum, Förderverein (Hg.): Leb' wohl Deutschland. Tagebuch der Auswanderung des Louis Frederick Faust 1877 nach Amerika. Lilienthal 1992.

Elze, Peter: Heinrich Vogeler. Buchgrafik: Das Werkverzeichnis. 1895–1935. Lilienthal, 1997.

Fesser, Gerd: Das Deutsche Kaiserreich. 1871–1918. Köln, 2015.

Heidemann, Christine, Fiebig, Harald (Hg.): Hermine Overbeck-Rothe und Fritz Overbeck. Ein Briefwechsel. (1896–1909). Bremen, 2002.

Hubert, Hans: Worpswede. Das Bauerndorf wird Künstlerdorf. Lilienthal, 1989.

Jenss, Harro, Noltenius, Rena: Martha Vogeler. 1897–1961. Lilienthal, 2017.

Katalog: 1905. Einhundert Jahre »Nordwestdeutsche Kunstausstellung«. Oldenburg, 2005.

Küster, Bernd: Barkenhoff Buch. Lilienthal, 1989.

Küster, Bernd, Komann, Erwin: Schulen im Moor. Lilienthal, 1987.

Modersohn, Antje, Werner, Wolfgang (Hg.): Paula Modersohn-Becker / Otto Modersohn. Der Briefwechsel. Berlin, 2017.

Mück, Hans-Dieter (Hg.): Insel des Schönen. Künstlerkolonie Worpswede 1889–1908. Wissenschaftliche Beiträge. Stuttgart / Frankfurt a. Main, 1989.

Nachtwey, Birgit: Schröder + Schroeter, Broschüre zur Ausstellung mit Bildern von zwei unbekannten Worpsweder Malern, Worpswede, 1993.

Overbeck, Fritz Theodor: Eine Kindheit in Worpswede. Bremen, 1975.

Petzet, Heinrich Wiegand: Von Worpswede nach Moskau. Heinrich Vogeler. Ein Künstler zwischen den Zeiten. Köln, 1973.

Pfeiffer, Ernst: Rainer Maria Rilke Lou Andreas Salome. Briefwechsel. Frankfurt a. Main, 1989.

Rief, Hans-Herman: Heinrich Vogeler. Das graphische Werk. Lilienthal, 1983.

Rilke, Rainer Maria: Tagebücher aus der Frühzeit. Frankfurt a. Main, 1973.

Sprengel, Peter: Gerhart Hauptmann. Tagebücher 1906–1913. Mit dem Reisetagebuch Griechenland–Türkei 1907. Frankfurt a. Main / Berlin, 1994

Stenzig, Bernd: Worpswede. Moskau. Das Werk von Heinrich Vogeler. Lilienthal, 1989.

Vogeler, Heinrich: Werden. Erinnerungen. Mit Lebenszeugnissen aus den Jahren 1923–1942. Berlin (Ost), 1989.

Bild- und Fotonachweis

S. 9: Angelika Krause

S. 23: Archiv HiS

S. 14: o. li. Archiv HiS; o. re. Archiv Worpsweder Verlag

S. 15: Archiv Worpsweder Verlag

S. 16: Ortsarchiv Worpswede

S. 17: o. Angelika Krause; u. Sammlung HiS

S. 18: Archiv Worpsweder Verlag

S. 21: Archiv Worpsweder Verlag

S. 25: Archiv HiS

S. 26: Gundrun Scabell

S. 31: Archiv Worpsweder Verlag

S. 32: Archiv Buchhandlung Netzel

S. 34: Archiv BSt

S. 35: Archiv Worpsweder Verlag

S. 37: Archiv BSt

S. 38: o. und u. Archiv BSt; m. Archiv Worpsweder Verlag

S. 39: Archiv Worpsweder Verlag

S. 41: Archiv BSt

S. 42: o. re. BSt Worpswede; u. li. Nds. Sparkassenstiftung u. Waldemar Koch-Stiftung Bremen, Dauerleihgabe an HV-Stiftung HiS; u. re. Privatbesitz, Dauerleihgabe an BSt Worpswede

S. 43: o. Kunsthalle Bremen – Die Kulturgutscanner/Artothek; u. Bundesrepublik Deutschland, Land Niedersachsen, Landkreis Osterholz/Große Kunstschau Worpswede

S. 44: o. li. Bundesrepublik Deutschland, Land Niedersachsen, Landkreis Osterholz/ Große Kunstschau Worpswede; o. re. BSt Worpswede; u. Privatbesitz

S. 45: o. li. Dauerleihgabe von Privat an HV-Stiftung HiS; o. re. Sammlung B. Kaufmann Worpswede; unten Sammlung F. W. Neess, Museum Wiesbaden (F: B. Fickert)

S. 47, 48: Deutsche Kunst u. Dekoration, April 1899

S. 50: PMB-Stiftung, Bremen

S. 53, 56: Wikipedia

S. 58: Kunsthalle Bremen – Die Kulturgutscanner/Artothek

S. 60: Gudrun Scabell

S. 62: Archiv Worpsweder Verlag

S. 63: Archiv HiS

S. 67: Archiv Worpsweder Verlag

S. 68: BSt Worpswede

S. 73: Gudrun Scabell

S. 74: Deutsche Kunst u. Dekoration, April 1899

S. 76: Archiv Worpsweder Verlag

S. 81: Gudrun Scabell

S. 84: Wikipedia

S. 85: Archiv Worpsweder Verlag

S. 94: Sammlung HiS

S. 97: Friedhelm Schröder

S. 102, 103: Deutsche Kunst u. Dekoration, April 1899

S. 104: Die Kunst Bd. 4/1901

S. 108: Wikipedia

S. 113: Wikipedia

S. 114, 115 (F: Hans Müller-Brauel)

S. 116, 118, 119, 121: Archiv Worpsweder Verlag

S. 120: Archiv HiS

S. 125, 127, 128, 129: Archiv BSt

S. 132: Museum Kloster Zeven (F: Hans Müller-Brauel)

S. 134: Archiv Worpsweder Verlag (F: Rudolf Stickelmann)

S. 135: Archiv BSt

S. 136: o. und u. Archiv BSt; m. Worpsweder Archiv

S. 138: Deutsche Kunst u. Dekoration, April 1899

S. 139, 140, 143, 144: Archiv Worpsweder Verlag

S. 145: Wikipedia

S. 146, 149: Archiv Worpsweder Verlag

S. 150: Wikipedia

S. 152: Archiv BSt

S. 153, 154: Archiv Worpsweder Verlag

S. 159, 160: Deutsche Kunst u. Dekoration, April 1899

S. 161, 163, 164, 167, 168: Archiv Worpsweder Verlag

S. 170, 171, 172: Archiv Worpsweder Verlag (F: Georg Tappert)

S. 173: Wikipedia

S. 175: Die Kunst, Bd. 14 / 1906

S. 179: Archiv Worpsweder Verlag (F: L. O. Grienwaldt)

S. 181: Archiv Worpsweder Verlag

S. 182: Heimatbund Schneverdingen (F: Frido Witte)

S. 183: Archiv Worpsweder Verlag

S. 184: Archiv HiS

S. 185: Archiv Worpsweder Verlag

S. 186, 187: Archiv HiS

S. 188: Zeitschrift Niedersachsen Nr. 17, 1912

S. 189: Archiv Worpsweder Verlag

S. 190: o. und u. Archiv Worpsweder Verlag; m. H. H. Rief / Graf. Werk

S. 192, 193, 195, 196, 199: Archiv Worpsweder Verlag

S. 198: Archiv BSt

S. 200: li. Sammlung Böhm/Berlin; re. Archiv Worpsweder Verlag

S. 201, 201: Nds. LA Stade

S. 203: Archiv Worpsweder Verlag

S. 204, 205: u. li. Worpsweder Verlag

S. 205: J. Neumann Berlin

S. 206: Heimatbund Schneverdingen (F: Frido Witte)

S. 207: Archiv Worpsweder Verlag

S. 208: Sammlung HiS

S. 209: Amtlicher Katalog Brüssel 1910

S. 210: o. Wikipedia; u. Deutschlands Raumkunst u. Kunstgewerbe/Brüssel 1910

S. 211: Privatarchiv Schulze-Stanjek

S. 212: Sammlung HiS (F: Gudrun Scabell)

S. 217, 221, 222, 223, 224: Archiv Worpsweder Verlag

S. 218: Privatarchiv Schulze-Stanjek

S. 227: Wikipedia

S. 228: o. li. Wikipedia; u. li. BSt Worpswede Dauerleihgabe an Heinrich-Vogeler-Stiftung HiS

S. 229 und Titel: Archiv Worpsweder Verlag

S. 230, 231: Archiv Worpsweder Verlag

S. 232: o. Privatarchiv Schulze-Stanjek; u. Archiv Worpsweder Verlag

S. 233: Archiv Worpsweder Verlag

S. 234: o. li. Stadtarchiv Soltau; u. Sammlung HiS, verschollen

S. 235: o. Sammlung HiS; u. Museum Lüneburg

S. 236: Heimatbund Schneverdingen (F: Frido Witte)

S. 237: Archiv Worpsweder Verlag

S. 238: Heimatbund Schneverdingen (F: Frido Witte)

S. 240: Archiv Worpsweder Verlag

S. 241: Archiv Gustav-Lübcke-Museum Hamm

S. 242: Archiv Worpsweder Verlag

S. 243, 244, 245: Sammlung HiS (F: Kristina Lohse, Gudrun Scabell)

S. 248: Archiv Worpsweder Verlag

S. S50, 251: Archiv Buchhandlung Netzel

S. 254: Wikipedia

S. 256, 257, 259: Sammlung HiS

S. 261, 262: Archiv Worpsweder Verlag / Sammlung Käseglocke

Abkürzungen:

BSt – Barkenhoff-Stiftung

DLA – Deutsches Literaturarchiv

FWSt – Frido-Witte-Stiftung

HiS – Haus im Schluh

Nds. LA – Niedersächsisches Landesarchiv

StA – Staatsarchiv

Danksagung

Dieses Thema, nun zwischen zwei Buchdeckeln platziert, war nicht alleine zu bewältigen. Dafür bedurfte es der Hilfe und Unterstützung von außen. Diese habe ich auf die entgegenkommendste und vielfältigste Art und Weise erfahren; sei es in Bezug auf Fördergelder, die das Projekt erst möglich machten, sei es in Bezug auf Recherchen in zahlreichen Archiven. Und sei es in Bezug auf Tipps und Hinweise sowie auf Bilder und andere Dokumente, die mir großzügig zur Verfügung gestellt wurden. Dafür möchte ich allen, die im Folgenden genannt werden, sehr herzlich danken! Doch zu allererst gilt mein Dank der Familie Vogeler (Berit Müller, Kristina Lohse, Dr. Markus Schmidt), die mir ihr Archiv im Haus im Schluh öffnete und für meine Fragen stets ein offenes Ohr hatte. Zudem danke ich an dieser Stelle Dr. Bernd Stenzig, Hamburg, der mir ein weiteres Mal als Fachlektor und Worpswede-Kenner zur Seite gestanden hat, das Manuskript sorgfältig sichtete und, wo nötig, immer wieder wertvolle Empfehlungen gab.

Mein Dank gilt den Förderern: dem Landschaftsverband Stade, der Stiftung Worpswede, der Worpsweder Gesellschaft für Kunst, Kultur und Wissenschaft e. V., der Volksbank Worpswede und dem Freundeskreis Haus im Schluh Worpswede e. V.

Des Weiteren danke ich Hella Sieber-Rilke, Gernsbach; Karin Schimmelpfennig, Krefeld; Peter Elze, Archiv Worpsweder Verlag; Friedhelm Schröder, Schwanewede; Dr. Peter Benje, Bremen; Karl-Ludwig Barkhausen, Soltau; Dr. Harro Jenss, Worpswede; Holger Lohse, Worpswede; Hans-Hermann Hubert, Ortsarchiv Worpswede; Katharina Groth, Bremen; Friederike Berg-Packhäuser, Worpswede; Prof. Klaus Stanjek, Potsdam-Babelsberg; Bernd Wedelich, Katasteramt Osterholz-Scharmbeck; Marina Bohlmann-Modersohn, Hellwege; Beate C. Arnold, Barkenhoff-Stiftung, Worpswede; Anna Czech und Lars Fischer, Staatsarchiv Bremen; Dr. Christian Hoffmann, Niedersächsisches Landesarchiv Hannover; Robert Gahde, Niedersächsisches Landesarchiv Stade; Christiane Necker, Berlinische Galerie, Berlin; Claudia Gratz, Deutsches Literaturarchiv, Marbach; Dr. Ulfert Tschirner, Museum Lüneburg; Martina Fischer, Stadtmuseum Meißen; Sigrun Kaufmann, Worpswede; Ute Bollmann und Katrin Kück, Kirchenarchiv Worpswede; Silke Schroeter, Archiv Buchhandlung Netzel, Worpswede; Antje Modersohn, Rainer Noeres, Modersohn-Museum Fischerhude; Dr. Katja Pourshirazi, Overbeck-Museum, Bremen-Vegesack; Luise Del Testa, Museum / Archiv Kloster Zeven; Dr. Maria Perrefort, Gustav Lübcke-Museum, Hamm; Wolfgang Werner, PMB-Stiftung Bremen; Inga Münstermann, Stadt- und Landständearchiv im Kloster Wedinghausen, Arnsberg; Franz Wörndle, Marktarchiv Garmisch-Partenkirchen; Dr. Rüdiger Kröger, Landeskirchliches Archiv, Hannover; Theo Neteler, Melle; Gisela Hoppe, Claudia Richert und Mandy Ettelt, Stadtarchiv Dresden; Angelika Krause, Grasberg; Hansgert Butterweck, Beverungen; Johannes Neumann, Berlin; Dr. Peter Forster, Museum Wiesbaden; Dagmar Schulz, Stadt Flensburg; Kirstin Obersteller, Museumsberg Flensburg; Prof. Wolfgang Böhm, Berlin; Dr. Daniel Baumann, Stadtarchiv München; dem Heimatbund Schneverdingen e. V. und dem Stadtarchiv Soltau. Das Archiv der Familie Vogeler im Haus im Schluh wurde seinerzeit von Daniela Platz geordnet. Damit wurde für mich ein effizienteres Arbeiten möglich. Somit gilt auch ihr mein Dank.

Nicht zuletzt danke ich meinem Mann Jörn Scabell, der auch dieses Buchprojekt mit Langmut und Humor begleitete, und meiner Familie, die mir eine Dresden-Reise schenkte, um den Spuren Marthas zu folgen.

Dem KellnerVerlag danke ich für die Erstellung des Buches, insbesondere der Lektorin Madita Krügler für die freundliche und kompetente Zusammenarbeit.

Gudrun Scabell
ist Kulturjournalistin und Autorin. Seit 30 Jahren beschäftigt sie sich intensiv mit der Kunst-, Literatur- und Kulturgeschichte Worpswedes und veröffentlicht seit etwa 20 Jahren dazu in Zeitschriften, zunehmend auch in verschiedenen Buchpublikationen. Zudem schreibt sie seit 15 Jahren für einige Regionalzeitungen des »Weser-Kurier« über Konzerte und Kunstausstellungen und verfasst Künstlerporträts. Die Biografie »Martha Vogeler« (Band 1) ist ihre dritte eigene Buchveröffentlichung.

Ebenfalls im KellnerVerlag erhältlich

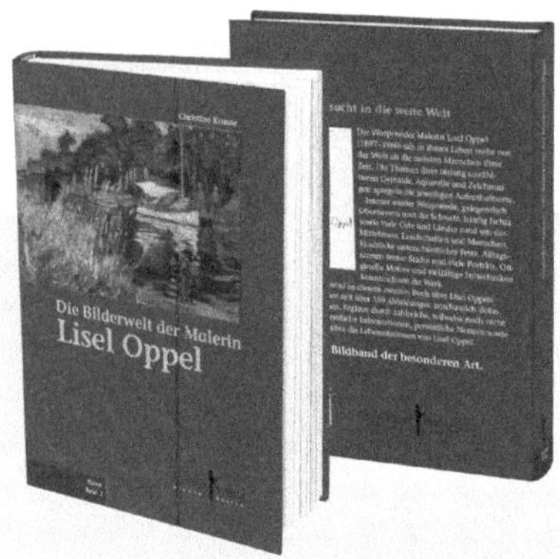

Die Bilderwelt der Malerin
Lise Oppel
Christine Krause
304 Seiten | 17 x 24 cm
Hardcover | 22 Euro
ISBN 978-3-939928-49-2
über 350 farbige Abbildungen
und seltene Skizzen

Die Worpsweder Malerin Lisel Oppel (1897–1960) sah in ihrem Leben mehr von der Welt als die meisten Menschen ihrer Zeit. Die Themen ihrer bislang unzählbaren Gemälde, Aquarelle und Zeichnungen spiegeln die jeweiligen Aufenthaltsorte.

Immer wieder Worpswede, gelegentlich Oberbayern und die Schweiz, häufig Ischia sowie viele Orte und Länder rund um das Mittelmeer. Landschaften und Menschen, Eindrücke unterschiedlicher Feste, Alltagsszenen ferner Städte und viele Porträts. Originelle Motive und vielfältige Stiltechniken kennzeichnen ihr Werk. Das wird in diesem zweiten Buch über Lisel Oppels Schaffen mit über 350 Abbildungen anschaulich dokumentiert. Ergänzt durch zahlreiche, teilweise noch nicht veröffentlichte Informationen, persönliche Notizen sowie Fotos über die Lebensstationen von Lisel Oppel.

Ein Bildband der besonderen Art.

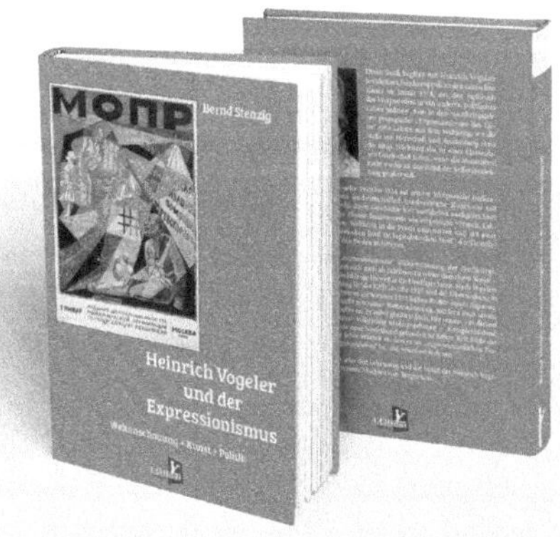

Heinrich Vogeler &
der Expressionismus
Bernd Stenzig
248 Seiten | 17 x 24 cm
Hardcover | 24,90 Euro
ISBN 978-3-95651-260-5
ca. 100 farbige Abbildungen

Während der Begriff Expressionismus in der Kunst eine Strömung bezeichnet, die man auf den Zeitraum von etwa 1905 bis 1925 begrenzt, muss Heinrich Vogeler noch in den 1930er Jahren in der Sowjetunion erkennen, dass er mit seiner Simultanmalerei – den in diesem Buch vollständig wiedergegebenen Komplexbildern – »an expressionistischen Formen hängengeblieben« ist. In der Tat ist die Form dieser Darstellungen ein Überbleibsel seines Expressionismus der Nachkriegsjahre.

Dieses Buch beginnt dort, wo Vogeler sich gezwungen sieht, sozusagen gegen den Rest der Welt Einspruch zu erheben – bei seinem Friedensappell an den deutschen Kaiser im Januar 1918. Ein reich bebildertes Buch über den Lebensweg und die Kunst des Heinrich Vogeler nach seinem Abschied vom Bürgertum.